Rowohlts Klassiker der Literatur und der Wissenschaft

Herausgegeben von
Ernesto Grassi
unter Mitarbeit von
Walter Hess

Philosophie der Neuzeit
Politik und Gesellschaft
Band 26

TEXTE DES SOZIALISMUS UND ANARCHISMUS

Herausgegeben von Günter Hillmann

Diese Bibliothek präsentiert Quellentexte der gegen das Privateigentum an den Produktions- und Informationsmitteln und gegen die zentralisierte Staatsgewalt gerichteten politisch-sozialen Bewegung – von der Französischen Revolution bis heute. Bei der Wahl der Dokumente ist maßgebend, daß sie für die wesentlichen theoretischen Entwicklungen in Sozialismus, Kommunismus, Anarchismus und Syndikalismus typisch sind, große Resonanz fanden und besonderes aktuelles Interesse erwecken. Die Texte des Sozialismus und Anarchismus sollen die Schriften zur Politik und Gesellschaftstheorie in Rowohlts Klassikern ergänzen.

Jeder Band enthält eine Erklärung der Auswahlprinzipien, Erläuterungen zum Problemkreis der Texte, biographische und sachliche Anmerkungen sowie ein Personenverzeichnis und Literaturhinweise.

Für alle Lernenden und Lehrenden der Geschichte, Politologie, Soziologie, Philosophie, der Wirtschafts- und Staatswissenschaften sowie für alle politisch engagierten oder interessierten Leser werden hier Texte bereitgestellt, die nur in älteren oder teueren Buchausgaben vorliegen, zum Teil aber auch in Bibliotheken nur schwer greifbar sind. Werke, die bereits in Taschenbuchausgaben vorliegen, werden nur ausnahmsweise berücksichtigt.

LEO TROTZKI
(Lev Davidovič Trockij)

Stalin

Eine Biographie
II

Nach dem amerikanischen Original
übersetzt
von Raymond Kuhlmann
Herausgegeben
von Hartmut Mehringer

ROWOHLT

Redaktion: Curt Grützmacher / Sybille Claus, München
Umschlagentwurf Werner Rebhuhn
unter Verwendung eines Fotos: Letzter gemeinsamer Auftritt von Trockij und Stalin in der Öffentlichkeit, Beisetzung von F. E. Dzeržinskij, 1926 (Ullstein Bilderdienst Berlin)

Veröffentlicht im Rowohlt Taschenbuch Verlag GmbH,
Reinbek bei Hamburg, Juni 1971
mit freundlicher Genehmigung des Verlages Kiepenheuer & Witsch

Gesamtherstellung Clausen & Bosse, Leck/Schleswig
Printed in Germany
ISBN 3 499 45284 7

INHALTSVERZEICHNIS DES ERSTEN BANDES

VORWORT 7
1. FAMILIE UND SCHULE 15
2. DER «BERUFSREVOLUTIONÄR» 45
3. DIE ERSTE REVOLUTION 88
4. DIE PERIODE DER REAKTION 133
5. DER NEUE AUFSTIEG 192
6. KRIEG UND VERBANNUNG 244

Band II der vorliegenden Edition von Trockijs Stalinbiographie umfaßt die Kapitel VII–XII, die in unterschiedlichen Stadien der Vollendung vorlagen, als Trockij ermordet wurde. Sie wurden nach Trockijs Tod von einem Herausgeber (vgl. Bd. I, Anm. 4) zusammengestellt und zum Teil durch Einschübe aus früheren Schriften Trockijs miteinander verbunden – durchaus nicht immer im Sinne von Trockij selbst, wie Isaac Deutscher meint; diese Feststellung ist zweifellos richtig. Weitgehend fertiggestellt sind die beiden Nachträge, von denen besonders der Nachtrag I wichtig und theoretisch interessant ist, sowie der Anhang ‹Drei Konzeptionen der russischen Revolution›, in dem Trockij eine tatsächliche sozioökonomische Analyse des Stalin'schen Regimes versucht. Dieser Anhang ist besonders wichtig.

Der Herausgeber

Siebentes Kapitel

DAS JAHR 1917

Es war das wichtigste Jahr im Leben des Landes und vor allem im Leben jener Generation von Berufsrevolutionären, der Josef Dschugaschwili angehörte. Es war ein Prüfstein, an dem Ideen, Parteien und Menschen die Bewährungsprobe abzulegen hatten.

Stalin fand in Petersburg, nunmehr Petrograd genannt, eine unerwartete Situation vor. Zu Beginn des Krieges hatte der Bolschewismus in der Arbeiterbewegung, besonders in der Hauptstadt, vorgeherrscht. Im März 1917 dagegen bildeten die Bolschewiki in den Sowjets eine unbedeutende Minderheit. Wie hatte das kommen können? Bedeutende Massen hatten an der Bewegung der Jahre 1911 bis 1914 teilgenommen, sie stellten aber dennoch einen kleinen Teil der Arbeiterklasse dar. Die Revolution hatte nicht nur mehr Hunderttausende, sondern Millionen auf die Beine gebracht. Hinzu kam, daß sich die Arbeiterklasse infolge der Mobilisierung um ungefähr 40% vergrößert hatte. An der Front hatten die fortgeschrittenen Arbeiter als revolutionärer Sauerteig gewirkt, in den Fabriken aber waren ihre Plätze von den frisch vom Lande Zugewanderten eingenommen worden, von Bauernburschen und Bauernfrauen. Die neuen Schichten mußten, wenn auch in verkürzter Form, durch dieselben politischen Erfahrungen hindurch, die die Vorhut schon in der voraufgegangenen Periode gemacht hatte. Der Februaraufstand in Petrograd wurde von fortgeschrittenen Arbeitern, meist Bolschewiki geleitet, aber nicht von der bolschewistischen Partei. Die Leitung des Aufstandes durch bolschewistische Parteimitglieder konnte dem Aufstand den Sieg sichern, aber nicht der bolschewistischen Partei die politische Macht.

In der Provinz war die Lage noch ungünstiger. Die Welle der verstiegenen Illusionen und der allgemeinen Verbrüderung, verbunden mit der Naivität jener Massen, die erst kürzlich zum politischen Leben erwacht waren, hatte die natürlichen Vorbedingungen für ein Übergewicht der kleinbürgerlichen Sozialisten geschaffen, der Menschewiki und der Volkstümler. Die Arbeiter, und nach ihnen auch die Soldaten, hatten die in die Sowjets gewählt, die zumindest den Worten nach nicht nur gegen die Monarchie, sondern auch gegen die Bourgeoisie waren. Menschewiki und Volkstümler, denen fast die ganze Intelligenz folgte, verfügten über unzählige Agitatoren, die zur Einheit und zur Brüderlichkeit und anderen gleichermaßen zugkräftigen zivilen Tugenden aufriefen. Die Wortführer der Armee waren vor allem die Sozialrevolutionäre, traditionelle Hüter des Bauerntums, und das allein genügte schon, dieser Partei bei den neuen proletarischen Schichten Autorität zu verleihen. Die Überlegenheit der versöhnlerischen Parteien schien unerschütterlich, zumindest in ihren eigenen Augen.

Das Schlimmste aber war, daß die bolschewistische Partei von den Ereignissen überrascht worden war. Keiner ihrer Führer mit Erfahrung und Autorität befand sich in Petrograd. Das Büro des Zentralkomitees setzte sich aus zwei Arbeitern, Schljapnikow

und Salutzki, und dem Studenten Molotow zusammen (die beiden ersten fielen späterhin Säuberungen zum Opfer, der letztere wurde Regierungschef). Das „Manifest“, das sie im Namen des Zentralkomitees nach dem Februarsieg herausgaben, rief „die Arbeiter in Fabriken und Betrieben sowie die aufständischen Truppen“ auf, „sofort ihre Vertreter für die Provisorische
1 Revolutionäre Regierung zu wählen“. Jedoch legten die Verfasser des „Manifestes“ diesem Aufruf keine praktische Bedeutung bei. Sie stellten sich keineswegs darauf ein, einen selbständigen Kampf um die Eroberung der Macht zu entfesseln, sondern darauf, für eine ganze Epoche die Rolle der linken Opposition zu spielen.

Von Anfang an weigerten sich die Massen, der liberalen Bourgeoisie ihr Vertrauen zu schenken, und machten keinen Unterschied zwischen dieser und dem Adel und der Beamtenschaft. So konnte es zum Beispiel nicht vorkommen, daß Arbeiter oder Soldaten ihre Stimme einem „Kadetten“ gaben. Die Macht befand sich vollkommen in Händen der versöhnlerischen Sozialisten, hinter denen das bewaffnete Volk stand. Aus Mangel an Vertrauen in sich selbst gaben die Versöhnler jedoch die Macht freiwillig an die von den Massen gehaßte und politisch isolierte Bourgeoisie ab. Das ganze Regime gründete sich auf ein quid pro quo. Die Arbeiter, und nicht nur die Bolschewiki, betrachteten die Provisorische Regierung als ihren Feind. Auf Betriebsversammlungen wurden die Resolutionen für die Übertragung der Macht an die Sowjets fast einstimmig angenommen. Der Bolschewik Dingelstädt, der tätigen Anteil an dieser Agitation nahm - er fiel später einer Säuberung zum Opfer -, bestätigt das: „Es gab keine einzige Arbeiterversammlung, die eine in diesem Sinne gehaltene Resolution, falls sie von uns vorgeschlagen wurde,
2 zurückwies.“ Unter dem Druck der Versöhnler machte das Petrograder Komitee aber dieser Kampagne ein Ende. Die fortgeschrittenen Arbeiter versuchten mit allen ihren Kräften, sich von der Bevormundung durch die opportunistischen Spitzen zu befreien, wußten aber nicht, wie sie den gelehrten Argumenten vom bürgerlichen Charakter der Revolution begegnen sollten. Die verschiedenen Strömungen innerhalb des Bolschewismus kamen miteinander in Konflikt, ohne aber die letzten Schlußfolgerungen aus ihren Argumenten zu ziehen. Die Partei befand sich in abgrundtiefer Verwirrung. „Niemand wußte, welches die Losungen der Bolschewiki waren“, erinnerte sich später der

bekannte Saratower Bolschewik Antonow, „es war ein äußerst trauriges Schauspiel“. 3

Die zweiundzwanzig Tage, die Stalins Ankunft aus Sibirien (am Sonntag, dem 12. März) von der Ankunft des aus der Schweiz zurückkehrenden Lenin (am 3. April) trennen, sind wegen des Lichtes, das sie auf die politische Physiognomie Stalins werfen, von außerordentlicher Bedeutung. Plötzlich eröffnet sich vor ihm ein weites Betätigungsfeld. Weder Lenin noch Sinowjew sind in Petrograd. Kamenew ist da - der durch seine Haltung vor Gericht kompromittierte und allgemein für seine opportunistischen Tendenzen bekannte Kamenew. Swerdlow ist da, der der Partei wenig bekannt und mehr Organisator als Politiker ist. Der stürmische Spandarian war nicht mehr - er war in Sibirien gestorben. Wie 1912 war Stalin nun wieder, wenn nicht der führende, so doch einer der führenden Bolschewiki in Petrograd. Die desorientierte Partei wartete auf klare Anweisungen. Unmöglich noch länger zu schweigen. Stalin hatte auf die brennendsten Fragen zu antworten - über die Sowjets, die Macht, den Krieg, den Boden. Seine Antworten sind veröffentlicht worden; sie sprechen für sich selbst.

Sobald er in Petrograd angekommen war, das in jenen Tagen einer einzigen großen Massenversammlung glich, begab sich Stalin ins bolschewistische Hauptquartier. Die drei Mitglieder des Büros des Zentralkomitees, von einigen schreibenden Parteimitgliedern assistiert, hatten das Gesicht der „Prawda“ bestimmt. Sie hatten es tastend getan, obwohl sie die Führung der Partei in der Hand hielten. Stalin, es anderen überlassend, sich in Arbeiter- und Soldatenversammlungen die Stimmbänder zu zerreißen, verschanzte sich im Hauptquartier. Mehr als vier Jahre zuvor, nach der Prager Konferenz, war er ins Zentralkomitee kooptiert worden. Inzwischen war viel Wasser den Berg hinuntergelaufen. Doch der Verbannte aus Kureika weiß den Parteiapparat zu handhaben; er hält sein Mandat für noch immer gültig. Unter Mithilfe von Kamenew und Muranow verdrängt er zuerst einmal das „linke“ Büro des Zentralkomitees und die „Prawda“-Redaktion aus der Führung. Was er in um so brutalerer Weise tat, als er keinen Widerstand zu fürchten hatte und darauf brannte zu zeigen, daß er sich als Herr im Hause fühlte.

„Die zurückkehrenden Genossen“, schrieb Schljapnikow später, „nahmen zu unserer Arbeit eine kritische und negative Haltung ein.“ Was sie für falsch hielten, war nicht der Mangel 4

an Geschlossenheit und Entschiedenheit dieser Arbeit, sondern,
im Gegenteil, die ständigen Bemühungen, eine Trennungslinie
zwischen den Bolschewiki und den Kompromißlern zu ziehen.
Ebenso wie Kamenew stand Stalin vielmehr der Mehrheit nahe,
die die Sowjets beherrschte. Schon am 15. März erklärte die neue
Redaktion der „Prawda“, daß die Bolschewiki entschieden die
Provisorische Regierung unterstützen würden, „in dem Maße,
5 wie sie gegen die Reaktion und die Konterrevolution kämpft“.
Das Paradoxe an dieser Erklärung war, daß der einzige wesent-
liche Agent der Konterrevolution die Provisorische Regierung
selbst war. Von derselben Art waren die Antworten auf die
Kriegsfrage: solange die deutsche Armee ihrem Kaiser gehorcht,
muß der russische Soldat „fest auf seinem Posten bleiben, mit der
Kugel auf die Kugel und mit der Granate auf die Granate ant-
6 worten“. Als ob der imperialistische Charakter des Kringes vom
Kaiser abhinge! Der Artikel stammt von Kamenew, aber Stalin
machte nicht die mindeste Einwendung. Wenn sich Stalin in dieser
Zeit überhaupt von Kamenew unterschied, so nur durch eine
noch ausweichendere Haltung. „Aller Defätismus“, wurde in der
„Prawda“ erklärt, „oder vielmehr das, was eine sich hinter der
zaristischen Zensur versteckende ehrlose Presse unter dieser
Bezeichnung verleumdet hat, ist in dem Augenblick gestorben,
wo das erste revolutionäre Regiment in den Straßen von Petro-
7 grad erschienen ist.“ Das hieß, sich entschieden von Lenin los-
sagen, der für den Defätismus außerhalb der Reichweite der
zaristischen Zensur eingetreten war, und hieß, Kamenews Er-
klärungen auf dem Prozeß der bolschewistischen Dumafraktion
bestätigen. Diesmal zeichnete Stalin selbst. Was das „erste revo-
lutionäre Regiment“ anbetrifft, so bedeutete sein Erscheinen
lediglich einen Schritt von der byzantinischen Barbarei zur
imperialistischen Zivilisation.

„Der Tag, an dem die umgewandelte ‚Prawda‘ erschien“, berichtet Schljapnikow, „war ein Tag des Triumphes für die ‚Verteidiger‘. Das ganze Taurische Palais, von den Geschäftsleuten aus dem Reichsdumakomitee bis zum Exekutivkomitee, dem Herzen der revolutionären Demokratie, war mit dieser einen Neuigkeit angefüllt, dem Sieg der einsichtsvollen und gemäßigten Bolschewiki über die Extremisten. Im Exekutivkomitee selbst wurden wir mit boshaftem Lächeln empfangen... Als diese Nummer der ‚Prawda‘ in den Fabriken ankam, rief sie unter den Mitgliedern unserer Partei und unter den Sympathisierenden

Verwirrung und Empörung hervor und hämische Befriedigung bei unseren Gegnern... In den Arbeitervierteln war die Empörung gewaltig, und als die Arbeiter erfuhren, daß sich drei kürzlich aus Sibirien zurückgekommene ehemalige Redakteure der ‚Prawda‘ bemächtigt hatten, verlangten sie deren Ausschluß aus der Partei.“ 8

Schljapnikow hat seinen Text 1925 geschrieben, zu einer Zeit, wo er ihn unter dem Druck der „Troika“ Stalin, Kamenew, Sinowjew, die damals die Partei beherrschte, abschwächen mußte. Er gibt dennoch ein ziemlich klares Bild von Stalins ersten Schritten in die Arena der Revolution und von der Reaktion, die sie bei den klassenbewußten Arbeitern auslösten. Der lebhafte Protest der Wyborger Arbeiter, den die „Prawda“ alsbald in ihren Spalten abdrucken mußte, zwang die Redaktion zu größter 9
Vorsicht in den Formulierungen, aber nicht zu einer Änderung ihrer politischen Linie.

Die Politik der Sowjets war durch und durch zweideutig und kompromißlerisch. Was die Massen brauchten, war vor allem jemand, der die Dinge bei ihrem Namen nannte - eben darin besteht das Wesen der revolutionären Politik. Das tat niemand, aus Angst, das gebrechliche Gebäude der Doppelherrschaft zu erschüttern.

Der größte Berg von Lügen wurde um die Kriegsfrage herum angehäuft. Am 14. März legte das Exekutivkomitee dem Sowjet den Entwurf eines Manifestes „An alle Völker der Welt“ vor. 10
Dieses Dokument rief die Arbeiter Deutschlands und Österreich-Ungarns auf, sich zu weigern, „als Werkzeug der Eroberung und der Gewalt in den Händen der Könige, Grundbesitzer und Bankiers zu dienen“. Doch die Führer des Sowjets selbst zeigten nicht die mindeste Absicht, mit den Königen von Großbritannien und Belgien, mit dem Kaiser von Japan, mit den Bankiers und Grundbesitzern, sowohl ihren eigenen als denen der Entente-Länder, zu brechen. Das Organ Miljukows, Ministers des Auswärtigen, stellte mit Befriedigung fest, „daß sich der Aufruf in einer Ideologie bewegt, die uns und unseren Alliierten gemeinsam ist“. Das war durchaus richtig: er entsprach ganz dem Geiste 11
der französischen sozialistischen Minister seit Ausbruch des Krieges. Zur gleichen Stunde sandte Lenin über Stockholm einen Brief nach Petrograd, in dem er schrieb, daß der Revolution die Gefahr drohe, daß die alte imperialistische Politik mit neuen revolutionären Phrasen bemäntelt werde: „Ich würde eher die

Spaltung, mit wem es auch sei, in unserer Partei vorziehen, als
12 dem Sozialpatriotismus nachgeben ..." Aber Lenins Ideen fanden in jenen Tagen nicht einen Verteidiger.

Die einstimmige Annahme des Manifestes durch den Petrograder Sowjet bedeutete nicht nur den Sieg des Imperialisten Miljukow über die kleinbürgerliche Demokratie, sondern auch den Sieg Stalins und Kamenews über die linken Bolschewiki. Alle beugten die Häupter vor der Disziplin der patriotischen Lüge. „Es ist unmöglich", schrieb Stalin in der „Prawda", „den gestrigen Aufruf des Sowjets nicht willkommen zu heißen... Dieser Aufruf, wenn er die breiten Massen erreicht, wird zweifellos Hunderte und Tausende wieder zurückbringen zu der ver-
13 gessenen Losung: ‚Proletarier aller Länder, vereinigt euch!'" In Wirklichkeit hatte es an solchen Aufrufen im Westen nicht gefehlt, und alles, was sie bewirkt hatten, war, den herrschenden Klassen zu helfen, das Trugbild vom Krieg für die Demokratie aufrechtzuerhalten.

Stalins Artikel über das „Manifest" charakterisiert in ausgezeichneter Weise nicht nur seine Stellungnahme in dieser konkreten Frage, sondern seine Denkart überhaupt. Zeit und Umstände zwingen ihn vorübergehend, seinen organischen Opportunismus hinter abstrakten revolutionären Grundsätzen zu verbergen, in Wirklichkeit aber macht er mit diesen Grundsätzen kurzen Prozeß. Am Anfang des Artikels wiederholt der Verfasser fast Wort für Wort Lenins Argumentation, daß der Krieg russischerseits selbst nach dem Sturz des Zarismus seinen imperialistischen Charakter beibehalte. Wenn es sich aber darum handelt, praktische Schlußfolgerungen zu ziehen, begrüßt er, wenn auch mit vieldeutigen Einschränkungen, nichtsdestoweniger das sozialpatriotische „Manifest", und Kamenews Spuren folgend weist er darüber hinaus auch noch die revolutionäre Mobilisierung der Massen gegen den Krieg zurück. „Vor allem ist es unzweifelhaft", schreibt er, „daß die einfache Losung ‚Nieder mit dem Krieg!' unmöglich praktisch anzuwenden ist." Und der Weg, den er vorschlägt, ist, man solle auf die Provisorische Regierung einen Druck ausüben und verlangen, daß sie sofort Friedensverhandlungen einleitet. Mit Hilfe eines freundschaftlichen „Drucks" auf die Bourgeoisie, für die in der Eroberung der ganze Sinn des Krieges liegt, will Stalin zu einem „auf den Grundsätzen des Selbstbestimmungsrechts der Völker" beruhenden Frieden gelangen. Solch philisterhaften Utopismus hatte

Lenin von Beginn des Krieges an aufs schärfste bekämpft. Durch „Druck“ kann man unmöglich erreichen, daß die Bourgeoisie aufhört, Bourgeoisie zu sein: sie muß gestürzt werden. Aber vor dieser Schlußfolgerung schreckt Stalin voller Furcht zurück - genau so wie die Kompromißler.

Nicht weniger kennzeichnend war Stalins Artikel: „Über die Abschaffung der nationalen Unterdrückung“ (in der „Prawda“ vom 25. März 1917). Die Grundidee des Verfassers, den Propa- 14
gandabroschüren entnommen, die er noch auf dem Tifliser Seminar gelesen hatte, ist, daß die nationale Unterdrückung ein Überbleibsel aus dem Mittelalter sei. Der Imperialismus als Herrschaft der starken über die schwachen Nationen wird vollständig außer acht gelassen. „Die soziale Basis der nationalen Unterdrückung,“ schreibt er, „die Kraft, die sie inspiriert, ist die niedergehende Landaristokratie. In England, wo sich der Landadel mit der Bourgeoisie die Macht teilt ... ist die nationale Unterdrückung schwächer, weniger unmenschlich, vorausgesetzt natürlich, daß wir nicht den besonderen Fall in Betracht ziehen, daß im Laufe des Krieges, als die Macht in die Hände des Landadels überging, die nationale Unterdrückung beträchtlich verstärkt wurde (Verfolgung der Irländer, der Hindus).“ Die extravaganten Behauptungen, von denen der Artikel voll ist - daß in den Demokratien die Gleichheit der Nationen und der Rassen gesichert ist, daß in England bei Ausbruch des Krieges die Macht an den Landadel überging, daß die Überwindung der Feudalaristokratie die Abschaffung der nationalen Unterdrückung bedeutet - sind ganz von vulgär-demokratischem Geiste und von provinzieller Beschränktheit erfüllt. Nicht ein Wort darüber, daß der Imperialismus die nationale Unterdrückung auf einen Punkt getrieben hat, wohin sie zu treiben der Feudalismus, sei es auch nur aus ländlicher Trägheit heraus, absolut unfähig war. Der Verfasser hat auf dem Gebiete der Theorie seit Beginn des Jahrhunderts keine Fortschritte gemacht, mehr noch, er scheint seine eigene Arbeit über die nationale Frage, unter Lenins Diktat Anfang 1913 geschrieben, vollständig vergessen zu haben.

„In dem Maße, in dem die russische Revolution gesiegt hat“, schließt der Artikel, „hat sie schon die praktischen Bedingungen für die nationale Freiheit geschaffen, indem sie die auf die Leibeigenschaft gegründete Feudalmacht gestürzt hat.“ Für unseren Verfasser war die Revolution eine Sache, die bereits vollständig der Vergangenheit angehörte. Was vor ihm lag, war, ganz im

Geiste Miljukows und Tseretellis, die „Herausarbeitung der Gesetze“ und „ihre endgültige Konsolidierung“. Unterdessen blieb nicht nur die kapitalistische Ausbeutung, an deren Überwindung Stalin noch nicht einmal dachte, sondern auch der Grundbesitz, den er selbst als Basis der nationalen Unterdrückung erklärte, völlig unberührt. Russische Großgrundbesitzer vom Schlage der Rodzjanko und des Fürsten Lwow saßen in der Regierung. Von solcher Art war - selbst heute ist das kaum zu glauben! - die historische und politische Konzeption Stalins, zehn Tage bevor Lenin die Orientierung auf die sozialistische Revolution hin proklamierte.

Am 28. März, gleichzeitig mit der Konferenz der Vorsitzenden der wichtigsten Sowjets von Rußland, wurde in Petrograd die Konferenz der Bolschewiki von ganz Rußland eröffnet, die vom Büro des Zentralkomitees einberufen worden war. Obwohl ein Monat seit dem Aufstand vergangen war, herrschte in der Partei vollständige Verwirrung, eine Verwirrung, die die Leitung in den beiden letzten Wochen nur noch vertieft hatte. Irgendeine Abgrenzung der politischen Tendenzen hatte noch nicht stattgefunden. In der Verbannung war dazu die Ankunft Spandarians notwendig gewesen, jetzt wartete die Partei auf Lenin. Extreme Chauvinisten wie Woitinsky und Eliava und andere nannten sich weiterhin Bolschewiki und nahmen an der Parteikonferenz Seite an Seite mit denen teil, die sich als Internationalisten betrachteten. Die Patrioten drückten sich mit weitaus mehr Kühnheit und Entschlossenheit aus als die Halbpatrioten, die sich ständig duckten und rechtfertigten. Die Mehrheit der Delegierten gehörte zum zentristischen „Sumpf“ und fand ihren natürlichen Sprecher in Stalin. „Die Einstellung zur provisorischen Regierung ist bei allen die gleiche“, sagte der Delegierte von Saratow, Wassiljew. „In bezug auf die praktischen Schritte besteht keine Meinungsverschiedenheit zwischen Stalin und Woitinsky“, stellte
15 Krestinsky mit Befriedigung fest. Woitinsky ging schon am nächsten Tage zu den Menschewiki über, und sieben Monate später führte er eine Kosakenabteilung gegen die Bolschewiki.

Kamenews Haltung auf dem Prozeß schien nicht vergessen worden zu sein. Möglicherweise wurde unter den Delegierten auch von dem geheimnisvollen Telegramm an den Großfürsten gesprochen. Vielleicht hat Stalin in seiner tückischen Art an diese Irrtümer seines Freundes erinnert. Auf jeden Fall wurde das politische Hauptreferat über die Einstellung zur provisori-

schen Regierung nicht Kamenew, sondern dem weniger bekannten Stalin übertragen. Das Protokoll davon ist aufbewahrt wor- 16
den und stellt für den Historiker und Biographen ein Dokument von unschätzbarem Wert dar: es geht um das zentrale Problem der Revolution, die Beziehungen zwischen den Sowjets, die sich auf die bewaffneten Arbeiter und Soldaten stützen, und der bürgerlichen Regierung, deren Existenz nur vom guten Willen der Führer der Sowjets abhängt. „Die Regierungsmacht ist in zwei Organe aufgeteilt", sagte Stalin, „von denen keines die volle Macht hat. In Wirklichkeit hat der Sowjet die Initiative bei den revolutionären Umänderungen; der Sowjet ist der revolutionäre Führer des aufständischen Volkes, das Organ, das die Provisorische Regierung kontrolliert. Die Provisorische Regierung hat in Wirklichkeit die Aufgabe übernommen, die Eroberungen des revolutionären Volkes zu konsolidieren. Der Sowjet mobilisiert die Kräfte und übt die Kontrolle aus, die Provisorische Regierung, zögernd und verwirrt, übernimmt die Rolle, die Eroberungen zu konsolidieren, die das Volk schon tatsächlich gemacht hat." Dies Zitat ist ein ganzes Programm wert!

Der Redner stellt die Beziehungen zwischen den beiden Hauptklassen der Gesellschaft wie die Arbeitsteilung zwischen zwei „Organen" dar: die Sowjets, das heißt, die Arbeiter und Soldaten, machen die Revolution; die Regierung, das heißt die Kapitalisten und liberalen Grundeigentümer, „konsolidieren" sie. In den Jahren 1905-1907 hatte Stalin selbst, Lenin wiederholend, mehr als einmal geschrieben: „Die russische Bourgeoisie ist gegenrevolutionär, sie kann weder die Triebkraft noch viel weniger die Führerin der Revolution sein; sie ist der geschworene Feind der Revolution, und gegen sie muß ein hartnäckiger Kampf geführt werden." Diese politische Leitidee des Bolschewismus war durch den Verlauf der Februarrevolution keineswegs widerlegt worden. Miljukow, der Führer der liberalen Bourgeoisie, hatte einige Tage vor dem Aufstand auf einer Konferenz seiner Partei erklärt: „Wir spazieren auf einem Vulkan. Wie die Regierungsmacht auch sein mag - gut oder schlecht -, wir brauchen jetzt mehr denn je eine starke Regierung." Nachdem der 17
Aufstand trotz des Widerstandes der Bourgeoisie ausgebrochen war, blieb den Liberalen nichts anderes mehr übrig, als sich auf den durch den Sieg des Aufstandes geschaffenen Boden der Tatsachen zu stellen. Und eben derselbe Miljukow, der noch am

Vorabend erklärt hatte, daß eine Rasputin-Monarchie besser sei als ein Vulkanausbruch, leitete jetzt die provisorische Regierung, die nach Stalin die Errungenschaften der Revolution „konsolidieren" sollte, die sie in der Tat aber nur zu ersticken suchte. Für die aufständischen Massen bedeutete die Revolution die Abschaffung der alten Eigentumsformen, eben jener Formen, die die provisorische Regierung verteidigte. Stalin stellte den unversöhnlichen Klassenkampf, der sich allen Anstrengungen der Versöhnler zum Trotz jeden Tag in einen Bürgerkrieg zu verwandeln drohte, als eine einfache Arbeitsteilung zwischen zwei Apparaten dar. Selbst der linke Menschewik Martow ging nicht so weit. Das war Tseretellis Theorie - und Tseretelli war das Orakel der Kompromißler - in ihrer vulgärsten Ausdrucksform: auf der Arena der sogenannten Demokratie bewegen sich die „gemäßigten" und die „entschlosseneren" Kräfte, sie teilen sich die Arbeit, die einen erobern, die anderen befestigen. Wir haben hier das Schema der zukünftigen stalinistischen Politik in China (1924-1927) und in Spanien (1934-1939) sowohl als auch bei allen unglückseligen „Volksfronten" in fertiger Form vor uns.

„Es liegt nicht in unserem Vorteil, jetzt den Verlauf der Ereignisse voranzutreiben", fuhr der Redner fort, „und die Aufspaltung der bürgerlichen Schichten zu fördern... Wir müssen Zeit gewinnen, indem wir die Aufspaltung der mittleren Schichten der Bourgeoisie bremsen, um uns auf den Kampf gegen die Provisorische Regierung vorzubereiten." Die Delegierten nahmen diese Argumente mit einer gewissen Unruhe auf. „Nicht die Bourgeoisie erschrecken", das war immer das Losungswort Plechanows und im Kaukasus das Jordanias gewesen. Der Bolschewismus war im heftigsten Kampf gegen diese Strömung gewachsen. „Die Aufspaltung der Bourgeoisie bremsen", das ist nur möglich, wenn man den Klassenkampf des Proletariats bremst; das sind im Grunde nur die beiden Seiten eines und desselben Prozesses. „Wenn man davon sprach, nicht die Bourgeoisie zu erschrecken", hatte Stalin selbst im Jahre 1913, kurze Zeit vor seiner Verhaftung geschrieben, „rief man nur ein Lächeln hervor, denn es war klar, daß sich die Sozialdemokratie anschickte, diese Bourgeoisie nicht nur zu ‚erschrecken', sondern sie in der
18 Person ihrer Anwälte, der Kadetten, zu vertreiben." Es ist allerdings schwer zu verstehen, wieso ein alter Bolschewik die vierzehn Jahre lange Geschichte seiner Fraktion so weit vergessen

konnte, daß er im kritischsten Augenblick zu den schlimmsten
menschewistischen Formeln griff. Die Erklärung ist in Stalins
Mentalität zu suchen: er ist für allgemeine Ideen unempfänglich,
und sein Gedächtnis hält sie nicht zurück. Er bedient sich ihrer
je nach Bedarf, von Fall zu Fall, und wirft sie ohne Bedauern und
fast automatisch beiseite. In dem Artikel aus dem Jahre 1913
ging es um die Dumawahlen. „Die Bourgeoisie aus ihren Stel-
lungen zu vertreiben" bedeutete einfach, den Liberalen Mandate
abzujagen. Jetzt handelte es sich um die revolutionäre Über-
wältigung der Bourgeoisie. Diese Aufgabe verwies Stalin in eine
ferne Zukunft. Im gegenwärtigen Augenblick hielt er es ganz
wie die Menschewiki für notwendig, „sie nicht zu erschrecken".

Nach der Verlesung der Resolution des Zentralkomitees, die
er selbst mit ausgearbeitet hatte, erklärte Stalin unerwarteter-
weise, daß er „mit ihr nicht ganz einverstanden sei und die vom
Krasnojarsker Sowjet eingebrachte Resolution unterstützen
werde". Was sich da hinter den Kulissen abgespielt hat, ist nicht 19
klar. Stalin kann auf seinem Rückweg von Sibirien selbst an der
Abfassung der Resolution des Krasnojarsker Sowjets beteiligt
gewesen sein. Möglich ist, daß er jetzt, nachdem er den Geistes-
zustand der Delegierten kennengelernt hatte, versuchte, sich von
Kamenew etwas abzugrenzen. Jedoch steht die Krasnojarsker
Resolution auf einem noch tieferen Niveau als das Petrograder
Dokument. „... es vollständig klarzumachen, daß die einzige
Quelle der Macht und der Autorität der Provisorischen Regierung
der Volkswille ist, dem die Provisorische Regierung vollständig
zu gehorchen hat, und die Provisorische Regierung nur in dem
Maße zu unterstützen ... wie sie es unternimmt, die Forderun-
gen der Arbeiterklasse und der revolutionären Bauernschaft zu
erfüllen." Das aus Sibirien herbeigebrachte Geheimmittel stellte 20
sich als ganz einfach heraus: die Bourgeoisie hat dem Volke
„vollständig zu gehorchen" und die Forderungen der Arbeiter
und Bauern „zu erfüllen". In einigen Wochen sollte die Formel
von der Unterstützung der Bourgeoisie „in dem Maße, wie ..."
zum allgemeinen Gespött werden. Indes protestieren schon jetzt
einige Delegierte gegen die Unterstützung der Regierung des
Fürsten Lwow: diese Idee stand allzusehr im Widerspruch mit
der ganzen Tradition des Bolschewismus. Am nächsten Tage war
der Sozialdemokrat Steklow, selbst Anhänger der Formel „in
dem Maße, wie", aber als Mitglied der „Kontaktkommission"
gut darüber informiert, was innerhalb der Rechten vorging, so

unvorsichtig, auf der Sowjetkonferenz ein derartiges Bild von der
Tätigkeit der Provisorischen Regierung zu entwerfen - Oppo-
sition gegen die sozialen Reformen, Kampf für die Monarchie,
Kampf für Annexionen -, daß die lebhaft beunruhigte bolsche-
wistische Konferenz die Unterstützungsformel fallen ließ. „Es
ist klar, daß es nun nicht um die Frage der Unterstützung geht“,
erklärte der gemäßigte Nogin, der die Auffassung der meisten
21 übrigen ausdrückte, „sondern um Opposition.“ Dieselbe Auf-
fassung vertrat der Delegierte Skrypnik, der dem linken Flügel
angehörte: „Seit der gestrigen Rede Stalins hat sich viel ge-
ändert... Die Provisorische Regierung bereitet ein Komplott
gegen die Revolution und das Volk vor... und die Resolution
22 spricht von Unterstützung.“ Entmutigt, schlägt Stalin, dessen
Einschätzung der Situation nicht vierundzwanzig Stunden lang
der Probe standgehalten hatte, vor, „eine Kommission zur Ab-
änderung der Unterstützungsklausel zu ernennen“. Die Kon-
ferenz geht darüber hinaus: „Die Mehrheit beschließt gegen
vier Stimmen, daß die Klausel über die Unterstützung aus der
23 Resolution zu streichen ist.“

Man sollte meinen, daß das ganze Schema unseres Redners
über die Arbeitsteilung zwischen Proletariat und Bourgeoisie in
Vergessenheit geraten wäre. In Wirklichkeit wurde aus der Re-
solution nur ein Satz herausgenommen, nicht aber die Idee.
Die Furcht, „die Bourgeoisie zu erschrecken“, blieb. Die
Resolution lief im wesentlichen darauf hinaus, die Provisorische
Regierung „zum energischsten Kampf für die vollständige Be-
seitigung des alten Regimes“ aufzufordern, indes diese Regierung
den „energischsten Kampf“ für die Wiederherstellung der Mon-
archie führte. Die Konferenz kam nicht über einen freund-
schaftlichen Druck auf die Liberalen hinaus. Von einem selb-
ständigen Kampf für die Eroberung der Macht, sei es auch nur
im Namen der demokratischen Aufgaben, war keine Rede. Wie
um den wirklichen Inhalt der angenommenen Entschließungen
noch klarer herauszuschälen, erklärte Kamenew auf der Sowjet-
konferenz, die zu gleicher Zeit abgehalten wurde, daß er in bezug
auf die Frage der Macht „glücklich“ sei, die Stimme der Bolsche-
wiki für die offizielle, von dem Führer der rechten Menschewiki,
Dan, eingebrachte und verteidigte Resolution abgeben zu kön-
24 nen. Im Lichte dieser Tatsachen mußte die Spaltung von 1903,
die auf der Prager Konferenz von 1913 noch vertieft worden war,
wie ein Mißverständnis erscheinen.

Es ist also kein Zufall, daß auf der bolschewistischen Konferenz am nächsten Tage über den Vorschlag verhandelt wurde, die beiden Parteien zu vereinigen - ein Vorschlag, der von Tseretelli, einem anderen Führer der rechten Menschewiki, ausgegangen war. Stalin nahm diesem Vorschlag gegenüber eine äußerst zustimmende Haltung ein: „Wir müssen annehmen. Wir müssen unsere Vorschläge über die Linie der Vereinigung festlegen. Die Vereinigung ist auf der Linie Zimmerwald-Kienthal möglich.“ Das war die „Linie“ 25
der beiden sozialistischen Tagungen, die in der Schweiz stattgefunden und auf denen die gemäßigten Pazifisten überwogen hatten. Molotow, der zwei Wochen zuvor gestraft worden war, weil er zu links gewesen war, machte schüchterne Einwendungen: „Tseretelli will voneinander verschiedene Elemente vereinigen ... Die Vereinigung auf dieser Linie ist falsch ...“ Salutzki, eins der zukünftigen Opfer der Säuberungen, protestierte entschiedener: „Von dem bloßen Wunsch der Vereinigung ausgehen, das kann ein Träumer tun, aber nicht ein Sozialdemokrat ... Es ist unmöglich, sich auf der Basis eines oberflächlichen Einverständnisses mit Zimmerwald-Kienthal zu vereinigen ... Es ist notwendig, eine genaue Plattform aufzustellen.“ Doch der zum Träumer erklärte Stalin blieb der Ansicht: „Wir dürfen nicht vorgreifen und Meinungsverschiedenheiten vorwegnehmen. Ohne Meinungsverschiedenheiten gibt es kein Leben in der Partei. Innerhalb der Partei werden wir diese geringen Meinungsverschiedenheiten schon beilegen.“ Man traut seinen Augen 26
nicht: die Gegensätze zu Tseretelli, dem leitenden Kopf der Sowjetmehrheit, werden von Stalin zu „geringen Meinungsverschiedenheiten“ erklärt, die innerhalb der Partei „beigelegt“ werden könnten. Diese Debatte fand am 1. April statt. Drei Tage später erklärte Lenin Tseretelli den Krieg auf Leben und Tod. Zwei Monate später entwaffnete und verhaftete Tseretelli die Bolschewiki.

Die Konferenz vom März 1917 ist höchst bedeutend für die Beurteilung der Mentalität der führenden Schichten der bolschewistischen Partei unmittelbar nach der Februarrevolution - und ganz besonders für die Beurteilung des Geisteszustandes von Stalin nach seiner Rückkehr aus Sibirien, wo er vier Jahre lang auf sich selbst angewiesen war. Aus den Seiten des dünnen Protokolls ersteht er vor uns als ein plebejischer Demokrat und beschränkter Provinzler, der, dem Zuge der Zeit folgend, marxistisch geschminkt ist. Seine Artikel und Reden aus jenen Wochen werfen ein helles Licht auf seine Einstellung während der Kriegsjahre: hätte er sich in Sibirien Lenins Ideen auch nur um einen Schritt genähert, wie es die zwanzig Jahre später geschriebenen Memoiren wollen, dann hätte er nicht im März 1917 so tief im Morast des Opportunismus versinken können. Lenins Abwesenheit und Kamenews Einfluß ermöglichten ihm, sich am Vorabend der Revolution so zu zeigen, wie er wirklich war, und seine zutiefst eingewurzelten Züge hervorzukehren: Mißtrauen gegen die Massen, Mangel an Einbildungskraft, Kurzsichtigkeit, Neigung, der Linie des geringsten Widerstandes zu folgen. Diese Charakteristiken werden wir in späteren Jahren jedesmal wieder beobachten, wenn Stalin bei wichtigen Ereignissen eine führende Rolle spielt. Kein Wunder, daß die Märzkonferenz, auf der sich Stalin als Politiker so klar enthüllte, jetzt aus der Geschichte der Partei ausradiert ist und die Protokolle darüber hinter Schloß und Riegel gehalten werden. Im Jahre 1923 wurden drei Abschriften davon insgeheim für die Mitglieder der „Troika“ angefertigt, für Stalin, Sinowjew, Kamenew. Erst 1926, als Sinowjew und Kamenew zu Stalin in Opposition traten, erhielt ich von ihnen dieses bemerkenswerte Dokument und war so später in der Lage, es im Ausland zu veröffentlichen.

Schließlich und endlich unterscheiden sich aber die Protokolle nicht wesentlich von den „Prawda“-Artikeln und vervollständigen sie nur. Es bleibt aus jenen Tagen keine Erklärung, kein Vorschlag, kein Protest, in denen Stalin in mehr oder weniger klarer Weise den bolschewistischen Gesichtspunkt gegen die kleinbürgerlich-demokratische Politik geltend gemacht hätte. Einer der Historiker dieser Periode, der linke Menschewik Suchanow, Verfasser des oben erwähnten Aufrufs „An die Werktätigen der ganzen Welt“, schreibt in seinen unersetzlichen „Randbemerkungen zur Revolution“: „Außer Kamenew hatten die Bolschewiki damals Stalin im Exekutivkomitee... Während der Zeit seiner bescheidenen Tätigkeit... machte er - und nicht nur auf mich allein - den Eindruck eines grauen Flecks, der gelegentlich auftaucht und dann wieder verschwindet. Mehr ist
27 wirklich nicht über ihn zu sagen.“ Suchanow hat seine Weigerung, mehr zu sagen, später mit dem Leben bezahlt.

Am 3. April kamen, nachdem sie das mit Rußland im Krieg liegende Deutschland durchquert hatten, Lenin, die Krupskaja, Sinowjew und andere auf dem Finnländischen Bahnhof in Petrograd an... Eine von Kamenew geführte Gruppe von Bolschewiki

war Lenin nach Finnland entgegengefahren. Stalin war nicht dabei, und diese unscheinbare Tatsache zeigt besser als alles andere, daß von nichts, was auch nur entfernt nach einer persönlichen Beziehung zwischen Lenin und Stalin aussah, die Rede sein konnte. „Kaum war er zurückgekommen und hatte sich auf den Diwan gesetzt“, erzählt Raskolnikow, Marineoffizier und späterer Sowjetdiplomat, „als Wladimir Iljitsch schon Kamenew anging: ‚Was schreibt ihr da in der Prawda? Wir haben einige Nummern gesehen und haben uns sehr über euch geärgert‘ ...“ 28
Kamenew war, nach Jahren gemeinsamer Arbeit im Ausland, an solche kalten Duschen gewöhnt. Sie minderten seine Liebe und Bewunderung für Lenin nicht, für den ganzen Lenin, seine Leidenschaft, seine Tiefe, seine Einfachheit, seine witzigen Bemerkungen, über die Kamenew lachte, bevor sie ausgesprochen waren, seine Handschrift, die er unfreiwillig imitierte. Viele Jahre später entsann sich jemand, daß Lenin unterwegs nach Stalin gefragt hatte. Diese ganz natürliche Frage - Lenin hatte sich sicherlich nach allen Mitgliedern des alten bolschewistischen Generalstabs erkundigt - diente später als Vorwurf für einen sowjetischen Film.

Ein aufmerksamer und gewissenhafter Beobachter schreibt über das erste öffentliche Auftreten Lenins in einer bolschewistischen Versammlung: „Nie werde ich diese donnernde Rede vergessen, die nicht nur mich, den zufällig gekommenen Häretiker, aufwühlte und erschütterte, sondern auch alle gläubigen Bolschewiki. Ganz sicher hatte niemand etwas Ähnliches erwartet.“ 29
Es handelte sich nicht um oratorische Donnerschläge, mit denen Lenin sparsam umging, sondern um die ganze Richtung seines Denkens. „Was wir brauchen, ist keine parlamentarische Republik, was wir brauchen, ist nicht eine bürgerliche Demokratie, was wir brauchen, das ist keine andere Regierung als der Sowjet der Arbeiterdeputierten, der Soldaten und der armen Bauern!“ 30
In der Koalition der Sozialisten mit der liberalen Bourgeoisie, das heißt in der „Volksfront“ von damals, sah Lenin nur Volksverrat. Die übliche Formel von der „revolutionären Demokratie“, die die Arbeiter und die Kleinbürger, die Volkstümler, die Menschewiki und die Bolschewiki in einen Topf warf, überschüttete er mit beißendem Spott. In den versöhnlerischen Parteien, die die Sowjets beherrschten, sah er nicht Verbündete, sondern unversöhnliche Feinde. „Dies allein reichte in jenen Tagen aus“, bemerkt Suchanow, „um zu bewirken, daß den Zuhörern schwindlig zu werden begann.“ 31

Die Partei wurde von Lenin ebensosehr überrascht wie von der Februarrevolution. All die Kriterien, die Losungen und Redewendungen, die sich in den fünf Revolutionswochen herausgebildet hatten, waren zunichte gemacht. „Er griff die Taktik, die die leitenden Parteigruppen und einzelne Genossen vor seiner Ankunft befolgt hatten, scharf an“, schreibt Raskolnikow. Das betraf in erster Linie Stalin und Kamenew. „Die verantwortlichsten Parteiarbeiter waren anwesend. Aber auch für sie war
32 Iljitschs Rede etwas vollständig Neues.“ Eine Diskussion fand nicht statt. Alle waren wie betäubt. Niemand wollte sich den Schlägen dieses schrecklichen Führers aussetzen. Unter sich, in den Ecken, flüsterten sie, daß Iljitsch zu lange im Ausland gewesen wäre, daß er die Verbindung mit Rußland verloren hätte, daß er die Situation nicht überschaue, schlimmer noch, daß er auf die Position des Trotzkismus übergegangen wäre. Stalin, gestern noch Hauptreferent auf der Parteikonferenz, hüllte sich in Schweigen. Er erfaßte, daß er eine fürchterliche Dummheit begangen hatte, viel folgenschwerer als die auf dem Stockholmer Parteitag, als er die Landaufteilung propagierte, oder die vom Jahr darauf, als er für kurze Zeit Boykottist gewesen war. Es war entschieden besser, jetzt im Schatten zu bleiben. Niemand sorgte sich darum, was Stalin über die Sache dachte. Niemand erinnerte sich später in seinen Memoiren daran, was Stalin in den folgenden Wochen tat.

Lenin blieb inzwischen nicht müßig: er beobachtete die Lage mit scharfen Augen, marterte seine Freunde mit Fragen, forschte die Arbeiter aus. Schon einen Tag nach seiner Rede legte er der Partei eine kurze Zusammenfassung seiner Gesichtspunkte vor.
33 Sie wurde unter der Bezeichnung „Thesen vom Vierten April“ das bedeutendste Dokument der Revolution. Lenin wagte nicht nur die Liberalen „zu erschrecken“, sondern auch die Mitglieder des bolschewistischen Zentralkomitees. Er spielte mit den anmaßenden Leitern der Sowjetparteien nicht Versteck, sondern deckte die Logik des Klassenkampfes auf. Nachdem er die schüchterne und ohnmächtige Formel „in dem Maße, wie ...“ ausgeschaltet hatte, zeigte er der Partei die Aufgabe, die vor ihr stand: die Macht zu erobern. Aber zuerst und vor allem war es nötig festzustellen, wer der Feind ist. Die monarchistischen „Schwarzen Hundert“, die sich in die Winkel verkrochen hatten, waren bedeutungslos. Der Generalstab der bürgerlichen Konterrevolution war das Zentralkomitee der Kadettenpartei und die von diesem

inspirierte Provisorische Regierung. Letztere aber hält sich nur
dank den Sozialrevolutionären und den Menschewiki, die sich
ihrerseits auf die Leichtgläubigkeit der Massen stützen. Unter
diesen Umständen konnte keine Rede davon sein, revolutionäre
Gewalt anzuwenden. Zuerst mußten die Massen gewonnen wer-
den. Anstatt sich mit den Volkstümlern und Menschewiki zu
vereinigen und zu verbrüdern, mußte man sie vor den Arbeitern,
Soldaten und Bauern als Agenten der Bourgeoisie bloßstellen.
„Die wirkliche Regierung ist der Sowjet der Arbeiterdeputier-
ten ... Unsere Partei befindet sich im Sowjet in der Minderheit ...
Da ist nichts zu machen! Wir müssen sie aufklären - geduldig,
beharrlich, systematisch aufklären - über den Irrtum ihrer
Taktik. Solange wir in der Minderheit sind, besteht unsere Ar-
beit in der Kritik, um die Massen aufzuklären.“ Alles war ein- 34
fach und verständlich an diesem Programm, und jeder Nagel
war auf dem richtigen Fleck eingeschlagen. Die „Thesen“ trugen
nur eine Unterschrift: „Lenin“. Weder das Zentralkomitee noch
die „Prawda“-Redaktion wollten dieses explosive Dokument
gegenzeichnen.

Am selben 4. April erschien Lenin auf der Parteikonferenz,
auf der Stalin seine Theorie von der friedlichen Arbeitsteilung
zwischen der Provisorischen Regierung und den Sowjets dar-
gelegt hatte. Welch grausamer Kontrast! Um ihn abzuschwächen,
nahm Lenin gegen seine Gewohnheit keine Analyse der schon
angenommenen Resolutionen vor, sondern drehte ihnen einfach
den Rücken. Er hob die Konferenz auf ein höheres Niveau. Er
zwang sie, alles in einer neuen Perspektive zu sehen, einer Per-
spektive, von der die behelfsmäßigen Führer überhaupt nichts ge-
ahnt hatten. „Warum hat man nicht die Macht übernommen?“,
fragte der neue Hauptredner und zählte die üblichen Erklärungen 35
auf: die Revolution sei bürgerlich, sie befinde sich noch in ihrer
ersten Etappe, der Krieg schaffe besondere Schwierigkeiten usw.
„Das ist alles Unsinn. Tatsache ist, daß das Proletariat sich
seiner Aufgabe nicht bewußt genug und nicht genügend organi-
siert ist. Das muß eingesehen werden. Die materielle Kraft ist
in den Händen des Proletariats, aber die Bourgeoisie ist aufmerk-
sam und vorbereitet.“ Aus der Sphäre der Pseudo-Objektivität
heraus, in der Stalin, Kamenew und andere den Aufgaben der
Revolution auszuweichen versuchten, trug Lenin das Problem
in die Sphäre des Bewußtseins und der Aktion. Das Proletariat
hat im Februar die Macht nicht übernommen, nicht, weil die

Soziologie das verbot, sondern weil es sich von den Kompromißlern im Interesse der Bourgeoisie täuschen lassen hat - und das ist alles! „Selbst unsere Bolschewiki“, fuhr er fort, ohne noch jemand namentlich zu nennen, „schenken der Regierung Vertrauen. Das kann man nur mit dem Rausch erklären, den die Revolution erzeugt hat. Das ist der Ruin des Sozialismus ... Wenn es so ist, dann gehen wir nicht denselben Weg. Lieber will ich in der Minderheit bleiben...“ Stalin und Kamenew konnten unschwer feststellen, daß es sich um sie handelte. Die ganze Konferenz verstand, um wen es ging. Die Delegierten wußten, daß Lenin nicht spaßte, wenn er mit der Spaltung drohte. Wie weit war das alles von „in dem Maße, wie...“ und überhaupt von der alltäglichen Politik der voraufgegangenen Tage entfernt!

In der Kriegsfrage wurde die Achse mit nicht weniger Entschiedenheit verlagert. Nikolaus Romanow ist gestürzt. Die Provisorische Regierung hat halb und halb die Republik versprochen. Hat sich dadurch der Charakter des Krieges verändert? In Frankreich gibt es seit langem eine Republik, und zwar nicht zum ersten Male; der Krieg, den dieses Land führt, ist nichtsdestoweniger ein imperialistischer Krieg. Der Charakter des Krieges wird von dem Charakter der herrschenden Klasse bestimmt. „Wenn die Massen erklären, daß sie keine Eroberungen wollen, dann glaube ich ihnen. Wenn Gutschkow und Lwow sagen, daß sie keine Eroberungen wollen, dann lügen sie.“ Dieses einfache Kriterium ist tief wissenschaftlich und zugleich jedem Soldaten in den Schützengräben zugänglich. Dann führte Lenin einen Streich gegen die „Prawda“, die er bei ihrem Namen nannte: „Von der Regierung der Kapitalisten verlangen, daß sie auf Annexionen verzichte, das ist Unsinn, das sind schlechte Scherze...“ Diese Worte waren direkt auf Stalin gemünzt. „Den Krieg durch einen Frieden beenden, der nicht auf Gewalt beruht, das ist unmöglich, ohne das Kapital zu stürzen!“ Die Kompromißler aber unterstützen das Kapital und die „Prawda“ unterstützt die Kompromißler. „Der Aufruf des Sowjets enthält nicht ein Wort, das von Klassenbewußtsein durchdrungen wäre. Nichts als Phrasen!“ Es handelt sich um denselben Aufruf, den Stalin als eine Stimme des Internationalismus begrüßt hatte. „Solange noch die alten Bündnisse bestehen, die alten Verträge, die alten Kriegsziele, solange sind die pazifistischen Phrasen nur ein Mittel, um die Massen zu täuschen. Wodurch sich Rußland auszeichnet, das ist der außerordentlich geschwinde Übergang von wilder Gewalt zu feinster Täuschung." Drei Tage vorher hatte sich Stalin zur Vereinigung mit der Partei Tseretellis bereiterklärt. „Ich höre", sagte Lenin, „daß es in Rußland eine Vereinheitlichungstendenz gibt; die Vereinigung mit den Verteidigern ist Verrat am Sozialismus. Ich glaube, daß es besser ist, allein zu bleiben wie Liebknecht. Einer gegen Hundertzehn!" Es ist sogar nicht länger möglich, denselben Namen zu tragen wie die Menschewiki, den Namen „Sozialdemokraten". „Mein persönlicher Vorschlag ist, den Namen der Partei zu ändern und sie Kommunistische Partei zu nennen." Nicht ein einziger Konferenzteilnehmer, selbst nicht der mit Lenin zusammen angelangte Sinowjew, unterstützte diesen Vorschlag, der ein frevelhafter Bruch mit der eigenen Vergangenheit zu sein schien.

Die „Prawda", die weiterhin von Kamenew und Stalin geleitet wurde, erklärte, daß die Thesen Lenins seine persönliche Meinung wären, daß das Büro des Zentralkomitees diese Meinung nicht teile und daß die „Prawda" an ihrer alten Politik festhalte. 36
Die Erklärung war von Kamenew geschrieben. Stalin schwieg. Er sollte jetzt für lange Zeit schweigen müssen. Lenins Ideen schienen ihm die Phantasmagorien eines Emigranten zu sein, aber er wartete ab, wie der Parteiapparat reagieren würde. „Man muß offen zugeben", schrieb später der Bolschewik Angarski, der dieselbe Entwicklung wie die andern durchmachte, „daß eine große Anzahl von alten Bolschewiki ... in der Frage des Charakters der Revolution von 1917 die alten bolschewistischen Konzeptionen von 1905 beibehielt und daß es nicht leicht war, diese Konzeptionen als überholt anzuerkennen und sich von ihnen loszumachen." In Wirklichkeit handelte es sich nicht um „eine 37
große Anzahl von alten Bolschewiki", sondern um alle ohne Ausnahme. Auf der Märzkonferenz, auf der die Kader der Partei des ganzen Landes versammelt gewesen waren, hatte sich nicht eine einzige Stimme zugunsten des Kampfes für die Sowjetmacht erhoben. Alle mußten sich umstellen. Von den sechzehn Mitgliedern des Petrograder Komitees bekannten sich nur zwei zu den Thesen, und auch sie nicht sogleich. „Viele Genossen gaben vor", berichtet Tsichon, „daß Lenin den Kontakt mit Rußland verloren habe, daß er die gegenwärtigen Bedingungen nicht in Betracht zöge usf." Ein Bolschewik aus der Provinz, Lebedew, 38
erzählt, wie Lenins Tätigkeit von den Bolschewiki anfänglich verurteilt wurde: „sie stellte sich als utopisch heraus und er-

39 klärte sich durch die lange Trennung vom russischen Leben."
Einer der Einflüsterer dieses Urteils war zweifellos Stalin, der
immer schon die „Ausländer" von oben herab behandelt hatte.
Einige Jahre später erinnerte sich Raskolnikow des folgenden:
„Wladimir Iljitschs Ankunft rief eine völlige Umstellung in der
Taktik unserer Partei hervor. Offen gestanden, herrschte vor
seiner Ankunft ziemlich große Verwirrung in der Partei... Die
Aufgabe der Machtergreifung war als ein fernes Ideal dargestellt
worden... Es wurde als ausreichend betrachtet, die Provisorische
Regierung mit diesen oder jenen Einschränkungen zu unter-
stützen... Die Partei verfügte über keinen Führer, der genügend
Autorität besessen hätte, sie zu einem Block zusammenzu-
40 schweißen und sie hinter sich her zu führen." Im Jahre 1922
konnte es Raskolnikow nicht in den Sinn kommen, in Stalin
einen „Führer mit genügender Autorität" zu sehen. „Unsere
Führer", schreibt ein Arbeiter aus dem Ural, Markow, den die
Revolution an der Drehbank angetroffen hatte, „tappten vor der
Ankunft Wladimir Iljitschs im Finstern... die Stellung unserer
41 Partei klärte sich mit dem Erscheinen seiner berühmten Thesen."
„Erinnert euch daran, welche Aufnahme die Aprilthesen Wladi-
mir Iljitschs fanden", sagte Bucharin kurze Zeit nach Lenins Tod,
„als ein Teil unserer eigenen Organisation sie als nichts anderes
denn einen Verrat an der allgemein anerkannten marxistischen
42 Ideologie betrachtete." Dieser „Teil unserer eigenen Organisation"
- das war ausnahmslos ihre ganze führende Schicht gewesen.
„Mit Lenins Ankunft in Rußland 1917", schrieb Molotow im
Jahre 1924, „fühlte unsere Partei festen Boden unter ihren Füßen...
Vor diesem Augenblick suchte die Partei tastend ihren Weg,
schwächlich und unentschieden... Es fehlte der Partei an der
Klarheit und Entschlossenheit, die die revolutionären Umstände
43 erforderten..." Vor allen anderen und am genauesten und
klarsten hat Ludmilla Stahl den Umschwung beschrieben: „Vor
Lenins Ankunft irrten alle Genossen in der Finsternis", schreibt
sie am 14. April 1917, im Augenblick der schwersten Krise in
der Partei. „Wir sahen die schöpferische Initiative des Volkes,
aber wir wußten sie nicht in Rechnung zu stellen... Unsere Ge-
nossen beschränkten sich auf die Vorbereitungen für die Kon-
stituante mit Hilfe parlamentarischer Methoden und faßten nicht
einmal die Möglichkeit ins Auge, weiter zu gehen. Indem wir
Lenins Losungen übernehmen, werden wir das tun, was das
44 Leben selbst von uns zu tun verlangt."

Für Stalins persönliches Prestige war der Aprilumschwung in der Partei ein harter Schlag. Er war aus Sibirien mit der Autorität des alten Bolschewiken zurückgekommen, mit dem Titel eines Mitglieds des Zentralkomitees, mit der Unterstützung Kamenews und Muranows. Auch er hatte mit einer „Umstellung" eigener Fabrikation begonnen, indem er die Politik der örtlichen Leiter als zu radikal abgelehnt und sich mit einer Artikelserie in der „Prawda", einer Konferenzrede und seiner Zustimmung zur Krasnojarsker Resolution bloßgestellt hatte. Mitten in dieser Aktivität, die ihrer ganzen Art nach die eines Leiters war, erschien Lenin. Er kam auf die Konferenz wie ein Schulinspektor in die Klasse und, nachdem er einige Sätze aufgefangen hatte, drehte er dem Lehrer den Rücken zu und wischte dessen hinfälliges Gekritzel mit dem nassen Schwamm von der Tafel. Das Gefühl der Verblüffung und Empörung, das zuerst unter den Delegierten vorherrschte, schlug in Bewunderung um. Stalin empfand keine Bewunderung; er fühlte sich tief verletzt, verspürte nur Hilflosigkeit und scheelen Neid. Er war vor der ganzen Partei viel härter gedemütigt worden als nach der unglückseligen Periode, in der er die „Prawda" geleitet hatte, auf der Krakauer Konferenz mit ihrer beschränkten Teilnehmerzahl. Den Kampf aufzunehmen, wäre unnütz gewesen: auch er sah jetzt neue Horizonte, deren Existenz er gestern noch nicht geahnt hatte. Da blieb nur, die Zähne zusammenzubeißen und zu schweigen. Die Erinnerung an die von Lenin im April 1917 bewerkstelligte Umwälzung drang für immer in sein Bewußtsein und stak darin wie ein brennender Pfahl im Fleisch. Er bemächtigte sich später aller Protokolle der Märzkonferenz und versuchte, sie vor der Partei und der Geschichte zu verbergen. Doch das allein genügte nicht. In den Bibliotheken blieben noch die Sammelbände der „Prawda" von 1917. Manche Nummern der „Prawda" wurden sogar auch noch in einem Sammelwerk nach- 45
gedruckt - und Stalins Artikel sprachen für sich selbst. In den ersten Jahren der Revolution erschienen in den historischen Zeitschriften und den Jubiläumsnummern der Zeitungen zahlreiche Erinnerungen an die Aprilkrise. All das mußte nach und nach aus dem Verkehr gezogen, gefälscht, ersetzt werden. Sogar der Ausdruck „Umrüstung" der Partei, den ich im Jahre 1922 gelegentlich verwandte, wurde später ein Gegenstand immer heftigerer Attacken Stalins und seiner Geschichtsschreiber.

Gewiß, 1924 schien es auch Stalin noch klüger, bei aller Nachsicht gegen sich selbst den Irrtum seiner Stellungnahme am Anfang der Revolution zuzugeben. „Die Partei", so schrieb er, „hatte eine Politik akzeptiert, nach der die Sowjets auf die Provisorische Regierung in der Friedensfrage einen Druck ausüben sollten, und sie entschied sich nicht mit einem Schlage, einen Schritt vorwärts zu machen ... bis es zu der neuen Losung von der Sowjetmacht kam. Das war eine ganz irrtümliche Position, denn sie verbreitete pazifistische Illusionen, trug Wasser auf die Mühle der Verteidiger und behinderte die revolutionäre Erziehung der Massen. Diese irrtümliche Einstellung teilte ich mit anderen Genossen der Partei und sagte mich erst Mitte April
46 vollständig davon los, als ich die Thesen Lenins annahm." Dieses öffentliche Eingeständnis, das als notwendige Rückendeckung in dem damals beginnenden Kampfe gegen den Trotzkismus dienen sollte, stellte sich schon zwei Jahre später als allzu belastend heraus. Im Jahre 1926 leugnete Stalin kategorisch den opportunistischen Charakter seiner Politik vom März 1917: „Das ist nicht wahr, Genossen, das ist Geschwätz!" Und er gab lediglich „gewisse Schwankungen" zu: „Aber wer unter uns hat nicht mal vorübergehend geschwankt?" Vier Jahre später wurde Jaroslawsky, der als Historiker die Tatsache erwähnt hatte, daß Stalin am Anfang der Revolution eine „irrtümliche Stellungnahme" bezogen hatte, von allen Seiten her angegriffen. Es war nun nicht mehr erlaubt, auch nur die „vorübergehenden Schwankungen" zu erwähnen, denn das Prestige ist ein gefräßiges Untier. Schließlich und endlich schreibt sich Stalin in der von ihm selbst veröffentlichten „Geschichte" der Partei Lenins Position zu und überläßt seine eigenen damaligen Auffassungen seinen Feinden. „Kamenew und gewisse Parteiarbeiter der Moskauer Organisation, wie zum Beispiel Rykow, Bubnow und Nogin", proklamiert diese seltsame Geschichte, „nahmen die halbmenschewistische Position der bedingten Unterstützung der Provisorischen Regierung und der Verteidigungspolitik ein. Stalin, der aus der Verbannung zurückkehrte, Molotow und andere verteidigten mit der Mehrheit der Partei die Politik, die darin bestand, der Provisorischen Regierung nicht das Vertrauen auszusprechen;
47 sie intervenierten gegen die Verteidigungspolitik" usw... So wurde mit gradueller Veränderung der Fakten in eine Fiktion Schwarz in Weiß verwandelt. Dieser Methode, die Kamenew „Dosierung der Lüge" nannte, begegnen wir im ganzen Leben

Stalins wieder; sie fand ihren höchsten Ausdruck in den Mos-
kauer Prozessen, in denen sie aber auch in sich selbst zusammen-
stürzte.

Mit der Analyse der grundlegenden Ideen der beiden Fraktio-
nen der Sozialdemokratie im Jahre 1909 beschäftigt, schrieb
der Verfasser des vorliegenden Buches: „Die antirevolutionären
Aspekte des Menschewismus sind schon jetzt in ihrer ganzen
Stärke offensichtlich, die antirevolutionären Züge des Bolsche-
wismus drohen, eine furchtbare Gefahr erst nach dem revolutio-
nären Siege zu werden.“ Nach dem Sturz des Zarismus, im März 48
1917, brachten die alten Kader der Partei diese antirevolutionären
Züge des Bolschewismus extrem zum Ausdruck: selbst die
Demarkationslinie zwischen Bolschewismus und Menschewismus
schien ausgelöscht. Eine radikale Umrüstung der Partei war not-
wendig geworden, die Lenin, der einzige, der dieser Sache ge-
wachsen war, im Laufe des Monats April vornahm. Stalin trat
offenbar kein einziges Mal öffentlich gegen Lenin auf, aber auch
nicht für ihn. Lautlos wandte er sich von Kamenew ab, so wie
er zehn Jahre zuvor von den Boykottisten desertiert war, so
wie er auf der Krakauer Konferenz schweigend die Versöhnler
ihrem Schicksal überlassen hatte. Es gehörte nicht zu seinen Ge-
wohnheiten, eine Auffassung zu verteidigen, die keinen unmittel-
baren Erfolg versprach. Vom 14. bis 22. April wurde eine Konfe-
renz der Petrograder Parteiorganisation abgehalten. Lenins Ein-
fluß war schon vorherrschend, doch gab es noch scharfe Dis-
kussionen. Unter den Teilnehmern begegnen wir Sinowjew,
Kamenew, Tomski, Molotow und anderen bekannten Bolsche-
wiki. Stalin zeigte sich überhaupt nicht. Offensichtlich wollte er
für eine Weile vergessen werden.

Am 24. April wurde in Petrograd die Konferenz der bolsche-
wistischen Partei von ganz Rußland eröffnet. Sie war dazu be-
stimmt, endgültig mit allen Überbleibseln der Märzkonferenz
aufzuräumen. Ungefähr 150 Delegierte vertraten 79 000 Partei-
mitglieder, wovon 15 000 in der Hauptstadt lebten. Das waren
keine schlechten Ziffern für eine eben aus der Illegalität aufge-
tauchte antipatriotische Partei. Lenins Sieg zeigte sich schon bei
der Wahl der fünf Mitglieder des Präsidiums, in das weder Kame-
new noch Stalin, die die Verantwortung für die opportunistische
Märzpolitik trugen, gewählt wurden. Kamenew hatte wenigstens
die Courage zu verlangen, daß er ein Gegenreferat halten dürfe.
„Angesichts der Tatsache, daß der klassische Überrest des Feu-

dalismus, der Großgrundbesitz, der Form und dem Inhalt nach noch nicht liquidiert worden ist... ist es verfrüht zu sagen, daß die bürgerliche Demokratie alle ihre Möglichkeiten erschöpft
49 habe.“ Das war die grundlegende Auffassung Kamenews und seiner Anhänger Rykow, Nogin, Dzerschinsky, Angarski und anderer. „Der Impuls für die sozialistische Revolution“, sagte
50 Rykow, „muß vom Westen ausgehen.“ „Die demokratische Revolution ist nicht vollendet“: darauf bestanden die Oppositionsredner, die Kamenew unterstützten. Das war richtig. Aber die Mission der Provisorischen Regierung war keineswegs, die Revolution zu vollenden, sondern vielmehr ihren Lauf zurückzulenken. Daraus folgte, daß die bürgerliche Revolution nur unter der Herrschaft der Arbeiterklasse vollendet werden konnte. Die Diskussion nahm einen lebhaften Charakter an, blieb aber friedlich; im Grunde war die Entscheidung schon gefallen, und Lenin tat alles, um seinen Gegnern den Rückzug zu erleichtern.

Stalin nahm an den Debatten mit einer kurzen Erwiderung an seine gestrigen Verbündeten teil. Wenn wir nicht zum unmittelbaren Sturz der Provisorischen Regierung aufrufen, hatte Kamenew in seinem Korreferat gesagt, dann müssen wir die Kontrolle verlangen, sonst werden uns die Massen nicht verstehen. Lenin entgegnete, daß die „Kontrolle“ des Proletariats über die bürgerliche Regierung unter den gegenwärtigen revolutionären Bedingungen entweder rein fiktiven Charakters sei oder aber auf eine Zusammenarbeit hinauslaufe. Stalin hielt den Augenblick für gekommen zu erklären, daß er mit Kamenew nicht übereinstimme. Um seinem Stellungswechsel den Anschein guter Begründung zu verleihen, bediente er sich einer Note Miljukows,
51 des Ministers des Auswärtigen, vom 19. April, deren ungeschminkter äußerster Imperialismus die Soldaten buchstäblich auf die Straße getrieben und eine Regierungskrise hervorgerufen hatte. Die leninistische Auffassung von der Revolution ging von den Beziehungen der Klassen zueinander aus und nicht von irgendwelchen einzelnen diplomatischen Noten, die sich äußerst wenig von anderen Regierungshandlungen unterschieden. Aber allgemeine Ideen interessierten Stalin nicht. Was er brauchte, war eine Gelegenheit, die ihm erlaubte, seinen Stellungswechsel mit möglichst wenig Schaden für seine Eigenliebe vorzunehmen. Er „dosierte“ seinen Rückzug. In der ersten Periode der Revolution war es, wie er sich ausdrückte, „der Sowjet, der das Programm vorschrieb, aber jetzt ist es die Provisorische Regierung, die das

Programm vorschreibt". Nach Miljukows Note „geht die Re-
gierung zur Offensive gegen den Sowjet über, der Sowjet weicht
zurück. Danach noch von Kontrolle zu reden, heißt ins Blaue
hinein reden". Das alles klang künstlich und falsch. Aber das 52
unmittelbare Ziel war erreicht: es war ihm gelungen, sich bei-
zeiten von der Opposition abzugrenzen, die bei den Wahlen nur
sieben Stimmen auf sich vereinigen konnte.

In seinem Bericht über die Frage der nationalen Minderheiten
tat er, was er konnte, um eine Brücke zwischen seiner Rede vom
März, die die Quelle der nationalen Unterdrückung ausschließ-
lich in der Grundaristokratie gesehen hatte, und der neuen
Stellungnahme der Partei zu schlagen, die er zu der seinigen ge-
macht hatte. „Die nationale Unterdrückung", sagte er, indem er
ohne es einzugestehen gegen sich selbst polemisierte, „wird
nicht nur durch den Großgrundbesitz aufrechterhalten, sondern
auch durch andere Kräfte, nämlich die imperialistischen Grup-
pierungen, die die Methoden der nationalen Unterdrückung, die
sie in den Kolonien angewendet haben, in das Innere ihres eigenen
Landes übertragen." Außerdem folgen der Großbourgeoisie
„das Kleinbürgertum, ein Teil der Intelligenz, ein Teil der Arbei-
teraristokratie, die ebenfalls von der Beute zehren". Das ist das
Thema, das Lenin während der Kriegsjahre beständig entwickelt
hatte. „So bildet sich", fährt der Redner fort, „ein ganzer Chor
sozialer Kräfte, der die nationale Unterdrückung unterstützt."
Um mit der Unterdrückung Schluß zu machen, „muß dieser
Chor von der politischen Bühne beseitigt werden". Indem sie
die imperialistische Bourgeoisie an die Macht gebracht hatte,
hatte die Februarrevolution noch keinesfalls die Bedingungen
für die nationale Freiheit geschaffen. So stemmte sich zum Beispiel
die Provisorische Regierung mit aller Kraft gegen die Ausdeh-
nung der Autonomie auf Finnland. „Auf welche Seite müssen
wir uns stellen? Natürlich auf die Seite des finnischen Volkes." 53
Der Ukrainer Pjatakow und der Pole Dzerschinsky traten gegen
das Programm der nationalen Selbstbestimmung auf, das sie für
utopisch und reaktionär erklärten. „Wir müssen nicht die natio-
nale Frage herausstellen", sagte naiverweise Dzerschinsky, „das
schiebt den Augenblick der sozialen Revolution hinaus. Deshalb
würde ich vorschlagen, die Resolution über die Unabhängigkeit
Polens zurückzuziehen." „Insoweit die Sozialdemokratie", ant- 54
wortete Stalin, „an ihrer Orientierung auf die sozialistische Re-
volution festhält, muß sie die gegen den Imperialismus gerichtete

55 revolutionäre Bewegung der Völker unterstützen." Hier erwähnt Stalin zum erstenmal in seinem Leben die „Orientierung auf die sozialistische Revolution". Das Blatt des Julianischen Kalenders trägt das Datum des 29. April 1917.

Nachdem sich die Konferenz die Befugnisse eines Parteitags zuerkannt hatte, wählte sie ein neues Zentralkomitee, in das Lenin, Sinowjew, Kamenew, Miljutin, Nogin, Swerdlow, Smilga, Stalin, Fedorow und als Stellvertreter Theodorowitsch, Bubnow, Glebow-Awilow und Prawdin eintraten. Von 133 Delegierten mit beschließender Stimme nahmen aus irgendeinem Grunde nur 109 an der geheimen Abstimmung teil - vielleicht war ein Teil der Delegierten schon abgefahren. Lenin erhielt 104 Stimmen (gehörte Stalin zu den fünf Delegierten, die Lenin ihre Stimme verweigerten ?), Sinowjew 101, Stalin 97, Kamenew 95. Zum erstenmal war Stalin von einer normalen Parteiversammlung ins Zentralkomitee gewählt worden. Er ging auf sein achtunddreißigstes Lebensjahr zu. Rykow, Sinowjew und Kamenew waren dreiundzwanzig oder vierundzwanzig Jahre alt, als sie zum erstenmal in den bolschewistischen Generalstab gewählt wurden.

Auf der Konferenz wurde der Versuch gemacht, Swerdlow nicht mit ins Zentralkomitee aufzunehmen. Nach dem Tode des ersten Präsidenten der Sowjetrepublik sprach Lenin über diesen Zwischenfall und sagte, daß er da einen schreienden Irrtum begangen habe. „Glücklicherweise sind wir von unten korrigiert worden." Lenin selbst hatte wohl kaum einen Grund, sich Swerdlows Kandidatur zu widersetzen, den er von der Korrespondenz her, die er mit ihm geführt hatte, als einen unermüdlichen Berufsrevolutionär kannte. Höchstwahrscheinlich ging der Widerstand von Stalin aus, der nicht vergessen hatte, daß Swerdlow nach ihm in Petersburg den Kampf für die Reorganisierung der „Prawda" durchgefochten hatte; das gemeinschaftliche Leben in Kureika hatte seine feindseligen Gefühle gegen Swerdlow nur noch verstärkt. Stalin vergab nie. Auf der Konferenz versuchte er anscheinend, Rache zu nehmen, wobei er sich Lenins Unterstützung zu sichern wußte - auf welche Weise, darüber sind wir auf Hypothesen angewiesen. Sein Versuch schlug aber fehl. Wenn Lenin im Jahre 1912 auf den Widerstand der Delegierten stieß, als er Stalin ins Zentralkomitee hineinbringen wollte, so begegnete er jetzt nicht geringerem Widerstand bei dem Versuch, Swerdlow draußen zu lassen. Von allen Mitgliedern dieses auf der Aprilkonferenz gewählten Zentralkomitees ist es nur Lenin und Swerdlow gelungen, beizeiten eines natürlichen Todes zu sterben. Mit Ausnahme natürlich von Stalin selbst fielen alle anderen, auch die vier Stellvertreter, in Ungnade und wurden entweder offiziell erschossen oder verschwanden auf geheimnisvolle Weise von der Bildfläche.

Ohne Lenin wußte sich niemand in einer neuen Situation zurechtzufinden, alle blieben Gefangene der alten Formeln. Sich jetzt aber noch auf die Losung von der demokratischen Diktatur beschränken, hieß, wie Lenin schrieb, „in der Tat zum Kleinbürgertum übergehen". Was Stalin den anderen voraus hatte, 56
war zweifellos die Tatsache, daß er vor diesem Übergang nicht zurückschreckte und sich auf eine Annäherung an die Versöhnler und eine Vereinigung mit den Menschewiki orientierte. Er war keineswegs vom Respekt vor alten Formeln geleitet. Ideenfetischismus war ihm fremd: deshalb konnte er ohne die geringsten Gewissensbisse die seit langem als gültig anerkannte Theorie von der konterrevolutionären Rolle der russischen Bourgeoisie fallen lassen. Wie immer ging er empirisch vor, unter dem Einfluß seines organischen Opportunismus, der ihn stets auf die Linie des geringsten Widerstandes trieb. Aber er war nicht allein gewesen; in den drei Wochen vor Lenins Ankunft hatte er den heimlichen Überzeugungen so gut wie aller „alten Bolschewiki" Ausdruck gegeben.

Vergessen wir nicht, daß der bolschewistische Parteiapparat von der Intelligenz beherrscht wurde, kleinbürgerlich ihren sozialen Ursprüngen und ihrer Lebensweise, marxistisch ihren Ideen und ihrer Bindung an das Proletariat nach. Die Arbeiter, die Berufsrevolutionäre wurden, traten mit Eifer in dieses Milieu ein und unterschieden sich bald nicht mehr von ihm. Die besondere soziale Zusammensetzung des Apparats und seine Autorität über das Proletariat (die eine wie die andere waren keine Zufallsprodukte, sondern entsprachen einer eisernen historischen Notwendigkeit) wurden öfter als einmal zur Ursache von Schwankungen der Partei und schließlich zur Quelle ihres Niedergangs. Die marxistische Doktrin, auf die sich die Partei stützte, drückte die geschichtlichen Interessen des Proletariats in seiner Gesamtheit aus; aber die Menschen, aus denen sich der Apparat zusammensetzte, assimilierten immer nur die ihrer eigenen persönlichen, also beschränkten Erfahrung entsprechenden Teile dieser Doktrin. Oft genug, wie Lenin klagte, eigneten sie sich nur die fertigen Formeln an und schlossen die Augen vor dem

Wechsel in der Situation. In der Mehrzahl der Fälle fehlte ihnen sowohl das Verständnis für den historischen Prozeß wie die tägliche unmittelbare Verbindung mit den Arbeitermassen. Infolgedessen blieben sie dem Einfluß anderer Klassen unterworfen. Während des Krieges wurden die Spitzen der Partei in erheblichem Ausmaß von der Atmosphäre der Versöhnung ergriffen, die von den bürgerlichen Kreisen ausging - zum Unterschied von den einfachen bolschewistischen Arbeitern, die der patriotischen Welle viel besser standhielten.

Die Revolution eröffnete der Demokratie ein weites Betätigungsfeld und gewährte den „Berufsrevolutionären" aller Parteien unendlich mehr Befriedigung als den Soldaten in den Schützengräben, den Bauern in ihren Dörfern, den Arbeitern in den Rüstungsbetrieben. Die obskuren Illegalen von gestern wurden plötzlich führende politische Figuren. An Stelle der Parlamente hatten sie die Sowjets, in denen sie ungehindert diskutieren und ihre Entscheidungen treffen konnten. In ihren Augen schmolzen die Klassengegensätze, die die Revolution hervorgerufen hatten, unter den Strahlen der demokratischen Sonne. Das Resultat war, daß sich Bolschewiki und Menschewiki fast überall im Lande vereinigten und daß dort, wo sie, wie in Petersburg, getrennt blieben, eine Tendenz für die Vereinigung in beiden Organisationen starken Widerhall fand. Unterdes nahm der chronische Antagonismus in den Schützengräben, in Dörfern und Fabriken einen immer zugespitzteren und heftigeren Charakter an, was nicht die Einheit, sondern den Bürgerkrieg voraussehen ließ. Die in Bewegung geratenen Klassen gerieten mit den Interessen der Parteiapparate wie so oft in scharfen Widerspruch. Selbst die Kader der bolschewistischen Partei, die eine ganz außergewöhnliche revolutionäre Schule durchgemacht hatten, zeigten am Tage nach der Überwindung der Monarchie offen die Tendenz, sich von der Masse abzusondern und das Sonderinteresse des Apparats mit den Interessen der Arbeiterklasse zu identifizieren. Auf was mußte man sich gefaßt machen, wenn diese Kader zur allmächtigen Staatsbürokratie würden? Es ist unwahrscheinlich, daß diese Materie Stalins Gedanken beschäftigte. Er war Fleisch vom Fleische des Apparats und dessen festes Rückgrat.

Doch worin bestand das Wunder, das es Lenin ermöglichte, die Partei in ein paar Wochen in eine neue Bahn zu lenken? Die Antwort darauf muß in zwei Richtungen zugleich gesucht werden: in den persönlichen Qualitäten Lenins und in der objektiven Situation. Lenin war stark, nicht nur weil er die Gesetze des Klassenkampfes verstand, sondern auch deshalb, weil er den in lebendigster Bewegung befindlichen Massen ständig sein Ohr zu leihen wußte. Er repräsentierte nicht so sehr den Parteiapparat als vielmehr die Vorhut des Proletariats. Er war entschieden davon überzeugt, daß sich in der Schicht der Arbeiterklasse, die die illegale Partei unterstützt hatte, Tausende von Arbeitern fänden, die ihn, Lenin, unterstützen würden. Die Massen waren jetzt in höherem Maße revolutionär als die Partei, und die Partei war revolutionärer als der Apparat. Schon im März war die wirkliche Einstellung der Arbeiter und Soldaten in zahlreichen Fällen stürmisch zum Durchbruch gekommen, und sie stand in schreiendem Widerspruch zu den Instruktionen, die von den Parteien, mit Einschluß der bolschewistischen Partei, ausgingen. Lenins Autorität war nicht absolut, aber sie war groß, denn sie stützte sich auf die ganze vergangene Erfahrung. Andererseits war die Autorität des Apparats, wie auch dessen Konservatismus, erst in Bildung begriffen. Lenins heftiger Angriff war nicht seinem individuellen Temperament entsprungen, sondern aus dem Druck hervorgegangen, den die Klasse auf die Partei und die Partei auf den Apparat ausübte. Wer unter solchen Umständen Opposition machen wollte, fühlte bald, wie ihm der Boden unter den Füßen wegrutschte. Die Zögernden reihten sich hinter die Fortgeschrittensten ein, die Vorsichtigsten stießen zur Mehrheit. Auf diese Weise gelang es Lenin unter verhältnismäßig geringen Verlusten, das Steuer der Partei herumzuwerfen und sie für eine neue Revolution vorzubereiten.

Aber hier taucht eine neue Schwierigkeit auf. Immer wenn die bolschewistische Leitung allein, ohne Lenin, handeln muß, verfällt sie in Fehler, und zwar neigt sie zumeist nach rechts. Lenin erscheint wie ein d e u s e x m a c h i n a und zeigt den richtigen Weg. Heißt das, daß in der bolschewistischen Partei Lenin alles ist und die anderen nichts? Diese in demokratischen Kreisen ziemlich weitverbreitete Anschauung ist äußerst einseitig, also falsch. Genau so könnte man von der Wissenschaft sagen: die Mechanik ohne Newton, die Biologie ohne Darwin waren lange Jahre hindurch nichts. Das ist richtig und falsch. Es bedurfte der Arbeit von Tausenden einfacher Wissenschaftler, um die Tatsachen zu sammeln, sie zu klassifizieren, das Problem zu stellen und den Boden für die umfassenden Lösungen Newtons und

Darwins vorzubereiten. Diese Lösung ihrerseits wies Tausenden von neuen einfachen Forschern den Weg. Das Genie schafft die Wissenschaft nicht aus sich selbst heraus, es beschleunigt vielmehr nur den kollektiven Denkprozeß. Die bolschewistische Partei hatte einen genialen Führer. Das war kein Zufall. Ein Revolutionär von der Kraft und Größe Lenins konnte nur der Führer der furchtlosesten Partei sein, einer Partei, imstande, in Gedanke und Tat bis zur letzten Konsequenz zu gehen. Doch ist das Genie selbst eine seltene Ausnahme. Der geniale Führer orientiert sich schneller, dringt tiefer in die Situation ein, sieht weiter. Aber zwischen dem genialen Führer und seinen nächsten Mitarbeitern lag unvermeidlicherweise eine tiefe Kluft. Es mag zugegeben werden, daß Lenins Geisteskraft die selbständige Entwicklung seiner Mitarbeiter bis zu einem gewissen Grade hemmte. Das heißt aber nicht, daß Lenin „alles" und die Partei „nichts" war. Ohne die Partei wäre Lenin ohnmächtig gewesen, wie Newton und Darwin ohne die kollektive wissenschaftliche Betätigung ohnmächtig gewesen wären. Die Konsequenz daraus ist, daß es sich hier nicht um Sünden des Bolschewismus an sich handelt, angeblich durch die Zentralisierung, die Disziplin und dergleichen verschuldet, sondern um das Problem der Rolle des Genies im geschichtlichen Prozeß. Schriftsteller, die versuchen, den Bolschewismus herunterzumachen, weil die bolschewistische Partei das Glück hatte, einen genialen Führer zu finden, zeigen nur ihre intellektuelle Vulgarität.

Ohne Lenin hätte die bolschewistische Leitung ihren Weg nur nach und nach gefunden, um den Preis innerer Kämpfe und Zusammenstöße. Der Klassenkonflikt hätte weiter gewirkt und die inadäquaten Losungen der „alten Bolschewiki" diskreditiert und ausgeschaltet. Stalin, Kamenew und andere zweitrangige Figuren hätten entweder den in der proletarischen Vorhut vorherrschenden Strömungen ihren entsprechenden Ausdruck verleihen oder einfach auf die andere Seite der Barrikade übergehen müssen. Vergessen wir nicht, daß Schljapnikow, Salutzki und Molotow vom Beginn der Revolution an einen linkeren Kurs einzuschlagen versuchten.

Das heißt aber nicht, daß der richtige Weg auf alle Fälle gefunden worden wäre. Der Faktor Zeit spielt in der Politik, vor allem während einer Revolution, eine entscheidende Rolle. Der Klassenkampf läßt der politischen Führung durchaus nicht unbegrenzte Zeit, um die richtige Linie zu entdecken. Die Bedeutung eines genialen Führers liegt gerade darin, daß er die von der Erfahrung erteilten Lektionen abkürzt und so der Partei die Möglichkeit gibt, im gegebenen Augenblick in die Ereignisse einzugreifen. Wäre Lenin Anfang April nicht gekommen, so hätte die Partei sicherlich nur zögernd den Weg gefunden, den Lenin in seinen „Thesen“ aufzeigte. Aber hätten dann nicht andere Führer die Partei rechtzeitig auf die Oktober-Lösung vorbereiten können? Auf diese Frage kategorisch zu antworten, ist nicht möglich. Eins kann mit Sicherheit gesagt werden: in dieser Situation, die genügende Kühnheit verlangte, um dem verknöcherten Parteiapparat lebendige Massen und Ideen gegenüberzustellen, hätte Stalin keine schöpferische Initiative bewiesen und wäre eher Hemmschuh als treibender Motor gewesen. Seine Stärke beginnt erst von dem Augenblick an wirksam zu werden, wo er die Massen mit Hilfe des Parteiapparats bezwingen kann.

Stalins Tätigkeit im Laufe der beiden nächsten Monate läßt sich nur schwer verfolgen. Er sah sich plötzlich in den dritten Rang versetzt. Jetzt leitete Lenin die Redaktion der „Prawda“, und zwar in eigener Person und jeden Tag und nicht mehr von ferne wie vor dem Krieg. Und die „Prawda“ gibt den Ton an für die ganze Partei. Auf dem Felde der Agitation herrscht Sinowjew. Ebensowenig wie früher erscheint Stalin auf öffentlichen Versammlungen. Kamenew, mit der neuen Politik halb versöhnt, vertritt die Partei im Zentralen Exekutivkomitee des Sowjets und im Sowjet selbst. Stalin ist praktisch von der Bildfläche verschwunden und ward kaum jemals im Smolny gesehen. Die Leitung der organisatorischen Arbeit ist in Swerdlows Händen konzentriert; er stellt die Parteiarbeiter an ihre Plätze, empfängt die aus der Provinz Kommenden, schlichtet Konflikte. Außer seiner üblichen Beschäftigung auf der „Prawda“ und seiner Teilnahme an den Sitzungen des Zentralkomitees werden Stalin nur gelegentlich verwaltungsmäßige, technische oder diplomatische Aufgaben übertragen. Sie sind nicht zahlreich. Stalin ist von Natur aus faul. Wenn nicht seine persönlichen Interessen direkt im Spiel sind, ist er unfähig, mit Volldampf zu arbeiten. Er zieht es dann vor, die Pfeife zu rauchen und seine Zeit abzuwarten. Er machte jetzt eine sehr unbehagliche Periode durch. Auf allen Gebieten war er von bedeutenderen und begabteren Leuten überflügelt worden. März und April ließen ihm die Erinnerung an eine Zeit zurück, in der seine Eigenliebe schwer verletzt worden war. Er tat sich Gewalt an und lenkte seine Gedanken in eine andere Richtung, doch gelang ihm das nur halb.

Während der stürmischen „Apriltage“, als die Soldaten auf die Straße gingen, um gegen Miljukows imperialistische Note zu protestieren, waren die Kompromißler wie immer damit beschäftigt, an die Regierung flehentliche Bitten und an die Massen besänftigende Versprechungen zu richten. Am Einundzwanzigsten sandte das Zentrale Exekutivkomitee eins seiner Bitt-Telegramme, von Tschcheidse gezeichnet, an Kronstadt und die andern Garnisonen: gewiß, Miljukows bellizistischer Note wird nicht zugestimmt, aber „Verhandlungen zwischen dem Exekutivkomitee und der Provisorischen Regierung haben begonnen, die noch nicht beendet sind“ (Verhandlungen solcher Art endeten nie); „das Exekutivkomitee weist euch auf den Schaden hin, den ihm solche verstreut auftauchenden und unorganisierten öffentlichen Kundgebungen zufügen und ersucht euch um Zurückhaltung“
57 usw. In den offiziellen Protokollen stellen wir nicht ohne Überraschung fest, daß der Text des Telegramms von einer aus zwei Versöhnlern und einem Bolschewiken zusammengesetzten Kommission redigiert worden ist - und daß der Bolschewik Stalin war. Eine Episode, die nicht sehr wesentlich - solche finden sich in dieser Zeit nicht -, aber charakteristisch ist. Das Beruhigungstelegramm ist das klassische Modell für jene „Kontrolle“, die einen notwendigen Bestandteil des Mechanismus der Doppelherrschaft bildet. Lenin geißelte mit ganz besonderer Schärfe die mindeste Teilnahme von Bolschewiki an dieser Politik der Ohnmacht. Wenn die Kundgebung der Kronstädter Matrosen unangebracht war, mußte man es ihnen im Namen der Partei und in deren Sprache sagen, aber man durfte keine Verantwortung für die „Verhandlungen“ zwischen Tschcheidse und dem Fürsten Lwow auf sich nehmen. Die Versöhnler nahmen Stalin in die Kommission hinein, weil nur die Bolschewiki in Kronstadt über einige Autorität verfügten. Ein Grund mehr, die Teilnahme zu verweigern. Aber Stalin verweigerte die Teilnahme nicht. Drei Tage nach dem Beruhigungstelegramm intervenierte er auf der Parteikonferenz gegen Kamenew und wählte ausgerechnet den Konflikt wegen der Miljukowschen Note als besonders klaren Beweis für die Absurdität der „Kontrolle“. Logische Widersprüche haben diesen Empiriker niemals geschreckt.

Auf der Konferenz der bolschewistischen Militärorganisation im Juni berichtete Stalin, nach den Reden Lenins und Sinowjews

über die allgemeine politische Lage, über die „nationale Bewegung und die nationalen Regimenter". Unter dem Einfluß der erwachenden unterdrückten Nationalitäten hatten Einheiten der aktiven Armee spontan begonnen, sich ihrer Nationalität nach zu formieren: ukrainische, muselmanische, polnische usw. Regimenter waren aufgetaucht. Die Provisorische Regierung hatte den Kampf gegen diese „Desorganisierung der Armee" eröffnet; die Bolschewiki übernahmen auch auf diesem Gebiet die Verteidigung der unterdrückten Nationen. Stalins Bericht ist nicht 58
aufbewahrt worden, doch dürfte er kaum etwas Neues gebracht haben.

Der erste allrussische Sowjetkongreß wurde am 3. Juni eröffnet und dauerte fast drei Wochen. Einige Dutzend aus der Provinz gekommener bolschewistischer Delegierten, die in der Masse der Versöhnler untergingen, bildeten eine wenig einheitliche Gruppe, die noch längst nicht die Mentalität des Monats März abgestreift hatte und die zu dirigieren nicht so einfach war. Eben hierauf bezieht sich die interessante Bemerkung eines uns schon bekannten Volkstümlers, den wir seinerzeit mit Koba zusammen im Gefängnis beobachtet haben. „Ich wollte um jeden Preis Stalins und Swerdlows Rolle in der bolschewistischen Partei kennenlernen", schrieb Wereschtschak im Jahre 1928. „Während Kamenew, Sinowjew, Nogin und Krylenko am Tisch des Kongreßbüros saßen und Lenin, Sinowjew und Kamenew als Redner auftraten, leiteten Swerdlow und Stalin stillschweigend die bolschewistische Fraktion. Sie waren taktische Kräfte. Hier spürte ich zum erstenmal die ganze Bedeutung dieser Männer." 59
Wereschtschak hat sich nicht getäuscht. Bei der Vorbereitung der Fraktion auf die Abstimmungen, die sich hinter den Kulissen abspielte, war Stalin von größtem Wert. Er berief sich nicht immer auf grundsätzliche Argumente, aber er hatte die Gabe, die durchschnittlichen, besonders die aus der Provinz stammenden Parteiführer zu überzeugen. Doch auch bei dieser Arbeit nahm Swerdlow als ständiger Vorsitzender der bolschewistischen Kongreßfraktion den ersten Platz ein.

Inzwischen wurde die Armee der „moralischen" Vorbereitung für die Offensive unterworfen, einer Vorbereitung, die sowohl die Massen an der Front als auch im Hinterland nervös machte. Die bolschewistische Fraktion protestierte entschieden gegen das militärische Abenteuer, das eine Katastrophe voraussehen ließ. Die Kongreßmehrheit unterstützte Kerensky. Die Bolschewiki

versuchten darauf mit einer Straßenkundgebung zu antworten. Als diese Frage diskutiert wurde, tauchten Meinungsverschiedenheiten auf. Wolodarsky, der Wortführer des Petrograder Komitees, war nicht sicher, daß die Arbeiter auf die Straße gehen würden. Die Vorsitzenden der Militärorganisation behaupteten, daß die Arbeiter nicht ohne Waffen demonstrieren würden. Stalin glaubte, daß „die Gärung unter den Soldaten eine Tatsache ist, bei den Arbeitern aber nicht ganz derselbe Geist herrscht“; doch meinte er, daß es trotzdem notwendig sei, der Regierung Widerstand zu leisten. Schließlich wurde die Kund-
60 gebung auf Sonntag, den 10. Juni, festgelegt. Die Kompromißler regten sich auf und untersagten die Kundgebung im Namen des Kongresses. Die Bolschewiki unterwarfen sich. Von dem Eindruck erschreckt, den das Verbot bei den Massen hervorgerufen hatte, setzte der Kongreß jedoch selbst für den 18. Juni eine allgemeine Kundgebung an. Das Ergebnis war überraschend: alle Fabriken und alle Regimenter erschienen mit bolschewistischen Plakaten. Der Autorität des Kongresses war ein nicht wieder gutzumachender Schlag versetzt worden. Die Arbeiter und Soldaten der Hauptstadt spürten ihre Kraft. Zwei Wochen später versuchten sie, sie anzuwenden. So kam es zu den „Julitagen“, dieser wichtigsten Trennungslinie zwischen den zwei Revolutionen.

Am 4. Mai schrieb Stalin in der „Prawda“: „Die Revolution wächst in die Breite und in die Tiefe ... Die Provinz marschiert an der Spitze der Bewegung. In den ersten Revolutionstagen marschierte Petrograd voraus, jetzt fängt es an, sich überholen
61 zu lassen.“ Genau zwei Monate später offenbarten die „Julitage“, daß die Provinz weit hinter Petrograd zurück war. Stalin hatte bei seiner Einschätzung der Situation nicht die Massen gesehen, sondern die Organisationen. „Die Sowjets der Hauptstadt“, bemerkte Lenin schon auf der Aprilkonferenz, „sind politisch in stärkerem Maße von der bürgerlichen Zentralregierung abhängig
62 als die Sowjets der Provinz.“ Während das Zentrale Exekutivkomitee mit allen Kräften versuchte, die Macht in den Händen der Regierung zu konzentrieren, hatten sich die ihrer Zusammensetzung nach menschewistischen oder sozialrevolutionären Provinzsowjets oft, sozusagen gegen ihren Willen, selbst der Regierungsgewalt bemächtigt und versuchten sogar, das wirtschaftliche Leben zu regeln. Doch kam die „Rückständigkeit“ des hauptstädtischen Sowjets auf das Konto der Tatsache, daß

das Petrograder Proletariat schon so weit vorausgegangen war, daß es die kleinbürgerliche Demokratie durch den Radikalismus seiner Forderungen erschreckte. Als im Zentralkomitee die Frage der Julikundgebung erörtert wurde, glaubte Stalin, daß die Arbeiter kaum Lust verspüren würden, sich zu schlagen. Auch diese Behauptung wurde in den Julitagen widerlegt: trotz des Verbots der Kompromißler und sogar trotz der Warnung der bolschewistischen Partei strömte das Proletariat auf die Straßen, Schulter an Schulter mit der Garnison. Beide Irrtümer Stalins sind charakteristisch für ihn: er atmete nicht die Luft der Arbeiterversammlungen, hatte keinen Kontakt mit den Massen und vertraute ihnen nicht. Die Informationen, über die er verfügte, erhielt er durch den Apparat. Doch waren die Massen unvergleichlich revolutionärer als die Partei, die ihrerseits revolutionärer als die Mitglieder ihrer Komitees war. Wie bei anderen Gelegenheiten drückte Stalin auch hier die konservative Tendenz des Parteiapparates aus und nicht die dynamische Kraft der Massen.

Anfang Juli war Petrograd schon vollständig auf Seiten der Bolschewiki. Um den neuen französischen Botschafter mit der Lage in der Hauptstadt bekanntzumachen, zeigte ihm der Journalist Claude Anet auf dem gegenüberliegenden Ufer der Newa die Vorstadt Wyborg, in der sich die größten Fabriken befinden: „Dort drüben, da herrschen Lenin und Trotzky.“ Die Regimenter der Garnison waren bolschewistisch oder sympathisierten mit den Bolschewiki. „Wenn Lenin und Trotzky Petrograd nehmen wollen, wer kann sie daran hindern?“ Das war eine 63
richtige Einschätzung der Situation. Jedoch war es noch nicht möglich, die Macht zu übernehmen; im Gegensatz zu dem, was Stalin im Mai geschrieben hatte, war die Provinz noch weit hinter der Hauptstadt zurück.

Auf der Petrograder Stadtkonferenz der Bolschewiki am 2. Juli, auf der Stalin das Zentralkomitee vertrat, erschienen zwei sehr erregte Maschinengewehrschützen mit der Erklärung, daß ihr Regiment entschlossen sei, sofort mit der Waffe in der Hand auf die Straße zu gehen. Die Konferenz war gegen diese Manifestation. Im Namen des Zentralkomitees bestätigte Stalin die Entscheidung der Konferenz. Pestkowsky, reuiger Oppositioneller und Mitarbeiter Stalins, beschrieb dreizehn Jahre später die Konferenz: „Hier sah ich Stalin zum erstenmal. Der Raum, in dem die Konferenz abgehalten wurde, hatte nicht alle

Teilnehmer aufnehmen können; ein Teil der Anwesenden folgte
den Debatten durch die offene Tür hindurch vom Korridor aus.
Ich gehörte zu diesem Teil des Publikums und konnte deshalb
die Reden nicht sehr gut verstehen... Stalin sprach im Namen
des Zentralkomitees. Da er nicht sehr laut sprach, hörte ich vom
Korridor aus nicht viel. Eins aber fiel mir auf: jeder Satz
Stalins war scharf und schneidend, was er sagte, zeichnete sich
64 durch die Klarheit der Formulierungen aus..."

Die Konferenzteilnehmer gingen in ihre Regimenter und
Fabriken zurück, um die Massen von Kundgebungen abzuhalten.
„Um 5 Uhr", berichtete Stalin nach den Ereignissen, „auf der
Sitzung des Zentralen Exekutivkomitees, erklärte ich offiziell
im Namen des Zentralkomitees und der Konferenz, daß wir be-
65 schlossen hatten, nicht auf die Straße zu gehen." Nichtsdesto-
weniger begannen die Kundgebungen gegen 6 Uhr. „Hatte die
Partei das Recht, die Hände zu ringen... und beiseite zu blei-
ben? ... Als die Partei des Proletariats hatten wir die Pflicht,
an der Manifestation teilzunehmen und ihr einen friedlichen und
organisierten Charakter zu geben, ohne zum Ziel zu haben, mit
der Waffe in der Hand die Macht zu ergreifen." Einige Zeit
darauf erklärte Stalin vor dem Parteitag zu den Juliereignissen:
„Die Partei wollte die Kundgebungen nicht, die Partei wollte
warten, bis die Politik der Offensive an der Front diskreditiert
war. Trotzdem fand eine spontane Kundgebung statt, provoziert
durch das Chaos im Lande, die Befehle Kerenskys, die Ver-
schickung von Soldaten an die Front." Das Zentralkomitee be-
schloß, der Demonstration einen friedlichen Charakter zu ver-
leihen. „Auf die Frage der Soldaten, ob es erwünscht sei, Waffen
mitzunehmen, antwortete das Zentralkomitee, daß keine Waffen
mitgenommen werden sollten. Die Soldaten sagten aber, daß es
unmöglich sei, ohne Waffen auf die Straße zu gehen ... und daß
66 sie die Waffen zur Selbstverteidigung mitnehmen würden."

An diesem Punkte stoßen wir nun aber auf eine rätselhafte
Bekundung Demjan Bjednys. In sehr vorsichtigem Ton erzählte
der lorbeergekrönte Dichter im Jahre 1929, wie Stalin in den
Räumen der „Prawda" von Kronstadt aus telephonisch ange-
rufen wurde und wie er als Antwort auf die ihm gestellte Frage,
ob man mit oder ohne Waffen demonstrieren sollte, sagte:
„Gewehre?... Das wißt ihr doch besser als wir, Genossen!...
Wir Schreiberseelen haben immer unsere Waffen bei uns, Blei-
stifte... Was eure Waffen angeht, so wißt ihr das doch selbst

am besten!“ Die Geschichte ist wahrscheinlich stilisiert, doch 67
fühlt man, daß ein Körnchen Wahrheit in ihr steckt. Stalin
neigte im allgemeinen dazu, die Kampfbereitschaft der Arbeiter
und Soldaten zu unterschätzen, er war den Massen gegenüber
immer mißtrauisch. Doch dort, wo der Kampf einmal losging,
sei es auf einem Platz in Tiflis, in einem Gefängnis in Baku oder
auf den Straßen Petrograds, tat er immer alles, um ihm einen
möglichst scharfen Charakter zu geben. Die Entscheidung des
Zentralkomitees? Die konnte man mit einer Parabel vom Blei-
stift umgehen. Man muß sich aber hüten, diesem Geschichtchen
zu große Bedeutung beizumessen. Die Frage ging allem An-
schein nach vom Kronstädter Parteikomitee aus. Und die Matro-
sen hätten auf alle Fälle ihre Waffen mitgenommen.

Ohne bis zum Aufstand zu gehen, überschritten die Julitage
doch den Rahmen einer Manifestation. Von Provokateuren ab-
gefeuerte Schüsse zertrümmerten Fensterscheiben und Dächer.
Es kam zu bewaffneten Zusammenstößen, die weder überlegt
worden waren noch irgendein Ziel verfolgten, aber viele Tote
und Verwundete kosteten. Die Peter-und-Pauls-Festung wurde
vorübergehend von den Kronstädter Matrosen eingenommen,
das Taurische Palais war belagert worden. Die Bolschewiki be-
herrschten die Straße vollständig, aber sie verzichteten bewußt
auf den Aufstand als auf ein Abenteuer. „Am 3. und 4. Juli
konnten wir die Macht übernehmen“, sagte Stalin auf der Petro-
grader Konferenz, „... aber die Front, die Provinz, die Sowjets
hätten sich gegen uns gewandt. Ohne Unterstützung der Pro-
vinz wäre unsere Regierung eine Regierung ohne Hände und
Füße gewesen.“ Da ihr ein unmittelbares Ziel fehlte, ging die 68
Bewegung zurück. Die Arbeiter zogen wieder in die Fabriken,
die Soldaten in die Kasernen. Blieb die Frage der Peter-und
Pauls-Festung, wo sich die Kronstädter Matrosen installiert
hatten. „Das Zentralkomitee delegierte mich zur Peter-und-
Pauls-Festung“, erzählt Stalin, „wo es mir gelang, die anwesenden
Matrosen davon zu überzeugen, daß es nicht zweckmäßig war,
den Kampf aufzunehmen ... Als Vertreter des Zentralen Exe-
kutivkomitees ... ging ich mit (dem Menschewiken) Bogdanow
zu (dem Truppenkommandanten) Kosmin. Er hatte alles für den
Kampf vorbereitet. Wir veranlaßten ihn, nicht zu den Waffen
zu greifen ... Es war mir klar, daß der rechte Flügel Blut sehen
wollte, um den Arbeitern, Soldaten und Matrosen eine ‚Lektion‘
zu erteilen. Wir verhinderten die Erfüllung dieses Wunsches.“ 69

Eine so heikle Mission erfolgreich zu Ende zu führen, war Stalin nur gegeben, weil er keine den Kompromißlern verhaßte Gestalt war: deren Haß war gegen andere Leute gerichtet. Er wußte außerdem besser als jeder andere, bei solchen Unterhandlungen den Ton des reifen und gemäßigten Bolschewiken anzuschlagen, der Exzesse vermeiden will und zur Versöhnung geneigt ist. Von seinen Ratschlägen an die Matrosen, der Geschichte vom „Bleistift", hat er sicher nicht gesprochen.

Den Tatsachen zum Trotz bezeichneten die Kompromißler die Julidemonstration als bewaffneten Aufstand und bezichtigten die Bolschewiki der Verschwörung. Als die Bewegung schon vorbei war, trafen reaktionäre Truppen von der Front ein. Die Presse veröffentlichte auf „Dokumenten" des Justizministers Perewerzew beruhende Informationen, nach denen Lenin und seine Mitarbeiter gedungene Agenten des deutschen Generalstabs seien. Nun folgten Tage der Verleumdung, der Verfolgung und Verwirrung. Die Geschäftsräume der „Prawda" wurden demoliert. Die Behörden erließen Haftbefehle gegen Lenin, Sinowjew und andere für den „Aufstand" verantwortliche Bolschewiki. Die Bourgeoisie und die versöhnlerische Presse forderten die Schuldigen in drohendem Tone auf, sich selbst der Justiz zu stellen. Das bolschewistische Zentralkomitee konferierte: sollte sich Lenin den Behörden stellen, um öffentlich gegen die Verleumdung aufzutreten, oder sollte er sich verbergen? An Schwankungen, unvermeidlich bei einem so brüsken Umschwung der Situation, fehlte es nicht. Der Streitpunkt war, ob die Angelegenheit bis zur Einleitung eines öffentlichen Gerichtsverfahrens gehen würde. In der Sowjetliteratur nimmt die Frage, wer Lenin „rettete" und wer ihn „vernichten" wollte, keinen geringen Platz ein. Demjan Bjedny hat früher einmal erzählt, wie er im Automobil zu Lenin eilte, um ihm zuzureden, nicht Jesus Christus zu imitieren, „der sich seinen Feinden selbst in die Hand gegeben hatte". Bontsch-Brujewitsch, ehemals hoher Beamter im Volkskommissariat für Auswärtiges, widerspricht seinem Freunde völlig, wenn er in der Presse angibt, daß Demjan Bjedny den kritischen Moment in seiner Villa in Finnland verbracht habe.
70 Die höchst bedeutsame Angabe, die Ehre, Lenin überzeugt zu haben, „käme anderen Genossen zu", zeigt klar, daß Bontsch-Brujewitsch gezwungen war, seinem nächsten Freund Verdruß zu bereiten, um eine einflußreiche Persönlichkeit zufriedenzustellen.

„Am Siebenten besuchte ich zusammen mit Maria Iljinitschna (Lenins Schwester) Iljitsch in der Wohnung der Allilujews“, berichtet die Krupskaja in ihren Erinnerungen. „Das war gerade in dem Augenblick, wo Iljitsch zögerte. Er brachte Argumente vor, die dartun sollten, daß er vor Gericht erscheinen müsse. Maria Iljinitschna widersprach heftig. ‚Gregori (Sinowjew) und ich haben beschlossen zu erscheinen, geh und sag es Kamenew‘, sagte Iljitsch zu mir. Ich wollte gehen. ‚Sagen wir uns Adieu‘, hielt mich Iljitsch zurück, ‚vielleicht sehen wir uns nicht wieder.‘ Wir umarmten uns. Ich ging zu Kamenew und richtete ihm Wladimir Iljitschs Botschaft aus. Am Abend überzeugten Stalin und andere Iljitsch davon, daß es sinnlos war, vor Gericht zu erscheinen, und retteten ihm so das Leben.“ 71

Vor der Krupskaja hatte Ordschonikidse diese fieberhaften Stunden mehr ins einzelne gehend beschrieben: „Eine wütende Verfolgung unserer Führer setzte ein. Einige unserer Genossen waren der Meinung, daß Lenin sich nicht verstecken konnte, sondern erscheinen mußte ... Das war die Auffassung zahlreicher bekannter Bolschewiki. Ich traf Stalin im Taurischen Palais. Zusammen suchten wir Lenin auf ...“ Was hier zuerst ins Auge springt, ist, daß sich in den Stunden der „wütenden Verfolgung unserer Führer“ Ordschonikidse und Stalin ruhig im Taurischen Palais treffen, dem Hauptquartier des Feindes, und es anstandslos wieder verlassen können. In Allilujews Wohnung beginnt dieselbe Diskussion: sich stellen oder sich verstecken? Lenin vermutete, daß es nicht zu einer öffentlichen Verhandlung kommen würde. Kategorischer als irgendein anderer trat Stalin dagegen auf, daß Lenin sich stellen solle: „Die Junker (Offiziersschüler) werden Sie nicht bis zum Gefängnis gehen lassen, sie werden Sie auf dem Wege dahin umbringen.“ In diesem Augenblick erschien die Stassowa, die von dem neuen Gerücht erzählte, nach dem die Dokumente der Geheimpolizei erwiesen, daß Lenin ein Provokateur sei. „Diese Worte machten auf Iljitsch ungeheuren Eindruck. Ein nervöses Zucken lief über sein Gesicht, und er erklärte mit der größten Entschiedenheit, daß er ins Gefängnis gehen müsse.“ Ordschonikidse und Nogin werden ins Taurische Palais geschickt, um von den führenden Parteien die Versicherung zu erhalten, „daß Lenin nicht von den Junkern gelyncht werden würde“. Aber die erschrockenen Menschewiki suchten für sich selbst Schutz. Stalin erklärte in einem Bericht auf der Petrograder Konferenz: „Ich richtete die Frage persönlich an Liber und

Anissimow (Menschewiki, Mitglieder des Zentralen Exekutiv-
komitees), und sie antworteten mir, daß sie keine Garantien geben
könnten." Nachdem so die Fühler ins feindliche Lager ausge-
streckt worden waren, wurde beschlossen, daß Lenin Petersburg
verlassen und sich in ein sicheres Versteck begeben solle. „Stalin
72 übernahm die Organisierung von Lenins Abreise."

Wie sehr diejenigen recht gehabt hatten, die dagegen waren,
daß Lenin sich den Behörden stelle, ging später aus dem Bericht
des Armeekommandeurs Polowtsew hervor: „Der Offizier, der
nach Terioki (in Finnland) fuhr, in der Hoffnung, Lenin noch
zu erwischen, fragte mich, ob ich diesen Herrn ganz oder in
Stücken wünsche... Ich antwortete ihm lächelnd, daß verhaftete
73 Leute manchmal zu fliehen versuchten." Für die Organisatoren
der Justizkomödie hätte es sich nicht darum gehandelt, „Recht"
zu sprechen, sondern Lenins habhaft zu werden und ihn zu töten,
wie zwei Jahre später in Deutschland Karl Liebknecht und Rosa
Luxemburg getötet wurden. Die Vorstellung, daß es unvermeid-
licherweise zu einer Hinrichtung ohne Gerichtsverfahren kommen
würde, stak in Stalins Kopf fester als in den Köpfen der anderen: ein
solcher Ausgang stimmte mit seiner eigenen Denkungsart über-
ein. Außerdem kümmerte es ihn recht wenig, was die „öffentliche
Meinung" sagen möge. Andere, darunter Lenin und Sinowjew,
zögerten. Nogin und Lunatscharsky waren zuerst dafür, daß sich
Lenin freiwillig stelle, änderten aber im Laufe des Tages ihre
Meinung. Stalins Haltung war entschiedener als die aller anderen
und stellte sich als richtig heraus.

Sehen wir nun zu, was die moderne sowjetische Geschichts-
schreibung aus dieser dramatischen Episode gemacht hat. „Die
Menschewiki, die Sozialrevolutionäre und Trotzky, der später
ein faschistischer Bandit wurde", schreibt eine offizielle Ver-
öffentlichung von 1938, „verlangten, daß Lenin freiwillig vor
Gericht erscheine. Die faschistischen Söldlinge Kamenew und
Rykow, die heute als Volksfeinde entlarvt worden sind, waren
dafür, daß Lenin sich freiwillig stelle. Stalin setzte ihnen lebhaften
74 Widerstand entgegen" usw. In Wirklichkeit habe ich persönlich
an den Konferenzen nicht teilgenommen, ich war in jenen Stunden
selbst gezwungen, mich zu verbergen. Am 10. Juli sandte ich
der menschewistischen und sozialrevolutionären Regierung ein
Schreiben, in dem ich meine völlige Solidarität mit Lenin,
75 Sinowjew und Kamenew erklärte; am 22. Juli wurde ich verhaftet.
In einem Brief an die Petersburger Konferenz hielt es Lenin für

erforderlich, besonders zu bemerken, „daß sich Trotzky in den
schwierigen Julitagen der Situation gewachsen gezeigt hat“. 76
Stalin wurde nicht verhaftet und wurde nicht einmal der Form
nach in die Angelegenheit verwickelt: er existierte politisch weder
für die Behörden, noch für die öffentliche Meinung. In der
Kampagne gegen Lenin, Sinowjew, Kamenew und Trotzky
wurde sein Name in der Presse kaum je genannt, obwohl er
Chefredakteur der „Prawda“ war und seine Artikel mit seinem
Namen zeichnete. Diese Artikel waren niemandem aufgefallen,
und niemand interessierte sich für ihren Verfasser.

Lenin versteckte sich zuerst in der Wohnung Allilujews, dann
ging er nach Sestroretsk zu dem Arbeiter Jemeljanow, zu dem
er absolutes Vertrauen hatte und von dem er in einem seiner
Artikel, ohne ihn bei Namen zu nennen, mit höchster Achtung
spricht. „Als Wladimir Iljitsch nach Sestroretsk abfuhr“, erzählt
Allilujew, „am Abend des 11. Juli, begleiteten ihn Stalin und
ich bis zum Sestroretsker Bahnhof. Während seines Aufenthalts
in einer Baracke in Rasliw und später in Finnland sandte Wladi-
mir Iljitsch durch meine Vermittlung von Zeit zu Zeit Nach-
richten an Stalin; man brachte sie mir in meine Wohnung, und
da sofort darauf geantwortet werden mußte, zog Stalin im August
zu mir... und richtete sich in dem Zimmer ein, in dem sich
Wladimir Iljitsch in den Julitagen versteckt gehalten hatte.“ Da- 77
mals hat Stalin anscheinend seine zukünftige Frau, Allilujews
Tochter Nadeschda, kennengelernt, um jene Zeit noch ein ganz
junges Mädchen. Ein anderer alter bolschewistischer Arbeiter,
Rachia mit Namen, ein russifizierter Finne, berichtete später in
der Presse, wie Lenin ihm einmal auftrug, „Stalin am nächsten
Abend mitzubringen... Ich sollte Stalin auf der Redaktion der
‚Prawda‘ treffen... Sie hatten eine lange Unterhaltung, Wladimir
Iljitsch fragte nach allen Einzelheiten“. Neben der Krupskaja war 78
Stalin in dieser Zeit ein wichtiges Verbindungsglied zwischen dem
Zentralkomitee und Lenin, der in ihn als einen umsichtigen
Konspirator völliges Vertrauen hatte. Es waren übrigens die
Umstände, die Stalin ganz natürlicherweise in diese Rolle dräng-
ten: Sinowjew hielt sich versteckt, Kamenew und Trotzky waren
im Gefängnis, Swerdlow hatte die ganze organisatorische Arbeit
zu besorgen; auch hatte Stalin mehr Bewegungsfreiheit als die
anderen, weil er weniger von der Polizei beobachtet wurde.

In der Periode der Reaktion, die den Julitagen folgte, wurde
Stalins Rolle weit bedeutender. Der uns schon bekannte Pest-

kowsky schreibt in den Memoiren, die er zu seiner Rechtfertigung
abfaßte, über Stalins Tätigkeit im Sommer 1917: „Die breiten
Arbeitermassen von Petrograd kannten Stalin damals wenig. Er
haschte nicht nach Popularität. Rednerische Begabung fehlte
ihm und er vermied es, auf Versammlungen zu erscheinen.
Aber keine Parteikonferenz, keine wichtige Zusammenkunft
wegen Organisationsfragen wurde abgehalten ohne eine poli-
tische Ansprache Stalins. Deshalb kannten ihn auch die Partei-
arbeiter gut. Unter den bolschewistischen Kandidaten für die
Petrograder verfassunggebende Versammlung stand Stalin auf
79 die Initiative von Parteiarbeitern hin auf einem der ersten Plätze."
Stalins Name stand auf der Petrograder Liste an sechster Stelle...
1930 hielt man es noch für nötig, Stalins mangelnde Popularität
mit dem Fehlen des „Rednertalents" zu erklären. Heute würde
so ein Satz absolut unmöglich sein. Stalin ist zum Idol der Petro-
grader Arbeiter und zum klassischen Vertreter der Redekunst
erklärt worden. In Wirklichkeit hat Stalin, ohne vor den Massen
zu erscheinen, mit Swerdlow im Juli und August eine Arbeit
von schwerster Verantwortung geleistet: im Apparat, auf den
Zusammenkünften und Konferenzen, bei der Zusammenarbeit
mit dem Petrograder Komitee usf.

Über die Leitung der Partei in jener Periode schrieb Lunat-
scharsky 1923: „Vor den Julitagen war Swerdlow sozusagen
bolschewistischer Generalstabschef, der zusammen mit Lenin,
Sinowjew und Stalin die ganze leitende Arbeit machte. In den
80 Julitagen trat er in die vorderste Front." Das war richtig. Inmit-
ten der grausamen Schläge, die auf die Partei herniederprasselten,
bewegte sich der dunkle kleine Mann mit dem Kneifer, als ge-
schehe nichts Besonderes: wie immer teilte er für jeden die
Arbeiten ein, sprach Mut zu, wem Mut zugesprochen werden
mußte, gab Ratschläge und, wenn nötig, Befehle. Er war der
eigentliche „Generalsekretär" des Revolutionsjahres, obwohl er
nicht diesen Titel trug. Aber er war der Sekretär einer Partei,
deren unangefochtener politischer Führer, Lenin, in der Illegalität
bleiben mußte. Lenin schickte von Finnland aus Artikel, Briefe
und Resolutionsentwürfe über alle grundlegenden politischen
Fragen. Obwohl ihn die Entfernung manchmal zu taktischen
Irrtümern verleitete, erlaubte sie ihm doch, die Strategie der
Partei mit um so größerer Sicherheit zu bestimmen. Die tägliche
Leitung lag bei Swerdlow und Stalin, den einflußreichsten der
in Freiheit gebliebenen Mitglieder des Zentralkomitees. In der

Zwischenzeit war die Massenbewegung beträchtlich schwächer geworden. Die Partei befand sich halb und halb in der Illegalität. Das spezifische Gewicht des Apparates war entsprechend gestiegen. Im Innern des Apparats war Stalins Rolle automatisch größer geworden. Dieses Gesetz zieht sich durch seine ganze politische Biographie hindurch und bildet sozusagen deren eigentliche Triebfeder.

Die Juliniederlage war eine direkte Niederlage der Petrograder Arbeiter und Soldaten, deren Erhebung letzten Endes daran scheiterte, daß die Provinz im Verhältnis zurückgeblieben war. Das ist der Grund dafür, daß die Niederlagenstimmung unter den Massen der Hauptstadt tiefer ging als woanders, doch dauerte sie nur wenige Wochen an. Am 20. Juli setzte die öffentliche Agitation wieder ein, und zwar mit dem Auftreten dreier mutiger Revolutionäre in kleineren Versammlungen verschiedener Stadtteile: Slutzky, der später von den Weißgardisten in der Krim erschossen wurde, Wolodarsky, den die Sozialrevolutionäre in Petrograd umbrachten und Jewdokimow, den Stalin im Jahre 1936 erschießen ließ. Nachdem sie hier und da einige zufällige Weggenossen verloren hatte, begann die Partei gegen Ende des Monats von neuem zu wachsen.

Am 21. und 22. Juli wurde in Petrograd eine Konferenz von außerordentlicher Wichtigkeit abgehalten, die nicht zur Kenntnis der Behörden und der Presse gelangte. Nach dem tragischen Fehlschlag der abenteuerlichen militärischen Offensive kamen die Delegierten der Soldaten immer häufiger in die Hauptstadt, um gegen die Fortsetzung des Krieges und gegen die Erstickung der freiheitlichen Errungenschaften in der Armee zu protestieren. Auf dem Zentralen Exekutivkomitee empfing man sie nicht; die Kompromißler wußten nicht, was sie ihnen antworten sollten. In den Vorzimmern und Wartesälen lernten die Frontdelegierten einander kennen und tauschten in rauher Soldatensprache ihre Eindrücke über die hohen Herren vom Exekutivkomitee aus. Die Bolschewiki, die überall einzudringen verstanden, rieten den enttäuschten und erzürnten Delegierten zu einem Meinungsaustausch mit den Arbeitern, Soldaten und Matrosen der Hauptstadt. An der Konferenz, die sich so ergab, nahmen Vertreter teil von neunundzwanzig Frontregimentern, neunzig Petersburger Fabriken sowie Vertreter der Matrosen von Kronstadt und den Garnisonen der Umgebung. Die Frontdelegierten sprachen von der sinnlosen Offensive, dem Hinschlachten, der

Zusammenarbeit der versöhnlerischen Kommissare mit den reaktionären Offizieren, die von neuem das Haupt erhoben. Obwohl scheinbar die Mehrheit an der Front sich weiterhin als Sozialrevolutionäre betrachtete, wurde die scharf gefaßte bolschewistische Resolution einstimmig angenommen. Von Petrograd aus kehrten die Delegierten als unersetzbare Agitatoren für die Arbeiter- und Bauernrevolution in die Schützengräben zurück. Bei der Organisierung dieser bemerkenswerten Konferenz spielten Swerdlow und Stalin anscheinend eine führende Rolle.

Die Petrograder Konferenz, die vergeblich versucht hatte, die Massen von den Demonstrationen abzuhalten, schleppte sich mit einer längeren Unterbrechung bis zur Nacht des 20. Juli hin. Der Gang ihrer Arbeiten wirft ein recht klares Licht auf die Rolle und den Platz Stalins in der Partei. Die Organisationsfragen wurden im Namen des Zentralkomitees von Swerdlow erledigt, aber auf dem Gebiete der Theorie und der großen politischen Probleme überließ er anderen den Platz, ohne Prätentionen und ohne falsche Bescheidenheit. Das Hauptthema der Konferenz war die Einschätzung der politischen Situation, so wie sie sich nach der Juliniederlage herausgebildet hatte. Wolodarsky, leitendes Mitglied des Petrograder Komitees, erklärte gleich zu Anfang: „Im gegenwärtigen Augenblick kann nur Sinowjew Bericht-
81 erstatter sein... Gern würde man Lenin hören..." Keiner erwähnte den Namen Stalin. Aber die Konferenz, durch die Massenbewegung unterbrochen, tagte erst am 16. Juli wieder von neuem. Lenin und Sinowjew verbargen sich, und der politische Hauptbericht fiel an Stalin, der als Sinowjews Vertreter sprach. „Für mich ist es klar", sagte er, „daß uns die Konterrevolution im gegenwärtigen Augenblick besiegt hat. Wir sind isoliert und werden von den Menschewiki und Sozialrevolutionären verraten und verleumdet..." Der Sieg der bürgerlichen Konterrevolution bildete den Ausgangspunkt des Redners. Doch war das kein gesicherter Sieg; solange der wirtschaftliche Stillstand nicht überwunden ist, solange die Bauern kein Land bekommen, „werden Krisen unvermeidlich sein, die Massen werden öfter als einmal auf die Straße gehen, es wird zu immer entscheidenderen Kämpfen kommen. Die friedliche Periode der Revolution ist zu Ende..." Infolgedessen hatte die Losung „Alle Macht den Sowjets" nunmehr jeden realen Inhalt verloren. Die Sowjets waren in den Händen der Versöhnler und halfen der bürgerlichen militärischen Konterrevolution, die Bolschewiki niederzumachen

und die Arbeiter und Soldaten zu entwaffnen und verzichteten so selbst auf jede wirkliche Macht. Eben noch hätten sie die Provisorische Regierung durch ein einfaches Dekret ausschalten können; innerhalb der Sowjets hätten die Bolschewiki durch einfache Neuwahlen die Vorherrschaft gewinnen können. Das war jetzt unmöglich geworden. Mit Hilfe der Versöhnler hatte sich die Konterrevolution bewaffnet. Jetzt tarnte sich die Konterrevolution mit den Sowjets selbst. Es wäre lächerlich, für diese Sowjets die Macht zu erlangen. „Nicht die Institution ist entscheidend, sondern welche Klassenpolitik diese Institution verfolgt, ist entscheidend.“ Von friedlicher Machteroberung kann keine Rede sein. Es bleibt nichts anderes mehr übrig, als sich auf den bewaffneten Aufstand vorzubereiten, der möglich werden wird, wenn die unteren Schichten des Dorfes und mit ihnen die Front zu den Arbeitern übergehen. Dieser kühnen strategischen Perspektive entsprachen die sehr vorsichtigen taktischen Direktiven für die unmittelbar bevorstehende Zeit. „Unsere Aufgabe ist es, unsere Kräfte zu sammeln, die existierenden Organisationen zu festigen und die Massen zu hindern, zu einer verfrühten Offensive zu schreiten ... Das ist die taktische Generallinie des Zentralkomitees.“ 82

Obwohl in äußerst dürftige Form gefaßt, enthielt der Bericht doch eine scharfsinnige Einschätzung der Situation, wie sie sich in den letzten Tagen ergeben hatte. Die Debatten fügten dem, was der Berichterstatter gesagt hatte, nur wenig hinzu. Die Herausgeber der Konferenzprotokolle kommentierten den Bericht im Jahre 1927 wie folgt: „Die grundlegenden Vorschläge dieses Berichts waren im Einverständnis mit Lenin gemacht worden und hielten sich an Lenins Artikel ‚Drei Krisen‘, der noch nicht veröffentlicht worden war.“ Außerdem wußten die Delegierten 83
wahrscheinlich von der Krupskaja, daß Lenin für den Berichterstatter besondere Thesen geschrieben hatte. „Eine Gruppe der Konferenzteilnehmer“, heißt es im Protokoll, „verlangte, daß Lenins Thesen der Konferenz mitgeteilt würden. Stalin erklärte, daß er sie nicht bei sich habe ...“ Das Verlangen der Delegierten 84
ist leicht verständlich; der Wechsel in der Orientierung war so gründlich, daß sie Lenins Stimme selbst hören wollten. Im Gegensatz dazu ist Stalins Antwort unverständlich: wenn er die Thesen einfach zu Hause vergessen hatte, hätten sie zur nächsten Sitzung beigebracht werden können. Sie wurden jedoch nie vorgelegt. So entsteht der Eindruck, daß sie der Konferenz nicht zu Gesicht

kommen sollten. Noch erstaunlicher ist, daß die „Julithesen"
zum Unterschied von allen anderen von Lenin in der Illegalität
verfaßten Dokumenten auch später nie veröffentlicht worden
85 sind. Da Stalin das einzige Exemplar besaß, bleibt zu vermuten,
daß er es verloren hat. Er selbst jedoch erzählt von keinem Verlust. Die Herausgeber der Konferenzprotokolle äußern die Vermutung, daß die Thesen von Lenin im Geiste seiner Artikel
86 „Drei Krisen" und „Über die Losungen" geschrieben worden
sind, die vor der Konferenz verfaßt worden waren, aber erst nach dieser in Kronstadt veröffentlicht wurden, wo die Pressefreiheit aufrechterhalten geblieben war. Ein Vergleich der Texte zeigt in der Tat, daß Stalins Bericht nur eine einfache Wiedergabe der beiden Artikel war, ohne daß er ein einziges von ihm selbst stammendes Wort hinzugefügt hatte. Stalin hatte die Artikel nicht selbst gelesen und ahnte auch nichts von ihrer Existenz, er stützte sich auf die Thesen, die mit den Artikeln hinsichtlich des Ideengangs übereinstimmten. Dieser Umstand erklärt recht gut, warum der Berichterstatter „vergaß", der Konferenz Lenins Thesen mitzubringen und warum das Dokument nicht aufbewahrt wurde. Stalins Charakter macht diese Hypothese nicht nur zulässig, sondern drängt sie auf.

Im Vorstand der Konferenz, in dem es anscheinend zu heftigen Kämpfen kam, gewann Wolodarsky die Mehrheit, der sich anzuerkennen weigerte, daß die Konterrevolution im Juli einen vollständigen Sieg davongetragen habe. Stalin verlangte nicht, daß er ein Gegenreferat halten könne, und nahm an den Diskussionen nicht teil. Unter den Delegierten herrschte Verwirrung. Wolodarskys Resolution wurde schließlich mit den Stimmen von achtundzwanzig Delegierten gegen drei und bei achtundzwanzig Stimmenthaltungen angenommen. Die Gruppe der Wyborger Delegierten begründete ihre Stimmenthaltung mit der Erklärung, daß „Lenins Thesen nicht veröffentlicht worden sind
87 und der Berichterstatter seine Resolution nicht verteidigt hat".
Die Anspielung auf eine unzulässige Verheimlichung der Thesen war klar. Stalin schwieg. Er erlitt eine doppelte Niederlage: er rief dadurch Unzufriedenheit hervor, daß er die Thesen versteckt hielt, und verstand es nicht, eine Mehrheit für sie zusammenzubekommen.

Was Wolodarsky betrifft, so wollte er im Grunde weiterhin das bolschewistische Schema von der Revolution des Jahres 1905 aufrechterhalten: erst die demokratische Diktatur, dann der un-

vermeidliche Bruch mit der Bauernschaft und, im Falle eines Sieges des Proletariats im Westen, der Kampf für die sozialistische Diktatur. Stalin, unterstützt von Molotow und einigen anderen, verteidigte Lenins neue Konzeption: nur die Diktatur des Proletariats, auf die ärmsten Bauern gestützt, sichert die Erfüllung der Aufgaben der demokratischen Revolution und eröffnet gleichzeitig die Ära der sozialistischen gesellschaftlichen Veränderungen. Stalin hatte recht gegen Wolodarsky, wußte das aber nicht zu beweisen. Andererseits, indem er sich weigerte anzuerkennen, daß die bürgerliche Konterrevolution einen vollständigen Sieg davongetragen habe, befand sich Wolodarsky im Recht gegen Stalin und Lenin. Wir werden diesem Disput einige Tage später auf dem Parteitag von neuem begegnen. Die Konferenz endete mit der Annahme eines von Stalin verfaßten Aufrufs: „An alle Arbeiter!", in dem es unter anderem heißt: „Die käuflichen Mietlinge und feigen Verleumder wagen es offen, die Führer unserer Partei des ‚Verrats' anzuklagen. Niemals sind die Namen unserer Führer der Arbeiterklasse so teuer gewesen wie jetzt in diesem Augenblick, wo die schamlose bürgerliche Kanaille sie
mit Schmutz bedeckt!" Außer Lenin waren die Hauptopfer der 88
Verleumdung Sinowjew, Kamenew und Trotzky. Es war ihr Name, der Stalin besonders teuer war, als die „bürgerliche Kanaille" sie mit Schmutz bedeckte.

Die Petrograder Konferenz stellte sozusagen eine Generalprobe des Parteitages dar, der am 26. Juli eröffnet wurde. In diesem Augenblick waren fast alle Petrograder Stadtteilsowjets in den Händen der Bolschewiki. In den Fabrikkomitees sowohl als in den Gewerkschaftsleitungen war der bolschewistische Einfluß vorherrschend geworden. Die organisatorische Vorbereitung des Parteitags war in Swerdlows Händen konzentriert. Die politische Vorbereitung aber leitete Lenin von seinem Versteck aus. In Briefen an das Zentralkomitee und an die bolschewistischen Presseorgane, die wieder zu erscheinen begonnen hatten, beleuchtete er die verschiedenen Aspekte der politischen Lage. Er war es, der die Hauptresolutionen des Parteitags skizziert und der darüber hinaus in geheimen Zusammenkünften die anzuwendenden Argumente im vorhinein sorgfältig mit den Referenten durchgesprochen hatte.

Der Parteitag wurde unter der Bezeichnung „Vereinigungsparteitag" einberufen, da auf ihm der Eintritt der Petersburger
„Meschrajonnaja" („Interdistrikts-Organisation") in die Partei 89

vollzogen werden sollte, der Joffe, Uritzky, Rjasanow, Lunat-
scharsky, Pokrowsky, Manuilski, Jurenew, Karachan, Trotzky
und andere Revolutionäre angehörten, die alle in der einen oder
anderen Weise in die Geschichte der Sowjetrevolution einge-
gangen sind. „In den Kriegsjahren“, heißt es in einer Anmerkung
zu Lenins „Sämtlichen Werken“, „standen die ‚Meschrajonzy‘
(‚Interdistriktler‘) dem Petrograder bolschewistischen Komitee
90 nahe.“ Dieser Organisation gehörten zur Zeit des Kongresses
ungefähr viertausend Arbeiter an.

Als über den Parteitag, der halblegal in zwei verschiedenen Arbeitervierteln stattfand, Informationen in die Presse gelangten, sprach man in Regierungskreisen davon, den Kongreß aufzulösen; als es sich jedoch darum handelte, eine Entscheidung zu treffen, dünkte es Kerensky besser, seine Nase nicht in die Angelegenheiten der Wyborger Vorstadt zu stecken. Dem großen Publikum blieben die Veranstalter des Kongresses unbekannt. Unter den bolschewistischen Kongreßteilnehmern waren Swerdlow, Bucharin, Stalin, Molotow, Woroschilow, Ordschonikidse, Jurenew, Manuilski ... Im Präsidium saßen Swerdlow, Olminski, Lomow, Jurenew und Stalin. Auch dann, wenn die prominentesten Bolschewiki nicht anwesend waren, figurierte Stalins Name immer an letzter Stelle. Der Parteitag beschloß, an „Lenin, Trotzky, Sinowjew, Lunatscharsky, Kamenew, die Kollantai und an alle anderen verhafteten und verfolgten Genossen“ Grüße zu senden. Die zuletzt Genannten wurden ins Ehrenpräsidium gewählt; in der Ausgabe von 1938 wird nur Lenins Wahl erwähnt...

Swerdlow berichtete über die organisatorische Arbeit des Zentralkomitees. Seit der Aprilkonferenz war die Mitgliederzahl der Partei von 80 000 auf 240 000 gestiegen, das heißt, sie hatte sich verdreifacht. Unter Berücksichtigung der Schläge der Julizeit war das ein gesundes Wachstum. Erstaunlich bleibt, wie unbedeutend die Auflageziffer der gesamten bolschewistischen Presse war: 320 000 Exemplare für ein so riesiges Land. Aber das revolutionäre Element ist ein guter Stromleiter: die bolschewistischen Ideen bahnten sich ihren Weg in das Bewußtsein von Millionen Menschen.

Stalin wiederholte zwei seiner Berichte, den über die politische Tätigkeit des Zentralkomitees und den über die herrschende Situation. Zu den Gemeindewahlen, bei denen die Bolschewiki in der Hauptstadt zwanzig Prozent der Stimmen erhalten hatten,

erklärte Stalin: „Das Zentralkomitee ... riß alle seine Kräfte zusammen, um sowohl die Kadetten zu bekämpfen, die die Hauptkraft der Konterrevolution darstellen, als auch die Menschewiki und die Sozialrevolutionäre, die den Kadetten freiwillig oder unfreiwillig folgen.“ Es war viel Wasser den Berg hinunter- 91
geflossen seit der Märzkonferenz, auf der Stalin die Menschewiki und die Sozialrevolutionäre zur „revolutionären Demokratie“ gezählt und den Kadetten die Mission anvertraut hatte, die Errungenschaften der Revolution zu „konsolidieren“.

Im Widerspruch zu aller Tradition wurden die Fragen des Krieges, des Sozialpatriotismus, des Zusammenbruchs der Zweiten Internationale und der Strömungen in der sozialistischen Weltbewegung nicht im politischen Referat behandelt, sondern Bucharin anvertraut - Stalin war auf dem Gebiet der internationalen Fragen einfach verloren. Bucharin wies nach, daß die Kampagne für den Frieden mittels eines „Drucks“ auf die Provisorische Regierung und die anderen Entente-Regierungen vollständig Bankerott gemacht hatte und daß nur der Sturz der Provisorischen Regierung eine demokratische Beendigung des Krieges in nahe Aussicht stellen konnte. Gleich nach Bucharin sprach Stalin über die Aufgaben der Partei. Es wurde zu gleicher Zeit über beide Berichte diskutiert, obwohl sich herausstellte, daß die Ansichten der beiden Redner nicht vollständig miteinander übereinstimmten.

„Einige Genossen behaupten“, erklärte Stalin, „daß es utopisch sei, die Frage der sozialistischen Revolution zu stellen, weil der Kapitalismus bei uns schwach entwickelt ist. Sie würden recht haben, wenn es keinen Krieg gäbe, wenn es keine Desorganisation gäbe, wenn die Grundlagen der Volkswirtschaft nicht erschüttert wären, aber heute stellt sich die Frage des Eingriffs auf wirtschaftlichem Gebiet in allen Ländern als dringlichste Frage ...“ Außerdem „hat das Proletariat nirgends so breite Organisationen wie die Sowjets ... All das schließt die Möglichkeit aus, daß die Arbeitermassen nicht in das ökonomische Leben eingreifen. Hier liegt die wirkliche Begründung dafür, daß die Frage der sozialistischen Revolution bei uns in Rußland gestellt werden kann“. 92

Erstaunen macht die offenbare Ungereimtheit des Hauptargumentes: wenn die schwache Entwicklung des Kapitalismus das Programm der sozialistischen Revolution zu einer Utopie macht, dann können uns die durch den Krieg hervorgerufenen

Zerstörungen der Ära des Sozialismus nicht näher bringen, sondern müssen uns im Gegenteil von ihr entfernen. In Wirklichkeit wurde die Tendenz für die Umwandlung der demokratischen Revolution in die sozialistische Revolution nicht durch die Zerstörung der Produktivkräfte im Kriege hervorgerufen, sondern lag in der sozialen Struktur des russischen Kapitalismus begründet. Diese Entdeckung konnte vor dem Kriege und unabhängig vom Kriege gemacht werden - und sie wurde es. Gewiß, der Krieg beschleunigte die revolutionäre Entwicklung der Massen unendlich, veränderte aber keineswegs den sozialen Inhalt der Revolution. Gesagt muß übrigens werden, daß Stalin sein Argument vereinzelten und nicht weiter entwickelten Bemerkungen Lenins entnahm, die dazu bestimmt gewesen waren, den alten Kadern die Notwendigkeit einer Umrüstung der Partei klarzumachen.

Bucharin versuchte in der Diskussion, das alte bolschewistische Schema teilweise zu verteidigen: in der ersten Revolution marschierte das russische Proletariat Hand in Hand mit der Bauernschaft im Namen der Demokratie, in der zweiten Revolution Hand in Hand mit dem europäischen Proletariat im Namen des Sozialismus. „Worin besteht Bucharins Perspektive?“ erwiderte Stalin. „Seiner Meinung nach marschierten wir in der ersten Etappe in die Bauernrevolution. Aber sie kann nicht anders ... als mit der Arbeiterrevolution zusammenfallen. Es ist unmöglich, daß die Arbeiterklasse, die die Vorhut der Revolution bildet, nicht zu gleicher Zeit für ihre eigenen Forderungen kämpft.
93 Darum halte ich Bucharins Schema für schlecht durchdacht.“ Das war durchaus richtig. Die Bauernrevolution konnte nur siegen, indem sie das Proletariat an die Macht brachte. Das Proletariat konnte sich nicht an der Macht halten, ohne die sozialistische Revolution einzuleiten. Stalin wandte gegen Bucharin die Argumente an, die zum erstenmal Anfang 1905 dargelegt und bis zum April 1917 als „utopisch“ abgetan worden waren. Wenige Jahre später aber hatte Stalin diese von ihm auf dem Sechsten Parteitag benützten Argumente vergessen und verhalf zusammen mit Bucharin der Formel von der „demokratischen Diktatur“ zur Wiederauferstehung, einer Formel, die im Programm der Kommunistischen Internationale einen breiten Platz einnehmen und in den Revolutionsbewegungen Chinas und anderer Länder eine verhängnisvolle Rolle spielen sollte.

Die Hauptaufgabe des Parteitags war, die Losung von der friedlichen Übernahme der Macht durch die Sowjets durch die der Vorbereitung des bewaffneten Aufstandes zu ersetzen. Hierzu war vor allem Verständnis für den Umschwung erforderlich, der sich im Kräfteverhältnis ergeben hatte. Die allgemeine Richtung dieses Umschwungs war klar: vom Volk zur Bourgeoisie. Bedeutend schwieriger aber war es, das Ausmaß des Umschwungs zu überschauen: das neue Kräfteverhältnis konnte nur an einem neuen bewaffneten Zusammenstoß der Klassen gemessen werden. Zu einer solchen Prüfung wurde die Revolte des Generals Kornilow Ende August, bei der sich mit einem Schlage herausstellte, daß die Bourgeoisie noch immer nicht weder über die Unterstützung durch das Volk noch über die durch die Armee verfügte. Der im Juli vor sich gegangene Umschwung hatte also nur oberflächlichen und vorübergehenden Charakter, er war nichtsdestoweniger Tatsache: es war infolgedessen unsinnig, von einem friedlichen Übergang der Macht an die Sowjets zu sprechen. Was Lenin bei der Festlegung des neuen Kurses vor allem beschäftigte, war, die Partei fähig zu machen, den veränderten Verhältnissen mit der größtmöglichen Entschlossenheit gegenüberzutreten. In gewissem Sinne griff er zu einer mutwilligen Übertreibung: es ist gefährlicher, die Kräfte des Feindes zu unterschätzen, als sie zu überschätzen. Es war die Übertreibung in der Einschätzung, die den Parteitag, wie seinerzeit die Petersburger Konferenz, aufscheuchte - um so mehr, als Stalin Lenins Ideen in versimpelter Weise wiedergab.

„Die Situation ist klar", sagte Stalin, „heute spricht niemand mehr von Doppelherrschaft. Früher waren die Sowjets eine wirkliche Kraft, jetzt sind sie nur noch die Organe für den Zusammenschluß der Massen, aber sie haben keine Macht mehr." Einige Delegierte wiesen mit Recht darauf hin, daß die Reaktion im Juli zwar vorübergehend triumphiert, die Konterrevolution aber nicht gesiegt hatte und die Doppelherrschaft noch nicht zugunsten der Bourgeoisie aufgehoben war. Hierauf wußte Stalin nur mit einem Axiom zu antworten: „Während einer Revolution gibt es keine Reaktion." In Wirklichkeit besteht die Kreisbahn 94
jeder Revolution aus aufsteigenden und absteigenden Linien. Die Rückständigkeit der Masse selbst und die Schläge, die der Feind zurückgibt, Schläge, die das herrschende Regime den Bedürfnissen der gegenrevolutionären Klasse anpassen, verlagern nicht die Achse der Macht, fördern aber die Reaktion. Etwas ganz anderes ist ein Sieg der Konterrevolution: er ist unvorstellbar ohne den Übergang der Macht in die Hände einer anderen

Klasse. Ein so entscheidender Übergang hatte im Juli nicht stattgefunden. Sowjetische Historiker und Kommentatoren schreiben noch heute von einem Buch zum andern immer wieder Stalins Formeln ab, ohne sich auch nur einen Augenblick die Frage vorzulegen: wenn im Juli die Macht in die Hände der Bourgeoisie übergegangen ist, warum mußte diese dann im August zum Aufstand greifen? Vor den Juliereignissen nannte man Doppelherrschaft das Regime, in dem die Provisorische Regierung nicht mehr als ein Phantom war, während die wirkliche Macht bei den Sowjets lag. Nach den Juliereignissen ging ein Teil der Macht von den Sowjets an die Bourgeoisie über, aber nur ein Teil: die Doppelherrschaft verschwand nicht. Eben diese Tatsache bestimmte später den Charakter der Oktoberrevolution.

„Wenn es den Konterrevolutionären gelingt, sich einen oder zwei Monate zu halten", führte Stalin weiter aus, „so ist das nur möglich, weil das Koalitionsprinzip aufrechterhalten wird. Da sich aber die konterrevolutionären Kräfte entwickeln, werden Explosionen eintreten, und der Moment wird kommen, wo sich die Arbeiter erheben und die armen Bauernschichten um sich sammeln, die Fahne der Arbeiterrevolution schwingen und das Zeitalter der sozialistischen Revolution im Abendland eröffnen
95 werden." Halten wir fest: die Mission des russischen Proletariats ist es, „das Zeitalter der sozialistischen Revolution im Abendland zu eröffnen". Das wurde zur Losung der Partei für die folgenden Jahre. Im Grunde gibt Stalins Bericht die richtige Einschätzung der Situation und die richtigen Voraussagen - Lenins Einschätzung und Lenins Voraussagen. Wie üblich fehlt es der Rede aber an innerem Aufbau. Der Redner behauptet, ohne zu beweisen. Die Einschätzungen, zu denen er kommt, sind entweder nicht von einer höheren Warte aus gesehen oder einfach fertig übernommen worden; sie sind nicht durch das Laboratorium analytischen Denkens hindurchgegangen, und ihnen mangelt der organische Zusammenhang, der von sich selbst aus die notwendigen Argumente, Vergleiche und Illustrationen hervorbringt. Stalins Polemik besteht in der Wiederholung von Ideen, die bereits ausgesprochen worden sind - manchmal wiederholt er sie in aphoristischer Form, die als bereits bewiesen betrachtet, was erst noch zu beweisen ist. Oft sind seine Argumente mit Grobheiten gespickt, besonders am Schluß einer Rede, wenn keine Replik eines Gegners mehr zu fürchten ist.

In einer dem Sechsten Parteitag gewidmeten Veröffentlichung von 1928 lesen wir: „Lenin, Stalin, Swerdlow, Dzerschinsky und andere wurden zu Mitgliedern des Zentralkomitees gewählt.“ Neben Stalin sind nur drei Verstorbene erwähnt. Aus 96
den Kongreßprotokollen erhellt aber, daß einundzwanzig Mitglieder und zehn Stellvertreter ins Zentralkomitee gewählt wurden. In Anbetracht der halblegalen Stellung der Partei wurden die Namen der in geheimer Abstimmung Gewählten auf dem Parteitag nicht bekanntgegeben, mit Ausnahme der vier, die die meisten Stimmen erhalten hatten: Lenin 133 Stimmen von 134, Sinowjew 132, Kamenew 131, Trotzky 131. Außer ihnen wurden gewählt: Nogin, Kollontai, Stalin, Swerdlow, Rykow, Bucharin, Artem, Uritzky, Miljutin, Berzin, Bubnow, Dzerschinsky, Krestinsky, Muranow, Smilga, Sokolnikow, Schaomyan. Die Namen sind der Anzahl der Stimmen nach geordnet, die sie auf sich vereinigt haben. Von den Namen der gewählten Stellvertreter konnten acht ermittelt werden: Lomow, Joffe, Stassowa, Jakowlewa, Tschaparidse, Kisseljew, Preobraschensky, Skrypnik.

Der Parteitag endete am 3. August. Einen Tag später wurde Kamenew aus dem Gefängnis entlassen. Von da an sprach er nicht nur regelmäßig in den Sowjetinstitutionen, sondern übte auch auf die allgemeine Politik der Partei und auf Stalin persönlich merklichen Einfluß aus. Beide, wenn auch in verschiedenen Graden, hatten sich dem neuen Kurs angepaßt. Es fiel ihnen aber nicht gerade leicht, sich von ihren alten Denkgewohnheiten freizumachen. Wo er kann, rundet Kamenew die Ecken der Leninschen Politik ab. Stalin hat nichts dagegen einzuwenden, nur will er sich nicht selbst irgendeine Blöße geben. Zu einem offenen Zwist kam es gelegentlich der sozialistischen Konferenz von Stockholm, zu der die Initiative von den deutschen Sozialdemokraten ausgegangen war. Die russischen Kompromißler und Patrioten, immer bereit, sich an jeden Strohhalm zu klammern, hielten diese Konferenz für eine wichtige Waffe im „Kampf für den Frieden“. Im Gegensatz dazu trat der der Verbindung mit dem deutschen Generalstab beschuldigte Lenin scharf gegen jede Beteiligung an einem Unternehmen auf, hinter dem, wie jeder wußte, die deutsche Regierung steckte. Auf der Sitzung des Zentralen Exekutivkomitees vom 6. August nahm Kamenew offen für die Teilnahme an der Konferenz Stellung. Stalin dachte nicht daran, die Auffassung der Partei im „Proletarij“ („Der Proletarier“), wie die „Prawda“ jetzt hieß, zu verteidigen. Im

97 Gegenteil, ein heftiger Artikel Lenins gegen Kamenew stieß auf die Opposition Stalins und erschien erst zehn Tage später im Druck, und zwar erst nach dringenden Vorstellungen des Verfassers und nachdem dieser an die Unterstützung anderer Mitglieder des Zentralkomitees appelliert hatte. Aber auch dann noch stellte sich Stalin nicht offen auf Kamenews Seite.

Unmittelbar nach seiner Freilassung wurde in der Presse ein vom demokratischen Justizministerium ausgehendes Gerücht lanciert, wonach Kamenew mit der zaristischen Geheimpolizei in Verbindung gestanden habe. Kamenew verlangte eine Untersuchung. Das Zentralkomitee beauftragte Stalin, „mit Gotz (einem der sozialrevolutionären Führer) wegen einer Kommission
98 zur Untersuchung des Falles Kamenew zu sprechen“. Solche Aufgaben waren ihm, wie wir gesehen haben, schon einige Male übertragen worden: mit dem Menschewiken Bogdanow wegen der Kronstädter Matrosen zu „sprechen“, mit dem Menschewiken Anissimow wegen der Garantien für Lenin zu „sprechen“. Immer hinter den Kulissen, war Stalin besser als andere für diese Art heikler Missionen geeignet. Darüber hinaus war das Zentralkomitee stets dessen sicher, daß sich Stalin bei Verhandlungen mit einem Gegner nicht übers Ohr hauen ließ.

„Das Schlangengezisch der Konterrevolution“, schrieb Stalin am 13. August über die Verleumdungen, denen Kamenew ausgesetzt war, „wird wieder lauter. Aus seinem Schlupfwinkel heraus streckt das geifernde Ungeheuer der Reaktion seinen giftigen Stachel hervor. Es wird zustechen und sich wieder in seinen finsteren Winkel verkriechen“ und so weiter im Stile der Tifliser „Chamäleons“. Doch ist der Artikel nicht nur seines Stiles wegen interessant. „Die infame Hetze, die Schwelgerei in Lüge und Verleumdung, die schamlose Irreführung, die niedrige Fälschung und Erdichtung“, so fährt der Autor fort, „nehmen einen in der Geschichte bisher unbekannten Umfang an... Zuerst versuchten sie, bewährte Kämpfer der Revolution für deutsche Spione auszugeben, als das fehlgeschlagen war, wollte man aus ihnen zaristische Spitzel machen. So versuchen sie, Männer, die ihr ganzes bewußtes Leben der Sache des revolutionären Kampfes gegen den Zarismus gewidmet haben, jetzt ... als zaristische Spione hinzustellen. Der politische Sinn von alledem versteht sich von selbst: die Herren der Konterrevolution müssen um jeden Preis Kamenew, der ein anerkannter Führer des revolutionären Proletariats ist, unschädlich machen und

aus dem Wege räumen." Unglücklicherweise fand sich dieser 99
Artikel nicht in den Materialien des Staatsanwalts Wyschinsky
auf Kamenews Prozeß im Jahre 1936.

Am 30. August brachte Stalin ohne irgendeine redaktionelle
Bemerkung einen von Sinowjew stammenden nicht gezeichneten
Artikel, „Was man nicht tun sollte!" überschrieben, der offen-
sichtlich gegen die Vorbereitung des Aufstandes gerichtet war.
„Man muß der Wahrheit ins Gesicht schauen: in Petrograd sind
jetzt viele Umstände dem Ausbruch einer Insurrektion in der
Art der Pariser Kommune von 1871 günstig." Ohne Sinowjew 100
zu nennen, schrieb Lenin am 3. September: „Die Anspielung
auf die Kommune ist oberflächlich und sogar stupide... Die
Kommune konnte dem Volke nicht mit einem Schlage das geben,
was ihm die Bolschewiki geben können, wenn sie die Macht
übernehmen, nämlich das Land den Bauern und unmittelbare
Friedensvorschläge." Der Hieb gegen Sinowjew prallte auf den 101
Redakteur der Zeitung zurück. Aber Stalin schwieg. Bereit,
anonym einen von rechts kommenden Angriff auf Lenin zu unter-
stützen, hütet er sich wohl, selbst einzugreifen. Beim ersten An-
zeichen von Gefahr springt er ab.

Über Stalins journalistische Arbeit in dieser Periode ist so gut wie nichts zu sagen. Er war Chefredakteur des Zentralorgans, nicht, weil er ein Schriftsteller, sondern weil er kein Redner und überhaupt unfähig war, öffentlich aufzutreten. Er schrieb nicht einen einzigen Artikel, der die Aufmerksamkeit auf ihn gelenkt hätte; er stellte nicht ein einziges neues Problem zur Diskussion; er setzte keine einzige Losung in Umlauf. Er kommentierte die Ereignisse in unpersönlicher Sprache im Rahmen der von der Partei festgelegten Konzeptionen. Ein Parteibeamter in der Redaktion, kein revolutionärer Publizist.

Das Wiederaufleben der Massenbewegung und die Wieder-
aufnahme ihrer Tätigkeit durch diejenigen Mitglieder des Zentral-
komitees, die eine Zeitlang zur Untätigkeit verdammt gewesen
waren, drängten Stalin natürlich wieder aus der leitenden Position
hinaus, die er zur Zeit des Julikongresses innegehabt hatte. Von
nun an wird seine Tätigkeit wieder obskur - den Massen unbe-
kannt, vom Feinde unbemerkt. Im Jahre 1924 veröffentlichte die
Historische Kommission der Partei eine umfangreiche Chronik
der Revolution in mehreren Bänden. Auf den 422 Seiten des 102
IV. Bandes, der August und September behandelt, sind alle Er-
eignisse verzeichnet, alle Episoden, Konflikte, Resolutionen,

Reden, Artikel, die irgendwie verdienen, verzeichnet zu werden. Swerdlow, damals wenig bekannt, wird in dem Bande dreimal genannt, Kamenew sechsundvierzigmal, Trotzky, der August und September im Gefängnis verbrachte, einunddreißigmal, Lenin, der in der Illegalität war, sechzehnmal, Sinowjew, der Lenins Schicksal teilte, sechsmal; Stalin wird nicht ein einziges Mal erwähnt. Stalins Name steht nicht im Register, das über 500 Namen enthält. Mit anderen Worten, in diesen beiden Monaten hat die Presse nichts von dem verzeichnet, was er sagte oder tat, und keiner der bekannteren Teilnehmer an den Ereignissen hat seinen Namen auch nur ein einziges Mal ausgesprochen.

Glücklicherweise ermöglichen es die - allerdings bei weitem nicht vollständig - erhalten gebliebenen Protokolle des Zentral-
103 komitees, Stalins Rolle im Leben der Partei oder besser gesagt in deren Generalstab während der sieben Monate vom August 1917 bis zum Februar 1918 mehr oder weniger genau zu verfolgen. Auf Konferenzen und Kongresse aller Art wurden, da die politischen Führer abwesend waren, Miljutin, Smilga, Glebow delegiert, Persönlichkeiten von wenig Einfluß, aber besser für öffentliches Auftreten geeignet als Stalin. Gelegentlich von Parteibeschlüssen taucht Stalins Name nur selten auf. Uritzky, Sokolnikow und Stalin sind beauftragt worden, eine Kommission für die Wahlen zur Konstituierenden Versammlung zu organisieren. Die gleichen hatten eine Resolution über die Stockholmer Konferenz zu verfassen. Stalin wurde beauftragt, mit einer Druckerei wegen des Wiedererscheinens des Zentralorgans zu verhandeln. Noch eine Kommission zur Abfassung einer Resolution usw. Nach dem Juliparteitag war ein Vorschlag Stalins angenommen worden, die Arbeit des Zentralkomitees nach den Prinzipien einer „strikten Aufteilung der Funktionen" zu organisieren. Das ist allerdings leichter zu sagen als durchzuführen: der Lauf der Ereignisse sollte noch auf einige Zeit hinaus die Funktionen durcheinanderwürfeln und gefaßte Beschlüsse umstürzen. Am 2. September ernannte das Zentralkomitee die Redaktionskomitees für das Wochenblatt und die Monatszeitschrift, beide unter Teilnahme von Stalin. Am 6. September, nach der Freilassung Trotzkys, wurden Stalin und Rjasanow in der Leitung der theoretischen Zeitschrift durch Trotzky und
104 Kamenew ersetzt. Doch bleibt es auch in bezug auf diesen Entschluß lediglich bei einer Notiz in den Protokollen. In der Tat erschienen die beiden Zeitschriften nur je einmal, und die

wirklichen Redaktionskomitees stimmten keineswegs mit den ernannten überein.

Am 5. Oktober stellte das Zentralkomitee eine Kommission auf, die den Entwurf eines Parteiprogramms für den bevorstehenden Parteitag ausarbeiten sollte. Die Kommission setzt sich zusammen aus Lenin, Bucharin, Trotzky, Kamenew, Sokolnikow, Kollontai. Stalin gehört ihr nicht an. Nicht, weil sich 105
irgendjemand seiner Kandidatur widersetzt hätte, sondern einfach weil sein Name niemandem in den Sinn kommt, wenn es sich darum handelt, das wichtigste theoretische Dokument der Partei auszuarbeiten. Indes, die Programmkommission tritt nicht ein einziges Mal zusammen - ganz andere Aufgaben standen auf der Tagesordnung. Die Partei führte den Aufstand und kam zur Macht, ohne ein vollendetes Programm zu besitzen. Sogar in bezug auf die inneren Parteiangelegenheiten disponierten die Ereignisse über die Menschen nicht immer entsprechend den Entscheidungen und Plänen der Parteihierarchie. Das Zentralkomitee schuf Redaktionen, Kommissionen, Dreiergruppen, Fünfergruppen, Siebenergruppen - bevor sie zusammentreten konnten, traten neue Ereignisse ein, und alle Welt vergaß die gestern gefaßten Beschlüsse. Hinzu kommt, daß die Protokolle aus konspirativen Gründen sorgfältig verborgen gehalten wurden und sie niemals jemand konsultierte.

Recht erstaunlich ist die relativ häufige Abwesenheit Stalins. Auf sechs von vierundzwanzig Sitzungen des Zentralkomitees im August, September und in der ersten Oktoberwoche war er nicht anwesend; von sechs weiteren Sitzungen fehlt die Anwesenheitsliste. Diese Unregelmäßigkeit ist um so weniger erklärlich, als Stalin keinen Teil an der Arbeit des Sowjets und des Zentralen Exekutivkomitees hatte und keine Versammlungen besuchte. Er selbst maß natürlich seiner Teilnahme an den Sitzungen des Zentralkomitees nicht die Bedeutung bei, die er ihr heute zuerteilt. In einer gewissen Anzahl von Fällen erklärt sich seine Abwesenheit zweifelsohne durch irgendeinen Affront, den man ihm angetan hatte, und die Verärgerung, die daraus folgte: wenn er seinen Willen nicht durchsetzen kann, zieht er es vor, sich nicht zu zeigen und über Racheträumen zu brüten.

Interessant ist die Reihenfolge, in der die anwesenden Mitglieder des Zentralkomitees in die Protokolle eingetragen worden sind. Am 13. September: Trotzky, Kamenew, Stalin, Swerdlow und andere. Am 15. September: Trotzky, Kamenew,

Rykow, Nogin, Stalin, Swerdlow und andere. Am 20. September: Trotzky, Uritzky, Bubnow, Bucharin und andere (Stalin und Kamenew sind nicht anwesend). Am 21. September: Trotzky, Kamenew, Stalin, Sokolnikow und andere. Am 23. September:
106 Trotzky, Kamenew, Sinowjew und andere (Stalin ist abwesend). Die Reihenfolge der Namen war natürlich nicht reglementiert und wurde manchmal umgeworfen. Trotzdem war sie keine zufällige, besonders wenn man in Rechnung stellt, daß Stalins Name in der voraufgegangenen Periode, in der Trotzky, Sinowjew und Kamenew abwesend gewesen waren, in den Protokollen an erster Stelle figurierte. Das sind natürlich Details, aber wesentlichere Dinge sind nicht aufzufinden; außerdem spiegeln diese Details das alltägliche Leben des Zentralkomitees sowohl als den Platz, den Stalin darin einnahm, unparteiisch wider.

Je höher der Schwung der Bewegung geht, um so kleiner der Platz, den Stalin in ihr einnimmt und um so schwerer fällt es ihm, sich aus der Reihe der durchschnittlichen Mitglieder des Zentralkomitees herauszuheben. Im Oktober, dem entscheidenden Monat eines entscheidenden Jahres, ist von ihm weniger denn je zu merken. Dem Rumpf des Zentralkomitees, dieser einzigen Stütze Stalins, mangelt es in jenen Monaten gleichfalls an Selbstvertrauen. Allzu oft werden seine Beschlüsse durch eine von unten ausgehende Initiative umgestoßen. Der ganze Parteiapparat verliert in der unruhigen revolutionären Zeit den festen Boden unter den Füßen. Je breiter und tiefer der Einfluß der bolschewistischen Parolen, um so schwieriger wird es für die Komiteeleute, die Bewegung zu meistern. Der Raum wird um so enger für den Parteiapparat, je größer der Einfluß der Partei auf die Sowjets wird. Das ist eins der Paradoxe der Revolution.

Zahlreiche Historiker, darunter die gewissenhaftesten, haben die Bedingungen, die sich erst bedeutend später herausbildeten, als der überflutende Strom längst in seine Ufer zurückgetreten war, auf das Jahr 1917 übertragen und die Dinge so dargestellt, als hätte das Zentralkomitee direkt die Politik des Petrograder Sowjets geleitet, der gegen Anfang September bolschewistisch geworden war. Das war aber in Wirklichkeit nicht der Fall; aus den Protokollen geht ohne den Schatten eines Zweifels hervor, daß, mit Ausnahme einiger Vollsitzungen, an denen Lenin, Sinowjew und Trotzky teilnahmen, das Zentralkomitee keine politische Rolle spielte. In keiner entscheidenden Frage ergriff es die Initiative. Zahllose in jener Periode gefaßte Beschlüsse des

Zentralkomitees blieben in der Luft hängen, da sie mit den Beschlüssen des Sowjets zusammenstießen. Die wichtigsten Entschließungen des Sowjets wurden durchgeführt, bevor das Zentralkomitee Zeit fand, sie zu begutachten. Erst nach der Machteroberung, nach der Beendigung des Bürgerkrieges und der Errichtung eines festen Regimes konzentrierte das Zentralkomitee nach und nach die Leitung der Tätigkeit des Sowjets in seinen Händen. Erst da kam Stalins Zeit.

Am 8. August eröffnete das Zentralkomitee eine Kampagne gegen die Regierungskonferenz, die von Kerensky nach Moskau einberufen worden war und Manipulationen im Interesse der Bourgeoisie vornehmen wollte. Die Konferenz begann am 12. August. Sie stand im Zeichen eines allgemeinen Proteststreiks der Moskauer Arbeiter. Die Bolschewiki, denen der Zutritt zur Konferenz verweigert worden war, hatten ein wirksames Mittel gefunden, ihre Stärke zu zeigen. Die Bourgeoisie war erschrocken und wütend. Nachdem er am 21. August Riga den Deutschen überlassen hatte, unternahm der Oberbefehlshaber Kornilow am 25. des gleichen Monats seinen Marsch auf Petrograd, in der Absicht, seine persönliche Diktatur zu errichten. Kerensky, der sich in seinen Kornilow betreffenden Kalkulationen getäuscht hatte, erklärte den Oberbefehlshaber zum „Vaterlandsverräter". Selbst in diesem entscheidenden Augenblick, am 27. August, erschien Stalin nicht im Zentralen Exekutivkomitee. Es war Sokolnikow, der dort im Namen der Bolschewiki auftrat. Er kündigte an, daß die Bolschewiki bereit wären, sich über die zu treffenden militärischen Maßnahmen mit den Organen der Sowjetmehrheit zu verständigen. Die Menschewiki und Sozialrevolutionäre nahmen die Vorschläge dankbar an - aber auch zähneknirschend, denn die Arbeiter und Soldaten standen auf Seiten der Bolschewiki. Die schnelle und ohne Blutvergießen vor sich gegangene Beilegung der Kornilowschen Rebellion gibt den Sowjets vollständig die Macht zurück, die sie im Juli teilweise verloren hatten. Die Bolschewiki nehmen die Losung „Alle Macht den Sowjets!" wieder auf. Lenin schlägt den Versöhnlern in der Presse einen Kompromiß vor: die Sowjets übernehmen die Macht und sichern die völlige Agitationsfreiheit - die Bolschewiki bleiben völlig auf dem Boden der Sowjet-Legalität. Hochmütig wiesen die Versöhnler den von links kommenden Kompromißvorschlag zurück und suchten weiterhin nach Verbündeten auf der Rechten.

Diese hochmütige Weigerung führte nur zu einer Stärkung der Bolschewiki. Genau wie 1905 schmolz das Übergewicht, das die erste Welle der Revolution den Menschewiki gebracht hatte, in der Atmosphäre des hitziger werdenden Klassenkampfes immer mehr zusammen. Diesmal fiel aber zum Unterschied von der ersten Revolution das Wachstum des Bolschewismus nicht mit einem Niedergang, sondern mit einem Aufstieg der Massenbewegung zusammen. Im Dorf nahm der im Grunde gleiche Prozeß eine andere Form an: von der unter der Bauernschaft vorherrschenden Partei, den Sozialrevolutionären, löste sich ein linker Flügel los, der mit den Bolschewiki Schritt zu halten versuchte. Die Garnisonen der Großstädte gingen fast alle mit den Arbeitern. „Ja, die Bolschewiki haben schwer und unermüdlich gearbeitet“, gesteht der linke Menschewik Suchanow, „sie waren bei den Massen, in der Fabrik, täglich, dauernd ... Die Massen lebten und atmeten mit den Bolschewiki. Sie waren
107 ganz in den Händen der Partei Lenins und Trotzkys.“ Sie waren in den Händen der Partei, aber nicht in den Händen des Parteiapparats.

Am 31. August faßt der Petrograder Sowjet zum erstenmal eine bolschewistische Resolution. Die Versöhnler wollten sich nicht geschlagen geben und entschieden sich für eine neue Kraftprobe. Am 9. September wurde der Konflikt im Sowjet ausgetragen. Die Abstimmung ergab 414 Stimmen für das alte Präsidium und die Koalitionspolitik, 519 Stimmen dagegen und 67 Stimmenthaltungen. Die Menschewiki und die Sozialrevolutionäre ernteten die Früchte ihrer Politik der Versöhnung mit der Bourgeoisie. Der Sowjet begrüßte die neue Koalitionsregierung mit einer von dem neuen Vorsitzenden, Trotzky, vorgetragenen Resolution: „Die neue Regierung ... wird in die Geschichte der Revolution als eine Regierung des Bürgerkrieges eingehen ... Der allrussische Sowjetkongreß wird eine wirklich
108 revolutionäre Macht schaffen.“ Das war eine offene Kriegserklärung an die Versöhnler, die den „Kompromiß“ zurückgewiesen hatten.

Am 14. September wurde in Petrograd die sogenannte Demokratische Versammlung eröffnet, die das Zentrale Exekutivkomitee scheinbar als Gegengewicht gegen die Regierungskonferenz einberufen hatte, die aber in Wirklichkeit immer nur wieder dieselbe, nun schon in völlige Fäulnis übergegangene Koalition sanktionieren sollte. Einige Tage zuvor hatte Nadjeschda Krupskaja insgeheim Lenin in Finnland besucht. In dem mit Soldaten angefüllten Eisenbahnwagen wurde nicht von der Koalition gesprochen, sondern vom Aufstand. „Als ich Iljitsch von diesen Gesprächen der Soldaten berichtete, bekam sein Gesicht einen nachdenklichen Ausdruck, der auch später, als er von anderen Dingen sprach, nicht verschwand. Es war klar, daß er nicht an die Dinge dachte, von denen er sprach - er dachte an den Aufstand und daran, wie er am besten vorzubereiten war.“ 109

Am Tage der Eröffnung der Demokratischen Versammlung - diesem inhaltsleersten aller Pseudoparlamente der Demokratie - sandte Lenin seine berühmten Briefe an das Zentralkomitee: „Die Bolschewiki müssen die Macht übernehmen“ und „Marxismus und Insurrektion“. Diesmal forderte er zu unvermitteltem 110
Handeln auf: Erhebung der Soldatenregimenter und der Fabriken, Verhaftung der Regierung und der Demokratischen Versammlung, Übernahme der Macht. Dieser Plan ist offensichtlich noch nicht realisierbar, leitet aber Denken und Handeln des Zentralkomitees in neue Kanäle. Kamenew bestand auf einer kategorischen Zurückweisung dieses „verheerenden“ Vorschlags Lenins. In der Befürchtung, daß die Briefe innerhalb der Partei zirkulieren könnten, schlug Kamenew vor, sämtliche Exemplare zu vernichten, bis auf eins, das in den Archiven aufbewahrt werden sollte, ein Vorschlag, der sechs Stimmen auf sich vereinigen konnte. Stalin seinerseits schlug vor, „die Briefe den wichtigsten Organisationen zu senden und sie anzuregen, diese Briefe zu diskutieren“. Ein viel später abgefaßter Kommentar behauptet, daß Stalins Vorschlag „das Ziel verfolgte, einen Einfluß der Ortsparteikomitees auf das Zentralkomitee herzustellen und das Zentralkomitee zu veranlassen, Lenins Direktiven zu folgen“. 111
Wenn dem so gewesen wäre, so hätte Stalin sich erhoben, um Lenins Vorschläge zu verteidigen, und hätte Kamenews Resolution eine eigene Resolution entgegengesetzt. Von solchen Gedanken war er aber weit entfernt. Die Ortskomitees in der Provinz standen in ihrer Mehrheit weiter rechts als das Zentralkomitee. Ihnen die Briefe Lenins ohne Befürwortung durch das Zentralkomitee übersenden, das hieß, sich gegen die Briefe aussprechen. Stalin wollte einfach Zeit und die Möglichkeit gewinnen, sich im Falle eines Konfliktes auf den Widerstand der Ortskomitees berufen zu können. Es wurde beschlossen, die Frage der Briefe Lenins bis zur nächsten Sitzung zurückzustellen. Lenin wartete 112
mit äußerster Ungeduld auf die Antwort. Auf der folgenden

Sitzung, die erst fünf Tage später stattfand, erschien Stalin jedoch überhaupt nicht, und die Frage der Briefe wurde nicht einmal auf die Tagesordnung gesetzt. Je heißer die Atmosphäre wird, um so kälter manövriert Stalin.

Die Demokratische Versammlung hatte im Einverständnis mit der Bourgeoisie beschlossen, eine dem Aussehen nach repräsentative Institution auf die Beine zu stellen, der Kerensky konsultative Rechte versprochen hatte. Die dem Rat der Republik oder Vorparlament gegenüber einzunehmende Haltung wurde für die Bolschewiki sofort zu einer dornigen taktischen Frage: sollte man daran teilnehmen oder geradeswegs auf den Aufstand losmarschieren? Als Berichterstatter des Zentralkomitees auf der bolschewistischen Fraktion der Demokratischen Versammlung trat ich für den Boykott ein. Das Zentralkomitee, das über diese strittige Frage in ungefähr gleiche Teile gespalten war (neun Stimmen gegen, acht für den Boykott), überließ es der Fraktion, die Debatte zum Abschluß zu bringen. Um die beiden verschiedenen Gesichtspunkte darzulegen, „wurden zwei Referate vorgeschlagen, eins von Trotzky, eins von Rykow". „In Wirklichkeit", unterstrich Stalin im Jahre 1925, „gab es vier Referenten: zwei für den Boykott (Trotzky und Stalin) und zwei für die Teilnahme (Kamenew und Nogin)." Das ist ziemlich richtig; als die Fraktion beschloß, die Debatte zu beenden, ließ sie noch einen Repräsentanten jeder Richtung zu Worte kommen: Stalin für die Boykottisten und Kamenew - nicht Nogin - für die „Teilnehmer". Rykow
113 und Kamenew erhielten 77, Trotzky und Stalin 50 Stimmen. Die Niederlage der Boykott-Taktik war das Werk der Provinz - vielerorts hatte man sich erst kürzlich von den Menschewiki getrennt.

Oberflächlich betrachtet möchte es scheinen, als seien die Meinungsverschiedenheiten nur sekundärer Natur gewesen. In der Tat handelt es sich aber darum, ob sich die Partei anschicken sollte, die Rolle der Opposition auf dem Terrain der bürgerlichen Republik zu spielen oder ob sie sich die Machteroberung zur Aufgabe stellte. Stalin stellte infolge der Bedeutung, die diese Vorgänge für die offizielle Geschichtsschreibung haben, die Sache später so dar, als sei er der Referent gewesen. Ein beflissener Redakteur fügte von sich aus ein, daß Trotzky „eine Zwischenstellung eingenommen habe". In späteren Ausgaben erscheint Trotzkys Name überhaupt nicht mehr. Die neue „Geschichte" erklärt: „Stalin trat entschieden gegen die Teilnahme am Vor-

parlament auf." Jedoch existiert außer der Zeugenschaft der 114
Protokolle auch noch die von Lenin: „Man muß das Vorparlament boykottieren", schrieb er am 23. September. „Man muß ... zu den Massen gehen. Man muß ihnen eine richtige und klare Losung geben: verjagt die bonapartistische Kerensky-Clique und ihr betrügerisches Vorparlament!" Folgt die Anmerkung: „Trotzky ist für den Boykott. Bravo, Genosse Trotzky!" Na- 115
türlich hat der Kreml offiziell angeordnet, aus der neuen Ausgabe von Lenins „Sämtlichen Werken" alle solche ausgefallenen Bemerkungen Lenins zu streichen.

Am 7. Oktober verließ die bolschewistische Fraktion demonstrativ das Vorparlament. „Wir appellieren an das Volk. Alle Macht den Sowjets!" Das kam einem Aufruf zur Erhebung gleich. Am gleichen Tage wurde auf der Sitzung des Zentralkomitees beschlossen, ein „Informationsbüro für den Kampf gegen die Konterrevolution" zu schaffen. Dieser absichtlich 116
nebelhaft gehaltene Name deckte eine ganz konkrete Aufgabe: die Ausarbeitung und Vorbereitung des Aufstandes. Die Organisierung dieses Büros wurde Trotzky, Swerdlow und Bubnow übertragen. Angesichts der lakonischen Sprache, in der die Protokolle gehalten sind, und da andere Dokumente nicht vorhanden sind, ist der Verfasser gezwungen, sich hier auf sein eigenes Gedächtnis zu stützen. Stalin lehnte die Beteiligung am Büro ab und schlug an seiner Stelle Bubnow vor, der über wenig Autorität verfügte. Seine Haltung gegenüber der Idee vom Büro war reserviert, wenn nicht gar skeptisch. Er war für den Aufstand, aber er glaubte nicht, daß die Arbeiter und Soldaten zum Handeln bereit wären. Er lebte abseits, nicht nur abseits von den Massen, sondern auch von ihren Vertretern in den Sowjets, und begnügte sich mit den Eindrücken, die von dem Spiegel des Parteiapparats zurückgeworfen wurden. Die Juli-Erfahrung war an den Massen nicht spurlos vorübergegangen. An Stelle des bloßen blinden Drucks war Behutsamkeit getreten. Andererseits war das Vertrauen in die Bolschewiki mit der Besorgnis gemischt: werden sie halten können, was sie versprechen? Die bolschewistischen Agitatoren beklagten sich manches Mal über die Gleichgültigkeit der Massen. In Wirklichkeit waren die Massen des Wartens müde, der Unentschiedenheit, der Worte. Im Apparat aber wurde diese Ermüdung oft als „Mangel an Kampfwillen" ausgelegt. Daher der Anflug von Skepsis bei vielen bolschewistischen Komiteeleuten. Von all dem abgesehen, verspüren selbst

die mutigsten Männer ein gewisses Unbehagen in der Magengrube, wenn sie sich kurz vor einem Aufstand oder sonst irgendeinem Kampf befinden. Das wird nicht immer zugegeben, ist aber so. Stalins innere Einstellung war doppelsinnig. Er hatte den April nicht vergessen, als seine „Praktiker"-Weisheit einen so schlimmen Stoß erlitten hatte; andererseits hatte er ungleich mehr Vertrauen in den Apparat als in die Massen. Bei allen wichtigen Vorfällen sicherte er sich gegen jede Eventualität, indem er mit Lenin stimmte. Aber er legte keinerlei Initiative im Sinne der gefaßten Beschlüsse an den Tag, lehnte die direkte Teilnahme an entscheidenden Aktionen ab, hielt sich immer eine Brücke für den Rückzug offen, übte auf andere einen dämpfenden Einfluß aus - und verpaßte schließlich den Oktoberaufstand.

Richtig ist, daß das „Informationsbüro zum Kampf gegen die Konterrevolution" nichts hervorgebracht hat. Das war aber nicht die Schuld der Massen. Am Neunten brach ein neuer, sehr heftiger Konflikt zwischen dem Smolny und der Regierung aus, die beschlossen hatte, die revolutionären Truppen aus der Hauptstadt zu entfernen und sie an die Front zu schicken. Die Garnison schloß sich enger an ihren Verteidiger, den Sowjet an. Die Vorbereitung des Aufstandes bekam mit einem Schlage eine konkrete Grundlage. Der gestern die Initiative zur Gründung des „Büros" ergriffen hatte, wandte nun seine ganze Aufmerksamkeit der Schaffung eines militärischen Generalstabs beim Sowjet selbst zu. Der erste Schritt hierzu wurde noch am selben Tage, am 9. Oktober, unternommen. „Um den Versuchen des Hauptquartiers, die revolutionären Truppen aus der Hauptstadt herauszuziehen, Widerstand zu leisten", beschloß das Exekutivkomitee, ein
117 „Revolutionäres Militärkomitee" zu gründen. So nahm der Aufstand durch die Logik der Dinge ohne irgendeine Diskussion im Zentralkomitee und fast unerwarteterweise von der Arena des Sowjets seinen Ausgang und begann seinen eigenen Generalstab zu schaffen, der weitaus mehr Wirkungskraft besaß als das „Büro" vom 7. Oktober.

Die nächste Sitzung des Zentralkomitees, an der Lenin mit einer Perücke bekleidet teilnahm, wurde am 10. Oktober abgehalten und erlangte historische Bedeutung. Im Mittelpunkt der Diskussion stand die Resolution Lenins, die den bewaffneten Aufstand als unmittelbare praktische Aufgabe auf die Tagesordnung setzte. Das Schwierigste, selbst für die überzeugtesten

Anhänger des Aufstandes, war die Frage des Zeitpunktes. Unter dem Druck der Bolschewiki hatte das in den Händen der Versöhnler liegende Zentrale Exekutivkomitee in den Tagen der Demokratischen Versammlung den Sowjetkongreß für den 20. Oktober einberufen. Es war jetzt völlig sicher, daß der Kongreß eine bolschewistische Mehrheit ergeben würde. Zumindest in Petrograd mußte der Aufstand um jeden Preis vor dem 20. Oktober stattfinden, da sonst der Sowjetkongreß nicht nur nicht in der Lage war, die Macht zu übernehmen, sondern womöglich auseinandergetrieben werden würde. Auf der Sitzung des Zentralkomitees wurde beschlossen - was nicht zu Papier gebracht wurde -, den Aufstand in Petrograd gegen den 15. zu beginnen. Ungefähr fünf Tage blieben für die Vorbereitung. Jeder fühlte, daß das nicht genügte. Jetzt war die Partei Gefangene eines Datums, das sie selbst bei einer anderen Gelegenheit den Kompromißlern aufgedrängt hatte. Die von Trotzky überbrachte Information, daß das Exekutivkomitee beschlossen habe, seinen
eigenen Militärstab zu schaffen, machte keinen großen Eindruck, 118
handelte es sich doch mehr um ein Projekt als um eine Tatsache. Alle Aufmerksamkeit richtete sich auf die Polemik mit Sinowjew
und Kamenew, die entschieden gegen den Aufstand waren. 119
Stalin hat anscheinend auf dieser Sitzung überhaupt nicht gesprochen oder sich auf kurze Bemerkungen beschränkt, auf alle Fälle ist in den Protokollen nichts von dem verzeichnet, was er gesagt haben mag. Die Resolution wurde mit zehn gegen zwei Stimmen angenommen. Aber die Zweifel über das Datum riefen bei allen Teilnehmern Besorgnis hervor.

Am Schluß der Sitzung, die bis nach Mitternacht dauerte, wurde auf die eher zufällige Initiative Dzerschinskys hin beschlossen, „für die politische Leitung des Aufstandes ein Büro zu organisieren, bestehend aus Lenin, Sinowjew, Kamenew,
Trotzky, Stalin, Sokolnikow und Bubnow". Dieser wichtige 120
Beschluß hatte aber keine praktischen Folgen. Lenin und Sinowjew blieben weiterhin versteckt, Sinowjew und Kamenew waren unversöhnliche Gegner des Beschlusses vom 10. Oktober. Das „Büro für die politische Leitung des Aufstandes" trat niemals zusammen. Nur sein Name ist in einem mit Tinte und Feder dem mit Bleistift geschriebenen, stark gekürzten Protokoll angefügten Postskriptum bewahrt geblieben. Unter der abkürzenden Bezeichnung der „Sieben" ist das phantomhafte Büro in die offizielle Historiographie eingegangen.

Die Arbeit für die Schaffung des Revolutionären Militär-
komitees ging weiter voran. Der schwerfällige Mechanismus der
Sowjetdemokratie erlaubte aber kein schnelles Voranschrei-
ten. Und bis zum Kongreß blieb nur noch wenig Zeit. Nicht
ohne Grund fürchtete Lenin Verzögerungen. Auf sein Verlangen
hin wurde am 16. Oktober unter Teilnahme der wichtigsten
Petrograder Parteiarbeiter eine neue Sitzung des Zentralkomi-
tees abgehalten. Sinowjew und Kamenew waren noch immer in
der Opposition. Formal gesehen war ihre Position sogar stärker
geworden: sechs Tage waren vergangen, und der Aufstand hatte
noch nicht begonnen. Sinowjew verlangte, daß die Entscheidung
bis zum Sowjetkongreß aufgeschoben würde, damit man sich
mit den Provinzdelegierten „verständigen" könne: im Grunde
seines Herzens hoffte er auf ihre Unterstützung. Die Debatten
nahmen einen leidenschaftlichen Charakter an. Stalin nahm zum
ersten Male daran teil. „Den Tag des Aufstands", sagte er, „be-
stimmen die Umstände. Das ist der einzige Sinn der Resolution . .
Was Kamenew und Sinowjew vorschlagen, führt objektiv dazu,
der Konterrevolution Gelegenheit zu geben, sich zu organisieren;
wenn wir weiter nachgeben, werden wir die ganze Revolution
verlieren. Warum sollen wir nicht selbst das Datum und die
Bedingungen wählen, um der Konterrevolution nicht die Ge-
121 legenheit zu geben, sich zu organisieren?" Der Redner verfocht
das abstrakte Recht der Partei, den Augenblick des Losschlagens
selbst auszuwählen, während es sich darum handelte, ein be-
stimmtes Datum festzulegen. Wenn sich der bolschewistische
Sowjetkongreß außerstande zeigte, unmittelbar die Macht zu
übernehmen, so hätte er nur die Losung „Alle Macht den So-
wjets!" diskreditiert, indem er eine leere Phrase daraus gemacht
haben würde. Sinowjew betonte: „Wir müssen uns selbst ganz
entschieden sagen, daß wir in den nächsten fünf Tagen keinen
122 Aufstand unternehmen!" Kamenew sprach im gleichen Sinne.
Stalin ging in seiner Antwort nicht direkt darauf ein, sondern
schloß mit den unerwarteten Worten: „Der Petrograder Sowjet
hat den Weg des Aufstands schon beschritten, indem er sich ge-
123 weigert hat, die Verschickung der Truppen zu sanktionieren."
Er wiederholte hier einfach ohne jeden Zusammenhang mit
seiner im übrigen abstrakten Rede die Formulierung, die die Leiter
des Revolutionären Militärkomitees in den vorhergegangenen
Tagen in der Propaganda angewandt hatten. Was aber sollte das
bedeuten, „den Weg des Aufstands schon beschritten"? Handelte

es sich um Tage oder Wochen? Stalin verzichtete vorsichtigerweise darauf, das zu präzisieren. Er konnte die Situation nicht klar überschauen.

Im Verlauf der Debatten brachte Daletzky, der Vorsitzende des Petrograder Komitees und spätere Leiter der sowjetischen Telegraphenagentur, der bei einer der Säuberungen verschwunden ist, folgendes Argument gegen die sofortige Aufnahme der Offensive vor: „Wir haben nicht einmal eine Zentrale. Halb bewußt gehen wir der Niederlage entgegen." Daletzky wußte anscheinend von der Bildung der „Zentrale" im Sowjet noch nichts, oder er maß ihr keine Bedeutung bei. Auf alle Fälle gab seine Bemerkung den Ausschlag für eine neue Improvisation. Nachdem er sich mit anderen Mitgliedern des Zentralkomitees in eine Ecke zurückgezogen hatte, schrieb Lenin, ein Blatt Papier auf den Knien, folgende Resolution: „Das Zentralkomitee organisiert eine revolutionäre militärische Zentrale, zusammengesetzt aus Swerdlow, Stalin, Bubnow, Uritzky und Dzerschinsky. Diese Zentrale wird in das Revolutionäre Komitee des Sowjets eingegliedert." Es war sicherlich Swerdlow, der sich des 124
Revolutionären Militärkomitees entsann. Aber niemand kannte noch recht den Namen des Generalstabs des Sowjets. Trotzky befand sich in jenen Stunden auf der Sitzung des Sowjets, in der das Revolutionäre Militärkomitee endgültig auf die Beine gestellt wurde.

Die Resolution vom 10. Oktober wurde mit einer Mehrheit von zweiundzwanzig gegen zwei Stimmen bei drei Stimmenthaltungen angenommen. Indes hatte niemand auf die wesentliche Frage geantwortet: wird der Beschluß, mit dem Aufstand in Petrograd vor dem 20. Oktober zu beginnen, immer noch aufrechterhalten? Es war gewiß schwer, darauf eine Antwort zu geben. Politisch war der Entschluß, den Aufstand vor dem Kongreß auszulösen, der einzig richtige. Aber es blieb zu wenig Zeit, ihn durchzuführen. Diesen Widerspruch zu versöhnen, gelang der Sitzung vom 16. Oktober nicht. Hier kamen nun die Versöhnler zu Hilfe: am nächsten Tage beschlossen sie aus sich heraus, die Eröffnung des Kongresses, den sie im vorhinein fürchteten, auf den 25. Oktober zu verschieben. Die Bolschewiki nahmen diese unerwartete Verschiebung mit einem öffentlichen Protest und mit heimlicher Dankbarkeit auf. Fünf zusätzliche Tage lösten alle die Schwierigkeiten, in denen sich das Revolutionäre Militärkomitee befand.

Die Protokolle des Zentralkomitees und die Nummern der „Prawda" der letzten Wochen vor dem 25. Oktober zeichnen auf dem Hintergrunde des Aufstandes die politische Physiognomie Stalins ziemlich klar. Ebenso wie er vor dem Kriege dem Anschein nach auf Lenins Seite gestanden hatte, gleichzeitig aber bei den Versöhnlern Unterstützung gegen den Emigranten suchte, der „das Unmögliche verlangte", genau so reihte er sich jetzt in die offizielle Mehrheit des Zentralkomitees ein, indem er gleichzeitig die Rechtsopposition unterstützte. Wie immer, war er vorsichtig; jedoch zwangen ihn das Ausmaß der Ereignisse und die Schärfe der Konflikte oft, weiter zu gehen, als ihm lieb war.

Am 11. Oktober veröffentlichen Sinowjew und Kamenew in
125 der Zeitung Maxim Gorkis einen Brief gegen den Aufstand. Die Situation innerhalb der Führerschaft der Partei nahm sofort einen sehr zugespitzten Charakter an. Lenin tobte und raste in seinem Versteck. Um die Hände für die Agitation gegen den Aufstand frei zu haben, demissionierte Kamenew vom Zentralkomitee. Die Frage wurde auf der Sitzung vom 20. Oktober diskutiert. Swerdlow verlas einen Brief von Lenin, der Sinowjew und Kamenew als Streikbrecher geißelte und ihren Ausschluß
126 aus der Partei verlangte. Die Krise komplizierte sich unerwarteterweise dadurch, daß die „Prawda" am selben Morgen eine redaktionelle Erklärung veröffentlichte, die Sinowjew und Kamenew verteidigte: „Der scharfe Ton des Artikels des Genossen Lenin ändert nichts daran, daß wir im Grunde alle derselben Ansicht sind." Das Zentralorgan hatte es für nötig befunden, nicht die öffentliche Stellungnahme zweier Mitglieder des Zentralkomitees gegen die Beschlüsse der Partei, sondern die „Schärfe" des Leninschen Protestes dagegen zu verurteilen; mehr noch, es solidarisierte sich „im Grunde" mit Sinowjew und Kamenew. Wie wenn es in jenem Augenblick eine grundlegendere Frage als die des Aufstands gegeben hätte! Die Mitglieder des Zentralkomitees rieben sich die Augen vor Erstaunen.

Außer Stalin war nur noch Sokolnikow - zukünftiger Sowjetdiplomat und später Opfer einer Säuberung - Mitglied der Redaktion. Aber Sokolnikow erklärte, daß er nichts mit der Abfassung des Angriffs der Redaktion auf Lenin zu tun gehabt hätte und daß er sie als falsch betrachte. Stalin hatte also allein - gegen das Zentralkomitee und gegen seinen eigenen Redaktionskollegen - noch vier Tage vor dem Aufstand Kamenew und Sinowjew unterstützt. Das Zentralkomitee hielt mit seiner Empörung nur zurück, um die Krise nicht noch weiter auszudehnen.

Stalin fuhr fort, zwischen den Befürwortern und den Gegnern des Aufstandes zu manövrieren, und sprach sich gegen die Annahme der Demission Kamenews aus, wobei er vorgab, daß „unsere ganze Situation widersprüchlich ist“. Mit fünf gegen drei Stimmen, der Stalins und zwei anderen, wurde die Demission Kamenews angenommen. Mit sechs Stimmen, wiederum gegen die Stalins, wurde der Beschluß gefaßt, Kamenew und Sinowjew zu untersagen, gegen das Zentralkomitee einen Kampf zu führen. Das Protokoll statuiert: „Stalin erklärt, daß er die Redaktion verläßt.“ Das hieß für ihn, den einzigen Posten zu verlassen, den er unter revolutionären Bedingungen ausfüllen konnte. Doch das Zentralkomitee weigert sich, Stalins Demission anzunehmen, so daß sich der neuerliche Riß nicht verbreiterte. 127

Im Lichte der um ihn herum geschaffenen Legende scheint das Verhalten Stalins unerklärlich; in Wirklichkeit entspricht es völlig seiner Mentalität. Mangel an Vertrauen in die Massen und argwöhnische Vorsicht zwingen ihn, im Augenblick historischer Entscheidungen in den Schatten zu treten, abzuwarten und, wenn möglich, sich bei beiden Seiten gegen jede Eventualität zu sichern. Sinowjew und Kamenew verteidigte er keineswegs nur aus sentimentalen Erwägungen heraus. Stalin hatte im April seine offizielle Einstellung, nicht aber seine geistige Verfassung gewechselt. Ging er bei den Abstimmungen mit Lenin, so stand er doch gefühlsmäßig Kamenew näher. Darüber hinaus stieß ihn die Unzufriedenheit mit seiner Rolle natürlicherweise zu den übrigen Unzufriedenen, obwohl er politisch nicht völlig mit ihnen einverstanden war.

Während der ganzen letzten Woche vor dem Aufstand manövrierte Stalin zwischen Lenin, Trotzky und Swerdlow auf der einen und Kamenew und Sinowjew auf der anderen Seite. Auf der Sitzung des Zentralkomitees vom 21. Oktober stellte er das gestern zerstörte Gleichgewicht wieder her, indem er vorschlug, Lenin mit der Abfassung der Thesen für den heranrückenden Sowjetkongreß und Trotzky mit dem politischen Referat zu betrauen. Beide Vorschläge wurden einstimmig angenommen. 128
Wenn es - nebenbei bemerkt - in jenem Augenblick zwischen Trotzky und dem Zentralkomitee solche Meinungsverschiedenheiten gegeben hätte, wie sie einige Jahre später erfunden worden

sind, wie hätte dann das Zentralkomitee auf Stalins Initiative hin Trotzky im kritischsten Augenblick die wichtigste politische Rede anvertrauen können? Nachdem er sich auf diese Weise gegen jede von links her kommende Überraschung gesichert hatte, tauchte Stalin von neuem im Schatten unter und wartete ab.

Über die Teilnahme Stalins an der Oktoberrevolution kann der Biograph mit dem besten Willen nicht viel sagen. Sein Name wird nie und nirgendwo erwähnt - weder in den Dokumenten noch von den zahlreichen Memoirenverfassern. Um diese gähnende Lücke einigermaßen zu füllen, umkleidet die offizielle Geschichtsschreibung Stalins Rolle in der Revolution mit der mysteriösen „Zentrale", die die Partei zur Vorbereitung des Aufstandes ernannt hatte. Niemand aber sagt uns etwas über die Tätigkeit dieser Zentrale, über Ort und Zeit ihrer Zusammenkünfte, über die Mittel, die sie anwandte, um den Aufstand zu leiten. Was nicht verwunderlich ist: die „Zentrale" hat niemals existiert. Erwähnenswert ist jedoch die Geschichte dieser Legende.

Im Laufe der Konferenz des Zentralkomitees vom 16. Oktober, an der eine gewisse Anzahl bekannter Petrograder Parteiarbeiter teilgenommen hatte, war, wie wir schon wissen, beschlossen worden, eine „revolutionäre militärische Zentrale" aus fünf Mitgliedern des Zentralkomitees zu bilden. „Diese Zentrale", sagte die von Lenin in der Eile in einer Ecke des Saales niedergeschriebene Resolution, „wird in das Revolutionäre Komitee des Sowjets eingegliedert." So war dem direkten Sinn dieses Beschlusses nach die „Zentrale" nicht dazu bestimmt, selbständig den Aufstand zu leiten, sondern den Generalstab des Sowjets zu vervollständigen. Jedoch, wie so viele andere Improvisationen dieser fieberhaften Tage, sollte sich auch dieses Projekt nicht realisieren. Zur selben Stunde, als das Zentralkomitee in Abwesenheit Trotzkys auf einem Stück Papier die neue „Zentrale" bildete, schuf der Sowjet unter dem Vorsitz Trotzkys endgültig das Revolutionäre Militärkomitee, das von seinem ersten Erscheinen an alle Vorbereitungsarbeiten für den Aufstand in seinen Händen konzentrierte. Swerdlow, dessen Name auf der Liste der Mitglieder der „Zentrale" an erster Stelle steht - und nicht Stalins Name, wie die neuen sowjetischen Publikationen fälschlicherweise angeben -, arbeitete sowohl vor wie nach dem Beschluß vom 16. Oktober in enger Verbindung mit dem Vorsitzenden des Revolutionären Militärkomitees. Drei andere Mitglieder der „Zentrale“, Uritzky, Dzerschinsky und Bubnow, wurden, und zwar jeder von ihnen auf individuelle Weise, zur Mitarbeit am Militärkomitee erst am 24. Oktober hinzugezogen, als ob der Beschluß vom 16. Oktober niemals gefaßt worden wäre. Stalin weigerte sich entsprechend der Linie seines Verhaltens in jener Periode hartnäckig, sowohl in das Exekutivkomitee des Petrograder Sowjets wie in das Revolutionäre Militärkomitee einzutreten, und zeigte sich nie auf einer ihrer Sitzungen. Alle diese Tatsachen lassen sich auf der Grundlage der offiziell erschienenen Protokolle mit Leichtigkeit nachweisen.

Auf der Sitzung des Zentralkomitees vom 20. Oktober hätte die vier Tage zuvor gebildete „Zentrale“ doch einen Bericht über ihre Tätigkeit abgeben oder zumindest vermerken müssen, daß sie ihre Tätigkeit aufgenommen habe - bis zum Sowjetkongreß blieben nur noch fünf Tage, und der Aufstand sollte vor der Eröffnung des Kongresses beginnen. Gewiß, Stalin hatte andere Dinge zu tun: nachdem er Sinowjew und Kamenew verteidigt hatte, reichte er auf dieser Sitzung seine Demission von der „Prawda“-Redaktion ein. Keines der andern an der Sitzung teilnehmenden Mitglieder - weder Swerdlow, noch Uritzky, noch Dzerschinsky - sagte aber ein Wort über die „Zentrale“. 129
Das Protokoll der Sitzung vom 16. Oktober ist natürlich sorgfältig geheimgehalten worden, um keine Spuren der „illegalen“ Teilnahme Lenins an der Sitzung sichtbar werden zu lassen, und in den vier folgenden dramatischen Tagen wurde die „Zentrale“ um so eher vergessen, als die intensive Tätigkeit des Revolutionären Militärkomitees das Bedürfnis nach irgendeiner zusätzlichen ähnlichen Organisation gar nicht aufkommen ließ.

Auf der folgenden Sitzung, am 21. Oktober, an der Stalin, Swerdlow und Dzerschinsky teilnahmen, wurde abermals kein Bericht über die „Zentrale“ abgegeben, die nicht einmal erwähnt wurde. Das Zentralkomitee führte seine Arbeit weiter, als ob niemals ein Beschluß über die „Zentrale“ gefaßt worden wäre. Auf dieser Sitzung wurde unter anderem beschlossen, zehn führende Bolschewiki, darunter Stalin, in das Exekutivkomitee des Petrograder Sowjets zu schicken, um dort die Arbeit zu verstärken. Auch das war nur eine Resolution mehr, die auf dem Papier blieb. 130

Die Vorbereitungen für den Aufstand gingen beschleunigt voran, aber auf einem ganz anderen Wege. Der eigentliche Herr der hauptstädtischen Garnison, das Revolutionäre Militärkomitee, suchte nach einem Vorwand für den offenen Bruch mit der Regierung. Er wurde ihm am 22. Oktober vom Truppenkommandanten des Petrograder Distrikts geliefert, als dieser sich weigerte, seinen Stab der Kontrolle durch die Kommissare des Komitees zu unterwerfen. Man mußte das Eisen schmieden, solange es heiß war. Das Büro des Revolutionären Militärkomitees faßte unter Teilnahme Swerdlows und Trotzkys den Beschluß, den Bruch mit dem Garnisonsstab als vollendete Tatsache zu betrachten und zur Offensive überzugehen. Stalin war nicht auf dieser Konferenz. Und es fiel niemandem ein, ihn zu rufen. Als der Augenblick gekommen war, alle Brücken abzubrechen, wurde von niemandem auch nur die Existenz der sogenannten „Zentrale" erwähnt.

Am Morgen des 24. Oktober wurde in dem in eine Festung verwandelten Smolny die Sitzung des Zentralkomitees abgehalten, die den Aufstand auslöste. Gleich zu Beginn wurde eine Resolution, die von (dem wieder ins Zentralkomitee eingetretenen) Kamenew stammte, angenommen: „Heute darf kein Mitglied des Zentralkomitees den Smolny ohne besondere Erlaubnis ver-
131 lassen." Auf der Tagesordnung stand ein Bericht des Revolutionären Militärkomitees. Im Augenblick, wo der Aufstand beginnt, fällt kein Wort über die sogenannte „Zentrale". Das Protokoll erklärt: „Trotzky schlägt vor, dem Komitee zwei Mitglieder des Zentralkomitees für die Verbindung mit dem Post- und Telegraphenpersonal und den Eisenbahnern zur Verfügung zu stellen und ein drittes Mitglied für die Überwachung der Tätigkeit der Provisorischen Regierung. Dzerschinsky wurde als Verbindungsmann zur Post und zum Telegraphenamt, Bubnow als solcher zu den Eisenbahnern bestimmt; Swerdlow sollte die Provisorische Regierung im Auge behalten. „Trotzky schlägt vor", heißt es weiter, „einen Reservestab in der Peter-und-Pauls-Festung zu bilden und ein Mitglied des Zentralkomitees für die ständige Verbindung mit der Festung zu bestimmen." Es wurde beschlossen, „Swerdlow zu beauftragen, mit der Festung ständige Verbindung zu unterhalten". So wurden hier also zum erstenmal drei Mitglieder der „Zentrale" dem Revolutionären Militärkomitee unmittelbar zur Verfügung gestellt. Das wäre natürlich nicht notwendig gewesen, wenn die „Zentrale" existiert und sich mit den Vorbereitungen für den Aufstand abgegeben hätte. Die Protokolle verzeichnen, daß Uritzky, viertes Mitglied der „Zen-
132 trale", einige praktische Vorschläge machte. Was machte das fünfte Mitglied, Stalin?

Die erstaunlichste Tatsache ist, daß Stalin an dieser entscheidenden Sitzung überhaupt nicht teilgenommen hat. Die Mitglieder des Zentralkomitees durften den Smolny nicht verlassen, Stalin aber war nicht einmal dort. Die 1929 veröffentlichten Protokolle beweisen das ohne den geringsten Zweifel. Stalin hat die Gründe 133
für seine Abwesenheit niemals weder mündlich noch schriftlich auseinandergesetzt. Niemand fragte ihn danach, wahrscheinlich um nicht eine neue überflüssige Krise hervorzurufen. Alle wichtigen Entscheidungen in bezug auf die Durchführung des Aufstandes wurden in seiner Abwesenheit gefällt und ohne daß er irgendeinen Anteil daran nahm. Während der Verteilung der Rollen nannte ihn niemand, und niemand schlug vor, ihm irgendeine Aufgabe zuzuweisen. Er hielt sich einfach aus dem Spiel heraus. Leitete er vielleicht seine „Zentrale“ von irgendeinem heimlichen Platze aus? Indes, alle anderen Mitglieder der „Zentrale“ befanden sich ständig in Smolny.

In den Stunden, als der Aufstand schon offen begonnen hatte, richtete der in seiner Isolierung vor Ungeduld vergehende Lenin einen Appell an die Distriktleiter: „Genossen! Ich schreibe diese Zeilen am Abend des Vierundzwanzigsten... Ich versichere Euch mit aller Kraft, daß jetzt alles an einem Faden hängt, daß wir jetzt vor Fragen stehen, die weder auf Versammlungen noch auf Kongressen (und wenn es auch der Sowjetkongreß sei) entschieden werden, sondern ausschließlich durch den Kampf der bewaffneten Massen...“ Aus diesem Brief geht klar hervor, 134
daß Lenin vor dem Abend des 24. Oktober nicht wußte, daß das Revolutionäre Militärkomitee zur Offensive übergegangen war. Die Verbindung zu Lenin wurde vor allem über Stalin aufrechterhalten, der der Mann war, für den sich die Polizei am wenigsten interessierte. Die Schlußfolgerung drängt sich von selbst auf, daß Stalin, der am Morgen auf der Sitzung des Zentralkomitees nicht anwesend gewesen war und der es vermieden hatte, sich im Smolny zu zeigen, bis zum Abend nicht wußte, daß der Aufstand schon in vollem Gange war. Nicht, daß er feige gewesen wäre. Es gibt keinen Grund, ihn persönlicher Feigheit zu bezichtigen. Wohl aber war er politisch unzuverlässig. Der vorsichtige Kulissenschieber wollte im entscheidenden Moment beiseite bleiben. Er wollte zuwarten und den Ausgang des Aufstandes kennen, bevor er sich auf eine Position festlegte. Im Falle einer Niederlage hätte er dann Lenin und Trotzky und ihren Gefährten sagen können: „Das ist eure Schuld!“ Man muß

sich die glühende Temperatur jener Tage klar vor Augen führen, um solch kalte Zurückhaltung, oder, wenn man will, Perfidie, richtig zu werten.

Nein, Stalin leitete den Aufstand nicht - weder persönlich noch vermittels irgendeiner „Zentrale“. In den Protokollen und Memoiren, in den zahllosen Dokumenten, Sammelwerken, Geschichtsbüchern, die noch zu Lebzeiten Lenins und selbst später erschienen sind, ist die famose „Zentrale“ nicht ein einziges Mal erwähnt, und Stalin, Leiter dieser „Zentrale“, wird nirgendwo und von niemandem, und sei es auch nur als Teilnehmer am Aufstand, genannt. Das Parteigedächtnis registrierte ihn nicht. Erst im Jahre 1924 fand die Geschichtskommission der Partei, auf der Suche nach dokumentarischem Material aller Art, das sorgfältig versteckte Protokoll der Sitzung vom 16. Oktober mit dem Text des Beschlusses über die Schaffung einer „Zentrale“. Der Kampf gegen die linke Opposition und gegen mich selbst, der damals wütete, machte eine neue Version der Geschichte der Partei und der Revolution erforderlich. Ich entsinne mich, daß mir Serebrjakow, der überall Freunde und Verbindungen hatte, eines Tages schilderte, welch großer Jubel in Stalins Sekretariat anläßlich der Entdeckung der „Zentrale“ ausgebrochen war. „Was kann das schon für eine Bedeutung haben?“, fragte ich erstaunt. „Auf dieser Spule werden sie einen langen Faden spinnen“, antwortete Serebrjakow verschmitzt.

Doch ging die Sache selbst dann nicht über eine Veröffentlichung des Protokolls und vage Anspielungen auf die „Zentrale“ hinaus. Die Ereignisse von 1917 waren noch zu frisch in aller Gedächtnis, die an der Revolution Beteiligten waren noch nicht liquidiert. Dzerschinsky und Bubnow, die auf der Liste der „Zentrale“ standen, waren noch am Leben. Dzerschinsky konnte sich wohl in seinem Fraktionsfanatismus einverstanden erklären, Stalin Verdienste zuzuerkennen, die dieser nicht besaß, sich aber selbst etwas zuzuschreiben, was ihm nicht zukam, dazu war er nicht imstande - das ging über seine Kraft. Dzerschinsky starb rechtzeitig. Eine der Ursachen für den Fall und das Ende Bubnows war sicher seine Weigerung, falsche Zeugenschaft zu leisten. Niemand konnte sich in irgendeiner Weise der Existenz der „Zentrale“ entsinnen. Das dem Protokoll entstiegene Gespenst führte weiter eine protokollarische Existenz - ohne Augen noch Ohren, ohne Bein noch Fleisch.

Das hat indessen nicht gehindert, daß man sich seiner als des
Kernstücks für eine neue Version von der Oktoberrevolution
bediente. „Es ist befremdlich", argumentierte Stalin im Jahre
1925, „daß der ‚Initiator', die ‚Hauptfigur', der ‚alleinige Leiter'
des Aufstandes, der Genosse Trotzky, nicht an der Zentrale be-
teiligt war, die dazu bestimmt war, den Aufstand zu leiten. Wie
vereint sich das mit der üblichen Meinung von der besonderen
Rolle des Genossen Trotzky?" Ein offensichtlich unlogisches 135
Argument: die „Zentrale" sollte dem genauen Sinne der Reso-
lution nach in das von Trotzky präsidierte Revolutionäre Militär-
komitee als ein Teil desselben eingegliedert werden. Aber das
machte nichts aus. Stalin zeigte unverhüllt seine Absicht, um die
Protokolle herum eine neue Version von der Revolution zu
spinnen. Was er zu erklären versäumte, war lediglich, woher die
„übliche Meinung von der besonderen Rolle des Genossen
Trotzky" rührte. Das wäre aber der Betrachtung wert.

In den Anmerkungen zur ersten Ausgabe der „Sämtlichen
Werke" Lenins wird unter dem Namen Trotzky folgendes ge-
sagt: „Nachdem der Petrograder Sowjet in die Hände der
Bolschewiki übergegangen war, wurde er zu dessen Vorsitzen-
dem gewählt und organisierte und leitete in dieser Eigenschaft
den Aufstand vom 25. Oktober." Die „Legende" fand Platz in 136
den „Sämtlichen Werken" zu Lebzeiten ihres Verfassers! Sie zu
bezweifeln, kam bis 1925 niemand in den Sinn. Mehr noch,
Stalin selbst zahlte seinerzeit der „üblichen Meinung" seinen
nicht unbedeutenden Tribut. In einem Artikel vom Jahre 1918,
zum ersten Jahrestag der Revolution, schrieb er: „Alle praktische
Organisationstätigkeit für den Aufstand wurde unter der direkten
Leitung des Vorsitzenden des Sowjets von Petrograd, des Ge-
nossen Trotzky, geführt. Man kann mit Sicherheit behaupten,
daß die Partei den schnellen Übergang der Garnison auf die
Seite des Sowjets und die kühne Durchführung der Arbeit des
Revolutionären Militärkomitees hauptsächlich und vor allem
dem Genossen Trotzky verdankt. Die Genossen Antonow und
Podwoisky waren die Hauptgehilfen des Genossen Trotzky." 137
Diese Sätze klingen heute wie eine Lobrede. In Wirklichkeit
hegte ihr Verfasser aber den Hintergedanken, der Partei in Er-
innerung zu bringen, daß es in den Tagen des Aufstandes außer
Trotzky auch das Zentralkomitee gegeben hatte, dessen Mit-
glied Stalin war. Gezwungen, seinem Artikel zumindest den An-
schein von Objektivität zu verleihen, konnte Stalin 1918 aber

nichts anderes sagen als das, was er gesagt hat. Auf jeden Fall schrieb er am ersten Jahrestag der Sowjetmacht „die praktische Organisationstätigkeit für den Aufstand" Trotzky zu. Worin bestand dann also aber die Rolle der geheimnisvollen „Zentrale"? Stalin erwähnte sie nicht einmal; sechs Jahre sollten erst noch bis zur Entdeckung des Protokolls vom 16. Oktober vergehen.

Schon 1920 spielte Stalin, ohne Trotzky zu nennen, Lenin, der nach ihm der Urheber eines fehlerhaften Aufstandsplans gewesen sein sollte, gegen das Zentralkomitee aus. 1922 wiederholte er diese Behauptung, ersetzte aber Lenin durch „einen Teil der Genossen" und gab vorsichtig zu verstehen, daß, wenn der fehlerhafte Plan nicht befolgt wurde, ihm, Stalin, einiges Verdienst dabei zukomme. Abermals zwei Jahre vergingen, und es stellte sich heraus, daß der fehlerhafte Plan Lenins eine böswillige Erfindung Trotzkys gewesen war; Trotzky selbst hatte nun aber ebenfalls einen fehlerhaften Plan vorgeschlagen, der aber glücklicherweise vom Zentralkomitee zurückgewiesen worden war. Bis schließlich die 1938 erschienene „Geschichte" der Partei Trotzky zum erklärten Gegner des Oktoberaufstandes, der von Trotzky geleitet worden war, stempelte. Damit einher ging die Mobilmachung aller Künste: Dichtung und Malerei, Theater und Kino wurden nunmehr aufgerufen, jener mythischen „Zentrale" Leben einzuhauchen, von der auch die eifrigsten Historiker mit der Lupe in der Hand keine Spur hatten entdecken können. Stalin wird jetzt in der ganzen Welt auf der Leinwand als der Führer der Oktoberrevolution gezeigt, von den Publikationen der Komintern gar nicht zu reden.

Eine gleichgeartete Geschichtsrevision wurde, wenn auch vielleicht nicht in ebenso offenkundiger Weise, in bezug auf alle alten Bolschewiki vorgenommen, dies aber nicht mit einem Schlage, sondern je nach dem Wechsel der politischen Kombinationen. 1917 verteidigte Stalin Sinowjew und Kamenew, um sie gegen Lenin und mich auszuspielen und so die zukünftige „Troika" vorzubereiten. 1924, als die „Troika" schon den Apparat kontrollierte, erklärte Stalin in der Presse, daß die Meinungsverschiedenheiten mit Sinowjew und Kamenew am Vorabend der Oktoberrevolution nur einen flüchtigen und sekundären Charakter gehabt hätten. „Die Differenzen dauerten deshalb und nur deshalb bloß einige Tage, weil wir es bei Kamenew und Sinowjew mit Leninisten, Bolschewiki, zu tun hatten." Nach dem Auseinanderfallen der „Troika" wurde das Verhalten

Sinowjews und Kamenews von 1917 während mehrerer Jahre zur Hauptbeschuldigung gegen sie, ließ sie zu „Agenten der Bourgeoisie" werden und ging schließlich in den Anklageakt ein, der sie alle beide vor die Mauserpistole führte. 138

Hier kann man nicht anders, als nur in bassem Staunen innehalten ob so kalter und geduldiger und zugleich grausamer Hartnäckigkeit, die unverändert auf ein und dasselbe persönliche Ziel gerichtet ist. So wie einst in Batum der junge Koba unablässig tätig gewesen war, das Ansehen der über ihm stehenden Mitglieder des Tifliser Komitees zu untergraben, so wie er im Gefängnis und in der Verbannung die Gimpel gegen seine Feinde aufgehetzt hatte, so schob er jetzt in Petrograd unermüdlich Personen und Umstände hin und her, einzig zu dem Zweck, jeden auszuschalten, herunterzureißen, anzuschwärzen, der ihn in irgendeiner Weise überschattete oder ihn daran hinderte, seine Ambitionen zu verwirklichen.

Der Oktoberaufstand, als Quelle des neuen Regimes, nahm natürlich eine zentrale Stellung in der Ideologie der neuen herrschenden Schicht ein. Wie war das alles geschehen? Wer hatte führend im Mittelpunkt und wer hatte an der Peripherie gestanden? Stalin brauchte rund zwanzig Jahre, um dem Lande ein historisches Panorama aufzuzwingen, in dem er den Platz der wirklichen Organisatoren des Oktoberaufstandes einnahm, während diesen darin die Rolle von Verrätern an der Revolution zugeschrieben wird. Es wäre falsch anzunehmen, daß er von Anfang an einen vollendeten Plan zur Errichtung seiner persönlichen Vorherrschaft gehabt hätte. Es bedurfte außergewöhnlicher geschichtlicher Umstände, um seinen Ambitionen einen Schwung zu verleihen, den er selbst nicht vorausgesehen hatte. In einem Punkte aber blieb er unabänderlich derselbe: er profitierte, alle anderen Erwägungen ausschaltend, von jeder Situation, um seine eigene Stellung auf Kosten anderer zu stärken - Schritt für Schritt, Stein um Stein, geduldig, ohne jede Überstürzung, aber auch ohne Gnade. Eben in diesem ununterbrochenen Weben von Intrigen, in diesem behutsamen Dosieren von Wahrem und Falschem, in diesem regelmäßigen Rhythmus seiner Fälschungsarbeit, spiegelt sich Stalin am reinsten, sowohl als Person wie auch als Führer der neuen privilegierten Schicht, die sich als Ganzes eine neue Biographie zusammenbrauen mußte.

Nach dem mißlichen Debüt im März, das er im April alles andere als gutgemacht hatte, brachte Stalin das Jahr der Revolution in den Kulissen des Apparats zu. Er wußte nicht, wie er sich eine Verbindung zu den Massen schaffen sollte, und fühlte sich nicht ein einziges Mal direkt verantwortlich für das Schicksal der Revolution. Zu gewissen Zeiten war er Stabschef, niemals Chefkommandeur. Schweigen vorziehend, wartete er auf die Initiative der anderen, notierte ihre Fehler und schwachen Punkte und blieb hinter den Ereignissen zurück. Um zum Erfolg zu gelangen, mußte er von einer gewissen Stabilisierung der Verhältnisse profitieren und über sehr viel Zeit verfügen können. Beides gestand ihm die Revolution nicht zu.

Da er nie gezwungen war, die Probleme der Revolution mit der geistigen Anspannung zu durchdenken, wie sie nur das Gefühl unmittelbarer Verantwortlichkeit erzeugt, erfaßte Stalin niemals vollständig die innere Logik der Oktoberrevolution. Das ist der Grund, weshalb seine Erinnerungen so quacksalberhaft wirken und unzusammenhängend und miteinander nicht übereinstimmend sind, weshalb seine späteren Urteile über die Strategie des Aufstandes so widersprüchlich sind und seine Irrtümer in einer ganzen Reihe späterer Revolutionen (Deutschland, China, Spanien) so monströs. Wahrhaftig, in einer Revolution ist der ehemalige „Berufsrevolutionär“ nicht in seinem Element.

Nichtsdestoweniger war das Jahr 1917 ein äußerst wichtiges Entwicklungsstadium für den zukünftigen Diktator. Erklärte er doch später selbst, daß er in Tiflis „Lehrling“ gewesen, in Baku „Geselle“ geworden und in Petrograd zum „Meister“ aufgerückt sei. Nach vier Jahren politischen und geistigen Winterschlafs in Sibirien, wo er auf das Niveau eines „linken“ Menschewiken herabsank, war das Revolutionsjahr, das er unter der unmittelbaren Leitung von Lenin und inmitten höchst qualifizierter Genossen verbrachte, von unschätzbarer Bedeutung für seine politische Entwicklung. Zum erstenmal hatte er Gelegenheit, sich mit Dingen vertraut zu machen, die bisher völlig außerhalb seines Gesichtskreises gelegen hatten. Er war ein ebenso aufmerksamer und sorgfältiger wie unwilliger Zuhörer und Beobachter. Im Mittelpunkt des politischen Lebens stand das Problem der Macht. Die Provisorische Regierung, an der Menschewiki und Volkstümler teilhatten, gestern noch Gefährten in der Illegalität, im Gefängnis und in der Verbannung, ermöglichte ihm, einen Blick in jenes geheimnisvolle Laboratorium zu tun, wo, wie jeder weiß, „nicht gerade Götter das Geschirr polieren"*. Der unübersteigbare Abstand, der in der Epoche des Zarismus den illegalen Revolutionär von der Regierung trennte, fiel in nichts zusammen. Die Macht wurde ein naheliegender, familiärer Begriff. Koba machte sich weitgehend von seinem Provinzialismus frei, wo nicht in seinen Sitten und Gewohnheiten, so doch in der Spannweite seines politischen Denkens. Er spürte - mit bitterem Groll - seine persönlichen Mängel, ermaß aber zugleich die Stärke einer eng zusammengeschweißten Gruppe begabter und erfahrener Revolutionäre, bereit, den Kampf bis zu Ende durchzufechten. Er war anerkanntes Mitglied des Generalstabs der Partei geworden, die die Massen an die Macht getragen hatten. Er hatte aufgehört, Koba zu sein. Er war endgültig Stalin geworden.

Achtes Kapitel

DER VOLKSKOMMISSAR

(Die Bolschewiki hatten ihre Hauptaufgabe, die bewaffneten Kräfte des Landes für sich zu gewinnen, so gründlich verwirklicht, daß sie den Endsieg am 7. November praktisch kampflos davontrugen. Der Oktoberaufstand war, um mit Lenin zu sprechen, „leichter als eine Feder aufzuheben". Der demokratische Westen, der ins vierte Kriegsjahr eintrat, weigerte sich zu glauben, was eine vollendete Tatsache war, und Kerensky erklärte der erstaunten Welt, daß der Bolschewismus „als organisierte Kraft ... nicht mehr existiere, selbst nicht in Petrograd".)

Unmittelbar nach dem Aufstand wurden auf Betreiben des rechten bolschewistischen Flügels hin - Sinowjew, Kamenew, Rykow, Lunatscharsky und andere - mit den Menschewiki und den Volkstümlern Verhandlungen zur Bildung einer Koalitionsregierung aufgenommen. Zu den Bedingungen, die die von der Erhebung gestürzten Parteien stellten, gehörte die Forderung nach einer Mehrheit für sie selbst und, vor allem und über allem die, daß Lenin und Trotzky als die Verantwortlichen für das

* Russisches Sprichwort; D. Ü.

Oktober-„Abenteuer“ aus der Regierung ausscheiden sollten. Der
rechte Flügel des Zentralkomitees neigte dazu, diese Forderung an-
zunehmen. Die Frage wurde auf der Sitzung des Zentralkomitees
vom 1. (14.) November diskutiert. Folgendes steht im Protokoll:
„Vorschlag, daß Lenin und Trotzky ausscheiden sollen. Dieser Vor-
139 schlag würde unsere Partei köpfen, und wir akzeptieren ihn nicht.“
Die Haltung der Rechten, die tatsächlich eine Preisgabe der
Macht darstellte, wurde vom Zentralkomitee als „Angst der
Sowjetmehrheit, ihre eigene Mehrheit auszunützen“ verurteilt.
Die Bolschewiki weigerten sich nicht, die Macht mit anderen
Parteien zu teilen, wollten aber die Teilung nur auf der Basis
des Kräfteverhältnisses in den Sowjets.

Der von mir gestellte Antrag, die Verhandlungen mit den
Versöhnlern abzubrechen, wurde angenommen. Stalin nahm an
der Diskussion nicht teil, stimmte jedoch mit der Mehrheit.
Als Protest gegen diesen Beschluß traten die Vertreter des rechten
Flügels aus dem Zentralkomitee und aus der Regierung aus.
Die Mehrheit des Zentralkomitees forderte die Minderheit auf,
sich der Parteidisziplin bedingungslos zu unterwerfen. Dies
Ultimatum trug die Unterschrift von zehn Mitgliedern und Kandi-
daten des Zentralkomitees: Lenin, Trotzky, Stalin, Swerdlow
usw. Über den Ursprung dieses Dokumentes erklärt eins der
Mitglieder des Zentralkomitees, Bubnow: „Nachdem er (Lenin)
es geschrieben hatte, rief er jedes Mitglied des Zentralkomitees
einzeln in sein Arbeitszimmer, legte ihm den Text vor und bat
140 um Unterschrift.“ Diese Geschichte ist insofern interessant, als
sie uns erlaubt, die Bedeutung der Reihenfolge der Unterschriften
korrekt einzuschätzen. Zuerst legte Lenin mir den Text vor und
dann, nachdem er meine Unterschrift erhalten hatte, rief er, mit
Stalin angefangen, die anderen. So war es immer oder fast immer.
Hätte es sich nicht um ein gegen Sinowjew und Kamenew ge-
richtetes Dokument gehandelt, wäre ihre Unterschrift wahr-
scheinlich vor der Stalins zu stehen gekommen.

Pestkowsky sagt, daß es in den Oktobertagen „notwendig
war, unter den Mitgliedern des Zentralkomitees diejenigen aus-
zuwählen, die den Aufstand leiteten. Dazu wurden Lenin, Stalin
141 und Trotzky bestimmt“. Bemerken wir nebenbei, daß Stalins
Mitarbeiter, indem er diesen drei Männern die Leitung zuschreibt,
die praktische „Zentrale“, der weder Lenin noch ich angehörten,
endgültig beerdigt. In Pestkowskys Zeugnis liegt ein Körnchen
Wahrheit. Nicht in den Tagen des Aufstands, wohl aber nach

dem Siege in den bedeutendsten Zentren, jedoch noch vor der Errichtung irgendeines festen Regimes, war es notwendig, einen festgefügten leitenden Stab der Partei zu schaffen, der imstande war, für die örtliche Durchführung aller wichtigen Entschlüsse zu sorgen. Wie es im Protokoll heißt, wählte das Zentralkomitee am 29. November (12. Dezember) 1917 zur Regelung dringender Fragen ein Büro von vier Mitgliedern: „Stalin, Lenin, Trotzky und Swerdlow.“ „Dieses Büro hat das Recht, in allen außerordentlichen Angelegenheiten eine Entscheidung zu treffen, aber unter der Bedingung, alle jeweils im Smolny anwesenden übrigen Mitglieder des Zentralkomitees zur Entscheidung heranzuziehen.“ 142
Sinowjew, Kamenew und Rykow waren wegen der tiefgehenden Meinungsverschiedenheiten, die sie mit der Mehrheit hatten, aus dem Zentralkomitee ausgeschieden; das erklärt die Zusammensetzung des Büros. Swerdlow indes war absorbiert von seiner Tätigkeit im Parteisekretariat, als Versammlungsredner, als Schiedsrichter bei Konflikten, und war selten im Smolny. Das „Viererkomitee“ setzte sich praktisch aus drei Männern zusammen.

(In der Nacht vom 19. zum 20. Februar 1918 wählte die bolschewistisch-sozialrevolutionäre Koalition des Rates der Volkskommissare) ein Exekutivkomitee, das sich aus Lenin, Trotzky, Stalin, Profian und Karelin (zusammensetzte) und dessen Aufgabe es war, alle laufenden Arbeiten zwischen den Sitzungen des Rates zu erledigen. (Das Exekutivkomitee der Regierung bestand aus drei Bolschewiki und zwei Sozialrevolutionären. Es wäre aber ein Irrtum anzunehmen, die drei Bolschewiki hätten) ein „Triumvirat“ dargestellt. Das Zentralkomitee trat häufig zusammen und entschied über alle wichtigen und besonders alle umstrittenen Fragen. Das „Trio“ war notwendig für die praktischen Entscheidungen, die von Stunde zu Stunde getroffen werden mußten - im Zusammenhang mit der Entwicklung des Aufstands in den Provinzen, mit den Versuchen Kerenskys, Petrograd zu erreichen, mit der Versorgung der Hauptstadt mit Lebensmitteln, usw. Es existierte zumindest dem Namen nach bis zur Übersiedlung der Regierung nach Moskau.

Gelegentlich seiner Ausfälle gegen die Politik der Bolschewiki nach 1917 schreibt Iremaschwili: „Das von unstillbarem Rachegeist erfüllte Triumvirat begann, mit unmenschlicher Grausamkeit alles Lebendige und Tote auszurotten“ usw. im selben Ton. 143
In das „Triumvirat“ schließt Iremaschwili Lenin, Trotzky und Stalin ein. Man kann mit Sicherheit behaupten, daß diese Idee

vom Triumvirat Iremaschwili erst viel später in den Kopf kam, nachdem Stalin eine so hervorragende Bedeutung erlangt hatte. Es liegt aber in seinen Worten ein Teil Wahrheit oder zumindest ein Schein von Wahrheit.

Im Zusammenhang mit den Unterhandlungen von Brest-
Litowsk wird Lenins Satz: „Ich werde Stalin konsultieren und
144 Ihnen dann antworten“ ständig wiederholt. Tatsache ist, daß ein
solches Dreierkomitee zu gewissen Momenten wirklich existierte,
wenn auch nicht immer mit Beteiligung Stalins. Auch Dimitri-
jewsky spricht von diesem Dreierkomitee, obschon in einer etwas
anderen Tonart: „Lenin brauchte zu jener Zeit Stalin so not-
wendig, daß er, wenn Mitteilungen von dem damals in Brest
befindlichen Trotzky eintrafen und wichtige Beschlüsse zu fassen
waren, Stalin aber nicht in Moskau war, an Trotzky telegrafierte:
‚Ich möchte erst Stalin konsultieren, bevor ich Ihnen auf Ihre
Fragen antworte.‘ Und erst drei Tage später telegraphierte Lenin:
‚Stalin ist angekommen. Ich werde die Frage mit ihm durch-
sprechen, und wir werden Ihnen alsbald unsere gemeinsame Ant-
145 wort zukommen lassen.‘“

Die wichtigsten Entscheidungen wurden in jener Periode häufig von Lenin mit meiner Zustimmung getroffen. Wenn aber eine Übereinstimmung nicht zu erzielen war, war ein Dritter nötig. Sinowjew war in Petrograd. Kamenew war nicht immer in Moskau, weil er, wie auch andere Mitglieder des Politischen Büros des Zentralkomitees, einen großen Teil seiner Zeit für die Agitation aufwandte. Stalin hatte mehr freie Zeit als alle anderen Mitglieder des Politischen Büros, deshalb spielte er vor seiner Abreise nach Zaritzyn gewöhnlich die Rolle des „Dritten“. Lenin hielt sehr auf Form und wollte natürlich nicht nur in seinem eigenen Namen antworten. Die zahlreichen Bemerkungen im neueren Schrifttum über die Art, in der Lenin lenkte, kommandierte usw. laufen im allgemeinen auf eine Analogie mit dem stalinistischen Regime hinaus. In Wirklichkeit hat ein solcher Zustand überhaupt nicht bestanden. Direktiven wurden gegeben und Befehle wurden erteilt, aber nur vom Politischen Büro, und wenn dessen Mitglieder nicht alle anwesend waren, vom Dreierkomitee, das das Quorum darstellte. Wenn Stalin nicht zugegen war, besprach sich Lenin mit Krestinsky, dem Sekretär des Zentralkomitees, mit derselben Gewissenhaftigkeit —, auf solche Konsultationen sind in den Parteiarchiven häufige Hinweise zu finden.

Man sprach jedoch in jener Zeit weitaus mehr von einem „Duumvirat“. „Unseren beiden“ widmete der preisgekrönte Sowjetpoet Demjan Bjedny während des Bürgerkrieges einige seiner von den Zeitungen veröffentlichten Gedichte. Niemand sprach damals von einem Triumvirat. Auf alle Fälle würde jemand, der diesen Terminus angewendet hätte, nicht Stalin als Dritten genannt haben, sondern Swerdlow, der der sehr volkstümliche Vorsitzende des Zentralen Exekutivkomitees des Sowjets war und als solcher die wichtigsten Beschlüsse unterzeichnete. Ich entsinne mich, ihn einige Male auf die ungenügende Autorität mancher unserer Direktiven in der Provinz hingewiesen zu haben. Bei einer solchen Unterhaltung antwortete er mir: „In der Provinz akzeptieren sie nur drei Unterschriften: die Iljitschs, Ihre, und bis zu einem gewissen Grade auch die meinige.“ (Swerdlow verfügte über eine unerhörte Arbeitskraft.) „Niemand war imstande, allein die politische und organisatorische Arbeit so zusammenzufassen, wie Swerdlow das konnte“, sagte Lenin auf dem Parteitag von 1920, „und bei dem Versuch, ihn zu ersetzen, mußten wir ein ganzes Kollegium schaffen.“ 146

Als ich Anfang Mai in Petrograd ankam, konnte ich mich kaum an Stalins Namen erinnern. Ich sah ihn wahrscheinlich in den Zeitungen, unter Artikeln, die meine Aufmerksamkeit kaum in Anspruch nahmen. Die ersten Begegnungen hatte ich mit Kamenew, Lenin und Sinowjew. Zusammen unterhandelten wir über die Fusion. Stalin begegnete ich weder auf den Sitzungen des Sowjets, noch auf denen des Zentralen Exekutivkomitees, noch auf den zahlreichen Versammlungen, die einen beträchtlichen Teil meiner Zeit in Anspruch nahmen. Von meiner Ankunft an stand ich infolge meiner Tätigkeit im Zentralen Exekutivkomitee mit allen führenden Leuten in Verbindung, niemals aber habe ich Stalin bemerkt, selbst nicht unter den zweitrangigen Mitgliedern des Zentralkomitees, wie Bubnow, Miljutin und Nogin. (Auch nach der Fusion der „Interdistriktler“ mit den Bolschewiki blieb Stalin immer eine obskure Figur.) Nach den Protokollen des Zentralkomitees der Partei „vertraten Trotzky und Kamenew die Bolschewiki im Büro des Vorparlaments“. (Als der Augenblick gekommen war, die Kandidaten für die Konstituierende Versammlung zu bestimmen, wurde Stalin aufgetragen, sie aufzustellen. Dem Protokoll nach sagte Stalin:) „Genossen, als Kandidaten für die Konstituierende Versammlung schlage ich vor die Genossen Lenin, Sinowjew, Kollontai,

147 Trotzky und Lunatscharsky." Das waren die fünf von der ganzen Partei aufgestellten Kandidaten. Erinnern wir daran, daß ich (der offiziellen Geschichtsschreibung nach) kaum vierzehn Tage vorher das Erscheinen Lenins vor Gericht verlangt hatte.

In der vollständigen Liste der bolschewistischen Delegierten für die Konstituante, mit Lenin an der Spitze, nimmt Stalin den achten Platz ein. Die fünfundzwanzig aufgestellten Bolschewiki waren die offiziellen Kandidaten des Zentralkomitees. Die Liste war von einer Kommission unter Leitung von drei Mitgliedern des Zentralkomitees vorbereitet worden: Uritzky, Sokolnikow und Stalin. Lenin kritisierte die Zusammenstellung sehr heftig: zuviel zweifelhafte Intellektuelle, zu wenig zuverlässige Arbeiter. „Es ist unerläßlich", sagte er von der Liste, „sie zu revidieren und zu verbessern. Es ist klar, daß niemand daran denkt, eine Kandidatur unter den neuen Mitgliedern, die aus den ‚Interdistriktler'-Organisationen kommen, anzuzweifeln, wenn es sich zum Beispiel um eine solche wie die von L. D. Trotzky handelt, denn zunächst einmal ist die Einstellung Trotzkys seit seiner Ankunft die der Internationalisten gewesen und ferner hat er sich für die Fusion geschlagen; schließlich hat er sich in den schwierigen Julitagen als den gestellten Aufgaben gewachsen erwiesen und war ein loyaler Führer der Partei des revolutionären Proletariats. Es ist klar, daß man von vielen der gestern Hinzugekommenen,
148 deren Name auf der Liste steht, nicht dasselbe sagen kann."

Nach der Machtübernahme fühlte sich Stalin selbstsicherer, blieb aber dennoch eine Gestalt zweiten Ranges. Ich merkte bald, daß Lenin ihn „poussierte", da er in ihm seine Entschlossenheit, seinen Mut, seine Hartnäckigkeit, ja, bis zu einem gewissen Grade seine Verschlagenheit als für den Kampf notwendige Eigenschaften schätzte. Niemals erwartete er von ihm originelle Ideen, politische Initiative oder schöpferisches Vorstellungsvermögen. Stalin war langsam und vorsichtig; wenn immer möglich, verhielt er sich still. Die bolschewistischen Siege in Petrograd und später in Moskau stärkten ihn. Er begann, sich an die Machtausübung zu gewöhnen. „Nach dem Oktober", berichtet Allilujew, „bezog Stalin im Smolny zwei kleine Zimmer im Erdgeschoß." (Er war Kommissar für das Nationalitätenwesen.) Die erste Sitzung der bolschewistischen Regierung fand im Smolny in Lenins Büro statt; eine Bretterwand trennte das Sitzungszimmer von dem Raum für das Büropersonal. Stalin und ich waren als erste angekommen. Hinter den Brettern hörten wir die tiefe Baßstimme Dybenkos. Er telephonierte mit Finnland, und das Gespräch, das er führte, war recht zärtlichen Charakters. Der muntere, neunundzwanzig Jahre alte bärtige Riese war kurz zuvor der Intimus Alexandra Kollontais geworden, was in gewissen Parteikreisen Anlaß zu Klatschgeschichten gab. Stalin, mit dem ich bis dahin keine persönliche Unterhaltung gehabt hatte, näherte sich mir belustigt, und mit dem Ellbogen auf die Bretterwand deutend, sagte er schmunzelnd: „Das ist der mit der Kollontai, mit der Kollontai!" Seine mir ganz unerwartet kommende Haltung und sein Lachen erschienen mir, besonders bei dieser Gelegenheit und an diesem Orte, äußerst fehl am Platze und von unerträglicher Vulgarität. Ich entsinne mich nicht, ob ich mich damit begnügte, den Kopf abzuwenden oder ob ich in scharfem Ton antwortete: „Das ist ihre Angelegenheit!" Aber Stalin fühlte, daß er einen Fehler begangen hatte. Sein Gesichtsausdruck wechselte, und in seine gelben Augen trat derselbe feindselige Schimmer, den ich schon in Wien bemerkt hatte*. 149

Ende Januar 1918 nahm Stalin als Vertreter der Partei an einer Konferenz von Delegierten mehrerer linker sozialistischer Parteien des Auslands teil. Diese Konferenz kam am Ende ihrer Tätigkeit zu dem Entschluß, „einen internationalen sozialistischen Kongreß ... unter folgenden Bedingungen einzuberufen: erstens, daß sich die Parteien und Organisationen verpflichten, einen revolutionären Kampf gegen ‚ihre eigenen Regierungen' für den unmittelbaren Frieden zu führen; zweitens, daß sie mit allen ihren Kräften die Oktoberrevolution und die Sowjetregierung unterstützen". 150

Zur Zeit der Brest-Litowsker Verhandlungen war die Konstituierende Versammlung aufgelöst worden. Die Initiative dazu war von Lenin ausgegangen. Zur gleichen Zeit wurde die „Erklärung der Rechte der Werktätigen und der ausgebeuteten Völker" veröffentlicht. In den Text dieses historischen Dokuments wurden von Bucharin und Stalin Korrekturen eingefügt. „Die meisten dieser Korrekturen", sagt eine Fußnote in Lenins „Sämtlichen Werken", „haben keinen prinzipiellen Charakter." 151

Die Posten, die Stalin in den ersten Jahren der Revolution einnahm, und die Aufgaben, die ihm übertragen wurden, waren sehr verschieden. Doch war das in jener Zeit das Los der meisten

* Trotzky, damals noch nicht Mitglied der bolschewistischen Fraktion, war Stalin schon 1913 in Wien begegnet. (Anm. des Übers.)

führenden Parteifunktionäre. Ob direkt oder indirekt, jeder von ihnen nahm am Bürgerkrieg teil; mit den Verwaltungsarbeiten wurden ihre nächsten Mitarbeiter betraut. Stalin war nominell Mitglied des Redaktionskomitees des Zentralorgans der Partei, hatte aber in Wirklichkeit nichts mit der „Prawda" zu tun; am regelmäßigsten arbeitete er auf dem Kommissariat für Nationalitätenwesen. Der Sowjetstaat war damals in Bildung begriffen, und es war nicht leicht, das gegenseitige Verhältnis der verschiedenen Nationalitäten zueinander zu bestimmen. Lenin hatte dieses Amt geschaffen, und dessen allgemeine Leitung lag ganz in seiner Hand. Nächst der Agrarfrage war ihm zu allen Zeiten nichts wichtiger erschienen als das Nationalitätenproblem. Aus dem Tagebuch seines Sekretariats geht hervor, daß er häufig nationale Delegationen aller Art empfing, mit ihnen in Verbindung blieb, über diese oder jene Nationalität Untersuchungen anstellen ließ und Instruktionen erteilte. Die wesentlichsten Maßnahmen erfolgten über das Politbüro; das Kommissariat für das Nationalitätenwesen befaßte sich hauptsächlich mit der technischen Aufgabe, die gefaßten Beschlüsse auszuführen.

Informationen über die Arbeit dieses Kommissariats finden sich in den Memoiren Pestkowskys, die 1922 bzw. 1930 veröffentlicht worden sind. Pestkowsky war in den ersten zwanzig Monaten des Sowjetregimes Stalins nächster Mitarbeiter. Alter polnischer Revolutionär, war er zur Zwangsarbeit in Sibirien verurteilt worden; er nahm an der Oktoberrevolution teil und hatte nach dem Siege verschiedene Posten inne, so vor allem den eines sowjetischen Gesandten in Mexiko von 1924 bis 1926. Er gehörte lange Zeit einer der oppositionellen Gruppen an, wußte aber noch rechtzeitig Buße zu tun. Zeichen kürzlich getaner Buße erscheinen in der zweiten Auflage seiner Memoiren, nehmen ihnen aber nichts von ihrer Frische und ihrem Interesse.

Die Initiative für diese Zusammenarbeit ging von Pestkowsky aus. Er hatte an die verschiedensten Türen geklopft und vergeblich ein Betätigungsfeld für seine bescheidenen Talente gesucht. Bei Stalin hatte er Glück, was er folgendermaßen wiedergibt:

„Genosse Stalin, sagte ich, sind Sie Volkskommissar für das Nationalitätenwesen?"

„Ja."

„Aber haben Sie ein Kommissariat?"

„Nein."

„Na gut, ich werde Ihnen ein Kommissariat machen."

„Ausgezeichnet, was wollen Sie dafür haben?“

„Für den Augenblick nur eine Vollmacht!“

„Daraufhin ging Stalin, der überflüssige Worte haßte, zum Büro des Rates der Volkskommissare und kam einige Minuten später mit einer Vollmacht zurück.“

In einem der Räume des Smolny fand Pestkowsky einen freien Tisch. Er rückte ihn an die Wand, klebte darüber ein Stück Papier mit der Aufschrift: „Volkskommissariat für das Nationalitätenwesen“ und vervollständigte die Einrichtung mit Hilfe von zwei Stühlen. Er fährt fort:

„Genosse Stalin, sagte ich, wir haben nicht eine Kopeke auf unseren eigenen Namen.“ (In jenen Tagen hatte die neue Regierung die Staatsbank noch nicht in Besitz genommen.)

„Brauchen Sie viel? fragte Stalin.“

„Für den Anfang sind tausend Rubel genug.“

„Kommen Sie in einer Stunde wieder.“

„Als ich eine Stunde später zurückkam, beauftragte mich Stalin, bei Trotzky dreitausend Rubel zu borgen.“

„Er hat Geld, sagte er, er hat es im Ministerium des Auswärtigen gefunden.“

„Ich ging zu Trotzky und unterzeichnete eine Quittung über dreitausend Rubel. Soviel ich weiß, hat das Kommissariat für das Nationalitätenwesen dem Genossen Trotzky diese Summe noch nicht zurückerstattet.“ 152

(Stalin befand sich) am 9. (22.) November 1917 von zwei bis viereinhalb Uhr morgens (bei Lenin), als dieser, der mit Chefkommandeur General Duchonin über eine direkte Leitung verhandelte, den Befehl gab, Friedensverhandlungen mit allen im Kriege befindlichen Nationen einzuleiten. Auf die Weigerung Duchonins hin verfügte er augenblicklich dessen Abberufung und die Einsetzung N. V. Krylenkos als Chefkommandeur. (Bei der Schilderung von Vorkommnissen solcher Art) behauptet Pestkowsky, Stalin wäre „Lenins Stellvertreter in der Leitung der revolutionären Schlachten geworden. Er mußte die militärischen Operationen überwachen, die am Don stattfanden, in der Ukraine und anderen Teilen Rußlands“. „Stellvertreter“ ist nicht das richtige Wort, „technischer Assistent“ wäre korrekter. Da die Anweisungen über eine besondere Leitung gehen mußten, wurde Stalin mit ihrer Übermittlung beauftragt, denn sein Kommissariat ließ ihm mehr freie Zeit, als den übrigen Mitgliedern des Zentralkomitees ihre Tätigkeit ließ.

Stalins Mitteilungen über den direkten Draht waren im wesentlichen halb technischer, halb politischer Art. Er gab Anweisungen weiter. Äußerst interessant ist eine seiner ersten Unterhaltungen, vom 17. (30.) November 1917, mit dem Vertreter der ukrainischen Rada, Porsch. Die ukrainische Rada glich der Kerensky-Regierung. Sie stützte sich auf die oberen Schichten des Kleinbürgertums und hatte selbstverständlich die Unterstützung der Bourgeoisie und der Alliierten gegen die Bolschewiki. Zu gleicher Zeit kamen die ukrainischen Sowjets unter den Einfluß der Bolschewiki und gerieten zur Rada in Opposition. Ein Konflikt zwischen der Rada und den Sowjets war unvermeidlich, besonders nach dem erfolgreichen Aufstand in Petrograd und Moskau. Porsch fragte im Namen der Rada, welches die Haltung der Petrograder Regierung in der nationalen Frage im allgemeinen wäre und was das Schicksal der Ukraine und ihres inneren Regimes im besonderen sein würde. Stalin antwortete mit Allgemeinheiten: „In der Ukraine müßte wie in den anderen Gebieten die Macht der Gesamtheit der Delegierten der Arbeiter, Bauern und Soldaten gehören, mit Einschluß der Rada-Organisation. Auf diesem Gebiete besteht ein breites Feld für eine Vereinbarung zwischen der Rada und dem Sowjet der Volkskommissare." Das war eben jene Koalition, die die Menschewiki und die Sozialrevolutionäre nach der Oktoberrevolution wollten, und eben an dieser Frage waren die von Kamenew geführten Verhandlungen gescheitert.

In Kiew, am anderen Ende des Drahtes, befand sich an der Seite des ukrainischen Ministers Porsch der Bolschewik Sergej Babinsky, der seinerseits Fragen stellte; beide kontrollierten sich gegenseitig, wobei Babinsky die Sowjets vertrat. Er erklärte, daß die Zentral-Rada nicht gewillt sei, die örtliche Macht den Sowjets zu übertragen. Stalin antwortete, daß, wenn die Zentral-Rada sich weigere, gemeinsam mit den Bolschewiki einen Kongreß einzuberufen, dann „beruft ihn ohne sie ein. Ferner muß die Sowjetregierung von jeder Region anerkannt werden. Das ist ein revolutionäres Gebot, das wir nicht verleugnen können, und wir können nicht verstehen, wie die ukrainische Zentral-
153 Rada gegen ein solches Axiom auftreten kann."

Eine Viertelstunde vorher hatte Stalin eine Koalition der Sowjets mit den demokratischen Organisationen der Rada für möglich erklärt, jetzt behauptete er, daß die Sowjetregierung ohne irgendeine Kombination ein Axiom sei. Wie diesen Widerspruch aufklären? Obwohl uns keinerlei Dokument zur Verfügung steht, ist es leicht, sich vorzustellen, was sich hinter dieser Konversation abspielte. Stalin übergab Lenin einen Bericht über seine Unterhaltung mit Porsch - Lenin hatte kaum davon Kenntnis genommen, als er mit einer unerbittlichen Kritik antwortete. Daraufhin diskutierte Stalin nicht mehr und gab im zweiten Teil der Unterhaltung Anweisungen, die denen, die er zuerst übermittelt hatte, diametral entgegengesetzt waren.

Als Mitglied des Politischen Büros gehörte Stalin der Delegation der Russischen Kommunistischen Partei auf dem Parteitag der Sozialistischen Partei Finnlands an. Diese Zugehörigkeit war rein nomineller Art, denn er nahm an den Debatten keinen Anteil. „Als Ende Dezember 1917 der Parteitag der Sozialistischen Partei Finnlands zusammentrat“, schreibt Pestkowsky, „war die Hauptfrage, welchen Weg die finnische Arbeiterklasse einschlagen würde. Das Zentralkomitee der Bolschewiki sandte Stalin als seinen Vertreter zu diesem Kongreß.“ Weder Lenin, noch 154
Swerdlow, noch ich konnten Petrograd verlassen; andererseits war es in jener Periode nicht angezeigt, Sinowjew und Kamenew mit der Aufgabe nach Finnland zu schicken, dort eine revolutionäre Bewegung auszulösen. So blieb nur, Stalin zu delegieren. Auf diesem Parteitag begegnete er zum erstenmal Tanner, mit dem er zweiundzwanzig Jahre später die Besprechungen am Vorabend des russisch-finnischen Krieges führen sollte.

Pestkowsky hebt die enge Zusammenarbeit zwischen Lenin und Stalin hervor. „Lenin konnte Stalin auch nicht einen Tag lang entbehren. Wahrscheinlich aus diesem Grunde stand unser Büro im Smolny ‚unter den Fittichen‘ Lenins. Kein Tag verging, ohne daß Lenin mehrmals nach Stalin fragte, und manchmal kam er ihn selbst holen. Stalin verbrachte einen großen Teil des Tages mit Lenin in dessen Büro. Ich weiß nicht, was sie dort machten, aber einmal trat ich in das Büro ein und hatte dort ein interessantes Bild vor Augen. An der Wand hing eine große Karte von Rußland, und vor der Karte standen zwei Stühle, auf denen Lenin und Stalin saßen. Ihre Finger bewegten sich in der Richtung nach Norden, nach Finnland zu, glaube ich.“

„Am Abend, wenn sich die gewöhnliche Aufregung ein wenig gelegt hatte, richtete sich Stalin am Telefon ein und verbrachte dort Stunden. Von da aus führte er wichtige Besprechungen mit unseren militärischen Führern (Antonow, Pawlunowsky, Murawjow und anderen) oder mit unseren Feinden, mit dem Kriegs-

minister der ukrainischen Rada, Porsch. Manchmal, wenn ihn eine dringende Aufgabe anderswohin berief, beauftragte er mich,
155 ihn am Telefon zu vertreten." Die Tatsachen sind hier mehr oder weniger korrekt mitgeteilt, ihre Interpretation ist parteiisch. Sicher ist, daß Lenin in jener Periode Stalin dringend brauchte. Sinowjew und Kamenew befanden sich ihm gegenüber in grundlegenden Fragen in der Opposition, meine Zeit wurde von Versammlungen und den Brest-Litowsker Verhandlungen in Anspruch genommen, auf Swerdlow lag die erdrückende Aufgabe der Organisationsarbeit für die ganze Partei. Stalin jedoch hatte keine präzisen Aufgaben, und das Kommissariat für Nationalitätenwesen verlangte besonders im Anfang nur wenig Zeit. Auf diese Weise kam er dazu, die Rolle eines Generalstabschefs oder eines Sonderbeauftragten unter Lenins Leitung zu spielen. Die telefonischen Unterhaltungen waren, obwohl natürlich äußerst wichtig, doch wesentlich technischer Natur, und Lenin konnte sie nur einem Manne mit Erfahrung anvertrauen, der über alle im Smolny auftauchenden Fragen auf dem laufenden war.

(Selbst nach der Übersiedlung der Regierung von Petrograd nach Moskau folgte Lenin einer Richtschnur, die in seinen Augen unantastbar war: niemals persönliche Befehle zu geben. Drei Jahre später), am 24. September 1920, bat Ordschonikidse von Baku aus telegrafisch um Übersendung eines Torpedobootes nach Enzeli (Persien). Lenin schrieb an den Rand der Depesche: „Ich werde die Sache mit Trotzky und Krestinsky besprechen." Tatsächlich existieren solche Telegramme, Briefe, Berichte in unübersehbarer Menge. Lenin entschied niemals allein, er wandte sich stets an das Politbüro. Von dessen Mitgliedern waren gewöhnlich drei, manchmal auch nur zwei, stets in Moskau. Aus Hunderten von Notizen bezüglich der Konsultation anderer Mitglieder des Politbüros hat man nur die ausgewählt, die besagen: „Ich werde Stalin konsultieren!" Man versucht damit zu beweisen, daß Lenin nichts ohne Stalin entschied.

(In Hinsicht auf die Brest-Litowsker Verhandlungen) haben Stalins Historiographen jede Zurückhaltung fallen lassen. (Sie verfügten über authentische Dokumente, nämlich die Archive des Kommissariats des Auswärtigen, dem Trotzky damals vorstand. Im Jahre 1935 schreibt jedoch ein gewisser Sorin:)

In einem Briefe an Lenin aus Brest schlug Trotzky einen gefährlich phantastischen Plan vor: den Annexionsfrieden nicht zu unterzeichnen, aber den Krieg nicht weiterzuführen und währenddessen die Armee zu demobilisieren. Am 15. (2.) Januar, in einem Telefongespräch mit Trotzky, der eine unmittelbare Antwort verlangte, charakterisierte Wladimir Iljitsch Trotzkys Plan als ‚diskutabel' und verschob seine Antwort bis zur Ankunft Stalins, der damals nicht in Petrograd war und den Lenin konsultieren wollte. Wir zitieren den vollständigen Wortlaut dieser Gespräche:

„15. (2.) Januar. - Folgendes Gespräch findet telefonisch zwischen Lenin und Trotzky statt: Trotzky fragt Lenin, ob er den Brief erhalten hat, den er ihm durch einen lettischen Soldaten überbringen lassen hat. Trotzky muß eine unmittelbare Antwort auf diesen Brief haben. Der Wortlaut der Antwort müsse Zustimmung oder Ablehnung ausdrücken.

Lenin am Apparat: ‚Ich habe soeben Ihren Brief durch Sonderkurier erhalten. Stalin ist nicht hier, und ich konnte ihn ihm noch nicht zeigen. Ihr Plan scheint mir diskutabel. Ist es nicht möglich, die endgültige Entscheidung bis zu einer besonderen Sitzung des Zentralen Exekutivkomitees aufzuschieben? Sobald Stalin eingetroffen sein wird, werde ich ihm Ihren Brief übergeben. - Lenin.'

‚Wir werden versuchen, die Entscheidung solange wie möglich hinauszuschieben und auf Ihre Mitteilung warten. Bitte beeilen Sie sich. Die Rada-Delegation verfolgt eine Politik des Verrats. Die Diskussion meines Vorschlags vor dem Zentralkomitee scheint mir gefährlich, denn sie könnte eine Reaktion hervorrufen, bevor der Plan zur Ausführung kommt. - Trotzky.'

Antwort an Trotzky: ‚Ich möchte zuerst Stalin konsultieren, bevor ich Ihnen auf Ihre Frage antworte. Heute ist eine Delegation des ukrainischen Zentralen Exekutivkomitees, die versichert, daß die Kiewer Rada aus dem letzten Loch pfeift, abgereist, um Sie zu sehen. - Lenin.'

Als die Verhandlungen am 18. (5.) Januar in eine kritische Phase eintraten, verlangte L. D. Trotzky, daß ihm telefonische Instruktionen gegeben würden, und erhielt nacheinander die beiden folgenden Noten:

1. An Trotzky: ‚Stalin trifft ein. Ich werde die Frage mit ihm durchsprechen und Ihnen unsere gemeinsame Antwort zukommen lassen. - Lenin.'

2. ‚Trotzky benachrichtigen, daß er die Verhandlungen unterbrechen und nach Petrograd kommen soll. - Lenin, Stalin.'" 156

(Die offizielle Geschichte der Bolschewistischen Partei von 1939 übergeht diese Tatsache völlig. Sie erklärt:)

Am 10. Februar 1918 wurden die Friedensverhandlungen von Brest-Litowsk unterbrochen. Obwohl Lenin und Stalin im Namen des Zentralkomitees der Partei darauf bestanden hatten, daß der Friede unterzeichnet würde, vergewaltigte Trotzky, der der Vorsitzende der sowjetischen Delegation in Brest war, in verräterischer Weise die ausdrücklichen Direktiven der Partei. Er erklärte, daß die Sowjetrepublik sich weigere, den Frieden auf der Basis der von Deutschland vorgeschlagenen Bedingungen zu unterzeichnen, und informierte zu gleicher Zeit die Deutschen darüber, daß die Sowjetrepublik den Krieg nicht weiterführen und fortfahren würde, die Armee zu demobilisieren.

Das war ungeheuerlich. Mehr konnten die deutschen Imperialisten von diesem Verräter an den Interessen des Sowjetvaterlandes nicht verlangen. 157

(Schlagen wir die Seiten 207, 208 desselben Buches auf, so finden wir folgendes:)

Lenin bezeichnete diese Erklärung als „eigenartig und ungeheuerlich". In jener Epoche sah die Partei noch nicht klar den wahren Grund der partei-

feindlichen Haltung Trotzkys und der „linken Kommunisten". Wie aber kürzlich auf dem Prozeß des „Antisowjetischen Blocks der Rechten und der Trotzkisten" festgestellt worden ist (Anfang 1938), waren Bucharin und die von ihm geleitete Gruppe der Linkskommunisten zusammen mit Trotzky und den linken Sozialrevolutionären damals schon in eine geheime Verschwörung gegen die Sowjetregierung verwickelt. Bucharin, Trotzky und die anderen Verschwörer hatten, wie bewiesen worden ist, den Plan gefaßt, den Brester Friedensvertrag zu kündigen, W. I. Lenin, J. W. Stalin und J. Swerdlow zu verhaften und zu ermorden, und eine neue Regierung aus
158 Bucharinisten, Trotzkisten und linken Sozialrevolutionären zu bilden.

(Betrachten wir nunmehr die Protokolle. Dreiundsechzig Bolschewiki waren auf der Konferenz vom 21. (8.) Januar 1918 anwesend, von denen die absolute Mehrheit (zweiunddreißig) für einen revolutionären Krieg stimmte. Die Position Trotzkys - weder Krieg noch Frieden - erhielt sechzehn Stimmen; die Lenins - Frieden mit dem kaiserlichen Deutschland - fünfzehn Stimmen. Die Frage kam drei Tage später von neuem vor dem Zentralkomitee der Partei zur Diskussion. Das Protokoll der Sitzung vom 24. (11.) Januar 1918 sagt:)

Der Genosse Trotzky schlägt folgende Formulierung zur Abstimmung vor: „Wir beendigen den Krieg, wir unterzeichnen den Frieden nicht, wir demobilisieren die Armee."

Die Abstimmung ergab folgendes Resultat: neun Stimmen dafür, sieben Stimmen dagegen.

Daraufhin wurde Lenins Vorschlag zur Abstimmung gestellt: „Wir zögern die Unterzeichnung des Friedensvertrages mit allen Mitteln hinaus." Dafür zwölf, dagegen eine Stimme. L. D. Trotzky stellt die Frage: „Schlagen wir vor, einen Aufruf für einen revolutionären Krieg zu erlassen?" Dafür zwei, dagegen elf Stimmen, eine Stimmenthaltung; und: „Wir beendigen den Krieg, wir unterzeichnen den Frieden und demobilisieren die Armee";
159 dafür neun, dagegen sieben Stimmen.

Auf dieser Sitzung begründete Stalin die Notwendigkeit, einen Sonderfrieden zu unterzeichnen, mit folgendem Argument: „Es gibt im Westen keine revolutionäre Bewegung. Keine Tatsachen, nur Möglichkeiten, und Möglichkeiten können wir nicht in Rechnung stellen." - „Nicht in Rechnung stellen?" Lenin wies sogleich die Unterstützung zurück, die ihm Stalin angedeihen lassen wollte; es sei richtig, daß die Revolution im Westen noch nicht begonnen habe, „wenn wir aber unsere Taktik aus diesem
160 Grunde änderten, würden wir Verräter am internationalen Sozialismus sein".

Am nächsten Tage, dem 25. (12.) Januar, wurde die Friedensfrage auf einer gemeinsamen Sitzung der Zentralkomitees der Bolschewiki und der linken Sozialrevolutionäre diskutiert. Mit Stimmenmehrheit wurde beschlossen, dem Sowjetkongreß die

Formulierung vorzuschlagen: „Den Krieg nicht fortsetzen, den Frieden nicht unterzeichnen."

Welches war die Haltung Stalins gegenüber dieser Formulierung? Hier die Erklärung Stalins eine Woche nach der Sitzung, in deren Verlauf diese Formulierung mit neun gegen sieben Stimmen angenommen worden war: „Sitzung vom 1. Februar (19. Januar) 1918: Genosse Stalin: ‚Der Weg aus dieser schwierigen Situation heraus wurde von dem mittleren Gesichtspunkt
aus aufgewiesen - von der Position Trotzkys.'" 161

Diese Erklärung Stalins erhält erst ihren vollen Sinn, wenn man in Rechnung stellt, daß in dieser ganzen kritischen Periode die Mehrheit der Partei- und der Sowjetorganisationen für einen revolutionären Krieg war und daß sich infolgedessen Lenins Standpunkt nur mit Hilfe einer Revolution in der Partei und im Staat (was natürlich ausgeschlossen war) hätte durchsetzen können. So erkannte also Stalin, weit davon entfernt, sich zu täuschen, eine unbestreitbare Tatsache an, wenn er sagte, daß meine Position zu jener Zeit für die Partei der einzige Ausweg aus der Situation war.

(Am 10. Februar) veröffentlichte die sowjetische Delegation auf der Friedenskonferenz von Brest-Litowsk die offizielle Erklärung der Sowjetregierung, wonach sie sich weigerte, den Annexionsfrieden zu unterzeichnen, und den Krieg mit den Mächten des Viererbundes beendete. (Zwei Tage später wurde) der Befehl des Chefkommandeurs N. V. Krylenko über die Einstellung der militärischen Handlungen gegen diese Mächte und die Demobilisierung der russischen Armee (veröffentlicht).

(Zu diesen Ereignissen schrieb Lenin ein Jahr später:)

Wie war es möglich, daß nicht eine einzige Tendenz, nicht eine einzige Leitung, nicht eine einzige Organisation unserer Partei sich dieser Demobilisierung entgegenstellte? Worum handelte es sich für uns? Hatten wir vollständig den Kopf verloren? Nicht im mindesten! Die Offiziere, und nicht die Bolschewiki, sagten selbst vor dem Oktober, daß sich die Armee nicht schlagen könne, daß sie nur noch während einiger Wochen an der Front gehalten werden könne. Nach dem Oktober wurde das offensichtlich, vollständig offensichtlich für diejenigen, die die Tatsachen ins Auge zu fassen gewillt waren, die die unangenehme und bittere Realität sehen und nicht die Augen schließen oder sich mit leeren Phrasen zufrieden geben wollten. Es gab keine Armee; es war unmöglich, sich auf sie zu stützen. Das Beste, was man tun konnte, war, das, was übrigblieb, so schnell wie möglich zu demobilisieren.

Das war die wunde Stelle im russischen Staatsorganismus, der die Last des Krieges nicht länger tragen konnte. Je schneller wir demobilisierten, um so schneller würden sich die Reste der Armee den noch gesunden Teilen eingliedern, um so schneller würde das Land zu neuen und schwierigen Aufgaben bereit sein. Das fühlten wir, als wir einmütig und ohne den mindesten

Protest die Resolution für die Demobilisierung faßten - eine Entscheidung, die, oberflächlich betrachtet, absurd erschien. Das war genau das, was wir tun mußten. Die Armee bestehen zu lassen, wäre eine frivole Illusion gewesen. Je schneller wir demobilisierten, um so schneller würde die Wiedergesundung des sozialen Organismus in seiner Gesamtheit einsetzen. Deshalb waren revolutionäre Phrasen wie „Die Deutschen können nicht vorrücken", aus der die andere hervorging: „Wir können den Kriegszustand nicht für beendet erklären; weder Krieg, noch Unterzeichnung des Friedens", ein tiefer Irrtum, eine Überschätzung der Ereignisse. Aber nehmen wir an, die Deutschen
162 rücken vor? „Nein, sie sind nicht imstande vorzurücken!"

Tatsächlich dauerte der Vormarsch der deutschen Truppen vierzehn Tage, vom 18. Februar bis zum 3. März. Den ganzen Tag des 18. Februar widmete das Zentralkomitee der Frage: Wie auf den deutschen Vormarsch antworten, der soeben begann?

Nach dem Abbruch der Verhandlungen in Brest am 10. Februar und nachdem die russische Delegation die Erklärung veröffentlicht hatte, daß sie den Krieg als beendet betrachte, sich aber weigere, den Frieden mit Deutschland zu unterzeichnen, hatte die „Militärpartei" - die Partei der extremen Annexionisten - die Oberhand gewonnen. Auf einer Konferenz, die am 13. Februar in Hamburg unter dem Vorsitz von Kaiser Wilhelm stattgefunden hatte, war folgende von diesem vorgeschlagene Erklärung angenommen worden: „Trotzkys Weigerung, den Friedensvertrag zu unterzeichnen, beendet automatisch den Waffenstillstand." Am 16. Februar teilte das deutsche Oberkommando der Sowjetregierung offiziell mit, daß der Waffenstillstand am 18. Februar um 12 Uhr abgelaufen sei, auf diese Weise die Abmachung durchbrechend, die vorsah, daß das Ende des Waffenstillstandes sieben Tage vor der Auslösung kriegerischer Handlungen bekanntgegeben werden sollte.

Die Frage unserer Erwiderung auf den deutschen Vormarsch wurde zuerst auf der Sitzung des Zentralkomitees der Partei am Abend des 17. Februar examiniert. Ein Vorschlag, neue Verhandlungen zur Unterzeichnung eines Friedensvertrages mit Deutschland einzuleiten, wurde mit sechs gegen fünf Stimmen abgelehnt. Andererseits stimmte niemand „für einen revolutionären Krieg", während N. I. Bucharin, G. I. Lomow und A. A. Joffe sich „weigerten, über eine so gestellte Frage abzustimmen". Die Mehrheit nahm die Resolution an, „die Wiederaufnahme der Friedensverhandlungen bis zu dem Augenblick zu vertagen, wo der Vormarsch eine genügende Entwicklung angenommen habe und seine Auswirkungen auf die Arbeiterbewegung sichtbar geworden seien". Abgesehen von drei Stimmenthaltungen wurde der folgende

Entschluß einstimmig gefaßt: „Wenn sich im Augenblick, wo sich der deutsche Vormarsch entwickelt, keine revolutionäre Bewegung in Deutschland und in Österreich zeigt, dann unterzeichnen wir den Frieden.“ 163

Am 18. Februar, bei Beginn des deutschen Vormarschs, blieb das Zentralkomitee mit kurzen Unterbrechungen den ganzen Tag über versammelt. Auf der ersten Sitzung, nach den Reden Lenins und Sinowjews für eine Unterzeichnung des Friedensvertrages und nach meiner und Bucharins Rede dagegen, wurde der Antrag: „Sofort einen Vorschlag unterbreiten, die Friedensverhandlungen wiederaufzunehmen“ mit sieben gegen sechs Stimmen abgelehnt. Auf der zweiten Sitzung, am Abend, nach Reden Lenins, Stalins, Swerdlows und Krestinskys für eine Wiederaufnahme der Verhandlungen und Uritzkys und Bucharins dagegen und einer Rede meinerseits mit dem Vorschlag, daß wir die Verhandlungen nicht wieder aufnehmen, aber den Deutschen vorschlagen sollten, ihre Forderungen zu formulieren, wurde folgende Frage zur Abstimmung gestellt: „Soll der deutschen Regierung der Vorschlag gemacht werden, sofort Frieden zu schließen?“ Diese Frage wurde mit sieben bejahenden Stimmen (Lenin, Smilga, Stalin, Swerdlow, Sokolnikow, Trotzky, Sinowjew), fünf verneinenden (Uritzky, Lomow, Bucharin, Joffe, Krestinsky) und einer Stimmenthaltung (Stassowa) beantwortet. Daraufhin wurde sogleich beschlossen, einen genauen Text mit dem gefaßten Beschluß zu redigieren und ihn der deutschen Regierung zukommen zu lassen. Über einen Vorschlag Lenins, den Inhalt des Telegramms betreffend, wurde von neuem abgestimmt. Alle Mitglieder außer zweien stimmten für die Feststellung des gewaltsamen Charakters der Friedensbedingungen; für die Bereitschaft zur Annahme der bereits vorliegenden Bedingungen, mit dem Hinweis, daß man sich nicht weigern würde, schlimmere Bedingungen anzuerkennen, stimmten sieben, dagegen vier, bei zwei Stimmenthaltungen. Die Aufgabe, den Text zu redigieren, wurde Lenin und mir übertragen. Das Radiogramm wurde sodann stehenden Fußes von Lenin verfaßt und, nachdem ich Berichtigungen angebracht hatte, von der gemeinsamen Sitzung der Zentralkomitees der Bolschewiki und der linken Sozialrevolutionäre angenommen, mit den Unterschriften des Rates der Volkskommissare versehen und am 19. Februar nach Berlin gesandt. 164

Auf der Sitzung der Volkskommissare vom 20. Februar stimmten die Vertreter der linken Sozialrevolutionäre dagegen, daß

eine mögliche Hilfe der Entente für den Widerstand gegen den deutschen Vormarsch in Anspruch genommen werden sollte. Verhandlungen mit den Alliierten wegen militärischer und technischer Unterstützung hatten alsbald nach der Oktoberrevolution begonnen. Sie waren von Lenin und mir mit den Generalen Lavergne und Niessel und dem Hauptmann Sadoul als Vertretern der Franzosen und mit dem Obersten Raymond Robbins als Vertreter der Amerikaner geführt worden. Am 21. Februar telegrafierte mir der französische Botschafter Noulens unter Bezugnahme auf den ständigen Vormarsch der Deutschen: „Für Ihren Widerstand gegen Deutschland können Sie auf die mili-
165 tärische und finanzielle Mitwirkung Frankreichs rechnen." Der Unterschied, den wir zwischen dem deutschen und dem französischen Militarismus machten, war für uns natürlich keine prinzipielle Frage. Es war lediglich ein Mittel, die Neutralisierung gewisser feindlicher Kräfte zu sichern, um die Sowjetregierung zu retten. (Die französische Regierung hielt aber nicht Wort.) Clemenceau proklamierte den heiligen Krieg gegen die Bolschewiki. Wir waren also gezwungen, den Brest-Litowsker Vertrag zu unterzeichnen.

Die Antwort auf das sowjetische Radiogramm, die die deutschen Friedensbedingungen enthielt,. wurde in Petrograd am 23. Februar um zehneinhalb Uhr morgens in Empfang genommen. Im Vergleich zu den am 10. Februar gestellten Bedingungen waren sie fühlbar schlechter. Livland und Estland sollten sofort von der Roten Armee geräumt und von der deutschen Polizei besetzt werden; Rußland verpflichtete sich, mit den bürgerlichen Regierungen der Ukraine und Finnlands Frieden zu schließen, und andere drakonische Bestimmungen. Über die Annahme dieser neuen Bedingungen wurde am selben Tage diskutiert, zuerst in der Sitzung des Zentralkomitees der bolschewistischen Partei, dann auf der gemeinsamen Sitzung unseres und des Zentralkomitees der linken Sozialrevolutionäre, schließlich auf der Vollsitzung des Allrussischen Zentralen Exekutivkomitees selbst.

Auf der Sitzung des Zentralkomitees der bolschewistischen Partei sprachen Lenin, Sinowjew, Swerdlow und Sokolnikow zugunsten der Annahme dieser Bedingungen. Bucharin, Dzerschinsky, Uritzky und Lomow sprachen dagegen. Ich erklärte, daß „wenn wir einmütig wären, wir die Aufgabe auf uns nehmen könnten, die Verteidigung zu organisieren. Wir hätten es tun können ... aber das hätte das Höchstmaß von Einheit erfordert. Da das fehlt, will ich nicht die Verantwortung auf mich nehmen, für den Krieg zu stimmen". Das Zentralkomitee beschloß mit sieben Stimmen gegen vier, bei vier Stimmenthaltungen, den deutschen Vorschlag sofort anzunehmen, sich auf einen revolutionären Krieg vorzubereiten und (einstimmig, bei drei Stimmenthaltungen) die Angelegenheit vor die Wählerschaft der Petrograder und Moskauer Sowjets zu bringen, um genau die Haltung der Massen gegenüber den Friedensbedingungen kennenzulernen. 166

Auf dieser Sitzung des Zentralkomitees vom 23. Februar erklärte Stalin: „Wir brauchen nicht zu unterzeichnen, aber wir müssen Friedensverhandlungen einleiten." Worauf Lenin erwiderte: „Stalin irrt sich, wenn er sagt, daß wir es nicht nötig haben zu unterzeichnen. Diese Bedingungen müssen unterzeichnet werden. Wenn wir sie nicht unterzeichnen, dann werden wir in drei Wochen das Todesurteil der Sowjetregierung unterzeichnen." Und das Protokoll statuiert ferner: „Der Genosse Uritzky wies Stalin darauf hin, daß die Bedingungen angenommen oder abgelehnt werden müßten, daß es aber nicht mehr möglich sei zu unterhandeln." 167

Für alle diejenigen, die mit der Situation vertraut waren, war es klar, daß hier Widerstand hoffnungslos war. Stalins Erklärung zeugte von völligem Unverständnis. Schon am 18. Februar hatte die deutsche Armee Dwinsk eingenommen. Ihr Vormarsch ging mit außerordentlicher Schnelligkeit voran. Alle Bemühungen, ihn aufzuhalten, waren erschöpft. Stalin aber schlug fünf Tage später, am 23. Februar vor, nicht den Frieden zu unterzeichnen, sondern ... Verhandlungen einzuleiten.

Stalin intervenierte auf der Sitzung vom 23. Februar noch ein zweites Mal, diesmal für die Notwendigkeit, den Friedensvertrag zu unterzeichnen. Er benützte die Gelegenheit, um seine voraufgegangene Erklärung über die Frage der internationalen Revolution zu korrigieren: „Auch wir", sagte er, „setzen auf die Revolution, aber ihr rechnet mit Wochen, während wir mit Monaten rechnen." Das war die allgemeine Mentalität in jenen 168
Tagen, die auch in den Worten Sergujews (Artems) auf der Sitzung vom 24. Januar 1918 ihren Ausdruck fand, daß alle Mitglieder des Zentralkomitees in einem Punkte übereinstimmten: ohne einen Sieg der internationalen Revolution in der kürzest möglichen Zeit (nach Stalin in den nächstfolgenden Monaten) geht die Sowjetrepublik unter. So herrschte also der

„Trotzkismus“ in jener Zeit im Zentralkomitee der Partei einmütig vor.

In der schwierigen Periode der Brester Unterhandlungen hat Stalin in Wirklichkeit überhaupt niemals persönlich Stellung genommen; er zögerte, nahm sich Zeit, hielt den Mund - und manövrierte. „Der Alte rechnet immer noch mit Frieden“, sagte er zu mir, mit dem Kopf auf Lenin weisend, „aber er wird keinerlei Frieden bekommen.“ Wahrscheinlich ging er dann zu Lenin und machte dieselben Bemerkungen über mich. Stalin nahm niemals offen Stellung. Allerdings interessierte sich auch niemand besonders dafür, weder für seine Ansichten, noch für seine Widersprüche. Ich bin überzeugt davon, daß mein Hauptziel, dem Weltproletariat unsere Haltung in der Friedensfrage so verständlich wie möglich zu machen, für ihn eine sekundäre Angelegenheit war. Er war an dem „Frieden in einem Lande“ interessiert, genau so wie später an dem „Sozialismus in einem Lande“. Bei den entscheidenden Abstimmungen folgte er Lenin. Und erst einige Jahre später, in seinem Kampf gegen den Trotzkismus, nahm er sich die Mühe, sich seinen angeblichen „Standpunkt“ hinsichtlich der Brester Ereignisse zu konstruieren. (Vergleichen wir seine Haltung mit der Lenins, der auf dem Siebenten Parteitag vom 8. März, unmittelbar nach der heftigen Fraktionsschlacht sprechend, erklärte:)

> Ich muß einige Worte über die Position des Genossen Trotzky sagen. Es ist notwendig, zwei Aspekte seiner Tätigkeit zu unterscheiden; als er die Verhandlungen in Brest begann und sie in bewundernswürdiger Weise für die Agitation ausnützte, waren wir alle mit ihm einverstanden... Später ist Trotzkys Taktik, insofern sie darauf berechnet war, die Dinge in die Länge zu ziehen, richtig gewesen. Sie wurde unrichtig, als er vorschlug, den Kriegszustand als beendet zu erklären, aber nicht den Frieden zu unterzeichnen. Da aber die Geschichte hierüber hinweggegangen ist, ist es nicht angebracht,
> 169 darauf zurückzukommen.

Es bestand natürlich ein großer Unterschied zwischen der Politik Lenins in der Brester Krise und der Politik Stalins, die der Sinowjews viel näher kam. Übrigens muß gesagt werden, daß Sinowjew den Mut hatte, die unmittelbare Friedensunterzeichnung zu verlangen, wobei er voraussagte, daß ein Hinauszögern der Verhandlungen nichts anderes bewirken würde als eine Verschlimmerung der Friedensbedingungen. Niemand von uns zweifelte daran, daß es vom „patriotischen“ Gesichtspunkt aus viel vorteilhafter gewesen wäre, den Vertrag fristlos zu unterzeichnen, aber Lenin glaubte, daß das Hinauszögern der Verhandlungen als revolutionäre Agitation wirke und daß die

Aufgaben der internationalen Revolution vor den patriotischen Überlegungen stünden - vor den territorialen und anderen Bedingungen des Friedensvertrages. Für Lenin handelte es sich darum, uns eine vorteilhafte Pause im Kampf für die internationale Revolution zu sichern. Stalin gab zu, daß die internationale Revolution eine „Möglichkeit" sei, mit der wir zu rechnen hätten. Es ist wahr, daß er seine Erklärungen später modifizierte, vor allem, um sich anderen entgegenzustellen; im wesentlichen aber blieb für ihn die internationale Revolution in jener Zeit wie noch lange später eine leblose Formel, die er in der praktischen Politik nicht anzuwenden wußte.

Gerade in jener Krisenepoche stellte sich heraus, daß die Faktoren der Weltpolitik für Stalin unbekannte Größen waren. Er wußte nichts über sie, und sie interessierten ihn nicht. In der deutschen Arbeiterklasse wurde unter den fortgeschrittensten Elementen leidenschaftlich über die Frage debattiert, warum die Bolschewiki Friedensverhandlungen eingeleitet hatten und sich anschickten, den Frieden zu unterzeichnen. Es fehlte dort nicht an Stimmen, nach denen die Bolschewiki und die Hohenzollernregierung eine abgekartete Komödie spielten. Der Kampf für die Revolution forderte also von uns, den Arbeitern klar zu zeigen, daß wir nicht anders handeln konnten, daß der Feind überall aufmarschierte, daß wir gezwungen waren, den Frieden zu unterzeichnen. Eben aus diesem Grunde war der deutsche Vormarsch der beste Beweis für den Zwangscharakter der Unterzeichnung. Ein Ultimatum Deutschlands hätte nicht genügt, es hätte zum Spiel mit verteilten Rollen gehören können. Etwas ganz anderes war die tatsächliche Bewegung der deutschen Truppen, die Einnahme von Städten, die Erbeutung von Kriegsmaterial. Wir verloren große Reichtümer, aber wir gewannen das politische Vertrauen der Arbeiterklasse der ganzen Welt. Das war der Sinn der Meinungsverschiedenheiten.

Nach dem Text der Verfassung setzte sich ein Volkskommissariat aus dem Vorsitzenden (dem Volkskommissar) und einem „Kollegium" von einem halben Dutzend und manchmal einem Dutzend Mitgliedern zusammen. Die Leitung eines Volkskommissariats war keine leichte Aufgabe. Nach Pestkowsky standen „alle Mitglieder des Kollegiums des Kommissariats für Nationalitätenwesen in der nationalen Frage in Opposition zu Stalin, und es kam häufig vor, daß Stalin in der Minderheit blieb". Der bußfertige Verfasser beeilt sich hinzuzufügen: „Stalin

unternahm es, uns umzuerziehen. Bei dieser Aufgabe entfaltete er sehr viel Verstand und Weisheit." Unglücklicherweise berichtet Pestkowsky darüber keine Details. Hingegen unterrichtet er uns wohl über die originelle Weise, in der Stalin die Konflikte mit seinen Kollegen beilegte. „Manchmal verlor er die Geduld", schreibt Pestkowsky, „ließ sich aber während der Sitzung nichts anmerken. Bei solchen Gelegenheiten, wenn nach endlosen Diskussionen seine Geduld aufgebraucht war, verschwand er plötzlich mit einer bemerkenswerten Geschicklichkeit ‚gerade für einen Moment' aus dem Zimmer und versteckte sich in einem abgelegenen Raum im Smolny oder später im Kreml. Es war dann unmöglich, ihn zu entdecken. Anfangs warteten wir, bis er wiederkäme, aber schließlich mußte die Sitzung vertagt werden. Ich blieb allein in unserem gemeinsamen Büro und wartete geduldig auf seine Rückkehr, aber vergeblich. In solchen Augenblicken kam es vor, daß das Telefon klingelte und Lenin Stalin verlangte. Wenn ich antwortete, daß Stalin verschwunden sei, befahl er nur immer das gleiche: ‚Suchen Sie ihn sofort!' Das war nicht leicht. Ich mußte durch die langen Korridore vom Smolny oder des Kremls laufen, auf der Suche nach Stalin. Ich fand ihn an den unerwartetsten Orten. Zweimal zum Beispiel in der Wohnung eines Matrosen, des Genossen Worontsow; er war in der Küche, lag auf dem Diwan ausgestreckt, rauchte
170 seine Pfeife und sann über seine Thesen."

Da die besten Kräfte der Partei von militärischen und wirtschaftlichen Aufgaben aufgesogen worden waren, bestand das Kollegium des Volkskommissariats für Nationalitätenwesen aus Leuten minderer Bedeutung. Nichtsdestoweniger kamen diese oft in die Lage, Stalin widersprechen zu müssen und ihm Fragen zu stellen, auf die zu antworten er nicht imstande war. Er hatte die Macht, aber nicht genügend Macht, um etwas zu erzwingen - er mußte überzeugen. Dieser Situation war er nicht gewachsen. Der Widerspruch zwischen seiner tyrannischen Natur und seinen ungenügenden geistigen Kräften brachte ihn in eine unerträgliche Lage. Innerhalb seines eigenen Arbeitsgebietes hatte er keine Autorität. Wenn seine Geduld erschöpft war, versteckte er sich ganz einfach „an den unerwartetsten Orten". Man kann daran zweifeln, daß er in der Küche des Kommandanten an seine Thesen dachte. Es ist wahrscheinlicher, daß er seine innere Wunde verband und darüber brütete, wieviel besser alles gehen würde, wenn die, die nicht mit ihm einverstanden waren, es nicht zu sagen wagen würden. Doch konnte ihm in jenen Tagen noch nicht in den Sinn gelangen, daß einmal eine Zeit kommen würde, wo er nur zu befehlen brauchte und alle anderen schweigend gehorchen würden.

Nicht weniger pittoresk ist Pestkowskys Beschreibung, wie sie für das Kommissariat in Moskau, wohin die Regierung im März übersiedelte, ein Büro suchten. Die verschiedenen Dienststellen lieferten sich gegenseitig einen heftigen Kampf um die verfügbaren Räume. Anfänglich hatte das Nationalitäten-Kommissariat überhaupt nichts. „Ich bestand aber bei Stalin darauf, und bald war das Kommissariat im Besitz mehrerer Privathäuser. Das Zentralamt für Weißrußland wurde in der Powarskaja untergebracht, die Letten und Esten in der Nikitskaja, die Polen auf dem Arbat, die Juden in der Preschistenska, während die Tataren irgendwo auf einem Quai der Moskwa waren. Außerdem hatten Stalin und ich Büros im Kreml. Stalin war mit dieser Situation sehr unzufrieden. ‚Es ist völlig unmöglich, sie alle im Auge zu behalten. Man muß ein Gebäude finden, das groß genug ist, um sie alle unterzubringen.‘ Diese Idee verließ ihn keinen Augenblick mehr. Einige Tage später sagte er zu mir: ‚Man hat uns das Grand Hôtel de Sibérie gegeben, aber der Oberste Volkswirtschaftsrat hat es schon in Besitz genommen. Wir werden aber nicht zurückweichen. Sagen Sie der Allilujewa, sie soll folgende Worte auf mehrere Bogen Papier tippen: Diese Büros sind vom Volkskommissariat für das Nationalitätenwesen besetzt! Und nehmen Sie ein paar Reißzwecken mit.‘“

Die Allilujewa, die zukünftige Frau Stalins, war Stenotypistin auf dem Kommissariat. Mit den magischen Papierblättchen und Reißzwecken bewaffnet, fuhren Stalin und sein Assistent vor dem Grand Hôtel de Sibérie vor. „Die Dunkelheit war schon hereingebrochen. Das Hauptportal des Hotels war geschlossen. Es war mit einem Bogen Papier geschmückt, auf dem zu lesen stand: ‚Vom Obersten Rat besetztes Gebäude.‘ Stalin riß ihn herunter, und wir brachten unser Papier an seiner Stelle an. ‚Jetzt müssen wir versuchen‘, sagte Stalin, ‚hier einzudringen.‘ Das war nicht leicht. Unter großen Schwierigkeiten entdeckten wir eine kleine Hintertür. Aus einem unerfindlichen Grunde gab es keinen elektrischen Strom. Wir leuchteten mit Streichhölzern. Im zweiten Stock stolperten wir in einen langen Korridor. Dort befestigten wir unsere Zettelchen an einigen Türen, wie es der Zufall wollte. Als wir wieder fortgehen wollten, hatten wir keine

Streichhölzer mehr. In völliger Dunkelheit stiegen wir die Treppen hinunter und kamen schließlich unten an, fast hätten wir uns das Genick gebrochen. Schließlich fanden wir auch den
171 Ausgang und unser Automobil wieder."

Es bedarf schon einiger Anstrengung der Einbildungskraft, um sich vorzustellen, wie sich ein Mitglied der Regierung nächtlicherweise in ein von einer anderen Regierungsstelle besetztes Gebäude einschleicht, Anschläge abreißt und andere anbringt. Bestimmt wäre keiner der anderen Volkskommissare und kein anderes Mitglied des Zentralkomitees auf die Idee gekommen, etwas Ähnliches zu unternehmen. Wir finden hier den Koba aus der Bakuer Gefängniszeit wieder. Stalin mußte wissen, daß über die Zuerteilung eines Gebäudes letztlich der Rat der Volkskommissare oder das Politische Büro entschied, und es wäre einfacher gewesen, sich an den einen oder das andere zu wenden. Aber Stalin hatte zweifelsohne Gründe anzunehmen, daß der Konflikt nicht zu seinen Gunsten entschieden werden würde, und wollte den Rat vor eine vollendete Tatsache stellen. Sein Manöver schlug aber fehl, das Gebäude wurde dem Obersten Wirtschaftsrat zugesprochen, der ein weitaus wichtigerer Organismus war als Stalins Kommissariat*. Abermals mußte Stalin seinen Groll gegen Lenin hinunterschlucken.

Pestkowsky nach ging die Mehrheit des Kollegiums des Nationalitäten-Kommissariats von folgendem Räsonnement aus: „Alle nationale Unterdrückung ist nur ein Ausdruck der Klassenherrschaft. Die Oktoberrevolution hat die Grundlage der Klassenunterdrückung zerstört, infolgedessen ist es nicht notwendig, in Rußland nationale Republiken und autonome Gebiete zu organisieren. Die territoriale Aufteilung muß sich ausschließlich nach
172 den Wirtschaftsgrenzen richten." Die Opposition gegen Lenins Politik war, so befremdlich das auch zunächst scheinen mag, bei den nichtrussischen Bolschewiki (Letten, Ukrainern, Armeniern, Juden und anderen) besonders stark. Die Bolschewiki

* Im Jahre 1930 war Stalin schon allmächtig, aber der staatliche Kult seiner Person stak noch in den Anfängen. Das erklärt die Tatsache, daß man in Pestkowskys Memoiren trotz ihres im allgemeinen panegyrischen Tones eine familiäre Note findet und daß sie sich sogar eine Spur von gutmütiger Ironie erlauben. Einige Jahre später, als die Säuberungen und Exekutionen den Sinn für die notwendige Distanz etabliert hatten, wären Berichte, die Stalin in der Kommandantenküche versteckt oder nachts ein Haus in Besitz nehmend zeigen, unziemlich erschienen und hätten das in Frage stehende Dokument tabu gemacht; sein Verfasser hätte die Verletzung der Etikette teuer bezahlt. (Anmerkung des Verfassers)

der Grenzgebiete, die die Unterdrückung erlitten, kämpften Seite an Seite mit den einheimischen nationalen Parteien und neigten dazu, nicht nur das Gift des Chauvinismus, sondern auch jede Maßnahme fortschrittlichen Charakters zurückzuweisen. Das Kollegium des Nationalitäten-Kommissariats setzte sich aus russifizierten Nichtrussen zusammen, die ihren abstrakten Nationalismus den wirklichen Entwicklungsbedürfnissen der unterdrückten Völkerschaften gegenüberstellten. In Wirklichkeit erhielt diese Politik die alte Tradition der Russifizierung aufrecht und stellte als solche unter den Bedingungen des Bürgerkriegs eine besondere Gefahr dar.

Das Kommissariat für Nationalitätenwesen war geschaffen worden, um alle Völker Rußlands, die der Nationalismus unterdrückt hatte, mittels nationaler Kommissariate zu organisieren. Seine besondere Aufgabe war die Erziehung der Nationalitäten auf sowjetischer Grundlage. Es gab eine Wochenschrift in russischer Sprache, „Das Leben der Nationalitäten", heraus und mehrere andere Zeitschriften in den verschiedensten nationalen Sprachen. Doch seine Hauptaufgabe blieb die Organisierung der Gebiete und nationalen Republiken, es mußte die notwendigen führenden Kader innerhalb der einzelnen Nationalitäten selbst auffinden und sollte ein Führer sowohl für die neugebildeten territorialen Einheiten sein als auch für die nationalen Minderheiten, die außerhalb eines eigenen Territoriums siedelten. In den Augen der zurückgebliebenen Völkerschaften, die durch die Revolution zum erstenmal zu einer selbständigen nationalen Existenz erweckt worden waren, genoß das Nationalitäten-Kommissariat unangezweifelte Autorität. Es öffnete ihnen die Tür zur Unabhängigkeit im Rahmen des Sowjetregimes. Auf diesem Gebiet war Stalin für Lenin ein unersetzlicher Helfer. Er kannte das Leben der einheimischen Völker des Kaukasus aufs genaueste - wie es nur ein von dort Gebürtiger kennen konnte. Diese Kenntnis lag ihm im Blut. Er liebte die Gesellschaft primitiver Menschen, mit ihnen fand er eine gemeinsame Sprache, er brauchte nicht zu fürchten, daß sie ihm, worin auch immer, überlegen sein könnten, und konnte infolgedessen mit ihnen freundschaftliche und demokratische Beziehungen unterhalten. Lenin schätzte diese Eigenschaften Stalins, die in der Partei nicht häufig zu finden waren; er bemühte sich, Stalins Autorität in den Augen der nationalen Delegationen zu erhöhen. „Sprechen Sie mit Stalin. Er kennt diese Frage gut. Er kennt die

Situation, diskutieren Sie die Frage mit ihm.“ Solche Empfehlungen wiederholte er Hunderte von Malen. Wenn Stalin wichtige Konflikte mit den nationalen Delegierten oder seinen Mitarbeitern vom Kollegium hatte, ging die Frage an das Politische Büro, wo alle Beschlüsse stets zugunsten Stalins ausfielen. Das mußte seine Autorität in den Augen der führenden Kreise der zurückgebliebenen Nationalitäten stärken: im Kaukasus, an der Wolga, in Asien. Die neue Bürokratie der nationalen Minderheiten wurde später für ihn eine nicht zu unterschätzende Stütze.

Am 27. November 1919 versammelte sich in Moskau der Zweite Allrussische Kongreß der Muselmanischen Kommunistischen Organisationen und der Völker des Orients. Der Kongreß wurde von Stalin im Namen des Zentralkomitees der Partei eröffnet. Vier Ehrenvorsitzende wurden gewählt: Lenin, Trotzky, Sinowjew und Stalin. Der Kongreßpräsident, Sultan-Galijew, schlug dem Kongreß vor, Stalin als „einen der Kämpfer, die von Haß gegen den Weltimperialismus entflammt sind“, zu begrüßen. Es ist indes absolut charakteristisch für die Bedeutung, die den Führern jener Zeit selbst auf diesem Kongreß zuerkannt wurde, daß der Bericht Sultan-Galijews über die allgemeine politische Lage mit den Worten endete: „Es lebe die Russische Kommunistische Partei! Es leben ihre Führer, die Genossen
173 Lenin und Trotzky!“ Selbst auf diesem Kongreß der Orientvölker, die unter der persönlichen Führung Stalins standen, schien es nicht notwendig, Stalin zu den Führern der Partei zu zählen.

Stalin war Nationalitätenkommissar vom Anfang der Revolution bis zur Auflösung des Kommissariats im Jahre 1923, die durch die Bildung der Sowjetunion und des Nationalitätenrates des Zentralen Exekutivkomitees der UdSSR veranlaßt wurde. Man kann als feststehend ansehen, daß sich Stalin bis zum Mai 1919 nicht viel mit den Angelegenheiten des Kommissariats beschäftigte. Anfänglich schrieb Stalin keine Leitartikel im „Leben der Nationalitäten“, als die Zeitung aber später Großformat annahm, erschien in jeder Nummer ein Leitartikel von ihm. Stalins literarische Produktion blieb aber sehr beschränkt und ging von Jahr zu Jahr zurück. In den Jahrgängen 1920—1921 finden sich nur zwei oder drei Artikel von ihm, 1922 nicht ein einziger. Zu dieser Zeit war Stalin vollständig von politischen Machinationen in Anspruch genommen.

Im Jahre 1922 erklärte das Redaktionskomitee der Zeitung: „Zu Beginn der Veröffentlichung des ‚Lebens der Nationen‘

nahm der Genosse Stalin, Volkskommissar für das Nationalitätenwesen, starken Anteil daran. Er schrieb in dieser Zeit nicht nur die Leitartikel, sondern häufig auch eine Informationsrubrik, Notizen über das Leben der Partei usw. ..." Liest man diese 174
Beiträge nach, so begegnet man wieder dem ehemaligen Redakteur der Tifliser Publikationen und dem der „Prawda" aus dem Petersburg von 1913.

Er hatte oft Veranlassung, dem Osten seine Aufmerksamkeit zu widmen. Das war eine der leitenden Ideen Lenins, auf die man in vielen seiner Reden und Artikel stößt. Zweifellos war das Interesse, das Stalin dem Orient widmete, in hohem Maße persönlich bedingt. Er stammte selbst von dort her; während er sich vor Vertretern des Abendlandes, dessen Lebensweise ihm fremd und dessen Sprachen ihm nicht geläufig waren, immer völlig verloren fühlte, hatte er in Gesellschaft von Vertretern der zurückgebliebenen Orientvölker unvergleichlich mehr Selbstvertrauen und befand sich auf einem viel solideren Terrain; er war der Kommissar, von dem weitgehend ihr Schicksal abhing. Bei Lenin aber waren die den Orient und den Okzident betreffenden Perspektiven eng miteinander verknüpft. 1918 standen die Westprobleme im Vordergrund, der Krieg ging zu Ende, Aufstände brachen in allen Ländern, Revolutionen in Deutschland, Österreich und anderswo aus. Stalins „Vergeßt den Osten nicht!" betitelter Artikel erschien in der Nummer vom 24. November 1918, eben zum Zeitpunkt der Revolutionen in Österreich-Ungarn und Deutschland. Wir alle hielten diese Revolutionen für die Vorboten der sozialistischen Revolution in Europa. Und eben da schrieb Stalin, daß „ohne revolutionäre Bewegung im Osten an einen Sieg des Sozialismus unmöglich zu denken" sei - mit anderen Worten, Stalin hielt den Endsieg des Sozialismus für unmöglich, nicht nur in Rußland, sondern auch in Europa, ohne das revolutionäre Erwachen des Ostens. Das war eine Wiederholung der Leitidee Lenins. Diese Wiedergabe von Ideen rührte aber nicht nur von der Arbeitsteilung, sondern auch von geteilten Interessen her. Stalin hatte zu den westlichen Revolutionen absolut nichts zu sagen. Er kannte weder Deutschland noch dessen Leben und Sprache; er konzentrierte sich auf den Osten.

Am 1. Dezember 1918 schrieb Stalin im „Leben der Nationalitäten" einen Artikel, betitelt „Die Ukraine ist befreit". Immer in derselben Rhetorik des alten Seminaristen, mit immer denselben Wiederholungen: „Wir zweifeln nicht daran, daß die neue ukrainische Sowjetregierung imstande sein wird, den neuen ungebetenen Gästen, den Sklavenhaltern aus England und Frankreich, siegreich zu widerstehen. Wir zweifeln nicht daran, daß die ukrainische Sowjetregierung deren reaktionäre Rolle entlarven wird ..." usw. ad nauseam. In einem Artikel vom 22. Dezember 1918 in derselben Zeitschrift schrieb Stalin: „Mit Hilfe der besten kommunistischen Kräfte ist der sowjetische Staatsapparat (in der Ukraine) wiederhergestellt worden. Die Mitglieder des Zentralkomitees der Sowjets der Ukraine haben den Genossen Pjatakow an ihrer Spitze ... Die besten kommunistischen Kräfte, die die Regierung der Ukraine bildeten, waren: Pjatakow, Woroschilow, Sergujew (Artem), Kwiring, Satonsky, Kotsubinsky." Von all diesen ist allein noch Woroschilow, der Marschall geworden ist, am Leben. Sergujew (Artem) kam durch einen Unfall um, alle anderen sind hingerichtet worden oder spurlos verschwunden. Das war das Schicksal der „besten kommunistischen Kräfte".

Am 23. Februar veröffentlichte Stalin einen Leitartikel „Zwei Lager", in dem er sagte: „Die Welt ist entschieden und endgültig in zwei Lager aufgeteilt - das Lager des Imperialismus und das Lager des Sozialismus ... Die Welle der sozialistischen Revolution schwillt unaufhörlich an und bestürmt die Festungen des Imperialismus ..." Der Wellen ungeachtet sind diese Bilder nur Klischees, die miteinander nicht übereinstimmen; in dieser Prosa spürt man hinter dem bürokratischen Pathos einen unleugbaren Akzent von Unaufrichtigkeit. Am 9. März 1919 schlußfolgert ein anderer Artikel „Zwei Jahre danach": „Die Erfahrung hat in diesen zwei Jahren des Kampfes des Proletariats vollständig bestätigt, was der Bolschewismus vorhergesehen hatte ... die Unvermeidlichkeit der proletarischen Weltrevolution ..." In jenen Tagen reduzierten sich die Perspektiven des Bolschewismus nicht auf den Sozialismus in einem Lande ... Alle anderen Artikel waren von demselben Schlage, völlig ohne Originalität im Denken und ohne Anziehungskraft in der Form.

Der erste Kongreß der tschuwaschischen Kommunisten fand im April 1920 statt, also zwei Jahre nach der Errichtung der Sowjetregierung. Ehrenvorsitzende waren wiederum Lenin, Trotzky, Sinowjew und Stalin. Bei der Beschreibung der Eröffnung des Kongresses gibt die Zeitung des Nationalitäten-Kommissariats an, daß die Wände mit den Bildern der Führer der Weltrevolution geschmückt waren, denen von Karl Marx,

Lenin, Trotzky und Sinowjew. In jener Epoche gab es noch keine Stalin-Porträts; der Kongreß lag indes völlig innerhalb seines Betätigungsfeldes.

Am 7. November, das heißt also am dritten Jahrestag der Oktoberrevolution, finden wir Stalin in Baku, wo er auf einer feierlichen Sitzung des Sowjets das Wort ergreift, um einen Bericht über „Drei Jahre proletarische Diktatur“ zu geben. Auf dem Kongreß der daghestanischen Völker vom 13. November proklamierte Stalin die Autonomie Daghestans. „Die Rede des Genossen Stalin“, schreibt die Zeitschrift des Nationalitäten-Kommissariats, „wurde mehrmals vom Beifallsdonner und von der ‚Internationale‘ unterbrochen und endete in einer stürmischen Ovation.“ Am 17. November, auf dem Kongreß der Völker des Terek-Gebietes in Wladikawkas proklamierte Stalin „die sowjetische Autonomie des guwerianischen Volkes“. Vom 18. bis zum 21. Dezember 1918 fand die erste allrussische Konferenz der Vertreter der autonomen Republiken, Territorien und Regionen statt. Sie wurde von Kaminsky im Namen Stalins, der durch Krankheit am Erscheinen verhindert war, begrüßt. Eine Glückwunschadresse an Stalin wurde einstimmig angenommen. Über den Kongreß der Orientvölker aber sagt der Bericht: „Zu Ehrenvorsitzenden des Kongresses wurden gewählt die Genossen Lenin, Sinowjew und Trotzky (Beifallssturm). Zu Mitgliedern des Ehrenbüros wurden gewählt... und als letzter Dschugaschwili-Stalin.“ 175

In Wien hatte Stalin unter Lenins Anleitung ein brauchbares Werk über das nationale Problem geschrieben, aber sein Versuch, diese Arbeit in Sibirien selbständig fortzusetzen, hatte zum Ergebnis gehabt, daß Lenin schon allein die Veröffentlichung des Artikels für unmöglich hielt. Auf der Märzkonferenz von 1917 hatte Stalin die Meinung geäußert, daß die nationale Unterdrückung ein Produkt des Feudalismus sei, und hatte den Imperialismus als Hauptfaktor der nationalen Unterdrückung in unserer Epoche ganz aus den Augen verloren. 1923 stellte er den großrussischen Nationalismus - der eine lange Tradition in der Unterdrückung kleiner Völker hinter sich hatte - auf die gleiche Linie mit dem defensiven Nationalismus der kleinen Nationen. Diese grobschlächtigen Irrtümer - stalinistische Irrtümer, in ihrer Gesamtheit genommen - erklären sich, wie wir schon gezeigt haben, aus der Tatsache, daß ihr Urheber sich niemals zu einer systematischen Konzeption aufgeschwungen hat. Er benützt einzelne Lehrsätze des Marxismus, wie er sie im Augenblick braucht, wählt sie aus, wie man Schuhe ihrer Nummer nach beim Schuster aussucht. Deshalb widerspricht er sich mit solcher Leichtigkeit, wenn sich die Situation plötzlich verändert. Selbst auf seinem ureigensten Gebiete, dem Nationalitätenproblem, konnte Stalin nie zu einer korrekten Gesamtauffassung kommen.

„Die Anerkennung des Lostrennungsrechts heißt nicht, daß wir die Lostrennung empfehlen“, schrieb er in der „Prawda“ vom 10. Oktober 1920. „Die Lostrennung der Grenzgebiete würde die revolutionäre Macht Zentralrußlands untergraben haben, das die Befreiungsbewegung im Westen und im Osten förderte. Die durch die Lostrennung isolierten Gebiete wären selbstverständlich unter die Fuchtel des Weltimperialismus geraten. Es genügt sich anzusehen, was in Georgien, Armenien, Polen, Finnland usw. vor sich gegangen ist, die sich von Rußland nur um des Scheins der Unabhängigkeit willen losgetrennt haben, während sie in Wirklichkeit einfach Vasallen der Entente geworden sind. Es genügt, sich die jüngste Geschichte der Ukraine und Aserbeidschans in Erinnerung zu rufen, wovon die erstere dem deutschen Imperialismus und das zweite der Entente unterworfen ist, um vollständig den konterrevolutionären Charakter der Forderung nach Lostrennung eines Grenzlandes unter den gegenwärtigen internationalen Bedingungen zu be-
176 greifen.“

„Die von Norden kommende revolutionäre Welle“, schrieb Stalin am ersten Jahrestag der Oktoberrevolution, „hat sich über ganz Rußland ausgebreitet und eine Grenze nach der anderen erreicht. Aber sie hat sich an einem Wall von ‚Nationalräten‘ und territorialen ‚Regierungen‘ gebrochen (Don, Kuban, Sibirien), die sich sogar schon vor dem Oktober gebildet haben. Bürgerlich von Natur aus, wünschen sie überhaupt nicht die Zerstörung der alten bürgerlichen Welt. Im Gegenteil, sie betrachten es als ihre Pflicht, sie mit allen ihren Kräften zu verteidigen. Sie werden natürlich Herde der Reaktion und sammeln um sich alles, was in Rußland konterrevolutionär war. Aber der Kampf der ‚Nationalregierungen‘ (gegen das sowjetische Zentrum) war ein ungleicher Kampf. Von zwei Seiten zugleich angegriffen, von außen her durch die Sowjetregierung und im Innern von ihren eigenen Arbeitern und Bauern, waren die ‚Nationalregierungen‘ gezwungen, nach der ersten Schlacht den Rückzug anzutreten. Im völligen Niedergang begriffen, wandten sich die ‚Nationalregierungen‘ an die Imperialisten des Westens, um Hilfe gegen ihre eigenen Arbeiter und Bauern zu erbitten.“ 177

So begannen die ausländischen Interventionen und die Besetzung der vorwiegend von nichtrussischen Völkern besiedelten Randgebiete, die die Koltschak, Denikin, Wrangel und ihre imperialistische Russifizierungspolitik nur hassen konnten.

Nach der Ausrufung der autonomen Baschkiren-Republik im November 1917 gewann die Sympathie für das Sowjetregime die Massen. Die Regierung dieses Volkes lag in den Händen nationalistischer Elemente, geführt von Sak-Walidow, der die Interessen des bürgerlich-kulakischen Bevölkerungsteils vertrat. Gradweise degenerierte diese Gruppe zur Vorhut der antisowjetischen Aktivität und stellte mit Dutow und Koltschak Kontakt her. Unter dem Druck der Massen und nach der Aufhebung der Autonomie durch Koltschak wurde Sak-Walidow jedoch gezwungen, mit der Sowjetregierung Verhandlungen aufzunehmen. Im Februar 1919, nach der Vertreibung Koltschaks, ging die baschkirische Regierung auf die Seite der Sowjetregierung über, und am Ende desselben Monats unterzeichneten ihre Delegierten in Simbirsk, im Hauptquartier der Ostfront, ein vorläufiges Abkommen, das die Selbständigkeit des baschkirischen Volkes unter der Bedingung garantierte, daß es eine Regierung auf der Basis der Sowjetverfassung gründe, eine gemeinsame Aktion baschkirischer Kampfabteilungen und der Roten Armee gegen die Weißen vorbereite usw.

Anfang März 1919 nahm Stalin in Moskau Verhandlungen mit der baschkirischen Delegation zur Bildung der baschkirischen Sowjetregierung auf. Infolge der militärischen Rückschläge, die wir bei Ufa erlitten hatten, war ich gezwungen, Moskau in den ersten Tagen des März zu verlassen und konnte also am achten Parteitag nicht teilnehmen. Stalin blieb ruhig in Moskau auf dem Parteitag und führte die Verhandlungen mit den Delegierten bis zum 20. März weiter. Der Name Stalin wird jedoch im Zusammenhang damit von den zeitgenössischen Historikern Baschkiriens kaum erwähnt.(Die beiden folgenden Zitate, das erste von Antagulow, das zweite von Samoilow, sind in dieser Hinsicht typisch:)

(1.) Der Kampf zwischen Russen und Baschkiren verschärfte sich; das Chaos war auf dem Höhepunkt angelangt. In der einen Region wurden die Russen auf Befehl der baschkirischen Regierung verhaftet, in der anderen waren es die Baschkiren, die auf Befehl der örtlichen Regierung verhaftet wurden. Die Reise des Genossen Trotzky nach Ufa fiel mit dieser Bewegung

(März 1920) zusammen. Zwischen den baschkirischen Vertretern und der Sowjetregierung in der Person des Genossen Trotzky fanden Besprechungen statt, die als Grundlage für eine Übereinkunft dienten.

(2.) Nach einer aus Baschkirien erhaltenen Information verfolgt die Zentrale aufmerksam die baschkirische Frage. Mitte März berief Genosse Trotzky, der mit Sondervollmachten in Ufa eingetroffen war, eine Konferenz ein. Die Baschkiren waren dort durch Walidow, Tukwatulin, Rakamatuwin und Kaspransky vertreten; Dudnik, Samoilow, Sergujew (Artem) und Preobraschensky vertraten das Gebietskomitee und die Zentrale; der Vorsitzende des Provisorischen Exekutivkomitees von Ufa, Elstin, nahm gleich-
178 falls teil.

Während der ersten Jahre des Sowjetregimes war der Bolschewismus in der Ukraine nur schwach verwurzelt. Der Grund für diese Schwäche ist in der nationalen und sozialen Struktur dieses Landes zu suchen. Die Städte, deren Bevölkerung sich aus Großrussen, Juden, Polen und einem geringen Anteil von Ukrainern zusammensetzt, hatten in starkem Maße Kolonialcharakter. Unter den Industriearbeitern der Ukraine war ein hoher Prozentsatz Großrussen. Zwischen der Stadt und dem Dorf klaffte ein Spalt, ein fast unübersteigbarer Abgrund. Jene ukrainischen Intellektuellen, die sich vor allem für das Dorf, die ukrainische Kultur und Sprache interessierten, wurden von den Städtern mit einer gewissen Ironie angesehen, was dazu führte, daß sie dem Chauvinismus in die Arme getrieben wurden. Die nicht-ukrainischen sozialistischen Gruppierungen in den Städten hatten für die dörflichen Massen keine Sympathie. In den ukrainischen Städten vertraten sie die Kultur der Großrussen, mit der die meisten von ihnen, besonders die jüdischen Intellektuellen, allerdings nicht besonders vertraut waren; daher zum großen Teil der exotische Charakter des ukrainischen Bolschewismus, sein Nichtvorhandensein in dem Augenblick, wo er sich hätte fest in den ukrainischen Boden verwurzeln können, seine große Unabhängigkeit, schließlich die zahllosen Konflikte und Streitigkeiten und die permanenten fraktionellen Kämpfe.

Stalins Pflicht als Nationalitätenkommissar war es, sorgfältig die Entwicklung der nationalistischen Bewegung in der Ukraine zu verfolgen. Seinem Amte nach war er enger mit der ukrainischen bolschewistischen Partei verbunden als andere. Diese enge Verbindung ging auf 1917, die Zeit gleich nach der Oktoberrevolution, zurück, und erhielt sich während mehrerer Jahre. In der Ukraine vertrat Stalin das russische Zentralkomitee der Bolschewiki. Andererseits vertrat er auf gewissen Parteikongressen die ukrainischen Organisationen; das war damals die

Regel. Er nahm an den Konferenzen der ukrainischen kommunistischen Partei als einer ihrer eigenen Führer teil, und da das Leben der ukrainischen Organisation vor allem aus Konflikten, unaufhörlichen Streitereien und fraktionellen Gruppierungen bestand, fühlte sich Stalin dort wie der Fisch im Wasser.

Seine ukrainische Periode war voller Fehlschläge, doch wurde über sie nichts veröffentlicht. (Die offiziellen stalinistischen Historiker, gezwungen, diese Fehlschläge einen nach dem anderen aufzuzählen, hüten sich sorgsam, seinen Namen zu erwähnen. Sie sagen nicht, daß bei der endgültigen Regelung „die in der Ukraine im Jahre 1919 begangenen Irrtümer in der Bauern- und der nationalen Frage, die zum Sturz der Sowjetregierung beitrugen", der völligen Unfähigkeit Stalins, die vom Zentralkomitee der Russischen Kommunistischen Partei ausgearbeitete Politik zu verteidigen, zu verdanken waren. Diese Unfähigkeit hervorhebend, sagte Lenin: „Ein sehr kleiner Teil gut organisierter Güter hätte in Sowjetgüter umgewandelt werden müssen, anders war es nicht möglich, mit der Bauernschaft einen Block zu bilden . . . Eine Politik ähnlich der von Ende 1917 und während eines großen Teils von 1918 war damals notwendig . . . Wir sind also jetzt gezwungen, eine allgemeine Verteilung von Land vorzunehmen, das einer großen Zahl von Sowjetgütern gehört.") 179

(Auf der vierten Konferenz der ukrainischen Partei vom 16. März 1920 stand Stalin als der mit der Verteidigung der Resolution des Komitees zur ukrainischen Frage beauftragte Vertreter des Zentralkomitees einer aus den verschiedensten Elementen zusammengesetzen Opposition gegenüber, deren aggressivste Kräfte die Angehörigen der Tendenz „Demokratischer Zentralismus" von Sapronow waren, die auf der allrussischen Parteikonferenz im Dezember geschlagen worden war. Die Argumente dieser Opposition waren also alle im voraus bekannt, und das Nationalitäten-Kommissariat veröffentlichte eine schriftliche Widerlegung dieser Argumente durch Trotzky, dem diese Aufgabe vom Politbüro übertragen worden war. Stalin erlitt 180
nichtsdestoweniger auf der ukrainischen Konferenz eine Niederlage. Das Zentralkomitee mußte eingreifen, indem es die Auflösung des ukrainischen Komitees verfügte und eine große Zahl vom großrussischen Chauvinismus angesteckter Beamten zurückberief. Der wesentliche Teil der vom Zentralkomitee im Dezember 1919 angenommenen Resolution lautete folgendermaßen:)

> In Anbetracht der Tatsache, daß die ukrainische Kultur... jahrhundertelang vom Zarismus und den russischen Ausbeuterklassen niedergehalten worden ist, macht das Zentralkomitee der Russischen Kommunistischen Partei allen seinen Mitgliedern zur Pflicht, mit allen Mitteln die Hindernisse niederringen zu helfen, die sich einer freien Entwicklung der ukrainischen Kultur und Sprache entgegenstellen. Als Folge einer jahrhundertelangen Unterdrückung existieren unter den zurückgebliebenen Teilen der ukrainischen Massen nationalistische Tendenzen, und es ist deshalb die Pflicht der Parteimitglieder, sich diesen gegenüber tolerant und geduldig zu zeigen und in freundschaftlicher Auseinandersetzung die Einheit der Interessen der werktätigen Massen der Ukraine und Rußlands zu unterstreichen. Die Parteimitglieder müssen das Recht der werktätigen Massen, in der ukrainischen Sprache zu
> 181 studieren und sie in allen sowjetischen Institutionen zu gebrauchen, sichern.

Das war eine äußerst leicht zu verteidigende These. Obschon bekannt war, daß Stalin kein brillanter „Debattierer“ war, erklärte sich seine Niederlage angesichts des Kräfteverhältnisses auf der Konferenz doch nur schwer. Es ist durchaus möglich, daß sich Stalin, nachdem er gesehen hatte, daß die Atmosphäre auf der Konferenz seiner These nicht günstig war, dafür entschied, alles auf eine Karte zu setzen, und daß er durch Mittelsmänner verlauten ließ, daß er seine These nur aus Disziplin, nicht aber aus persönlicher Überzeugung vertrete. So konnte er hoffen, zwei Fliegen mit einer Klappe zu schlagen: die Sympathie der ukrainischen Delegierten zu gewinnen und die Verantwortung für die Niederlage auf mich als den Verfasser der These abzuschieben. Eine solche Intrige lag durchaus in seinem Charakter.

Die georgische Sozialdemokratie beschränkte ihre Ambitionen nicht auf die verarmte Bauernschaft Kleingeorgiens. Sie strebte auch, und nicht ohne einen gewissen Erfolg, nach der Führung der Bewegung „der revolutionären Demokratie ganz Rußlands“. Während der ersten Revolutionsmonate betrachteten die führenden Kreise der georgischen Intelligenz Georgien nicht als ein nationales Vaterland, sondern als eine Gironde, eine südliche Provinz, dazu ausersehen, dem Lande die Führer zu geben. Aber dieser Geisteszustand konnte nur so lange währen, wie die Hoffnung anhielt, daß die Revolution im Rahmen einer bürgerlichen Demokratie bleiben würde. Als sich die Gefahr eines Sieges des Bolschewismus klar abzeichnete, brach die georgische Sozialdemokratie unmittelbar alle Bande, die sie mit den russischen Versöhnlern verknüpften, und vereinigte sich mit den reaktionären Elementen Georgiens selbst. Als die Sowjets gewannen, wurden die Champions des einen und unteilbaren Rußlands zu feurigen Champions des Separatismus...

(Folgende Dokumente werfen ein neues Licht auf die Sowjetisierung Georgiens:)

(1.) An das revolutionäre Kriegskomitee der Kaukasusfront.
Für Ordschonikidse.

Ihren Brief mit den Beanstandungen erhalten. Sie haben unrecht, meine Untersuchung, die meine Pflicht ist, für einen Mangel an Vertrauen zu halten. Ich hoffe, daß Sie vor unserer Begegnung diesen unangebrachten, beleidigenden Ton wegfallen lassen.
3. April 1920. Lenin.

(2.) An Baku über Rostow.
An das Mitglied des Revolutionären Kriegsrates für die Kaukasusfront, Ordschonikidse.
Das Zentralkomitee erteilt Ihnen den Befehl, alle Einheiten aus dem Territorium von Georgien zurückzuziehen, sie bis an die Grenze zu führen und jeden Einfall nach Georgien zu verhindern. Nach den Verhandlungen mit Tiflis ist es klar, daß ein Frieden mit Georgien nicht ausgeschlossen ist.
Senden Sie sofort genaueste Information bezüglich der Rebellen.
5. Mai 1920. Auf Anordnung des Politischen Büros,
Lenin, Stalin.

(3.) (Maschinegeschriebener Brief der Dienststelle des Oberbefehlshabers an alle bewaffneten Streitkräfte der Republik; datiert Moskau, den 17. Februar 1921, der den Vermerk trägt: „Geheim, Persönlich, An den Vizepräsidenten des Revolutionären Kriegskomitees der Republik." Hier folgt der Hauptteil des Textes:)
Auf die Initiative des Kommandanten der Zweiten Armee hin sehen wir uns der vollendeten Tatsache eines Einfalls in Georgien gegenüber; die Grenzen Georgiens sind überschritten worden, und die Rote Armee hat den Kontakt mit der Armee von Georgien schon aufgenommen.
Der Oberbefehlshaber: S. Kamenew.
Der Militärkommissar: S. Danilow.
Der Chef des Generalstabs: P. Lebedew.

(4.) Jekaterinenburg.
Geheim.
An Moskau. An Skljansky.
Wollen Sie mir ein kurzes Memorandum über die Frage der militärischen Operationen gegen Georgien einsenden: wann diese Operationen begonnen haben, auf wessen Befehl und das übrige. Ich brauche dieses Memorandum für die Vollsitzung.
21. Februar 1921. Trotzky.

(5.) (Von Lenin geschrieben; Kopie eines Geheimdokumentes.)
Das Zentralkomitee war geneigt, der Zweiten Armee zu erlauben, die Erhebung in Georgien und die Besetzung von Tiflis aktiv zu unterstützen, unter Beobachtung der internationalen Bräuche und unter der Bedingung, daß alle Mitglieder des Kriegskomitees der Zweiten Armee nach einer genauen Untersuchung der Situation des Erfolges sicher seien. Wir weisen Sie darauf hin, daß wir hier ohne Brot sind, infolge Transportmangels, und daß wir Ihnen infolgedessen weder einen Zug noch einen einzigen Lastwagen geben können. Wir sind darauf angewiesen, vom Kaukasus sowohl Getreide als auch Petroleum zu erhalten. Wir verlangen eine unmittelbare, von allen Mitgliedern des Revolutionären Kriegskomitees und auch von Smilga, Sytin,

Trifonow, Frumkin unterzeichnete Antwort. Unternehmen Sie nichts Entscheidendes bis zu unserer Antwort auf die Telegramme aller dieser Personen.

Auf Befehl des Zentralkomitees:
Krestinsky, Skljansky.

(6.) Der Genosse Skljansky hat in unserer Gegenwart diesen Text sofort in Kodeschrift übertragen, nachdem er das Original fotografiert hatte, und ihn an Smilga übersandt, der damit beauftragt ist, persönlich die Dechiffrierung vorzunehmen. Informieren Sie den Oberbefehlshaber, ohne ihm die Depesche zu zeigen. Stalin wird Ordschonikidse selbst in Kenntnis setzen. Unter Ihrer Verantwortung. Lenin.

182 (Von der Hand des Genossen Lenin geschrieben.)

Das menschewistische Georgien konnte sich nicht halten. Das war jedem von uns klar. Jedoch waren wir nicht einer Meinung über den Zeitpunkt und die Methoden der Sowjetisierung. Ich meinerseits war Anhänger einer gewissen Periode der Vorbereitungsarbeit im Innern des Landes, um die Entwicklung der Erhebung verfolgen und ihr später zu Hilfe kommen zu können. Ich meinte, daß nach dem Friedensschluß mit Polen und der Niederschlagung Wrangels Georgien keine unmittelbare Gefahr darstellen und die Lösung aufgeschoben werden konnte. Ordschonikidse, von Stalin unterstützt, bestand darauf, daß die Rote Armee unmittelbar in Georgien einfalle, in der Annahme, daß die Erhebung gereift sei. Lenin neigte dazu, den Gesichtspunkt der beiden georgischen Mitglieder des Zentralkomitees zu teilen. Die Frage wurde vom Politischen Büro am 14. Februar 1921 entschieden, als ich im Ural war.

Die militärische Intervention entwickelte sich mit Erfolg und rief keinerlei internationale Verwicklungen hervor, wenn man von dem frenetischen Entrüstungssturm der Bourgeoisie und der Zweiten Internationale absieht. Jedoch war es äußerst wichtig, welche Methode der Sowjetisierung Georgiens während der unmittelbar folgenden Jahre angewandt wurde. In den Gebieten, in denen die arbeitenden Massen schon vor der Revolution zum Bolschewismus übergegangen waren, nahmen sie die daraus resultierenden Leiden und Schwierigkeiten, als mit ihrer eigenen Sache verbunden, auf sich. In den weniger fortgeschrittenen Gebieten, wo die Sowjetisierung von der Armee durchgeführt wurde, war dem nicht so. Dort hielten die arbeitenden Massen die Entbehrungen für das Ergebnis eines von außen aufgezwungenen Regimes. In Georgien stärkte die vorzeitige Sowjetisierung während einer gewissen Zeit die Menschewiki und führte zu dem bedeutenden Massenaufstand von 1924, nach dem, laut Stalins eigenem Eingeständnis, Georgien „neu umgepflügt“ werden mußte.

Neuntes Kapitel

DER BÜRGERKRIEG I

Geht man die üblichen historischen Veröffentlichungen über diese Periode durch, so sieht man jeden Augenblick neue Konflikte auftauchen: in Brest-Litowsk handelte Trotzky gegen Lenins Weisungen, an der Südfront handelte Trotzky gegen Lenins Vorschriften, an der Ostfront handelte Trotzky gegen Lenins Befehle, usw. usf. Vorab muß gesagt werden, daß mir Lenin in keinem Fall persönliche Anweisungen geben konnte. Von solcher Art waren die Beziehungen innerhalb der Partei damals nicht. Wir waren beide Mitglieder des Zentralkomitees, dessen Aufgabe es war, Meinungsverschiedenheiten beizulegen. Wann immer ein Meinungsunterschied zwischen Lenin und mir auftauchte, was öfter als einmal vorkam, wurde die Frage automatisch vor das Politbüro des Zentralkomitees gebracht, das eine Entscheidung traf. Insofern konnte es sich also genau genommen niemals darum handeln, daß ich irgendwie Lenins Anweisungen nicht befolgte. Doch ist das nur eine Seite der Angelegenheit - die formale Seite. Geht man den Dingen auf den Grund, so kann man sich nur fragen: wie hätten denn je Lenins Anweisungen respektiert werden können, wenn er an die Spitze des Kriegsministeriums einen Mann stellte, der nichts als Irrtümer und Verbrechen beging; an die Spitze der Wirtschaft - Rykow, seinem eigenen Geständnis nach eingefleischter Anhänger der Wiederherstellung des Kapitalismus und späterer Agent des Faschismus; an die Spitze der Kommunistischen Internationale - den späteren Faschisten und Verräter Sinowjew; an die Spitze des offiziellen Organs der Partei und unter die Leiter der Kommunistischen Internationale - den späteren faschistischen Banditen Bucharin?

Alle Chefs der Roten Armee während der stalinistischen Periode: Tuchatschewsky, Jegorow, Blücher, Budjenny, Jakir, Uborewitsch, Gamarnik, Dybenko, Fed'ko, (Kork, Putna, Feldmann, Alksnis, Eidemann, Primakow und viele andere) wurden jeder zu seiner Zeit auf verantwortliche militärische Posten gestellt, als ich an der Spitze des Kriegsministeriums stand, in der Mehrzahl der Fälle während meiner Reisen an die Front und nach direkter Beobachtung ihrer Tätigkeit durch mich. So schlimm

also meine Führung gewesen sein mag, war sie doch offensichtlich gut genug, die tauglichsten militärischen Führer auszuwählen, denn in einem Zeitraum von über zehn Jahren hat Stalin keine anderen finden können, um sie zu ersetzen. Richtig ist, daß fast alle militärischen Führer des Bürgerkrieges, alle, die unsere Armee schufen, später zu „Verrätern“ und „Spionen“ erklärt werden sollten. Das ändert aber nichts an der Angelegenheit. Sie sind es gewesen, die die Revolution und das Land verteidigt haben. Da 1933 entschieden wurde, daß es Stalin und niemand anders war, der die Rote Armee schuf, müßte man daraus schließen, daß die Verantwortung für die Auswahl eines solchen Kommandostabs auf ihn zurückfällt. Diesem Widerspruch entziehen sich die offiziellen Historiker nicht ohne einige Schwierigkeit, aber nichtsdestoweniger mit Aplomb. Die Verantwortung für die Ernennung dieser Verräter zu hohen Stabsoffizieren wird auf mich geschoben, die Ehre für die von eben diesen Verrätern errungenen Siege kommt unzweifelhaft Stalin zu. Diese einzigartige Teilung der geschichtlichen Funktionen wird heute jedem Schulbuben mit Hilfe einer von Stalin selbst herausgegebenen
183 „Geschichte“ gelehrt.

Die Militärarbeit wies in der Bürgerkriegsepoche zwei Aspekte auf. Der eine war, die richtigen Männer auszuwählen, sie ihren Fähigkeiten nach einzusetzen, die nötige Überwachung sicherzustellen, die Verdächtigen auszuschalten und zu bestrafen. Alle diese Tätigkeiten des Verwaltungsapparats entsprachen vollkommen Stalins Talenten. Es gab aber noch eine andere Seite, die darin bestand, eine Armee aus dem Nichts heraus improvisieren zu müssen, an die Herzen der Soldaten und Kommandeure zu appellieren, ihr besseres Selbst zu wecken, sie mit Vertrauen in die neue Führung zu erfüllen. Zu dieser schöpferischen Arbeit war Stalin völlig unfähig. Es ist beispielsweise unmöglich, sich Stalin vor einem Regiment stehend und es zum Kampfe anfeuernd vorzustellen; dazu hatte er überhaupt keine Veranlagung. Er wandte sich nicht einmal mit vorher abgefaßten Appellen an die Truppe, da er offenbar selber seiner seminaristischen Rhetorik nicht traute. Sein Einfluß an den Frontabschnitten, wo er arbeitete, blieb unbedeutend, er blieb unpersönlich, bürokratisch, polizistenhaft.

Ich entsinne mich, daß ich während des Bürgerkrieges ein Mitglied des Zentralkomitees, Serebrjakow - der zu jener Zeit mit Stalin an der Südfront war - fragte, ob er nicht, um Kräfte zu sparen, ohne Stalin auskommen könne. Serebrjakow antwortete: „Nein, ich kann nicht wie Stalin ‚Druck ausüben‘, das ist nicht meine Spezialität.“ Je mehr die Staatsmaschine imstande war, „Druck auszuüben“, je mehr der revolutionäre Geist verschwand, um so sicherer fühlte sich Stalin.

Wurde Stalin von der Front angezogen, so wurde er auch von ihr abgestoßen. Die Militärmaschine bietet die Möglichkeit, Befehle zu erteilen, aber Stalin war nicht Herr über diese Maschine. Anfänglich leitete er nur eine der zwanzig Armeen, später stand er an der Spitze einer von den fünf oder sechs Fronten. Er richtete eine strenge Disziplin auf, hielt alle Kommandohebel fest in der Hand und ließ nicht den geringsten Ungehorsam durchgehen. Zur selben Zeit, in der er eine Armee führte, veranlaßte er systematisch andere Armeeführer, die Frontbefehle zu mißachten. Als Kommandeur der Süd- oder Südwestfront durchbrach er die Befehle des Oberbefehlshabers. In der zaristischen Armee hatte es außer der gewöhnlichen militärischen Subordination noch eine ungeschriebene Subordination gegeben: die Großfürsten, die irgendeinen Kommando- oder höheren Verwaltungsposten innehatten, ignorierten oft ihre vorgesetzten Offiziere und führten in der Verwaltung der Armee und Marine chaotische Zustände herbei. Ich erinnere mich, Lenin gegenüber bemerkt zu haben, daß Stalin, unzulässigerweise seine Stellung als Mitglied des Zentralkomitees der Partei ausnützend, das Regime der Großfürsten in unserer Armee einführe. (Zehn Jahre später machte)Woroschilow (in seiner Schrift über) Stalin und die Rote Armee (kein Hehl daraus), daß „Stalin immer bereit war, sich
gegen jede Vorschrift, jede Unterordnung aufzulehnen“. Gen- 184
darmen werden unter Wilddieben rekrutiert.

Konflikte zwischen oben und unten liegen in der Natur der Dinge: die Armee ist fast immer mit der Front unzufrieden, die Front ist immer gegen den Generalstab aufgebracht, besonders, wenn es nicht gut geht. Was Stalins Rolle an der Front charakterisierte, war, daß er diese Reibungen systematisch dazu benützte, bittere Fehden hervorzurufen. Indem er seine Mitarbeiter in diese Konflikte hineinzog, schweißte er sie fest zu einer Kaste zusammen und brachte sie so völlig in seine Abhängigkeit. Zweimal wurde er auf direkten Befehl des Zentralkomitees von der Front abberufen. Aber bei jeder neuen Wendung der Ereignisse wurde er von neuem hinbeordert. Trotz wiederholter Gelegenheiten errang er kein Ansehen in der Armee. Diejenigen seiner militärischen Mitarbeiter jedoch, die seinem Kommando unterstanden, blieben ihm später, einmal in den Kampf gegen die Zentrale einbezogen, eng verbunden. Die Zaritzyner Gruppe wurde der Kern der stalinistischen Fraktion.

Stalins Rolle im Bürgerkrieg läßt sich vielleicht am besten daran ermessen, daß seine persönliche Autorität am Ende des Krieges nicht im geringsten gewachsen war. Kein Mensch wäre damals auf die Idee gekommen zu sagen oder zu schreiben, daß Stalin die Südfront „gerettet" oder daß er an der Ostfront eine bedeutende Rolle gespielt oder auch nur den Fall von Zaritzyn verhindert hätte. In zahlreichen, dem Bürgerkrieg gewidmeten Dokumenten, Erinnerungs- und Sammelwerken wird Stalins Name überhaupt nicht oder nur gemeinsam mit einer Menge anderer Namen erwähnt. Darüber hinaus hatte der Krieg gegen Polen - zumindest innerhalb der gut informierten Kreise der Partei - auf seinem Namen einen unauslöschbaren Makel hinterlassen. An der Kampagne gegen Wrangel nahm er nicht teil, ob wegen Krankheit oder aus anderen Gründen, ist heute schwer zu sagen. Auf alle Fälle ging er aus dem Bürgerkrieg ebenso unbekannt und den Massen fremd hervor, wie er es seit der Oktoberrevolution gewesen war.

„In dieser schwierigen Periode, 1918 bis 1920", schreiben die
jüngsten Historiker, „wurde der Genosse Stalin von einer Front
zur anderen gesandt, zu den Punkten, an denen die Revolution
185 am meisten gefährdet war." 1922 veröffentlichte das Volks-
kommissariat für das Erziehungswesen eine sich aus fünfzehn
186 Artikeln zusammensetzende „Anthologie der Fünf Jahre", unter
denen sich ein Artikel über die „Schöpfung der Roten Armee"
und ein anderer mit dem Titel „Zwei Jahre in der Ukraine" be-
findet; beide handeln vom Bürgerkrieg. Weder im einen noch
im andern ist auch nur ein Wort über Stalin zu finden. Im darauf-
folgenden Jahr erschien eine zweibändige Anthologie, „Der
187 Bürgerkrieg" benannt. Sie bestand aus Dokumenten und anderen
Materialien zur Geschichte der Roten Armee. Damals hatte nie-
mand ein Interesse daran, einem solchen Sammelwerk einen
tendenziösen Charakter zu geben. In dem ganzen Werk wird
kein Wort über Stalin gesagt. Im selben Jahre 1923 veröffent-
lichte das Zentrale Exekutivkomitee der Sowjets einen vier-
188 hundert Seiten starken Band unter dem Titel „Sowjetkultur".
In dem der Armee gewidmeten Abschnitt befinden sich zahlreiche
Porträts, die unter der Überschrift „Die Schöpfer der Roten

Armee" zusammengefaßt sind: das Stalins ist nicht unter ihnen. In dem „Die bewaffneten Streitkräfte der Revolution in den sieben Oktoberjahren" betitelten Abschnitt wird Stalins Name überhaupt nicht erwähnt. Indes ist dieser Abschnitt illustriert, nicht nur mein Bild ist dort zu finden, sondern auch die von Budjenny und Blücher und sogar das von Woroschilow. Unter den Führern des Bürgerkriegs werden nicht nur Antonow-Owsejenko, Dybenko, Jegorow, Tuchatschewsky, Uborewitsch, Putna, Scharangowitsch aufgezählt, sondern noch viele andere, die fast alle später zu Volksfeinden erklärt und erschossen werden sollten. Zwei von ihnen, Frunse und S. Kamenew, starben eines natürlichen Todes, wobei über die näheren Umstände beim Tode Frunses Unklarheit herrscht. Unter den in diesem Bande erwähnten Männern befindet sich auch Raskolnikow, der Kommandant der Baltischen und Kaspischen Flotten während des Bürgerkriegs. (Er weigerte sich, nach Moskau zurückzukehren, als er 1938, zur Zeit der Säuberungen im diplomatischen Korps, den Posten des Sowjetgesandten in Bulgarien innehatte. Nachdem er einen Anklagebrief gegen Stalin verfaßt hatte, starb er plötzlich unter geheimnisvollen Umständen, anscheinend vergiftet.)

In verschiedenen offiziellen Veröffentlichungen wird, gestützt auf ein sich sozusagen aus den Archiven ergebendes Faktum, nebenbei behauptet, daß Stalin eine Zeitlang dem Revolutionären Kriegskomitee der Republik angehört habe. Eine genaue Referenz über die Periode seiner Teilnahme an diesem obersten militärischen Organismus wird nicht beigebracht. In einer ausschließ- 189
lich dem Thema „Zehn Jahre Revolutionäres Kriegskomitee der UdSSR" gewidmeten Monographie, die 1928 von drei Verfassern geschrieben wurde, als schon alle Macht in Stalins Händen konzentriert war, heißt es:

„Am 2. Dezember 1919 wurde der Genosse Gussew in das Revolutionäre Kriegskomitee aufgenommen. Ferner wurden im Verlauf des Bürgerkriegs die Genossen Stalin, Podwoisky, Okulow, Antonow-Owsejenko und Serebrjakow zu verschiedenen Zeitpunkten dem Komitee zugeteilt." 190

Eine Geschichte der Kommunistischen Partei, von N. L. Meschtscherjakow 1934 veröffentlicht, wiederholt die Lüge, daß „Stalin die Periode des Bürgerkriegs hauptsächlich an der Front verbrachte" und behauptet dann, daß Stalin „Mitglied des Revolutionären Kriegskomitees der Republik von 1920 bis 1923 war". 191

In der der Roten Armee gewidmeten Jubiläumsnummer der „Prawda“ von 1931 finden sich drei „bisher unveröffentlichte Dokumente“ - von 1920 datierende Telegramme. Diesen Dokumenten nach, dem einzigen bisher veröffentlichten Beweis, war Stalin offenbar tatsächlich 1920 Mitglied des Revolutionären Kriegskomitees, und zwar zumindest vom 3. bis zum 25. Juni, also für etwas über drei Wochen. Weder vor noch nach diesem Datum ist etwas auffindbar. Warum nicht? Es sei daran erinnert, daß die fünf vom Kriegsministerium veröffentlichten Bände, in denen meine Befehle, Aufrufe und Reden enthalten waren, nicht nur beschlagnahmt und vernichtet worden sind, sondern daß jede Bezugnahme auf diese Texte, jedes Zitat aus ihnen, absolut verboten ist. Nun hatte aber die „Proletarische Revolution“, das Parteiorgan für Geschichte, in ihrer Nummer vom Oktober 1924, beim Erscheinen dieses Werkes, das nichts anderes enthielt als Dokumente über den Bürgerkrieg, geschrieben: „Die Historiker unserer Revolution werden in diesen Bänden eine Fülle von
192 äußerst wertvollem Dokumentenmaterial finden.“

In den Archiven des Kriegsministeriums befinden sich außerdem noch die stenographischen Protokolle der Sitzungen des Kriegskomitees. Warum werden sie nicht zitiert, um die Periode festzulegen, während der Stalin Mitglied des Komitees war? Die Antwort ist einfach: weil Stalin in den Protokollen nicht unter den anwesenden Mitgliedern aufgeführt wird, außer ein- oder zweimal, und in diesem Falle lediglich als dem Komitee Fragen sekundärer Natur unterbreitend. Stalin wurde jedoch durch Entscheid des Zentralkomitees der Partei im Frühjahr 1920 zum Mitglied dieses Organismus ernannt.

Die Erklärung für diese seltsamen Umstände - soweit ich mich an sie erinnern kann - ist recht aufschlußreich für Stalins Charakter. Bei jedem Konflikt, den ich im Bürgerkrieg mit Stalin hatte, war ich stets darauf bedacht, ihn in eine Lage zu bringen, in der er seine Ansichten über die militärischen Probleme klar und präzise formulieren mußte. Ich bemühte mich, seine verdrießliche und verstohlene Opposition in eine offene umzuwandeln oder ihn zur Teilnahme an einem leitenden militärischen Organismus zu verpflichten. Im Einverständnis mit Lenin und Krestinsky, die meine Militärpolitik vollauf unterstützten, gelang es mir schließlich zu erreichen, daß Stalin zum Mitglied des Kriegskomitees ernannt wurde. Stalin mußte wohl oder übel annehmen. Er fand aber sofort einen Ausweg: unter dem Vorwand, mit Arbeit überhäuft zu sein, zeigte er sich auf keiner der Sitzungen des Komitees.

Es mag befremdlich erscheinen, daß im Laufe der ersten zwölf Jahre des Sowjetregimes niemals jemand von der angeblichen „Führerrolle“ Stalins in den militärischen Angelegenheiten, noch auch nur von seiner „aktiven“ Teilnahme am Bürgerkrieg gesprochen hat. Doch erklärt sich das ohne weiteres durch die einfache Tatsache, daß damals noch Tausende von Männern existierten, die wußten, *was* wirklich vor sich gegangen und *wie* es wirklich vor sich gegangen war.

Sogar in der Sondernummer der „Prawda“ von 1930 wird noch nicht behauptet, daß Stalin der Hauptorganisator der Roten Armee, sondern nur, daß er der Organisator der Roten Kavallerie gewesen sei. Acht Jahre vorher hatte dieselbe „Prawda“ in einem Artikel über den Bürgerkrieg über die Bildung der Roten Kavallerie einen etwas anders lautenden Bericht gebracht. Man las darin folgende Zeilen:

„Mamontow besetzte für eine gewisse Zeit Koslow und Tambow und richtete dort große Schäden an. ‚Proletarier aufs Pferd!‘, diese Losung des Genossen Trotzky für die Aufstellung berittener Einheiten wurde mit Begeisterung aufgenommen, und schon am 19. Oktober versetzte die Armee Budjennys den Streitkräften Mamontows unterhalb Woronesch heftige Schläge.“ 193

Noch 1926, nachdem ich nicht nur aus dem Kriegsministerium ausgeschaltet worden, sondern auch unerbittlichen Verfolgungen ausgesetzt war, veröffentlichte das Kriegskommissariat unter dem Titel „Wie die Revolution kämpfte“ ein Geschichtswerk, in dem die Verfasser, bekannte Stalinisten, schrieben:

„Die Losung des Genossen Trotzky ‚Proletarier, aufs Pferd!‘ war entscheidend für die Durchführung der Organisation der Roten Armee auf diesem Gebiet.“ 194

Das heißt, in bezug auf die Schaffung der Roten Kavallerie. 1926 wurde also Stalin noch nicht als der Organisator der Kavallerie hingestellt.

Und wirklich beanspruchte die Kampagne für die Schaffung der Roten Kavallerie den größten Teil meiner Tätigkeit während vieler Monate des Jahres 1919. Die Rote Armee war auf den Arbeiter aufgebaut, der den Bauer mobilisiert hatte. Der Arbeiter hatte dem Bauern etwas voraus, nicht nur wegen seines Kulturniveaus, sondern vor allem wegen seiner Fertigkeit, sich der neuen technischen Waffen zu bedienen. Das sicherte ihm eine doppelte Überlegenheit in der Armee. Ganz anders stand es in der Kavallerie. Die Heimat der Kavalleristen waren die russischen Steppen. Die besten Kavalleristen waren die Kosaken, dann kamen die Söhne der reichen Steppenbauern, die Pferde besaßen und Pferde kannten. Die Kavallerie war die reaktionärste Waffe in der alten Armee, sie verteidigte das zaristische Regime länger als irgendeine andere Dienstgattung. Es war infolgedessen doppelt schwierig, eine berittene Armee aufzustellen. Zuerst mußte der Arbeiter an das Pferd gewöhnt werden; die Petrograder und Moskauer Proletarier mußten reiten lernen, sei es auch nur, um ihre Rolle als Kommissar oder einfacher Kavallerist erfüllen zu können. Ihre Aufgabe war, in den Kavallerieregimentern und -eskadronen sichere und zuverlässige revolutionäre Zellen zu bilden. Das war der Sinn meiner Devise „Proletarier, aufs Pferd!" Das ganze Land, alle industriellen Zentren wurden mit Plakaten überschwemmt, die diese Devise trugen. Einer meiner Sekretäre, Posnansky, wurde persönlich mit der Schaffung von Roten Kavallerieeinheiten beauftragt. Nur diese Beteiligung der zu Kavalleristen gewordenen Proletarier verwandelte die Guerilla-Abteilungen in gut ausgebildete Kavallerieeinheiten.

Drei Jahre des Sowjetregimes waren Bürgerkriegsjahre. Das Kriegskommissariat bestimmte die Regierungstätigkeit für das ganze Land. Alle andere Regierungstätigkeit war ihm untergeordnet. Das nächstwichtige Volkskommissariat war das für Ernährung. Die Industrie arbeitete hauptsächlich für den Krieg. Alle aktiven und kampfbereiten Männer konnten mobilisiert werden. Die Mitglieder des Zentralkomitees, die Volkskommissare, alle Parteiführer verbrachten den größten Teil ihrer Zeit an der Front als Mitglieder revolutionärer Kriegskomitees und manchmal als Armeebefehlshaber. Der Krieg selbst war eine strenge Schule der Regierungsdisziplin für eine revolutionäre Partei, die erst seit einigen Monaten aus der Illegalität herausgetreten war. Der Krieg mit seinen unerbittlichen Ansprüchen sonderte die Spreu vom Weizen, im Innern der Partei sowohl wie in den Staatsorganismen. Sehr wenige Mitglieder des Zentralkomitees blieben in Moskau: Lenin, der der politische Mittelpunkt war; Swerdlow, der Präsident des Zentralen Exekutivkomitees und gleichzeitig Generalsekretär der Partei war; Bucharin, als Leiter der „Prawda". Sinowjew, den jeder, mit Einschluß seiner selbst, für alles Militärische ungeeignet hielt, blieb in Petrograd, dessen politischer Führer er war. Kamenew stand an der Spitze des Moskauer Sowjets; er ging mehrmals an die Front, obwohl auch er seiner Natur nach entschieden Zivilist war. Laschewitsch, Smilga, I. N. Smirnow, Sokolnikow, Serebrjakow - alle hervorragende Mitglieder des Zentralkomitees - waren fast ständig an der Front.

Es würde zu weit führen, wollten wir auch nur kurz die illegale revolutionäre Tätigkeit dieser und zahlreicher anderer Kämpfer, ihre Arbeit im Oktober und während des Bürgerkriegs, darstellen. Viele von ihnen waren in keiner Weise minder fähig als Stalin, und es fehlte unter ihnen nicht an Leuten, die Stalin in jenen Werten übertrafen, die von Revolutionären am meisten geschätzt werden: politische Klarheit, moralischer Mut, Begabung für Agitation, Propaganda und Organisation. Es möge genügen, daran zu erinnern, daß, als es sich darum handelte, die Rote Armee zu schaffen, andere Männer als Stalin für geeigneter angesehen wurden, diese Aufgabe zu lösen. Der am 4. März 1918 gebildete Oberste Kriegsrat setzte sich zusammen aus Trotzky als Präsidenten und Podwoisky, Skljansky und Danischewsky als Mitgliedern; Bontsch-Brujewitsch war Generalsekretär, und eine Anzahl zaristischer Offiziere diente als Spezialisten.

Als das Revolutionäre Kriegskomitee der Republik am 12. September 1918 reorganisiert worden war, setzte es sich zusammen aus Trotzky als Präsidenten, Watsetis als Oberbefehlshaber der Armee und folgenden Mitgliedern: Iwan Smirnow, Rosenholtz, Raskolnikow, Skljansky, Muralow, Jurenew. Als am 18. Juli 1919 beschlossen wurde, eine weniger zahlreiche und kompaktere Mannschaft aufzustellen, blieb Trotzky Präsident, Skljansky wurde Vizepräsident; Rykow, Smilga, Gussew wurden Mitglieder; Oberbefehlshaber war damals S. Kamenew. Wie andere, so fand auch Stalin seinen Platz in der Armee, und die Rote Armee wußte seine Talente bestens auszunützen. Die Anmaßung jedoch, mit der heute Stalin eine hervorragende Rolle bei der Organisierung der Roten Armee und in der Führung des Bürgerkriegs zugeschrieben wird, prallt von den Tatsachen ab.

Die Armee wurde im Feuer geschaffen. Die dabei angewandten Methoden, unter denen die Improvisation vorherrschte, waren der unmittelbaren Bewährung in der Aktion unterworfen. Um jedes neue Problem zu lösen, das die militärischen Operationen stellten, war es notwendig, immer neue Regimenter und neue Divisionen aufzustellen, immer aus dem Nichts heraus. Die Armee, die chaotisch und sprunghaft wuchs, wurde vom Arbeiter aufgebaut, der den Bauer mobilisierte und den ehemaligen Offizier für die Sache gewann und ihn unter seine Kontrolle stellte. Das war keine leichte Aufgabe. Die materiellen Bedingungen waren äußerst ungünstig; Industrie und Transportwesen waren vollständig desorganisiert, Lebensmittelreserven gab es nicht, Landbewirtschaftung gab es nicht, und der Prozeß des Zerfalls der Industrie ging immer tiefer. Unter solchen Umständen konnte von allgemeiner Dienstpflicht und Zwangsmobilisierung keine Rede sein. Zumindest zeitweise mußte zum Freiwilligensystem gegriffen werden.

Diejenigen, die eine militärische Ausbildung besaßen, hatten den Schützengraben satt, und für sie bedeutete die Revolution die Befreiung vom Kriege. So war es denn keine einfache Sache, sie von neuem für einen anderen Krieg zu mobilisieren. Leichter war es, die Jungen aufzurufen — sie aber verstanden nichts vom Krieg und mußten ausgebildet werden, und der Feind ließ uns nicht genügend Zeit! Die Anzahl unserer eigenen Offiziere, die in der einen oder anderen Weise mit der Partei verbunden und absolut sicher waren, war unbedeutend. Sie spielten in der Armee eine politisch äußerst wichtige Rolle. Unglücklicherweise waren sie in ihren militärischen Konzeptionen borniert und griffen, wenn sich ihre Kenntnisse als ungenügend herausstellten, allzu oft auf ihre politische und revolutionäre Autorität zurück und komplizierten auf diese Weise die Aufgabe der Schaffung der Armee. Der Partei selbst fiel es nach dem brillanten Oktobersieg schwer, sich an den Gedanken zu gewöhnen, daß uns immer noch ein Bürgerkrieg bevorstand. Aus allen diesen Gründen türmten sich ungeheure Schwierigkeiten auf dem Wege zur Bildung einer neuen Armee auf. Manchmal schien es, daß die Diskussionen all die aufgewandte Energie verzehrten. *Werden wir fähig sein, eine Armee zu schaffen?* Das Schicksal der Revolution lag in dieser Frage beschlossen.

Der Übergang vom revolutionären Kampf gegen den alten Staat zur Schöpfung eines neuen Staates, von der Zerstörung der zaristischen Armee zur Schöpfung einer Roten Armee, war von einer Krise innerhalb der Partei begleitet, oder vielmehr von einer Serie von Krisen. Auf Schritt und Tritt stießen die alten Denkmethoden und Gewohnheiten mit den neuen Aufgaben zusammen. Eine Umstellung der Partei war unerläßlich. Da die Armee die notwendigste aller Staatseinrichtungen war, und da sich in den ersten Jahren des Sowjetregimes die ganze Aufmerksamkeit auf die Verteidigung der Revolution konzentrierte, ist es nicht verwunderlich, daß alle Konflikte im Innern der Partei und alle Diskussionen um die Frage der Armee gingen. Eine Opposition entstand fast von dem Augenblick an, wo wir die ersten Anstrengungen machten, um von zerstreuten bewaffneten Abteilungen zu einer zentralisierten Armee zu kommen. Die Mehrheit des Zentralkomitees und der Partei unterstützte schließlich die militärische Leitung, nachdem Siege über Siege zu deren Gunsten sprachen. Indes fehlte es an Angriffen und an Schwankungen nicht. Die Partei genoß in den härtesten Augenblicken des Bürgerkriegs volle Freiheit der Kritik und der Opposition. Selbst an der Front war die militärische Befehlsgewalt der Kommunisten in geschlossenen Parteiversammlungen den unerbittlichsten Angriffen ausgesetzt. Keiner kam damals auf die Idee, die Opponenten zu verfolgen. Die Bestrafungen an der Front waren sehr streng - und die Kommunisten waren davon nicht ausgenommen -, aber sie wurden einzig und allein bei Mangel an militärischer Pflichterfüllung ausgesprochen. Innerhalb des Zentralkomitees war die Opposition unendlich weniger stark, weil ich dort auf Lenins Unterstützung zählen konnte. Im allgemeinen kann man sagen, daß jedesmal, wenn Lenin und ich miteinander einverstanden waren - und wir waren es in der Mehrzahl der Fälle -, die übrigen Mitglieder des Zentralkomitees einmütig mit uns gingen; die Erfahrung der Oktoberrevolution war in das Leben der Partei als eine gewaltige und entscheidende Lehre eingegangen.

Es muß immerhin gesagt werden, daß Lenins Unterstützung keine unbedingte war. Lenin war mehr als einmal unentschieden, und in einigen Fällen täuschte er sich schwer. Meine Überlegenheit über ihn rührte daher, daß ich ohne Unterbrechung an die verschiedenen Fronten reiste und mit einer sehr großen Anzahl von Leuten der verschiedensten Art zusammentraf: Bauern, Kriegsgefangenen, Deserteuren, bis hinauf zu den Armee- und den damals an der Front befindlichen Parteiführern. Die Masse dieser verschiedensten Eindrücke war von unschätzbarem Wert. Im Gegensatz dazu verließ Lenin niemals Moskau, und alle Fäden liefen in seiner Hand zusammen. Er mußte sich über die militärische Frage, die für alle neu war, auf Informationen gestützt aussprechen, und die Informationen stammten zumeist von Parteiführern. Niemand war besser als er imstande, die von unten kommenden einzelnen Stimmen zu verstehen, aber sie erreichten ihn nur bei außergewöhnlichen Gelegenheiten.

Im August 1919, als ich in der Nähe von Swyask an der Front war, fragte mich Lenin nach meiner Meinung über den von einem hervorragenden Mitglied der Partei formulierten Vorschlag, alle Offiziere des Großen Generalstabs durch Kommunisten zu ersetzen. Ich antwortete klar ablehnend. „Es ist wahr", telegraphierte ich am 23. August 1918 von Swyask aus an den Kreml, „daß es unter den Offizieren an Verrätern nicht fehlt. Aber andererseits werden nachweislich Sabotageakte auf den Bahnlinien verübt, während Truppenverschiebungen stattfinden; niemand schlägt aber vor, die Ingenieure durch Kommunisten zu ersetzen. Ich halte den Vorschlag von Larin für völlig wertlos. Wir sind im Begriff, die Bedingungen zu schaffen, unter denen wir unter den Offizieren eine rücksichtslose Auslese vornehmen können: einerseits Konzentrationslager, andererseits die Kampagne an der Ostfront. Katastrophale Maßnahmen wie die von Larin vorgeschlagenen werden von der Panik diktiert... Die Siege an der Front werden uns erlauben, die gegenwärtige Auslese zu verbessern, und werden uns die Kader für einen zuverlässigen Generalstab geben ... Diejenigen, die am meisten gegen die Verwendung der Offiziere protestieren, sind entweder Opfer der Panik oder stehen der Militärarbeit fern, oder es sind mobilisierte Parteimitglieder, die selbst noch schlimmer sind als irgendein Saboteur, die ihrer Aufgabe nicht gewachsen sind, sich wie Satrapen aufführen, nichts selber machen und die, wenn ihre Fehler offenkundig werden, die Schuld auf den Generalstabs-
195 offizier abwälzen."

Lenin bestand nicht weiter darauf. Unterdessen wechselten Siege und Niederlagen miteinander ab. Die Siege stärkten das Vertrauen in meine Militärpolitik; die Rückschläge, die unvermeidlicherweise die Zahl der Verräter anschwellen ließen, riefen eine neue Welle der Kritik und des Protestes in der Partei hervor. Auf einer Abendsitzung des Rates der Volkskommissare im März 1919 ließ mir Lenin gelegentlich einer Depesche, die den Verrat einiger Armeebefehlshaber anzeigte, folgenden Zettel überreichen: „Würden wir nicht besser daran tun, alle Spezialisten rauszuwerfen und Laschewitsch zum Oberbefehlshaber zu ernennen?" Ich verstand sofort, daß die Gegner der Politik des Kriegskommissariats, und Stalin im besonderen, in den voraufgegangenen Tagen Lenin unter Druck gesetzt und ihm gewisse

Zweifel eingeflößt hatten. Ich schrieb meine Antwort auf die Rückseite des Fragezettels: „Kindisch!“ Offenbar machte diese trockene Erwiderung Eindruck. Lenin liebte scharfe Formulierungen. Am nächsten Tage ging ich, den Rapport des Generalstabs in der Tasche, im Kreml zu Lenin ins Büro und fragte ihn:

„Wissen Sie, wieviel zaristische Offiziere wir in der Armee haben?“

„Nein, das weiß ich nicht“, sagte er interessiert.

„Ungefähr?“

„Ich weiß nicht.“ Er weigerte sich kategorisch, eine Zahl zu nennen.

„Nicht weniger als dreißigtausend!“ Diese runde Zahl überraschte ihn. „Stellen Sie nun den Prozentsatz der Verräter und Deserteure unter ihnen fest, und Sie werden sehen, daß er nicht so erheblich ist. Vergessen wir nicht, daß wir eine Armee aus dem Nichts heraus geschaffen haben; und diese Armee wächst unaufhörlich und wird immer stärker.“ 196

Einige Tage später zog Lenin während einer Versammlung in Petrograd die Bilanz seiner eigenen Zweifel in der Frage der Militärpolitik: „Als mir Genosse Trotzky kürzlich sagte ... daß die Zahl der Offiziere mehrere zehntausend betrage, verstand ich, wie sehr wir recht hatten, uns unseres Feindes zu bedienen; die Gegner des Kommunismus zu nötigen, ihn zu errichten; zu lernen, den Kommunismus mit den Bausteinen zu errichten, die den Kapitalisten weggenommen worden sind und gegen sie verwendet werden. Wir hatten keine anderen.“ 197

Fixe Ideen und Pedanterie waren uns fremd. Nach Erfolg strebend, griffen wir zu den verschiedensten Experimenten und Kombinationen. Die eine Armee wurde von einem ehemaligen Unteroffizier mit einem General als Stabschef geführt, eine andere kommandierte ein ehemaliger General mit einem Guerillakämpfer als zweitem Befehlshaber. Eine Division wurde von einem ehemaligen Soldaten zweiter Klasse geführt, die Nachbardivision von einem Stabsobersten. Dieser „Eklektizismus“ wurde uns von den Umständen aufgedrängt. Der Prozentsatz der ausgebildeten Offiziere übte aber einen äußerst günstigen Einfluß auf das allgemeine Niveau der Befehlsstäbe aus. Die „Amateur“-Befehlshaber lernten unterwegs, und viele von ihnen wurden später erstklassige Offiziere. 1918 bestanden 76% aller Befehls- und Verwaltungsstäbe der Roten Armee aus ehemaligen Offizieren der zaristischen Armee, und nur 12,8% waren aus einer schnelleren

Promotion hervorgegangene Rote Kommandeure, die natürlich nur subalterne Posten bekleideten. Am Ende des Bürgerkriegs setzte sich das Generalstabskommando zusammen aus Arbeitern und Bauern ohne irgendeine militärische Ausbildung, außer der, die sie sich direkt auf dem Schlachtfeld angeeignet hatten; Arbeitern und Bauern, die im Laufe des Bürgerkriegs aus den untersten Reihen Grad um Grad aufgestiegen waren; aus ehemaligen Soldaten und Unteroffizieren der alten Armee; aus jungen Kommandeuren, die einen kurzen Kursus in den sowjetischen Militärschulen mitgemacht hatten; schließlich aus Offizieren aus den Kadern der zaristischen Armee der Kriegszeit. Mehr als 43% der Kommandeure hatten keine militärische Ausbildung genossen, 13% waren ehemalige Unteroffiziere, 10% hatten die sowjetischen Militärschulen durchgemacht, 34% waren Offiziere der zaristischen Armee.

Unter denen, die vom alten Offizierskorps in die Rote Armee übertraten, gab es fortschrittliche Elemente, die die Bedeutung der neuen Epoche verstanden (sie waren eine kleine Minderheit); eine weit größere Schicht wurde aus passiven und weniger fähigen Elementen gebildet, die nur zur Armee kamen, weil sie nichts anderes machen konnten; schließlich gab es aktive Konterrevolutionäre, die auf den günstigsten Moment warteten, um uns zu verraten. Die Unteroffiziere der alten zaristischen Armee wurden mit Hilfe einer besonderen Mobilmachung rekrutiert. Aus ihren Reihen ging eine Anzahl außergewöhnlicher Kommandeure hervor, wie der berühmteste unter ihnen, der frühere Kavalleriesergeant Simeon Budjenny. Auch sie waren aber nicht allzu zuverlässig, denn vor der Revolution waren die Unteroffiziere meistens Söhne der reichen Bauern und der städtischen Bourgeoisie gewesen. Es gab unter ihnen eine große Zahl von Deserteuren, die eine aktive Rolle in den konterrevolutionären Aufständen und in der weißen Armee spielten. Jedem Kommandeur war ein Kommissar, gewöhnlich ein bolschewistischer Arbeiter mit Weltkriegserfahrung, beigegeben. Unsere Hauptsorge war die Errichtung eines zuverlässigen Offizierskorps.

„Die Institution der Kommissare“, erklärte ich, als ich an der Spitze des Kriegskommissariats stand, im Dezember 1919, „dient uns als vorläufiges Gerüst ... Nach und nach werden wir im-
198 stande sein, es abzubauen.“ Damals konnte niemand voraussehen, daß die Institution der Kommissare zwanzig Jahre später wieder aufgerichtet werden sollte, diesmal aber im entgegen-

gesetzten Sinne. Die Kommissare der Revolution waren die Repräsentanten eines siegreichen Proletariats und überwachten die in ihrer Mehrheit aus der Bourgeoisie stammenden Kommandeure, die von heute sind Repräsentanten der bürokratischen Kaste, beauftragt, die Offiziere zu überwachen, die zum größten Teil von unten aufgestiegen sind.

Unter den Offizieren befanden sich viele, die große Mehrheit vielleicht, die selbst nicht wußten, woran sie waren. Die entschiedenen Reaktionäre waren gleich zu Anfang geflohen, die aktivsten unter ihnen hatten sich an die Peripherie zurückgezogen, wo die Weißen ihre Front aufzurichten suchten. Die anderen zögerten, sie konnten sich nicht entschließen, ihre Familien zu verlassen, und kamen aus Schlaffheit in die Befehls- und Verwaltungsstäbe der Roten Armee. Das spätere Verhalten vieler von ihnen hing von der Behandlung ab, die sie erfuhren. Energische, besonnene, feinfühlige Kommissare - das war die Minderheit - gewannen die Offiziere unverzüglich; diejenigen, die durch die Macht der Gewohnheit dazu neigten, sich den Kommissaren zu beugen, waren von deren Entschlossenheit, Kühnheit und politischer Bildung überrascht. Solch Einverständnis zwischen Kommandeuren und Kommissaren war oft von großer Stabilität und Dauer. War der Kommissar beschränkt und grob, plagte er den Militärspezialisten und schwächte so seine Autorität vor den Soldaten der Roten Armee, dann war ein freundschaftliches Verhältnis ausgeschlossen, und der zögernde Offizier wurde schließlich zu den Feinden des neuen Regimes zurückgestoßen.

Die Atmosphäre von Zaritzyn, mit seiner administrativen Unordnung, seiner Guerilla-Mentalität, seiner Respektlosigkeit gegenüber der Zentrale, der provokatorischen Grobheit gegenüber den Militärspezialisten, war nicht dazu geeignet, deren guten Willen zu erwecken und aus ihnen loyale Diener des neuen Regimes zu machen. Es wäre jedoch ein Irrtum zu glauben, daß Zaritzyn keine Militärspezialisten gehabt habe. Jeder der frischgebackenen Kommandeure mußte einen in Militärsachen routinierten Offizier neben sich haben. Doch stammte die Sorte von Spezialisten, die man dort traf, aus dem Abschaum der Offiziere - es waren Trunkenbolde, die alle Menschenwürde verloren hatten, Männer ohne Stolz, die vor den neuen Herren krochen, ihnen schmeichelten, sich jeden Widerspruchs enthielten. Woroschilows Generalstabschef gehörte zu eben dieser Sorte von Spezialisten. Um jenen Kommandeuren den Aufstieg zu ermöglichen, die dem Sowjetregime am nächsten standen, war die besondere Mobilisierung der Unteroffiziere der alten Armee durchgeführt worden, von der oben die Rede war. Die meisten von ihnen hatten sich ihren Silberstreifen in der letzten Kriegsperiode errungen, so daß ihre Kenntnis in militärischen Dingen sehr beschränkt war. Doch hatten diese Unteroffiziere, besonders die von der Artillerie und von der Kavallerie, ein ausgezeichnetes Verständnis für militärische Fragen und waren in Wirklichkeit besser unterrichtet und verfügten über mehr Erfahrung als die Offiziere, unter deren Befehl sie nunmehr standen. Zu dieser Kategorie gehörten Männer wie Budjenny, Blücher, Dybenko usw. Im allgemeinen bewältigten sie ihr Kommando mit Erfolg, waren aber weder geneigt, die Autorität höherer Offiziere über sich zu dulden, noch die der Kommunistischen Partei anzuerkennen; sie sträubten sich gegen jede Disziplin, sympathisierten aber mit den Zielen der Partei, besonders in der Agrarfrage.

Wer nicht mit den Dingen selbst vertraut ist und heute keinen Zugang zu den Archiven hat, kann sich schwer vorstellen, in welchem Ausmaße die Tatsachen und ihr Charakter entstellt worden sind. Die ganze Welt hat von der Verteidigung von Zaritzyn sprechen hören, von Stalins Reise an die Front von Perm und von der Diskussion über die Gewerkschaften. Diese Episoden bilden heute die Gipfelpunkte einer Kette historischer Ereignisse, aber sie sind künstlich fabriziert. Aus der ungeheuren Menge von in den Archiven eingeschlossenen Dokumenten sind einige wenige herausgesucht worden und haben als Gerüst für eine imposante Geschichtslüge gedient. Die Werke der offiziellen Geschichtsschreibung häufen so, wie sie einander folgen, Entstellungen auf Übertreibungen, zu denen hier und da pure Erfindungen hinzutreten. Ihr Totaleffekt ist der von etwas Erkünsteltem eher als der von historischen Tatsachen. Auf Dokumente beruft man sich praktisch nie. Die Auslandspresse und sogar studierte Historiker sind heute schon so weit, diese Fälschungen als authentische Quellen hinzunehmen. In verschiedenen Ländern finden sich jetzt Geschichtsspezialisten, die die unbedeutendsten Einzelheiten über die Verteidigung von Zaritzyn und über die Gewerkschaftsdiskussion kennen, aber von viel bezeichnenderen und bedeutenderen Tatsachen absolut nichts wissen. Die Fälschung hat lawinenartigen Charakter angenommen. Äußerst befremdlich ist nur, daß so wenig Dokumente und authentisches Material über Stalins Tätigkeit an der Front und im allgemeinen während der Periode des Bürgerkriegs veröffentlicht worden sind.

Unter den während der Bürgerkriegsjahre veröffentlichten Berichten gehört die Geschichte von Zaritzyn zu denjenigen, in denen Stalins Name überhaupt nicht erwähnt wird. Die Rolle, die er hinter den Kulissen spielte, war sehr kurz. Sie war nur einer kleinen Zahl von Leuten bekannt und bot keinen Anlaß zu ausführlicheren Schilderungen. In dem Jubiläumsartikel für die Zehnte Armee - die Zaritzyn verteidigte -, der von Ordschonikidse geschrieben ist - dem alten Kameraden von Stalin, dem er bis zum Selbstmord treu blieb - wird Stalin nicht einmal genannt. Das gleiche gilt von vielen anderen Artikeln. Der Bolsche- 199
wik Minin, seinerzeit Ortsvorsteher von Zaritzyn und später Mitglied des Revolutionären Kriegskomitees der Zehnten Armee, schrieb 1925 ein „Die eingekreiste Stadt“ genanntes Heldendrama, in dem von Stalin derart wenig die Rede ist, daß Minin als „Volksfeind“ endete. Das Pendel der Geschichte mußte erst noch beträchtlich weiter ausschwingen, bevor Stalin in den Rang eines Helden im Epos von Zaritzyn erhoben werden konnte.

Im Laufe der letzten Jahre ist es zur Tradition gemacht worden, die Dinge so darzustellen, als wäre Zaritzyn im Frühjahr 1918 von großer strategischer Bedeutung gewesen und als wäre Stalin dorthin geschickt worden, um die Situation zu retten. Es handelte sich um nichts Derartiges, es ging lediglich um eine Frage der Lebensmittelversorgung. Auf einer Sitzung des Rates der Volkskommissare vom 28. Mai 1918 diskutierte Lenin mit Tsurjupa, der damals die Lebensmittelversorgung unter sich hatte, über die außergewöhnlichen Methoden, die angewandt worden waren, um die Versorgung der Hauptstädte und der Industriezentren sicherzustellen. Am Schluß der Sitzung schrieb Lenin an Tsurjupa: „Setzen Sie sich sofort telefonisch mit Trotzky in Verbindung, um ihm zu versichern, daß noch morgen das Notwendige getan wird.“ In derselben Mitteilung wurde Tsurjupa von Lenin über den vom Rat gefaßten Beschluß informiert, wonach der Kommissar Schljapnikow sofort ins Kubangebiet reisen solle, um die Versorgungsdienststellen im Süden so zu koordinieren, daß die Ernährung der Industriegebiete gesichert werde. Tsurjupa antwortete: „Stalin ist damit einverstanden, in den Nordkaukasus zu gehen. Schicken Sie ihn. Er kennt die örtlichen Verhältnisse und wird Schljapnikow nützlich sein.“ Lenin akzeptierte: „Schicken Sie beide noch heute los.“ 200

Schließlich, wie in den „Sämtlichen Werken" Lenins zu lesen ist, „wurde Stalin in den Nordkaukasus und nach Zaritzyn als Generaldirektor der Lebensmittelversorgung in Südrußland
201 gesandt." Nichts von einer militärischen Aufgabe.

So wie es Stalin in diesem Falle ging, ging es mancher anderen leitenden sowjetischen Persönlichkeit: in die Provinz geschickt zu werden, um die Einsammlung von Getreide zu organisieren. Einmal an Ort und Stelle, kam es vor, daß sie in weiße Aufstände hineingerieten. Woraufhin sich ihre Lebensmittel-Abteilungen alsbald in Militär-Abteilungen verwandelten. So manches Mitglied des Volkskommissariats für Bildungswesen, für Landwirtschaft und anderer Kommissariate wurde auf solche Weise in den Mahlstrom des Bürgerkriegs hineingezogen, in entfernte Gebiete beordert und sozusagen gezwungen, die übliche Beschäftigung mit dem Waffenhandwerk zu vertauschen. L. Kamenew, neben Sinowjew eines der am wenigsten für militärische Dinge begabten Mitglieder des Zentralkomitees, wurde im April 1919 in die Ukraine geschickt, um die Nahrungsmittelzufuhr für Moskau zu beschleunigen. Er mußte feststellen, daß Lugansk eingekreist und das ganze Donbecken in Gefahr war; darüber hinaus wurde die Lage in der kürzlich befreiten Ukraine immer ungünstiger. Genau so wie Stalin in Zaritzyn, fand sich Kamenew in der Ukraine in kriegerische Operationen verwickelt. Lenin telegrafierte ihm: „Absolut notwendig, daß Sie persönlich sich nicht auf die Inspektion beschränken, sondern daß Sie, Sie selbst, die Verstärkungen nach Lugansk und in das Donbecken leiten, sonst steht es außer Zweifel, daß die Katastrophe furchtbar und nicht wieder gutzumachen sein wird; wir sind in Lebensge-
202 fahr, wenn wir das Donbecken nicht sehr schnell befreien."
Das war Lenins üblicher Stil in jenen Tagen. Auf der Grundlage solcher Zitate könnte man beweisen, daß Lenin das Schicksal der russischen Revolution als von Kamenews militärischer Tätigkeit im Süden abhängig betrachtete. Kamenew hat zu verschiedenen Zeiten an mehreren Fronten eine hervorragende Rolle gespielt.

Unter dem Regime der totalitären Konzentration aller gesprochenen und geschriebenen Propagandamittel ist es möglich, eine Legende sowohl um eine Stadt wie um einen Mann herum zu schaffen. Viele heldischen Episoden des Bürgerkriegs sind heute vergessen. Man entsinnt sich kaum der Namen der Städte, in denen Stalin keine Rolle spielte, während allein dem Namen

Zaritzyn mythische Bedeutung verliehen worden ist. Für eine korrekte Einschätzung der Vorkommnisse im Bürgerkrieg muß man sich vor allem vor Augen halten, daß unsere zentrale Lage und die Stellung des Feindes in einem großen Kreise es uns ermöglichten, längs der inneren Linien zu operieren, und daß sich unsere Strategie auf eine einfache Idee reduzierte: die Aufrollung einer Front nach der anderen, je nach Wichtigkeit. In diesem äußerst beweglichen Krieg erhielten gewisse Gebiete des Landes zu gewissen Augenblicken außerordentliche Bedeutung, die sie später wieder verloren. Der Kampf um Zaritzyn konnte jedoch niemals dieselbe Bedeutung erlangen wie zum Beispiel der um Kasan, das die Straße nach Moskau beherrscht, oder der um Orel, von wo aus Moskau über Tula zu erreichen ist, oder der um Petrograd, dessen Verlust als solcher ein fürchterlicher Schlag gewesen wäre und der den Weg nach Moskau vom Norden her geöffnet hätte. Ferner: trotz der Behauptungen der heutigen Historiker, daß Zaritzyn „der Embryo der Kriegsschule war, wo die Kommandeurkader für andere Fronten herangezogen wurden, Kommandeure, die heute an der Spitze der Einheiten stehen, die die Grundlage der Armee bilden", ist die Wahrheit die, daß die Mehrzahl der fähigen Organisatoren und Armeechefs nicht von Zaritzyn kam. Und zwar denke ich hier nicht nur an so zentrale Gestalten wie Skljansky - ein wahrer Carnot der Roten Armee -; oder an Frunse - ein Militärführer von großem Talent, der später an der Spitze der Roten Armee stand -; oder an Tuchatschewsky - den späteren Reorganisator der Armee -; oder an Jegorow - den späteren Generalstabschef -; oder an Jakir oder Uborewitsch oder Kork, sondern an viele, viele andere. Jeder von ihnen wurde in anderen Armeen und an anderen Fronten herangezogen und ausgebildet. Alle urteilten scharf über Zaritzyn, seine unwissende Großspurigkeit, seine ständigen Erpressungen; „Zaritzyner" hatte in ihrem Munde einen verächtlichen Klang.

Am 23. März 1918 telegrafierte Sergo Ordschonikidse an Lenin: „Die Lage hier ist schlecht. Energische Maßnahmen müssen getroffen werden ... die Genossen hier aus der Gegend sind zu schlapp. Jeder Wunsch, ihnen zu helfen, wird als eine Einmischung in ihre Angelegenheiten betrachtet. Sechs Getreidezüge sind zur Abfahrt nach Moskau fertig und bleiben auf dem Bahnhof stehen ... Ich wiederhole, daß die energischsten Maßnahmen getroffen werden müssen." 203

Stalin kam im Juni 1918 mit einer Abteilung Rotgardisten, zwei Panzerzügen und unbeschränkten Vollmachten in Zaritzyn an, um die Nahrungsmittelzufuhr für die ausgehungerten Industriestädte sicherzustellen. Unmittelbar nach seinem Eintreffen wurde Zaritzyn von mehreren Kosakenregimentern umzingelt. Die Kosaken der Don- und Kubandörfer hatten sich gegen die Sowjetregierung erhoben. Die weiße Armee, die in den Kubansteppen operierte, hatte an Kraft stark zugenommen. Die Sowjetarmee des Nordkaukasus - zu jener Zeit der einzige Getreidespeicher der Sowjetrepublik - hatte unter ihren Schlägen schwer zu leiden.

Es wurde nicht angenommen, daß Stalin in Zaritzyn bleiben würde. Seine Aufgabe bestand darin, Lebensmitteltransporte für Moskau zu organisieren und dann in den Nordkaukasus zu gehen. Eine Woche nach seiner Ankunft in Zaritzyn, am 13. Juni, teilte er aber telegrafisch mit, die Situation habe sich „plötzlich geändert durch die Tatsache, daß ein Kosakendetachement an einem Punkte einen Durchbruch vorgenommen hat, einige vier-
204 zig Werst vor Zaritzyn". Aus seinem Telegramm ging klar hervor, daß Lenin von ihm erwartete, er würde nach Noworossijsk gehen. In seiner Rede vom 28. Juni 1918 auf der vierten Konferenz der Gewerkschaften und Fabrikkomitees von Moskau erklärte Lenin:

„Genossen, ich werde jetzt die Fragen wegen der Schwarzmeerflotte beantworten. Der Genosse Raskolnikow wird selbst kommen und euch sagen, warum er darauf bestanden hat, daß wir die Flotte lieber zerstören, als den deutschen Truppen zu erlauben, sie gegen Noworossijsk einzusetzen. So war die Situation, und die Volkskommissare Stalin, Schljapnikow und Raskolnikow werden bald in Moskau sein und euch einen ausführ-
205 lichen Bericht von den Ereignissen geben."

(Statt nach dem Kaukasus oder nach Noworossijsk zu gehen,) blieb Stalin in Zaritzyn bis zu dem Augenblick - im Juli -, wo die Stadt von den Weißen eingekreist war.

Stalin hatte sich von der Versendung von Millionen von Zentnern Getreide nach Moskau und anderen Zentren wenig Aufregung und sehr viel Glorie versprochen. Alles, was ihm aber trotz seiner üblichen Brutalität zu versenden gelang, waren drei Schiffsladungen, die er in einem Telegramm vom 26. Juni erwähnt. Hätte er mehr geschickt, dann würden weitere Telegramme seit langem veröffentlicht und kommentiert worden sein. Im Gegenteil, man findet in seinen eigenen Berichten unfreiwillige Eingeständnisse seines Versagens als Getreide-Einsammler, die durch seine Erklärung vom 4. August bekräftigt werden, daß es vergeblich wäre, weitere Lebensmittelsendungen von Zaritzyn aus zu erhoffen. Unfähig, sein großtuerisches Versprechen, das Zentrum mit Nahrung zu versorgen, zu halten, ging Stalin von der „Ernährungsfront" zur „militärischen Front" über. Er wurde der Diktator von Zaritzyn und der nördlichen Kaukasusfront. Er verfügte als Vertreter der Partei und der Regierung über äußerst weitgehende und praktisch unbegrenzte Vollmachten. Er hatte das Recht, eine örtliche Mobilmachung vorzunehmen, Eigenbesitz zu requirieren, die Fabriken zu militarisieren; zu verhaften und zu verurteilen, zu ernennen und abzusetzen. Stalin übte seine Autorität mit schwerer Faust. Alle Bemühungen konzentrierten sich auf die Aufgabe der Verteidigung. Alle örtlichen Arbeiter- und Parteiorganisationen wurden mobilisiert und erhielten Verstärkungen, die Guerillatrupps aus Freibeutern wurden ausgerüstet. Das ganze Leben der Stadt wurde plötzlich einer unerbittlichen Diktatur unterworfen. „In den Straßen und an den Straßenkreuzungen standen Patrouillen von Rotarmisten", schreibt Tarassow-Rodionow, „und mitten auf der Wolga lag ein großes Schiff verankert, dessen schwarze Masse sich über das Wasser erhob. Ein Polizist in fadenscheinig gewordener Uniform, der es vom Ufer her beobachtete, flüsterte voller Angst den paar alten Weibern auf demQuai zu: ‚Das ... ist die Tscheka!' Es war aber gar nicht die Tscheka, sondern nur ihr schwimmendes Gefängnis. Die Tscheka war im Zentrum der Stadt untergebracht, neben dem Hauptquartier der Armee. Sie arbeitete ... mit Volldampf. Kein Tag verging ohne die Entdeckung aller möglichen Verschwörungen, die an den scheinbar zuverlässigsten und respektabelsten Orten angezettelt wurden." 206

Am 7. Juli, ungefähr einen Monat nach seiner Ankunft in Zaritzyn, schrieb Stalin an Lenin:

„Die Südlinie von Zaritzyn ist noch nicht wieder hergestellt worden, ich schüttle alle durch und hoffe, daß sie bald retabliert sein wird. Sie können sicher sein, daß ich keinen schone, weder mich noch die anderen. Aber wir w e r d e n das Korn haben. Wenn unsere militärischen ‚Spezialisten' (diese Schuster!) nicht schliefen, wäre die Linie nicht durchbrochen worden, und wenn sie retabliert ist, wird das nicht dank der Militärs geschehen sein, sondern trotz ihrer." 207

Am 11. Juli telegrafierte Stalin von neuem an Lenin:

„Die Situation ist deswegen kompliziert, weil der Generalstab des Militärbezirks Nordkaukasus völlig unfähig war, sich den Kampfbedingungen gegen die Konterrevolution anzupassen. Es ist nicht nur so, daß unsere ‚Spezialisten' psychologisch unfähig sind, sich entschlossen mit der Konterrevolution zu schlagen, sondern auch so, daß sie sich als Stabsleute, die nichts als Pläne zu machen wissen, gegenüber den Kampfhandlungen auf dem Terrain völlig gleichgültig verhalten... sich im allgemeinen für Beobachter halten ... ich glaube, daß ich nicht das Recht habe, dem gegenüber gleichgültig zu bleiben, wo doch die Kalediner Front von ihren Zufuhrorten abgeschnitten ist und der Norden von den Getreidegebieten. Ich werde weiterhin diese und viele andere Unzulänglichkeiten berichtigen, jedesmal, wenn ich solche feststellen werde; ich werde eine Reihe von Maßnahmen treffen und werde das weiterhin tun, selbst wenn ich alle Kommandeure absetzen muß, die uns feindlich gesonnen sind, trotz der Schwierigkeiten des Reglements, das ich, wenn nötig, durchbrechen werde. Es versteht sich, daß ich alle Verantwortung
208 vor den höchsten Institutionen auf mich nehme."

(Am 4. August schrieb Stalin von Zaritzyn an Lenin, Trotzky und Tsurjupa:)

‚Die Situation im Süden ist nicht die beste. Das Kriegskomitee hat ein Erbe von äußerster Unordnung übernommen, die zum Teil der Schlappheit des vorhergehenden militärischen Chefs zu verdanken ist und zum Teil den Konspirationen von Personen, mit denen dieser Militärchef verschiedene Verwaltungsposten in der Region besetzt hatte. Wir müssen überall von vorn beginnen... Wir haben beseitigt, was ich den vormaligen verbrecherischen
209 Zustand nennen möchte, und erst jetzt kommen wir langsam vorwärts.'

Solche Mitteilungen trafen in jenen Tagen aus allen Landesteilen ein, denn das Chaos herrschte überall. Überraschend sind nur die Worte von dem „Erbe von äußerster Unordnung". Die Militärbezirke waren erst im April eingerichtet worden und die mit ihnen verbundenen Aufgaben hatten noch kaum in Angriff genommen werden können; es war also zumindest verfrüht, von einem „Erbe von äußerster Unordnung" zu sprechen.

Die Aufgabe, die Lebensmittelzufuhr in großem Maßstabe sicherzustellen, war infolge der Kriegslage praktisch unlösbar. „Der Kontakt mit dem Süden und mit den Zufuhren ist unterbrochen", schrieb Stalin am 4. August, „und die Region von Zaritzyn selbst, die das Zentrum mit dem nördlichen Kaukasus verbindet, ist ihrerseits durchbrochen oder praktisch vom Zentrum abgeschnitten.“ Stalin sah die Ursache dieser äußersten Verschlechterung der militärischen Lage einerseits in der Abwendung des wohlhabenden Bauern, „der sich im Oktober für die Sowjetregierung geschlagen hat und jetzt gegen sie ist (er haßt das Getreidemonopol, den Festpreis, die Requisition von ganzem Herzen), andererseits in dem armseligen Zustand unserer Truppen... Man muß sagen, daß wir bis zu dem Augenblick, wo wir den Kontakt mit dem Nordkaukasus wiederhergestellt haben werden, nicht ... auf den Sektor Zaritzyn für unsere Ernährung zählen dürfen.“ 210

Stalins Einsetzung in die Funktion des Leiters aller militärischen Streitkräfte an der Front war von Moskau bestätigt worden. Das Telegramm des Revolutionären Kriegskomitees - in dem erwähnt wurde, daß es im Einverständnis mit Lenin abgesandt war - delegierte Stalin ausdrücklich „zur Wiederherstellung der Ordnung, zur Vereinigung der Detachements in einer der Regel entsprechenden Formation, zur Schaffung eines geeigneten Kommandos, nach Ausstoß aller der Insubordination Schuldigen“. So waren also die Stalin übertragenen Vollmachten 211
gegengezeichnet und, soweit ich das nach dem Texte beurteilen kann, sogar von mir selbst formuliert worden. Unsere gemeinsame Aufgabe in jener Zeit war es, die Provinzen dem Zentrum unterzuordnen, eine Disziplin einzuführen und die verschiedenen Freiwilligen- und Guerilla-Einheiten unter der Autorität der Frontarmee zu vereinigen. Unglücklicherweise nahm Stalins Tätigkeit in Zaritzyn eine ganz andere Richtung. Ich wußte damals nicht, daß Stalin auf eins meiner Telegramme geschrieben hatte: „Nicht zu beachten!“, denn er hatte nicht den Mut gehabt, die Angelegenheit vor die Zentrale zu bringen. Mein Eindruck war, daß Stalin nicht genügend gegen die lokalen Gewohnheiten, die Guerillas, die allgemeine Insubordination in der Region einschritt. Ich beschuldigte ihn der Nachsicht gegenüber der falschen Politik der Woroschilow und anderer, doch kam es mir niemals in den Sinn, daß er der eigentliche Anstifter dieser Politik war. Das wurde erst später ersichtlich, aus seinen eigenen Telegrammen und den Eingeständnissen Woroschilows und anderer.

Stalin blieb mehrere Monate in Zaritzyn. Seine Wühlarbeit gegen mich, die schon einen wesentlichen Teil seiner Tätigkeit ausmachte, ging mit einer vulgären Opposition Woroschilows einher, der sein nächster Verbündeter war. Stalin verhielt sich so, daß er sich stets aus allem herausziehen konnte, ohne Spuren seiner Manöver zu hinterlassen. Lenin kannte Stalin besser als ich und vermutete offenbar, daß sich die Dickköpfigkeit der „Zaritzyner" aus Stalins Tätigkeit hinter den Kulissen erklärte. Ich beschloß, klare Verhältnisse zu schaffen. Nach einem neuerlichen Zusammenstoß mit dem dortigen Kommandeur berief ich Stalin ab. Swerdlow übernahm es selbst, meine Entscheidung dem Betroffenen zu notifizieren. Lenin wollte den Konflikt auf ein Mindestmaß reduzieren, wobei er recht hatte.

Zu dieser Zeit, zu der die Rote Armee schon große Siege an der Ostfront davongetragen und die Wolga fast vollständig freigemacht hatte, standen die Dinge im Süden - wo überall das Chaos herrschte, weil die erteilten Befehle nicht befolgt wurden - weiterhin schlecht. Am 5. Oktober unterzeichnete ich in Koslow ein Dekret über die Vereinigung aller Armee- und Frontgruppen des Südens unter dem Kommando des Revolutionären Kriegskomitees der Südfront, das sich aus dem Ex-General Sytin und drei Bolschewiki zusammensetzte: Schljapnikow, Mechonoschin und Lasimir. „Alle Befehle und Verfügungen des Komitees
212 müssen sofort und bedingungslos ausgeführt werden." Denjenigen, die sich dem nicht unterwarfen, drohten strenge Strafen. Ferner telegrafierte ich an Lenin:

‚Ich bestehe kategorisch auf der Abberufung Stalins. An der Zaritzyner Front stehen die Dinge trotz überreichlicher Kräfte schlecht. Woroschilow ist fähig, ein Regiment zu führen, nicht aber eine Armee von 50 000 Mann. Ich werde ihn aber auf dem Kommando der Zehnten Armee in Zaritzyn belassen unter der Bedingung, daß er sich dem Befehl des Kommandanten der Südarmee, Sytin, unterstellt. Bis jetzt hat Zaritzyn nicht einmal einen Rapport über die Operationen in Koslow eingesandt. Ich habe verlangt, daß Rapporte über die Erkundungen und Operationen zweimal täglich eingesandt werden. Wenn das morgen nicht geschieht, werde ich Woroschilow und Minin vor das Kriegsgericht bringen, und mein Beschluß wird als Armeebefehl veröffentlicht werden. Nach den Reglements des Revolutionären Kriegskomitees sind Stalin und Minin, solange sie in Zaritzyn bleiben, nichts als Mitglieder des Revolutionären Komitees der Zehnten Armee. Wir haben nur kurze Zeit vor uns, um die Offensive vor dem Herbstdreck zu unternehmen, denn dann werden die Straßen für die Infanterie und die berittenen Truppen unbrauchbar. Ohne Mitwirkung Zaritzyns wird keine Aktion möglich sein. Es ist keine Zeit mit diplomatischen Verhandlungen zu verlieren. Zaritzyn muß sich unterwerfen oder die Konsequenzen ziehen. Wir haben eine kolossale Übermacht an Kräften, aber an der Spitze herrscht Anarchie. Ich kann sie in vierundzwanzig Stunden überwinden, unter der Bedingung, daß ich Ihre feste und klar ausgesprochene Unterstützung habe.
213 Das ist auf alle Fälle die einzige Lösung, die ich sehen kann.‘

Eine andere Depesche an Lenin am nächsten Tage:

„Erhalte soeben folgendes Telegramm: Stalins Militärbefehl Nr. 118 muß annulliert werden. Ich habe dem Kommandeur der Südfront, Sytin, vollständige Instruktionen zukommen lassen. Stalins Tätigkeit durchkreuzt alle meine Pläne. - Watsetis, Oberkommandierender. Danischewsky, Mitglied des Revolutionären Kriegskomitees.“ 214

(Stalin wurde in der zweiten Oktoberhälfte von Zaritzyn abberufen. Folgendes) schrieb er in der „Prawda“ vom 30. Oktober 1918:

„Der Feind hat seinen heftigsten Angriff auf Zaritzyn gerichtet. Das ist verständlich, denn die Einnahme dieser Stadt und die Unterbrechung der Verbindungswege mit dem Süden sicherten dem Feinde die Erfüllung aller seiner Aufgaben. Sie würde den Konterrevolutionären vom Don erlauben, sich mit den Oberschichten der Astrachaner Kosaken und mit den Ural-Armeen zu vereinigen und so eine einzige konterrevolutionäre Front vom Don bis zu den Tschechoslowaken zu schaffen*. Sie würde den Süden und das kaspische Gebiet in die Hände der Konterrevolutionäre bringen, innerlich und äußerlich. Sie würde die sowjetischen Truppen im nördlichen Kaukasus in eine hilflose Lage versetzen.“

(„Gestand“ Stalin, durch seine Intrigen und seine Insubordination die Lage verschlimmert zu haben? Kaum! Bei meiner Rückkehr nach Moskau jedoch fragte mich Swerdlow) vorsichtig nach meinen Absichten und schlug mir eine Aussprache mit Stalin vor, die noch im Zuge selbst stattfand: „Wollen Sie sie wirklich alle absetzen?“ fragte mich Stalin im Tone übertriebener Unterwürfigkeit, „es sind brave Jungens!“ „Diese braven Jungens werden die Revolution zugrunde richten, die nicht die Möglichkeit hat, solange zu warten, bis sie groß genug geworden sind“, antwortete ich. „Alles, was ich erreichen will, ist, daß Zaritzyn wieder in Sowjetrußland liegt.“

Wann immer es mir in der Folgezeit unterlief, jemandes persönlichen Geschmack, seine Freundschaften, seine Eitelkeiten zu verletzen - stets trug Stalin Sorge, alle diejenigen um sich zu sammeln, denen ich gelegentlich auf die Hühneraugen getreten war. Da er nur persönliche Ziele verfolgte, hatte er dafür Zeit genug. Die unfähigen Führer von Zaritzyn wurden seitdem seine vorzüglichsten Instrumente. Kaum war Lenin krank geworden,

* Gemeint sind die aufständischen ehemaligen tschechoslowakischen Kriegsgefangenen in Rußland. Anm. d. Übers.

als Stalin seine Hintermänner mobilisierte, auf daß Zaritzyn zu Stalingrad werde.

Nachdem ich die Südfront mit Einschluß von Zaritzyn besucht hatte, erklärte ich auf dem Sechsten Kongreß der Sowjets vom 8. November 1918: „Noch haben nicht alle Sowjetkämpfer verstanden, daß unsere Verwaltung zentralisiert worden ist und daß den Beschlüssen der Zentrale gehorcht werden muß ... Wir werden unerbittlich gegen die vorgehen, die sich hartnäckig weigern zu verstehen; wir werden sie versetzen, wir werden sie aus unseren Reihen ausschließen und, wenn es sein muß, werden
215 wir sie bestrafen." Damit war Stalin noch weit mehr als Woroschilow gemeint, gegen den diese Worte scheinbar gerichtet waren. Stalin, der auf dem Kongreß anwesend war, schwieg. Nicht imstande, sein Verhalten offen zu verteidigen, hatte er auch auf der vorangegangenen Sitzung des Politbüros geschwiegen. Um so mehr schwoll sein Zorn. In diesen Tagen, nach seiner Abberufung aus Zaritzyn von Rachedurst erfüllt, schrieb er seinen Artikel über den ersten Jahrestag der Revolution. Der Zweck dieses Artikels war vor allem, meinem Prestige einen Schlag zu versetzen, indem die Autorität des Zentralkomitees gegen mich angerufen wurde. In diesem seinem, von unterdrücktem Ärger diktierten Artikel war Stalin jedoch gezwungen zu schreiben:

„Alle praktische Organisationsarbeit für den Aufstand wurde unter der unmittelbaren Leitung des Vorsitzenden des Petrograder Sowjets, des Genossen Trotzky, durchgeführt. Man kann mit Sicherheit sagen, daß die Partei den schnellen Übergang der Garnison auf die Seite des Sowjets und die kühne Durchführung der Arbeit des Revolutionären Militärkomitees haupt-
216 sächlich und vor allem dem Genossen Trotzky verdankt."

Am 30. November stimmte das Zentrale Allrussische Exekutivkomitee, nachdem es die Sowjetrepublik zu einem „Heerlager" erklärt hatte, für eine Resolution, die die Einberufung eines Verteidigungsrats forderte, der sich zusammensetzen sollte aus Lenin, Trotzky, Krassin - damals Kommissar für das Eisenbahnwesen - und dem Vorsitzenden des Exekutivkomitees, Swerdlow. Im Einverständnis mit Lenin schlug ich Stalins Aufnahme vor. Lenin wünschte Stalin nach der Abberufung aus Zaritzyn Genugtuung zu geben; ich meinerseits wollte Stalin wie immer Gelegenheit geben, seine Kritiken und Vorschläge

offen zu formulieren, anstatt gegen das Kriegskommissariat zu intrigieren. Die erste Ratssitzung, auf der die allgemeinen Aufgaben festgelegt wurden, fand am 1. Dezember während des Tages statt. Die Leitung der Arbeit, sowohl für die Einzelheiten wie für die wichtigen Probleme, war in Lenins Händen konzentriert. Stalin wurde beauftragt, eine These über den Kampf gegen den Regionalismus zu schreiben sowie eine weitere über die Mittel, sich gegen die Bürokratie zu verteidigen. Nicht die mindeste Spur davon ist vorhanden, daß eine dieser Thesen jemals dem Rat vorgelegt wurde. Ferner wurde, um allen Zeitverlust zu vermeiden, beschlossen, daß „alle Dekrete der vom Rat bestimmten Kommission, die von Lenin, Stalin und dem Vertreter des betreffenden Kommissariats unterzeichnet sind, gleiche Kraft haben wie die Dekrete des Verteidigungsrats selbst“. Für Stalin brachte das nur einen Titel mehr, nicht aber 217
mehr wirkliche Arbeit.

(Obwohl er Konzessionen machte, fuhr Stalin nichtsdestoweniger fort, insgeheim die Zaritzyner Opposition zu unterstützen und so alle Bemühungen des Kriegskommissariats, in diesem Sektor Ordnung und Disziplin herzustellen, zunichte zu machen. In Zaritzyn blieb Woroschilow sein Hauptwerkzeug, in Moskau setzte Stalin so gut er konnte Lenin unter Druck. Es wurde deshalb notwendig, am 14. Dezember von Kursk aus folgendes Telegramm abzusenden:)

‚An den Vorsitzenden des Rates der Volkskommissare, Lenin.

Die Frage der Abberufung Okulows kann nicht isoliert entschieden werden. Okulow wurde als Gegengewicht gegen Woroschilow ernannt und als Garant dafür, daß den Militärbefehlen Gehorsam entgegengebracht würde. Nachdem er alle Kompromißversuche verhindert hat, ist es unmöglich, Woroschilow zu behalten. Zaritzyn muß ein neues Revolutionäres Kriegskomitee mit einem neuen Kommandeur haben, und Woroschilow muß in die Ukraine gehen.

Der Vorsitzende des Revolutionären Kriegskomitees der Republik.
Trotzky.‘ 218

(Woroschilow wurde sodann in die Ukraine geschickt. Die Kampfkraft der Zehnten Armee erhöhte sich beträchtlich. Nicht nur der neue Kommandeur, sondern auch der Nachfolger Stalins im Kriegskomitee, Schljapnikow, zeigte sich unvergleichlich tüchtiger, und die Lage in Zaritzyn besserte sich rasch.)

(Einige Tage nach der Versetzung Woroschilows ergab es sich, daß Stalin von neuem an die Front ging, diesmal für zwei Wochen. Er benützte die Gelegenheit zu einer neuen Intrige gegen Trotzky. Der Vorfall begann mit einem Telegrammwechsel zwischen Lenin und Trotzky:)

(1.) ‚Chiffretelegramm an den Genossen Trotzky in Kursk.
Moskau, 13. Dezember 1918.

Äußerst alarmierende Nachrichten aus der Region Perm. Sie ist in Gefahr. Ich fürchte, daß wir den Ural vergessen haben. Sind die Verstärkungen für Perm und den Ural mit genügender Energie abgesandt worden? Laschewitsch hat Sinowjew gesagt, daß nur Einheiten geschickt werden dürften, die schon gekämpft haben. Lenin.‘

(2.) ‚An Trotzky in Koslow.
Moskau, 31. Dezember 1918.

Mehrere Parteiberichte aus der Region Perm über katastrophale Bedingungen der Armee und Trunkenheit. Ich schicke sie Ihnen. Ihr Kommen wird verlangt. Ich denke, man könnte Stalin schicken. Ich fürchte, daß Smilga zu weich mit Laschewitsch ist, der, wie gesagt wird, ebenfalls trinkt und unfähig ist, die Ordnung wiederherzustellen. Telegrafieren Sie Ihre Meinung. Lenin.‘

(3.) ‚Durch direkten Draht mit Moskau, chiffriert, für den Vorsitzenden des Rats der Volkskommissare, Lenin.
Woronesch, 1. Januar 1919.

Aus Berichten über Operationen der Dritten Armee habe ich die Schlußfolgerung gezogen, daß die Leitung dort unten in großer Verwirrung ist, und habe einen Wechsel im Kommando vorgeschlagen. Die Entscheidung wurde aufgeschoben. Ich glaube jetzt, daß sie unverzüglich in die Tat umgesetzt werden muß.

Ich teile vollständig Ihre Einschätzung der übermäßigen Schüchternheit des dorthin geschickten Genossen. Ich bin einverstanden, daß Stalin mit Vollmachten sowohl der Partei wie des Revolutionären Kriegskomitees hingeschickt wird, um die Ordnung wiederherzustellen, die Kommissarmannschaft zu säubern und die Schuldigen streng zu bestrafen. Der neue Kommandeur wird nach Übereinkunft mit Serpuchow ernannt werden. Ich schlage vor, daß Laschewitsch zum Mitglied des Revolutionären Kriegskomitees der Nordfront ernannt wird, wo wir keinen Parteiarbeiter haben; diese Front kann aber bald große Bedeutung bekommen.
219 Trotzky, Vorsitzender des Revolutionären Kriegskomitees.‘

(Die Angelegenheit wurde vor das Zentralkomitee gebracht, das beschloß:) eine „Untersuchungskommission aus Stalin und Dzerschinsky zu ernennen, die eine Untersuchung über die Übergabe von Perm und die kürzlichen Niederlagen an der Uralfront vornehmen und die Begleitumstände aufklären soll“.

(Gleichzeitig fuhr Woroschilow in der Ukraine fort, seine politischen Vorrechte und seine Stellung als Armeekommandeur ausnützend, die Tätigkeit der Militärspezialisten zu durchkreuzen, die Generalstabsarbeit zu paralysieren und an den Bestimmungen des Hauptquartiers zu deuteln. Es war notwendig, zu telegrafieren:)

‚An Moskau.
An den Vorsitzenden des Zentralen Exekutivkomitees, Swerdlow.
Ich muß kategorisch erklären, daß die Zaritzyner Politik, die zur vollständigen Auflösung der Zaritzyner Armee geführt hat, in der Ukraine nicht geduldet werden kann ... Okulow fährt nach Moskau. Ich proponiere, daß Sie und Genosse Lenin seinem Bericht über die Arbeit Woroschilows größte Aufmerksamkeit entgegenbringen. Die Haltung Stalins, Woroschilows und Ruchimowitschs bedeutet den Ruin von allem, was wir unternehmen.
Trotzky.‘ 220

Lenin erachtete es als notwendig, daß ich zu einem Kompromiß mit Stalin käme:

Stalin schrieb mir, daß er gern an der Südfront arbeiten würde. Er hofft, daß es ihm, wenn er dort am Werke ist, gelingen wird, Sie von der Richtigkeit seines Standpunktes zu überzeugen. Indem ich Ihnen diese Erklärungen Stalins übermittle, bitte ich Sie, sie ernsthaft zu prüfen und mir zu antworten: zuerst einmal, ob Sie einverstanden sind, daß Stalin mit Ihnen die Frage diskutiert und zweitens, ob Sie es auf der Basis bestimmter konkreter Bedingungen für möglich halten, den vorigen Konflikt zu regeln und die nötigen Dispositionen zu treffen, daß sie zusammenarbeiten können, was Stalin sehr stark wünscht. Was mich selbst anbetrifft, glaube ich, daß es notwendig ist, alle Anstrengungen zu machen, um mit Stalin zu einer gemeinsamen Arbeit zu kommen. Lenin. 221

Dieser Brief war natürlich auf Betreiben Stalins geschrieben worden. Stalin suchte Einklang, Versöhnung, neue militärische Tätigkeit - auch um den Preis einer vorübergehenden und unaufrichtigen Kapitulation. Die Front zog ihn an, weil er dort zum erstenmal mit dem vollendetsten aller Verwaltungsapparate arbeiten konnte, dem Militärapparat. Als dem Zentralkomitee der Partei angehörendes Mitglied des Revolutionären Kriegskomitees war er unvermeidlicherweise die herrschende Figur in jedem Kriegskomitee, in jeder Armee, an jeder Front. Wo andere zögerten, entschied er. Er konnte kommandieren, und jede seiner Entscheidungen war von einer praktisch automatisch vor sich gehenden Durchführung gefolgt - zum Unterschiede vom Nationalitäten-Kommissariat, wo er, wie wir gesehen haben, vor seinen Antagonisten flüchten und sich in der Küche des Kremlkommandanten verstecken mußte.

Am 11. Januar antwortete ich Lenin:

Ein Kompromiß ist natürlich notwendig, aber kein fauler Kompromiß. Der Kern der Frage ist, daß alle Zaritzyner jetzt in Charkow versammelt sind. Was sie sind, können Sie sich nach dem Bericht Okulows - der ausschließlich unleugbare Tatsachen wiedergibt - und nach den Rapporten der Kommissare vorstellen. Ich halte Stalins Schutzherrschaft über die Zaritzyner Tendenz für ein gefährliches Geschwür, für schlimmer als irgendeinen Verrat der Militärspezialisten ... Ruchimowitsch ist nur ein anderer Name für Woroschilow. In einem Monat werden wir wieder mal die Zaritzyner Frage vor uns haben, dann werden wir aber nicht nur die Kosaken, sondern die Engländer und Franzosen gegen uns haben. Ruchimowitsch ist kein vereinzelter Fall. Sie sind fest einer an den anderen geschmiedet und erheben die Ignoranz auf die Höhe eines Prinzips. Woroschilow + die ukrainischen Guerillas + das niedrige kulturelle Niveau der Bevölkerung + die Demagogie — das können wir auf keinen Fall dulden. Soll man Artem ernennen, aber weder Woroschilow noch Ruchimowitsch ... Ich bestehe abermals auf einer ernsthaften Prüfung des Berichtes Okulows über die Zaritzyner Armee und darüber, wie Woroschilow sie in Zusammenarbeit mit Stalin demoralisierte.

222 4. Februar 1919.

Über die erste Periode von Stalins Aufenthalt an der Südfront ist nichts veröffentlicht worden. Tatsache ist, daß sie nicht lange dauerte und für ihn ein tristes Ende nahm. Äußerst schade, daß ich mich auf kein Dokument stützen kann, um meine Erinnerungen an jene Periode zu vervollständigen, die in meinen persönlichen Archiven keine Spuren hinterlassen hat. Die offiziellen Archive sind natürlich auf dem Kriegskommissariat geblieben.

Im Revolutionären Kriegskomitee der Südfront befanden sich - mit Jegorow als Kommandeur - Stalin und Bersin (der letztere widmete sich später völlig der Militärarbeit und spielte eine bedeutende, wenn auch nicht die erste Rolle bei den militärischen Operationen im spanischen Bürgerkrieg). Eines Abends - ich bedaure, das genaue Datum nicht angeben zu können - rief mich Bersin telefonisch an und fragte mich, ob er „verpflichtet sei, einen Befehl des Frontkommandeurs Jegorow zu unterzeichnen". Dem Reglement nach bedeutete die Unterschrift des Kommissars oder des politischen Mitglieds des Kriegskomitees lediglich, daß sich hinter dem ausgegebenen Befehl keine verborgenen konterrevolutionären Absichten versteckten. Was den militärischen Charakter des Befehls anbetraf, so war hierfür der Kommandeur voll verantwortlich. In diesem besonderen Falle handelte es sich ausschließlich darum, einen Befehl des Oberkommandierenden weiterzugeben und ihn der unter seinem Kommando stehenden Armee zu erklären. Stalin behauptete, daß Jegorows Befehl nicht dem Reglement entspräche und sagte, daß er ihn nicht unterzeichnen würde. Nach dieser Weigerung eines Mitglieds des Zentralkomitees wagte Bersin nicht mehr, seine Unterschrift zu geben. Ein nur vom Kommandeur unterzeichneter Befehl aber war ungültig.

Welches Argument brachte Stalin vor, um die Unterschrift zu verweigern? Keines, er sagte einfach, daß er nicht unterzeichnen würde. Es wäre ihm durchaus möglich gewesen, mich zu befragen oder mir seine Gründe anzugeben - oder aber, wenn er das vorzog, sich mit Lenin in Verbindung zu setzen. Genau wie in Zaritzyn jedoch ging Stalin lieber anders vor. Er verweigerte die Unterschrift, um sich vor seinen Mitarbeitern und Untergebenen mit seiner Wichtigkeit zu brüsten. Ich antwortete Bersin: „Der von einem Kommissar bescheinigte Befehl des Oberkommandierenden ist für Sie obligatorisch. Unterzeichnen Sie sofort, sonst werden Sie sich vor Gericht zu verantworten haben."

Die Sache war damit nicht zu Ende, sondern kam vor das Politische Büro. Lenin sagte mit einer gewissen Verlegenheit: „Was können wir machen? Stalin ist wieder mal auf frischer Tat ertappt." Es wurde beschlossen, Stalin von der Südfront abzuberufen. Das war seine zweite bedeutende Niederlage. Ich entsinne mich, daß er ein dummes Gesicht machte, als er zurückkam, aber scheinbar keinen Groll empfand. Im Gegenteil, er sagte sogar, daß er seine Aufgabe erfüllt habe - er wünsche unsere Aufmerksamkeit darauf zu lenken, daß die Beziehungen zwischen dem Oberkommandierenden und dem Frontkommandeur anomal seien, denn obwohl der Befehl des Oberkommandierenden nichts enthielt, was einen Verdacht hätte wecken können, wäre er doch erteilt worden, ohne daß vorher Erkundungen über die Auffassung der Südfront eingezogen wurden, was ein Fehler gewesen wäre. Gerade das hätte ihn veranlaßt, zu protestieren. Er sah dabei sehr selbstzufrieden aus. Mein Eindruck war, daß er zu hoch hinaus gewollt hatte, und, nachdem er sich nun in der Schlinge seiner unüberlegten Prahlerei gefangen, nicht imstande war, sich wieder aus ihr herauszuziehen. Auf jeden Fall war es offensichtlich, daß er alles Mögliche tat, um die Spuren zu verwischen und glauben zu machen, daß nichts geschehen sei. (Um ihm zu ermöglichen, aus dieser unglücklichen Lage heraus zu kommen, wurde vorgeschlagen - wahrscheinlich auf die Initiative von Lenin hin -, ihn an die Südwestfront zu versetzen. Aber er antwortete:)

An das Zentralkomitee der Partei.

An die Genossen Lenin und Trotzky.

Es ist meine tiefe Überzeugung, daß durch meine Gegenwart an der Front kein Wechsel in der Situation bewirkt werden kann.

4. Februar 1919. Stalin. 223

Die militärische Opposition bestand aus zwei Gruppen. Einerseits aus den zahlreichen Parteiarbeitern die in der Illegalität gekämpft hatten und die ungern die verschiedenartigsten Emporkömmlinge sahen, an denen es auf wichtigen Posten nicht mangelte. Es gab aber auch viele fortgeschrittene Arbeiter, kämpferische Elemente, die über frische Reserven von Energie verfügten und die nur mit Besorgnis die Ingenieure, Offiziere und Professoren von gestern von neuem auf den Kommandoposten sahen. Diese Arbeiteropposition spiegelte in letzter Analyse einen Mangel an Vertrauen in die eigene Kraft und den Zweifel daran wider, daß die neue Klasse, die die Macht übernommen hatte, imstande sein würde, die breiten Schichten der alten Intelligenz zu beherrschen und zu kontrollieren.

In der ersten Periode, als sich die Revolution von den Industriezentren nach der Peripherie hin ausbreitete, waren bewaffnete Abteilungen aus Arbeitern, Matrosen und ehemaligen Soldaten gebildet worden, um das Sowjetregime in den verschiedenen Regionen aufzurichten. Diese Abteilungen waren oft in Kleinkrieg verwickelt worden; da die Bevölkerung mit ihnen sympathisierte, trugen sie leichte Siege davon. Das versetzte sie in eine gewisse Hochstimmung und verlieh ihren Führern eine gewisse Autorität. Es bestand aber keine wirkliche Verbindung dieser Abteilungen miteinander; ihre Taktik bestand in Überfällen und Guerillakämpfen, was für eine Zeitlang genügte. Doch die gestürzten bevorrechteten Klassen, von ihren ausländischen Beschützern ermutigt und unterstützt, begannen, ihre eigenen Armeen zu organisieren. Gut ausgerüstet, gut befehligt, gingen sie zur Offensive über. Die an leichte Siege gewöhnten Guerillaabteilungen entblößten ihre Mängel: sie verfügten über keinen Nachrichtendienst, hatten untereinander keine Verbindung und waren nicht imstande, ein kompliziertes Manöver auszuführen. Das Guerillasystem führte alsbald — zu verschiedenen Zeiten und in den verschiedensten Landesteilen — an den Rand der Katastrophe.

Es war keine leichte Aufgabe, diese isolierten Abteilungen in einem zentralisierten System zusammenzufassen. Ihre Kommandeure hatten keine großen militärischen Fähigkeiten und waren den ehemaligen Offizieren feindlich gesinnt — zum Teil, weil diese ihnen kein Vertrauen einflößten, zum Teil, weil sie zu sich selbst kein Vertrauen hatten. Noch im Juli 1918, auf dem fünften Kongreß der Sowjets, bestanden die linken Sozialrevolutionäre darauf, daß unsere Verteidigung auf die Guerillaabteilungen basiert bleibe — eine zentralisierte Armee, sagten sie, brauchen wir nicht. „Das läuft darauf hinaus", antwortete ich ihnen, „zu sagen, daß wir keine Eisenbahnen brauchen und uns mit Pferdewagen als Transportmittel begnügen können."

Unsere Fronten tendierten dahin, einen Kreis mit einem Umfang von 8000 Kilometern zu bilden. Unsere Feinde schufen sich eine Basis an der Peripherie, erhielten Verstärkungen vom Ausland und trieben dann einen Angriff in der Richtung des Zentrums vor. Der Vorteil unserer Position bestand darin, daß wir in der Mitte standen und auf den inneren Linien operierten. Sobald der Feind die Richtung seines Angriffes präzisierte, waren wir in der Lage, unseren Gegenangriff vorzubereiten. Wir konnten unsere Streitkräfte in jedem gegebenen Augenblick entsprechend den wichtigsten Richtungen gruppieren und zusammenfassen. Dieser Vorteil war uns aber nur unter der Bedingung sicher, daß wir die Organisation und das Kommando vollständig zentralisierten. Um zeitweise weniger wichtige oder allzu entfernt liegende Frontabschnitte aufopfern und dadurch näher heranliegende und wichtigere Abschnitte retten zu können, mußten wir in der Lage sein, Befehle erteilen zu können, denen ohne vorhergehende Diskussionen gehorcht wurde. All das ist zu selbstverständlich, als daß es nötig wäre, es näher auszuführen. Das Unverständnis, auf das man stieß, war eine Folge der Zentrifugaltendenzen, die die Revolution mit sich gebracht hatte, des Provinzialismus der weit ausgedehnten einzelnen Gebiete, des spontanen Unabhängigkeitsgeistes, der noch nicht die Zeit oder die Möglichkeit gehabt hatte auszureifen. Anfänglich hatten nicht nur Provinzen, sondern selbst einzelne Regionen jede ihren eigenen Rat der Volkskommissare mit eigenem Kriegskommissar. Die Erfolge der regelrechten Organisation bewogen die verstreuten Abteilungen, sich gewissen Normen und Bedingungen anzupassen, sich zu Regimentern und Divisionen zu konsolidieren. Doch hatten sich Geist und Methode oft nicht gewandelt. Ein seiner selbst wenig sicherer Divisionskommandeur war seinen Obersten gegenüber recht nachsichtig. Woroschilow als Armeekommandeur ging sehr kulant mit seinen Divisionschefs um. Um so feindseliger war ihre Haltung gegenüber der Zentrale, die mit der äußerlichen Umwandlung der Guerillaabteilungen in Regimenter und Divisionen nicht zufrieden war, sondern darauf bestand, daß die grundlegenden Anforderungen der militärischen Organisation erfüllt wurden. Bei einer Diskussion mit einem Anhänger des Guerillasystems schrieb ich im Januar 1919:

In einer unserer Armeen betrachtete man es noch vor nicht langer Zeit für ein Zeichen höchsten Revolutionärtums, über die ‚Militärspezialisten' stupide und vulgär zu feixen, das heißt über diejenigen, die in den Militärschulen studiert haben; und in dieser selben Armee wurde keine politische Arbeit geleistet; die allgemeine Einstellung war den kommunistischen Kommissaren gegenüber nicht weniger feindselig, vielleicht noch feindseliger als gegenüber den Spezialisten. Wer hatte diese Feindschaft hervorgerufen? Die schlimmste Sorte der neuen Kommandeure: Unwissende, halb Guerilla-, halb Parteikämpfer, die niemand neben sich dulden wollten, seien es Partei- oder ernsthafte Militärarbeiter... Viele von ihnen gerieten schließlich hoffnungslos in die Patsche und endeten einfach, indem sie gegen die Sowjet-
224 regierung rebellierten.

In einem Augenblick höchster Gefahr verließ das Zweite Petrograder Regiment, das einen entscheidenden Abschnitt besetzt hielt, auf seine eigene Initiative hin die Front, beschlagnahmte, Kommandeure und Kommissare an der Spitze, ein Schiff und fuhr von der Umgebung von Kasan aus in der Richtung nach Nischni-Nowgorod die Wolga hinauf. Das Schiff wurde auf meinen Befehl angehalten und die Deserteure vor Gericht gestellt. Regimentskommandeur und Regimentskommissar wurden erschossen. Das war das erste Beispiel für die Hinrichtung eines Kommunisten, des Kommissars Pantelejew, wegen Verletzung der militärischen Pflicht. In der Partei wurde dieser unliebsame Zwischenfall viel beredet. Im Dezember 1918 ver-
225 öffentlichte die „Prawda" einen Artikel, der, ohne daß ich genannt wurde, klar gegen mich gerichtet war und von der Hinrichtung „der besten Genossen ohne Verfahren" sprach. Der Verfasser des Artikels, A. Kamensky, selbst eine unbedeutende Figur, war natürlich nur vorgeschoben. Es schien unverständlich, wieso ein so schwere Anschuldigungen enthaltender Artikel im Zentralorgan der Partei erscheinen konnte. Chefredakteur war Bucharin, Linkskommunist und infolgedessen Gegner der Verwendung von „Generälen" in der Armee. Doch war er besonders in jener Epoche zu Intrigen völlig außerstande. Ich fand des Rätsels Lösung, als ich nach einer Untersuchung feststellte, daß der Verfasser des Artikels, oder vielmehr der Unterzeichner des Artikels, A. Kamensky, zum Generalstab der Zehnten Armee gehörte und damals unter Stalins direktem Einfluß stand. Es steht außer Zweifel, daß Stalin die Veröffentlichung des Artikels auf unerlaubte Weise bewerkstelligt hatte. Selbst die Terminologie der Anschuldigung, die schamlose Behauptung von der Exekution „der besten" Genossen und noch dazu „ohne Verfahren", war verblüffend, sowohl ihrer Ungeheuerlichkeit wegen wie durch

die darin enthaltene Absurdität. Aber eben diese gröbliche Übertreibung der Anschuldigung war es, die auf Stalin, den Organisator der „Moskauer Prozesse", hinwies. Das Zentralkomitee regelte die Angelegenheit. Kamensky und das Redaktionskomitee erhielten einen Verweis. Stalins lenkende Hand blieb unsichtbar.

Der Achte Parteitag fand vom 18. bis zum 23. März 1919 in
Moskau statt. Gerade am Vorabend des Parteitages versetzten 226
uns die Weißen in der Nähe von Ufa einen schweren Schlag. Ich beschloß, trotz des Parteitages sofort an die Ostfront zu gehen. Nachdem ich die sofortige Rückkehr aller Militärdelegierten an die Front empfohlen hatte, schickte ich mich zur Reise an. Ein Teil der Delegierten war unzufrieden; sie waren in die Hauptstadt gekommen, um einige Tage Urlaub zu haben, und wollten die Stadt nicht verlassen. Einige verbreiteten das Gerücht, daß ich eine Debatte über die Militärpolitik verhindern wolle. Diese Lüge überraschte mich. Ich hinterlegte am 16. März 1919 auf dem Zentralkomitee einen Vorschlag, der dahin zielte, meine Empfehlung für eine sofortige Rückkehr der Militärdelegierten rückgängig zu machen; ich beauftragte Sokolnikow mit der Verteidigung unserer Militärpolitik und fuhr unverzüglich ab. Die Diskussion dieser Frage auf dem Achten Parteitag hielt mich, obwohl eine ganz entschiedene Opposition vorhanden war, nicht zurück; die Situation an der Front schien mir viel wichtiger als die Wahlen auf dem Parteitag, um so mehr, als ich nicht daran zweifelte, daß sich die Politik, die ich für die allein richtige hielt, auf dem Kongreß ihrer eigenen Verdienste wegen durchsetzen würde. Das Zentralkomitee billigte die These, die ich vorher redigiert hatte, und bestimmte Sokolnikow zu seinem offiziellen Referenten. Das Referat der Opposition sollte von W. M. Smirnow gehalten werden, einem alten Bolschewiken, der während des Weltkriegs Artillerieoffizier gewesen war. Smirnow war einer der Führer der Linkskommunisten, die entschiedene Gegner des Friedens von Brest-Litowsk gewesen waren und die Auslösung eines Guerillakrieges gegen die deutsche reguläre Armee verlangt hatten. Das blieb die Basis ihrer Plattform selbst noch 1919, obwohl sie mit der Zeit unsicherer geworden waren. Die Bildung einer regulären und zentralisierten Armee war unmöglich ohne Militärspezialisten und ohne die Ersetzung des Improvisierens durch eine adäquate und systematische Führung. Die Linkskommunisten, die sich ein wenig abgekühlt hatten, versuchten, ihre Ansichten von gestern dem Wachstum des Staats-

apparats und den Bedürfnissen der regulären Armee anzupassen. Sie wichen aber nur Schritt um Schritt zurück, benützten alles, was sie von ihrem alten Gepäck noch verwenden konnten und verbargen ihre Pro-Guerilla-Tendenzen hinter neuen Formeln.

Eine unbedeutende, aber sehr charakteristische Episode ereignete sich zu Beginn des Parteitages gelegentlich der Zusammenstellung des Kongreßbüros. Das Büro spiegelte bis zu einem gewissen Grade die vorläufige Tendenz des Parteitages wider. Es war für Lenin kein Geheimnis, daß es in der Militärfrage in Wirklichkeit Stalin war, der von der Kulisse aus die Opposition lenkte; er war mit der Petrograder Delegation zu einem Übereinkommen über die Zusammensetzung des Büros gelangt. Die Oppositionellen schlugen unter verschiedenen Vorwänden mehrere andere Kandidaten, und darunter nicht nur Oppositionelle, vor; so zum Beispiel Sokolnikow, den Hauptredner für den offiziellen Standpunkt. Bucharin, Stassowa, Oborin, Rykow und Sokolnikow weigerten sich aber, ihre Kandidatur anzunehmen, da sie es für ihre persönliche Pflicht hielten, dem in bezug auf das Büro abgeschlossenen Übereinkommen zuzustimmen. Stalin aber beugte sich nicht. Das ließ in flagranter Weise seine Eigenschaft als Oppositioneller hervortreten. Er hatte große Anstrengungen gemacht, um den Parteitag mit seinen Parteigängern vollzustopfen, und hatte die Delegierten bearbeitet. Lenin war über diese Manöver unterrichtet; um aber eine unangenehme Situation zu vermeiden, tat er alles, um Stalin die Feuerprobe eines Votums für oder gegen ihn zu ersparen. Durch Vermittlung eines Delegierten ließ Lenin folgende Vorfrage stellen: „Ist es notwendig, noch andere Kandidaten auf die Liste, die Ihnen vorgelegt worden ist, zu setzen?“ Mühelos setzte er eine negative Antwort auf diese Frage durch. Stalin steckte die Niederlage ein, die Lenin so inoffensiv und unpersönlich gestaltet hatte, wie es menschenmöglich war. Heute lautet die offizielle Version, daß Stalin auf dem Achten Parteitag in der Militärfrage Lenins Position unterstützte. Warum wird dann jetzt, wo es kein Militärgeheimnis
227 mehr zu hüten gibt, nicht das Protokoll veröffentlicht?

Auf der ukrainischen Konferenz, die im März 1920 stattfand, wurde ich von Stalin als dem das Zentralkomitee vertretenden Referenten in aller Form verteidigt; zugleich bemühte er sich, mittels seiner Vertrauensleute die Niederlage der Thesen des Komitees herbeizuführen. Auf dem Achten Parteitag war ein solches Manöver schwierig durchzuführen, denn alles ging unter der direkten Beobachtung durch Lenin, mehrere andere Mitglieder des Zentralkomitees und durch Militärarbeiter von erstem Range vor sich. Im Grunde aber spielte Stalin hier genau dieselbe Rolle wie auf der ukrainischen Konferenz. Als Mitglied des Zentralkomitees sprach er entweder in zweideutiger Weise für die Verteidigung der offiziellen Militärpolitik oder verhielt sich ruhig; über seine nächsten Freunde aber - Woroschilow, Ruchimowitsch und andere Zaritzyner, die der Stoßtrupp der Opposition auf dem Parteitag waren - unterminierte er weiter, zwar nicht so sehr die Militärpolitik, aber die Stellung ihres Hauptvertreters. Er stachelte die Delegierten an, in niedriger und persönlicher Weise Sokolnikow anzugreifen, der die Verteidigung des Kriegskommissariats ohne irgendwelche Abstriche auf sich genommen hatte. Der Kern der Opposition war die Zaritzyner Gruppe und vor allem Woroschilow. In den dem Parteitag voraufgegangenen Tagen waren sie alle in ständigem Kontakt mit Stalin gewesen, der ihnen Instruktionen erteilt und ihr verfrühtes Auftreten verhindert und zugleich die Intrige gegen das Kriegskommissariat konzentriert hatte. Das war der Inbegriff und die Substanz seiner Aktivität auf dem Achten Parteitag.

Smirnow, der Referent der Opposition, der direkt auf folgenden
Passus in der Rede Sokolnikows antwortete: „die einen waren
für eine Guerillaarmee und die anderen für eine reguläre Armee“,
behauptete bezüglich der Verwendung von Militärspezialisten,
„daß es über den Grundcharakter unserer Militärpolitik keine
Meinungsverschiedenheiten unter uns“ gäbe. Der grundlegende 228
Unterschied betraf die Notwendigkeit, die Funktionen der Kommissare und der Mitglieder des Revolutionären Kriegskomitees zu erweitern, um eine stärkere Teilnahme ihrerseits an der Armeeverwaltung und an den die Kriegsoperationen betreffenden Entscheidungen zu gewährleisten und dadurch die Rolle der Militärkommandeure einzuschränken. Der Parteitag billigte diese Kritiken teilweise. Es wurde beschlossen, die Rekrutierung von Militärspezialisten weiterhin durchzuführen, aber andererseits wurde die Notwendigkeit stark unterstrichen, neue Generalstäbe heranzubilden, die absolut sichere Werkzeuge des Sowjetregimes seien. Daß diese und andere Beschlüsse einstimmig bei einer einzigen Stimmenthaltung angenommen wurden, erklärt sich dadurch, daß die Opposition auf die meisten ihrer Vorurteile verzichten mußte. Unfähig, der Parteimehrheit eine eigene Linie entgegenzusetzen, hatte sie sich gezwungen gesehen, sich die allgemeine

Schlußfolgerung aus den Debatten zu eigen zu machen. Nichtsdestoweniger offenbarten sich noch einige Züge der voraufgegangenen Periode das ganze Jahr 1919 hindurch, besonders im Süden - in der Ukraine, im Kaukasus und in Transkaukasien, wo die Überwindung der Pro-Guerilla-Tendenz vielen Schwierigkeiten begegnete.

Im Jahre 1920 schrieb ein zur Beurteilung der Kriegsoperationen qualifizierter Mann: „Trotz allem Lärm und allem Geschrei gegen unsere Politik der Rekrutierung von Spezialisten und gegen andere Maßnahmen muß festgestellt werden, daß derjenige, den wir an die Spitze des Kriegskommissariats gestellt haben, der Genosse Trotzky, richtig gesehen hat. Er hat die eingeschlagene Militärpolitik mit der größten Energie durchgeführt, hat der Drohungen nicht geachtet ... Die Siege der Roten Armee an
229 allen Fronten sind die Beweise für die Richtigkeit dieser Politik." Und doch tauchen heute noch und immer wieder in zahllosen Artikeln und Büchern die abgeschmackten Geschichten über die Verrätereien der von mir eingesetzten „Generale" auf. Diese Anschuldigungen wirken besonders stupide, wenn man bedenkt, daß Stalin zwanzig Jahre nach der Oktoberrevolution den von ihm selbst ernannten Generalstab fast in seiner Gesamtheit des
230 Verrats anklagte und ausrottete. Hinzugefügt werden muß, daß Sokolnikow, der Referent des Zentralkomitees auf dem Parteitag, und W. M. Smirnow, der Korreferent der Opposition, beide aktive Teilnehmer am Bürgerkrieg, später einer Stalinschen „Säuberung" zum Opfer fielen.

Während des Parteitags wurde eine besondere Militärkonferenz einberufen; Protokolle darüber wurden niemals veröffentlicht. Zweck dieser Konferenz war, allen Teilnehmern, insbesondere den Unzufriedenen von der Opposition, zu erlauben, sich ausführlich und frei und ungehindert auszusprechen. Lenin hielt eine energische Rede zugunsten unserer Militärpolitik. Was sagte Stalin? Intervenierte er, um die Stellung des Zentralkomitees zu verteidigen? Es ist schwierig, darauf bestimmt zu antworten. Was außer Zweifel steht, ist, daß er in der üblichen Weise hinter den Kulissen manövriert und gewisse Oppositionelle gegen das Kriegskommissariat aufgewiegelt hat: genaue Erinnerungen von Delegierten liefern die Bestätigung dafür. Ein offenkundiger Beweis liegt schon in der Tatsache, daß die Protokolle noch nicht veröffentlicht worden sind, sei es, weil Stalin auf der Konferenz nicht gesprochen hat, oder weil ihm sein damaliges Auftreten heute Verlegenheit bereiten würde.

Mancher, der ein Buch liest, murrt . . .

... wenn er Werbung findet, wo er Literatur suchte. Reklame in Büchern!!!? Warum nicht auch zwischen den Akten in Bayreuth oder neben den Gemälden in der Pinakothek?

«Rowohlts Idee mit der Zigarettenreklame im Buch (finde ich) gar nicht anfechtbar, vielmehr sehr modern. Hauptsache, es hat Erfolg und nützt dem Buch, was die deutsche Innerlichkeit dazu sagt, ist allmählich völlig gleichgültig, die will ihren Schlafrock und ihre Ruh und will ihre Kinder dußlig halten und verkriecht sich hinter Salbadern und Gepflegtheit und möchte das Geistige in den Formen eines Bridgeclubs halten – dagegen muß man angehen ...»

Das schrieb Ende 1950 – Gottfried Benn.

An Stelle der «Zigarettenreklame» findet man nun in diesen Taschenbüchern Werbung für Pfandbriefe und Kommunalobligationen. «Hauptsache, es hat Erfolg und nützt dem Buch.» Und es nützt auch dem Leser. (Für die Jahreszinsen eines einzigen 100-Mark-Pfandbriefs kann man sich beispielsweise drei Taschenbücher kaufen.)

Zehntes Kapitel

DER BÜRGERKRIEG II

Im Frühjahr 1919 unternahm die „Freiwilligenarmee“ des Nordwestens unter dem Kommando des Generals Judenitsch unerwarteterweise eine Offensive und bedrohte Petrograd. Gleichzeitig fuhr die englische Flotte in den finnischen Meerbusen ein. Oberst Bulak-Balachowitsch stieß an der Spitze seiner Truppen gegen Pskow vor, die estländischen Truppen ihrerseits gingen auf der ganzen Frontlinie zum Angriff über. Am 14. Mai drückte das Armeekorps des Generals Rodsjanko die Front der Siebenten Armee ein - die dadurch sehr geschwächt war, daß ihr Truppen entzogen und an Fronten gesandt worden waren, an denen größere Aktivität herrschte - besetzte Jamburg und Pskow und nahm zu gleicher Zeit den Vormarsch gegen Gatschina, Petrograd und Luga auf. Der Kommandeur der Siebenten Armee, die in der Nähe von Petrograd stand, nahm mit Judenitsch Verbindung auf und organisierte eine Verschwörung in den Garnisonen, die die Hauptstadt der Oktoberrevolution umgaben: Kronstadt, Oranienbaum, Krassnaja Gorka, Sieraja Loschad, Krassnoje Selo. Die Verschwörer trafen im Einverständnis mit Judenitsch Vorbereitungen, um die Hauptstadt zugleich mit Judenitschs Truppen zu besetzen. Sie hofften auf Unterstützung durch die unzufriedenen Matrosen und auf aktive Hilfe seitens der Flotte. Aber die Matrosen der beiden sowjetischen Panzerkreuzer unterstützten den Aufstand nicht, und die englische Flotte beschränkte sich auf wachsames Abwarten. Das Unternehmen schlug fehl, aber am 12. Juni 1919 waren Krassnaja Gorka und Sieraja Loschad noch in Händen der Verschwörer, und während vier Tagen wurde kein Versuch gemacht, sie zu vertreiben. Schließlich wurde Krassnaja Gorka nach einem Artillerieduell mit Kronstadt am 16. Juni von einer Abteilung roter Matrosen eingenommen.

Stalin kam in den letzten Maitagen des Jahres 1919, vom Zentralkomitee der Partei und der Regierung mit außerordentlichen Vollmachten versehen, in Petrograd an. Zwei Wochen später telegrafierte er an Lenin:

> Nach Krassnaja Gorka ist Sieraja Loschad auf dieselbe Weise liquidiert worden. Die Kanonen sind vollständig in Ordnung. Die Säuberung und Ver-

stärkung des Forts und der Festungen werden aktiv durchgeführt. Die Marinespezialisten versichern, daß die Einnahme Krassnaja Gorkas von der Meerseite aus gegen alle Regeln der Seekriegswissenschaft ist. Alles, was ich dazu sagen kann, ist, daß man diese sogenannte Wissenschaft über den Haufen werfen muß. Die schnelle Einnahme von Gorka erklärt sich durch das brutalste Eingreifen in die militärischen Operationen durch mich und andere Zivilisten, das soweit ging, daß wir zu Land und Wasser bereits erteilte Befehle zurücknehmen ließen und die unsrigen durchsetzten. Ich halte es für meine Pflicht zu erklären, daß ich in Zukunft genau so handeln werde, trotz
231 meines Respekts vor der Wissenschaft.

Lenin war über diesen Ton provokatorischer Prahlerei ungehalten. Von Petrograd aus war es in jedem Augenblick möglich, sich mit dem Kreml in Verbindung zu setzen, unfähige oder unzuverlässige Kommandeure abzuberufen und das Oberkommando straffer zu gestalten, das heißt, das zu tun, was die Parteiarbeiter an der einen oder der anderen Front taten, ohne dabei die elementaren Regeln einer angemessenen Haltung umzuwerfen, die für die Aufrechterhaltung freundschaftlicher Beziehungen unumgänglich sind, und ohne die Autorität des Oberkommandos und des Generalstabs zu untergraben. Stalin aber konnte so nicht handeln. Um sich anderen überlegen zu fühlen, mußte er sie beleidigen. Seine Arbeit bot ihm nur Befriedigung, wenn er seiner Verachtung für die ihm Unterstellten auf die gröbste Art Luft machen konnte. Da ihm kein anderes zur Verfügung stand, griff er zur Grobheit als dem Mittel, mit seinem besonderen Genie zu prunken, das in der Verachtung für Institutionen und Männer bestand, die allgemeine Achtung genossen. Sein Telegramm endete mit den Worten: „Sendet eiligst zwei Millionen Geschosse zu meiner Verwendung für sechs Divisionen."

Dieses typisch Stalinsche Postskriptum deckt ein ganzes System auf. Die Armee hatte natürlich ihre eigenen Verantwortlichen für das Munitionswesen. Granaten waren immer nur in ungenügender Zahl vorhanden und mußten unter Zugrundelegung der verfügbaren Reserven und der jeweiligen Wichtigkeit der Fronten und der Armeen aufgeteilt werden. Über all das setzte sich Stalin hinweg. Er tat, als ob die Leitung für Munitionsversorgung nicht vorhanden wäre, und verlangte durch die Vermittlung Lenins Munition, und zwar nicht, um sie dem Armeekommando zuzustellen, sondern um sie zur eigenen Verfügung zu haben und sie wie ein Geschenk demjenigen Kommandeur zukommen lassen zu können, dem er imponieren wollte.

(Zehn Jahre später wurde dieser kurze Aufenthalt Stalins in Petrograd im Frühjahr 1919 von Woroschilow dazu benützt,

eine neue Geschichtsfälschung vorzunehmen, die heute zu einem der unerhörtesten Mythen der Stalinlegende geworden ist: „Stalin, der Retter von Petrograd.“ In Wirklichkeit) hat Judenitsch 232
1919 zweimal versucht, Petrograd einzunehmen - im Mai und noch einmal im Oktober.

Judenitschs erster Vorstoß wurde mit geringfügigen Kräften unternommen und diente nur der Erkundung; er wurde von der Partei, deren Aufmerksamkeit sich auf die Vorgänge an der Ost- und Südfront konzentrierte, praktisch nicht zur Kenntnis genommen. In den folgenden Monaten stellte Judenitsch, mehr denn je unterstützt von England und durch Estland gedeckt, eine neue, mit zahlreichen Offizieren und sehr guter Ausrüstung versehene Armee auf. Dieser zweite Versuch war die eigentliche Kampagne gegen Petrograd. Lenin nahm an, daß wir uns nicht an allen Fronten gleichzeitig würden verteidigen können, und schlug vor, Petrograd aufzugeben. Ich stellte mich dem entgegen. Die Mehrheit des Politbüros, mit Einschluß von Stalin, unterstützte mich. Ich war schon in Petrograd, als Lenin mir am 17. Oktober schrieb:

> Habe die vergangene Nacht auf dem Verteidigungsrat verbracht. Ich sende Ihnen das Dekret, das beschlossen worden ist. Wie Sie sehen, ist Ihr Plan angenommen worden. Aber die Evakuation der Petrograder Arbeiter ist natürlich nicht rückgängig gemacht worden. (Es heißt, daß Sie in einem Gespräch mit Krassin und Rykow für diese Maßnahme eingetreten sind.) In der Anlage ein Appell, mit dessen Abfassung mich der Rat beauftragt hat. Ich war in Eile; er ist schlecht herausgekommen. Besser, meine Unterschrift unter die Ihrige zu setzen. Grüße. Lenin. 233

Der Kampf um Petrograd nahm äußerst dramatischen Charakter an. Der Feind gelangte bis in Sichtweite der Hauptstadt, die sich auf den Straßenkampf vorbereitete. Ich zweifelte nicht daran, daß die fünfundzwanzigtausend Mann starke weiße Armee, selbst wenn es ihr gelänge, in die über eine Million Einwohner zählende Stadt einzudringen, dem Untergang geweiht war, wenn sie auf ernsthaften und gut organisierten Widerstand stieß. Darüber hinaus hielt ich es für notwendig - vor allem für den Fall, daß sich Estland und Finnland am Feldzug beteiligten -, für die Armee und die Arbeiter einen Rückzugsplan nach dem Südosten vorzubereiten: das war das einzige Mittel, die Elite der Petersburger Arbeiterklasse, der Ausrottung drohte, zu retten.

Der 21. Oktober wurde zum entscheidenden Tag; am 22. Oktober ergriff die Rote Armee ihrerseits die Offensive. Judenitsch hatte Zeit gehabt, Verstärkungen heranzuholen und seine Reihen wieder aufzufüllen. Die Kämpfe wurden immer heftiger. Am

Abend des 23. Oktober nahmen wir Djetskoje Selo und Pawlowsk ein. Unterdes marschierte die Fünfzehnte Armee, die in der Nachbarschaft stand, von der Südseite aus heran und bedrohte mehr und mehr die rückwärtige und die rechte Flanke der Weißen. Nun erfolgte ein Umschwung. Jene Teile unserer Truppe, die von der Offensive überrascht worden und über eine Reihe von Rückschlägen in Aufregung geraten waren, übertrafen einander nun an Opfergeist und Heroismus. Mit Hinblick auf den wilden Charakter der Gefechte erließ ich am 24. Oktober einen Tagesbefehl, in dem es hieß: „Wehe dem unwürdigen Soldaten, der seine Waffe gegen einen Gefangenen erhebt!" Und nachdem drei unserer Torpedobootzerstörer auf Minen gelaufen waren, wiederholte ich meine Warnung: „... Aber selbst jetzt, wo wir den gedungenen Söldner Englands, Judenitsch, mit Erbitterung bekämpfen, fordere ich Euch auf, niemals zu vergessen, daß es nicht nur ein England gibt. Neben dem England des Profits und der Korruption gibt es ein England der Arbeit, das voll geistiger Kraft und dem Ideal der internationalen Solidarität ergeben ist. Wir haben das England der Börsenjobber gegen uns. Das werk-
234 tätige England, das Volk, ist mit uns." Mit den Aufgaben, die der Krieg stellte, verbanden wir eng die hehre Aufgabe der sozialistischen Erziehung.

Heute fällt es schwer, sich den Sturm von Begeisterung vor Augen zu führen, ja, sich seiner überhaupt zu entsinnen, der anläßlich des Sieges bei Petrograd losbrach. Sinowjew ließ mir folgendes Dokument zukommen:

> Das rote Petrograd schützen, hieß, dem Weltproletariat und infolgedessen der Kommunistischen Internationale einen unschätzbaren Dienst leisten. Der erste Platz in der Verteidigung Petrograds kommt selbstverständlich Ihnen zu, teurer Genosse Trotzky. Im Namen des Exekutivkomitees der Kommunistischen Internationale lasse ich Ihnen Fahnen überbringen, die ich Sie bitte, den verdienstreichsten Elementen der von Ihnen geführten
> 235 glorreichen Roten Armee zu übergeben. Sinowjew.

Ähnliche Dokumente erhielt ich vom Petrograder Sowjet, von den Gewerkschaften und anderen Organisationen. Ich übergab die Fahnen den verschiedenen Regimentern, meine Sekretäre klassierten die Dokumente in den Archiven. Die offizielle stalinistische Geschichtsschreibung lehrt jedoch heute, daß Petrograd von Stalin gerettet worden ist.

In den ersten Monaten des Jahres 1919 führte die Rote Armee einen entscheidenden Schlag gegen die Konterrevolution im

Süden, wo deren Hauptstütze die Armee der Donkosaken unter dem Befehl des Generals Krasnow war. Hinter Krasnow aber zog Denikin im Kubangebiet und im nördlichen Kaukasus seine Armee zusammen. Mitte Mai ging unsere Armee weiter vor; sie war jedoch von den Anstrengungen des Feldzuges sehr mitgenommen und begann zurückzuweichen, als sie auf frische Truppen Denikins stieß. Schließlich verloren wir alles wieder, was wir gewonnen hatten, so vor allem die erst kürzlich von uns befreite Ukraine. An der Ostfront hingegen, die der ehemalige Oberst Kamenew mit Smilga und Laschewitsch als Mitgliedern des Kriegskomitees befehligte, hatte sich die Lage so weit gebessert, daß ich es für unnötig hielt, mich dorthin zu begeben. Vom Erfolg berauscht, nahmen Smilga, Laschewitsch und Gussew ihren Kommandeur auf die Schultern und sandten begeisterte Berichte über ihn nach Moskau. Als der Oberkommandierende Watsetis, prinzipiell mit meinem Einverständnis, vorschlug, die östliche Frontlinie den Winter über am Ural zu halten, um die Überführung mehrerer Divisionen an die Südfront möglich zu machen, an der die Lage bedrohlich wurde, setzte Kamenew, von Smilga und Laschewitsch unterstützt, dem einen lebhaften Widerstand
entgegen. 236

Stalin bemächtigte sich dieses Konflikts zwischen der Ostfront und jenem Oberkommandierenden, der es offen verurteilt hatte, daß sich Stalin in strategische Fragen einmische. Stalin stand Watsetis feindselig gegenüber und wartete nur auf eine Gelegenheit, sich an ihm zu rächen. Jetzt war die Gelegenheit gekommen. Laschewitsch und Gussew schlugen, natürlich im Einverständnis mit Stalin, vor, Kamenew zum Oberkommandierenden zu ernennen. Die Erfolge, die die Ostfront davongetragen hatte, machten es möglich, Lenin für diese Ansicht zu gewinnen, und brachen meinen Widerstand. Kamenew wurde am 3. Juli 1919 zum Oberkommandierenden ernannt, und das Revolutionäre Kriegskomitee wurde vom Zentralkomitee folgendermaßen umgebildet: Trotzky, Skljansky, Gussew, Smilga, Rykow; Oberkommandierender S. Kamenew.

Die erste Aufgabe des neuen Oberkommandierenden war, einen Plan auszuarbeiten, der die Streitkräfte an der Südfront zusammenzufassen erlaubte. Kamenew zeichnete sich durch Optimismus und lebhafte strategische Einbildungskraft aus. Doch blieb seine Sicht immer ziemlich beschränkt. Die Bedeutung der sozialen Faktoren an der Südfront - der Arbeiter, der ukrainischen Bauern, der Kosaken - sah er nicht genügend klar. Er betrachtete die Südfront mit den Augen des Kommandeurs der Ostfront. Seiner Auffassung nach war es das richtigste, die aus dem Osten abkommandierten Divisionen längs der Wolga aufzustellen und den Angriff gegen den Kuban vorzutragen, wo sich Denikins Hauptquartier befand.

In strategischen Fragen hatte ich immer dem Oberkommandierenden das letzte Wort überlassen. Meine Vertrautheit mit der Südfront gab mir jedoch unmittelbar die Überzeugung ein, daß dieser Plan grundfalsch sei. Es war Denikin gelungen, seine Basis vom Kuban nach der Ukraine zu verlegen. Jetzt gegen die Kosaken vorgehen, hieß unbedingt, sie Denikin in die Arme treiben. Es war mir klar, daß der Hauptangriff der Linie entlang ausgelöst werden mußte, die Denikin von den Kosaken trennte - in einem Gebiet, in dem die ganze Bevölkerung gegen die Kosaken, gegen Denikin und für uns war. Mein Widerstand gegen den Plan Kamenews wurde aber als eine Fortführung des Konfliktes zwischen dem Kriegskomitee und der Ostfront ausgelegt. Smilga und Gussew, immer in Zusammenarbeit mit Stalin, behaupteten, daß ich gegen den Plan wäre, weil ich in den neuen Oberkommandierenden in bezug auf die allgemeinen strategischen Grundsätze kein Vertrauen setzte. Lenin teilte offenbar diese Befürchtung. Diese Auffassungen waren aber vollkommen falsch. Ich überschätzte Watsetis nicht. Ich hatte Kamenew durchaus freundschaftlich aufgenommen und bemühte mich, ihm seine Aufgabe in jeder Beziehung zu erleichtern. Doch lag der Irrtum seines Plans so klar zutage, daß ich mich entschloß, meine Demission einzureichen, als der Plan vom Politbüro bestätigt wurde, wo alle, mit Einschluß von Stalin, gegen mich gestimmt hatten. Am 5. Juli antwortete mir das Zentralkomitee mit folgendem Entscheid:

Das Organisationsbüro und das Politische Büro des Zentralkomitees haben die Erklärung des Genossen Trotzky in allen ihren Aspekten geprüft und diskutiert und sind einstimmig zu der Schlußfolgerung gekommen, daß sie auf keinen Fall seiner Bitte nachkommen und seine Demission akzeptieren können. Das Organisationsbüro und das Politische Büro werden alles tun, was von ihnen abhängt, um dem Genossen Trotzky die Arbeit an der Südfront - die augenblicklich die schwierigste, die gefährlichste und die wichtigste ist und die der Genosse Trotzky selbst gewählt hat - zu erleichtern und sie für die Republik so fruchtbar wie möglich zu gestalten. Als Volkskommissar für den Krieg und Vorsitzender des Revolutionären Kriegskomitees ist der Genosse Trotzky vollauf ermächtigt, auch als Mitglied des Kriegskomitees der Südfront gemeinsam mit dem von ihm selbst ernannten Frontkommandeur, den das Zentralkomitee bestätigt hat, zu handeln. Das

Organisationsbüro und das Politische Büro lassen dem Genossen Trotzky völlige Freiheit, um mit allen Mitteln das zu erreichen, was er für eine Verbesserung an der Generallinie in der Militärfrage hält, und werden sich, wenn er es wünscht, bemühen, die Einberufung des Parteitages zu beschleunigen.

Lenin, Kamenew, Krestinsky, Kalinin, Serebrjakow, Stalin, Stassowa. 237

Wie man sieht, trägt dieser Beschluß auch die Unterschrift Stalins. Nachdem er hinter den Kulissen seine Intrige weitergesponnen und Lenin des Mangels an Mut und Festigkeit geziehen hatte, entschloß sich Stalin jedoch nicht dazu, im Zentralkomitee offene Opposition zu machen.

Ich zog meine Demission zurück und begab mich sofort an die Südfront.

Die Vorbereitung der Offensive an der Südfront ging inmitten ernsthafter Schwierigkeiten vor sich. Gegen Ende der ersten Augustwoche - das heißt, ungefähr eine Woche nach Auslösung der Offensive - stand das Politbüro vor mehreren Problemen von höchster Bedeutung. Es war völlig klar, daß Denikin seinen Angriff nicht in östliche Richtung, sondern gegen die Ukraine lenken wollte, um die Verbindung mit Rumänien und Polen herzustellen und seine Basis von Jekaterinodar nach Odessa und Sewastopol zu verlegen. Außer den Maßnahmen, die das Oberkommando traf, um dieser Gefahr zu begegnen, die für den Augenblick die ernsthafteste war, mußte sofort entschieden werden, was im Hinblick auf die in der Ukraine unmittelbar bevorstehende Schlacht unternommen werden sollte. Vor allem war es unerläßlich, die Verbindung zwischen der Zwölften und der Vierzehnten Armee herzustellen, die, da es an telegrafischen Leitungen fehlte, von der Südfront abgeschnitten war. Nicht nur hatten sich ihre rückwärtigen Abteilungen schon miteinander verschmolzen, sondern beide Armeen waren überhaupt mehr und mehr gezwungen, gegen denselben Feind, nämlich Denikin, vorzugehen. Infolgedessen schlug ich vor, die Vierzehnte Armee der Befehlsgewalt der Südfront zu entziehen, die Kommandogewalt über die beiden Armeen in der Person des Kommandeurs der Vierzehnten Armee, Jegorow, und seines Stabes zu vereinigen, diese neue Frontgruppe als Südwestfront zu bezeichnen, deren Hauptquartier in Konotop sein würde, und sie der Befehlsgewalt des Oberkommandierenden und des Generalstabs zu unterstellen. Um an dieser Front ein Mindestmaß von Kampfkraft aufrechtzuerhalten, war es vorerst notwendig, mit Hilfe von kommunistischen Einheiten, die für eine Zeitlang aus ruhigeren Frontabschnitten herauszuziehen waren, eine außergewöhnliche

Anstrengung zu machen, die dem Räuberunwesen und der Zerstörung der Eisenbahnlinien ein Ende setzen würde. Alle zur Verfügung stehenden roten Offiziere wurden sofort mit Sonderzügen in die Ukraine überführt. Alle zu anderen Armeen beorderten Parteiarbeiter wurden gleicherweise mit aller Ausrüstung, die aufgetrieben werden konnte, dorthin gesandt. Der Zwölften Armee fehlte es an Munition. Die Kriegskomitees beider Armeen waren schwach. Im Einverständnis mit dem ukrainischen Verteidigungsrat und den Kriegskomitees beider Armeen wurde Woroschilow dazu bestimmt, den Kampf gegen die Rebellion im Rücken der Armeen zu leiten.

(Ähnliche Schwierigkeiten, obwohl von je nach dem Gebiet verschiedener Natur, tauchten überall und in jedem Augenblick auf. Lenin war sehr besorgt. Noch zu Beginn der Offensive schrieb er an Skljansky:)

Ich bin krank. Muß das Bett hüten. Antworten Sie also durch Boten. Der Zeitraum für die Offensive in Richtung Woronesch (vom 1. bis zum 10. August!) ist ungeheuerlich. Denikins Erfolg ist alarmierend.

Was geht vor? Sokolnikow sagt, daß unsere Kräfte dort unten viermal stärker waren als die des Feindes.

Was ist also los? Wie konnten wir derart die Gelegenheit verpassen? Sagen Sie dem Oberkommandierenden, daß die Sache so nicht weitergehen kann. Er muß ihr seine ganze Aufmerksamkeit widmen.

238 Lenin, Vorsitzender des Verteidigungsrates.

(Die Offensive an der Südfront begann nach den Plänen S. Kamenews Mitte August. Sechs Wochen später, Ende September) schrieb ich an das Politbüro, das meinen Plan zurückgewiesen hatte: „Die längs der Linie des größten Widerstandes eingeleitete Offensive hat sich wie vorausgesehen als ausschließlich zugunsten Denikins verlaufend herausgestellt... Jetzt ist unsere Lage schlimmer, als sie es war, als der Generalstab seinen a priori gefaßten Plan auszuführen begann. Es wäre
239 kindisch, das nicht sehen zu wollen.“ Zu diesem Zeitpunkt war der fatale Irrtum des Plans vielen seiner ehemaligen Verteidiger klar geworden, so auch Laschewitsch, der von der Ostfront an die Südfront überstellt worden war. Drei Wochen früher, am 6. September, hatte ich von der Front aus dem Oberkommandierenden und dem Zentralkomitee telegrafiert, daß sich „der kritische Schlachtenpunkt an der Südfront in die Richtung Kursk-Woro-
240 nesch verlagert hat, wo keine Reserven vorhanden sind.“ Ich hatte gleicherweise die Aufmerksamkeit auf folgende Probleme gelenkt:

„Die Bestrebungen, Mamontow zu liquidieren, haben bisher kein praktisches Resultat gezeitigt. Die motorisierten Maschinengewehrabteilungen sind nicht aufgestellt worden, weil keine Maschinengewehre und nicht die kleinste Anzahl von Automobilen eingetroffen sind. Mamontow sucht offensichtlich seine Truppen an der Kursker Front aufzustellen. Unsere schwachen und zerstreuten Infanterie-Einheiten stören ihn kaum. Laschewitschs Kommandeur ist durch das Fehlen von Verbindungen paralysiert. Die Gefahr eines Durchbruchs im Abschnitt Kursk-Woronesch wird sichtbar. Laschewitschs nächste Aufgabe wäre,
den Feind zu verfolgen, um zu versuchen, die Lücke zu stopfen.“ 241

Darüber hinaus schlug ich vor, daß die Armeen einige Umstellungen vornehmen sollten, die auf ein Fallenlassen des fehlgeschlagenen Plans hinausliefen. Serebrjakow und Laschewitsch unterzeichneten mit mir das Telegramm. Doch der neue Oberkommandierende hielt ebenso hartnäckig an seinem Irrtum fest wie sein Vorgänger, und das Politbüro gewährte ihm weiterhin entschiedene Unterstützung. Am selben Tage, dem 6. September, empfing ich in Orel folgende Antwort: „Das Politische Büro des Zentralkomitees, das das Telegramm von Trotzky, Serebrjakow und Laschewitsch geprüft hat, hat die Antwort des Oberkommandierenden bestätigt und drückt seine Verwunderung darüber aus, daß versucht wird, den angenommenen strategischen
Plan wieder in Frage zu stellen. - Lenin.“ 242

Der Verlauf der Kriegshandlungen während der beiden verflossenen Monate hatte den ursprünglichen Plan veralten lassen; außerdem waren in diesen zwei Monaten andauernder fruchtloser Schlachten viele Straßen vollständig zerstört worden, und die Zusammenfassung der Reserven war unvergleichlich schwieriger als im Juni oder Juli. Eine Umgruppierung der Kräfte war also um so notwendiger. Ich regte an, das berittene Korps Budjennys im Eiltempo nach Nordosten zu senden und mehrere andere Einheiten in diese Richtung zu überführen. (Aber das Politbüro, selbstverständlich mit Einschluß Stalins, fuhr damals fort, diese und andere Vorschläge zurückzuweisen, und bestätigte systematisch) die Anweisungen des Oberkommandierenden, (der weiterhin wiederholte, daß) „der grundlegende Plan eines Vormarsches nach Süden unverändert bestehen bleibt; mit anderen Worten, der Hauptangriff muß von der Sondergruppe Schorin ausgelöst werden, deren Aufgabe darin besteht, den Feind im
Don- und im Kubangebiet zu vernichten“. Indes hatte sich die 243

Offensive völlig festgefahren. Die Situation im Kubangebiet, wohin die besten Truppen geschickt worden waren, wurde äußerst ernst, während Denikin nach Norden vorstieß.

„Um den Operationsplan einzuschätzen", schrieb ich Ende September, „ist es nicht ohne Nutzen, die Resultate zu betrachten. Die Südfront hat mehr Kräfte erhalten als jemals irgendeine andere Front; zu Beginn der Offensive verfügte sie über nicht weniger als hundertachtzigtausend Bajonette und Säbel und eine entsprechende Anzahl von Kanonen und Maschinengewehren. Nach anderthalb Monaten Kampf stecken wir in der Osthälfte beunruhigend fest und sehen in der Westhälfte einen schwierigen Rückzug, den Verlust von Einheiten, die Zerstörung der Organisation... Der Grund für die Niederlage ist ausschließlich im Operationsplan zu suchen. Einheiten von mittlerem Wert sind in Ortschaften geleitet worden, die ausschließlich von Kosaken bewohnt sind, die uns nicht bedrohten, die aber ihre Dörfer und Heimstätten verteidigten. Die Atmosphäre eines nationalen Krieges des Dongebiets übte einen demoralisierenden Einfluß auf unsere Einheiten aus. Unter diesen Umständen erhielt der geschickt manövrierende Denikin durch seine Tanks
244 ein enormes Übergewicht."

Bald war nicht länger die Rede vom Plan, sondern von seinen vernichtenden materiellen und psychologischen Folgen. Der Oberkommandierende, der hier der Maxime Napoleons folgte, hatte anscheinend gehofft, daß er, indem er auf seinem Irrtum beharrte, aus diesem doch noch alle irgendmöglichen Vorteile herausholen und schließlich den Sieg davontragen könnte. Das Politbüro, obschon es das Vertrauen verlor, hielt dennoch an der eigenen Entscheidung fest. Am 21. September gaben unsere Truppen Kursk auf. Am 13. Oktober nahm Denikin Orel ein, das ihm die Straße nach Tula öffnete, wo die bedeutendsten Fabriken konzentriert waren und jenseits dessen Moskau lag. Ich stellte das Politbüro vor die Alternative: entweder die Strategie ändern oder Tula räumen, die dortige Kriegsindustrie zerstören und den Widerstand gegen die direkte Bedrohung Moskaus organisieren. Nunmehr gab der Oberkommandierende, der schon selbst seinen Plan teilweise hatte fallen lassen, seinen Starrsinn auf, und das Politbüro unterstützte ihn nicht länger. Mitte Oktober war die Umgruppierung unserer Kräfte im Hinblick auf die Offensive vollzogen. Eine Heeresgruppe wurde im Nordosten von Orel für die Aktion gegen die Bahnstrecke

Kursk-Orel zusammengezogen. Eine andere Gruppe, an deren Spitze das Reiterkorps Budjennys stand, wurde im Osten von Woronesch aufgestellt. Das entsprach durchaus dem Plan, für den ich vergeblich eingetreten war. (Die neuesten Darstellungen dieser Periode durch die stalinistische Geschichtsschreibung sind lehrreich. In einer heißt es:)

Im September und Anfang Oktober hatte Denikin beträchtliche Erfolge an der Südfront. Am 13. Oktober nahm er Orel ein. Um die äußerst schwierige und bedrohliche Lage zu verbessern, die sich aus den weittragenden Niederlagen an der Südfront ergeben hatte, sandte das Zentralkomitee der Partei den Genossen Stalin zum Kriegskomitee dieser Front. Der Genosse Stalin arbeitete einen neuen strategischen Plan für den Kampf gegen Denikin aus, der von Lenin und dem Zentralkomitee der Partei gutgeheißen wurde. Die Durchführung dieses Plans bewirkte die vollständige Niederlage und den Zusammenbruch Denikins. 245

(Stalins eigene Version über den Schöpfer jenes Plans, der uns den Sieg gebracht hat und den Verantwortlichen für den Plan, der uns so teuer zu stehen gekommen ist, ist je nach der Epoche verschieden. 1923 schilderte Stalin die Ereignisse an der Südfront, angeblich um einige politische Grundsätze klarzustellen, in Wirklichkeit, um seine eigenen politischen Ziele zu fördern:)

Eine Analogie zwischen diesen Grundsätzen der politischen Strategie und den Grundsätzen der militärischen Strategie kann leicht gebildet werden; nehmen wir zum Beispiel . . . den Kampf gegen Denikin. Jeder erinnert sich an das Ende des Jahres 1919, als sich Denikin Tula näherte. Zu dieser Zeit fanden unter den Militärs interessante Diskussionen über die Frage statt, von wo aus der entscheidende Schlag gegen die Armeen Denikins geführt werden sollte. Gewisse militärische Führer . . . schlugen die Linie Zaritzyn-Noworossijsk vor, andere . . . die Linie Woronesch-Rostow. Der erste Vorschlag war nicht günstig, weil er beinhaltete, daß unser Vormarsch mitten durch der Sowjetregierung feindliche Gebiete führte, was schwere Opfer kosten mußte; er war auch deshalb gefährlich, weil er den Armeen Denikins über Tula und Serpuchow den Weg nach Moskau eröffnete. Der zweite Plan . . . war der einzig richtige, weil er den Marsch unserer Hauptgruppen durch Gebiete vorsah, die mit der Regierung sympathisierten und infolgedessen keine außergewöhnlichen Opfer verlangte; außerdem desorganisierte er die Tätigkeit der Hauptgruppen Denikins, die auf Moskau marschierten. Die meisten militärischen Führer sprachen sich für den zweiten Plan aus. So wurde das Schicksal Denikins besiegelt. 246

Es mochte scheinen, als bediene sich Stalin dieser Darstellung nur als einer zufälligen Illustration für gewisse Konzeptionen auf dem Gebiete der politischen Taktik. In Wirklichkeit war diese Illustration durchaus nicht zufällig gewählt. Wir befanden uns im Jahre 1923; Stalin sah einen heftigen Angriff von Lenin her kommen; deswegen versuchte er systematisch, Lenins Autorität zu untergraben. In den leitenden Kreisen der Partei wußte man sehr wohl, daß hinter dem irrtümlichen und kostspieligen Plan nicht nur „gewisse militärische Führer“ gestanden hatten, sondern die Mehrheit des Politbüros mit Lenin an der Spitze. Er zog es jedoch vor, von einer Meinungsverschiedenheit unter den „Militärs“ zu reden, ohne den Kampf im Innern des Politbüros zu erwähnen. Er wußte, daß sich die leitenden Parteiarbeiter sehr gut daran erinnerten, daß der zweite Plan der meinige gewesen war, für den ich seit Juli eingetreten war und für den er erst Ende Oktober oder Anfang November eintrat, nachdem der Oberkommandierende selbst auf sein eigenes Projekt praktisch vollständig verzichtet hatte. Am 19. November 1924 aber, zehn Monate nach dem Tode Lenins, ging Stalin sehr viel weiter. Er machte damals den ersten Versuch, die Kämpfe an der Südfront in einer gegen mich gerichteten, absichtlich verlogenen Weise darzustellen:

> Es war im Herbste 1919. Die Offensive gegen Denikin war gescheitert... Denikin nahm Kursk ein. Denikin ging gegen Orel vor. Der Genosse Trotzky wurde von der Südfront geholt, um an einer Sitzung des Zentralkomitees teilzunehmen. Das Zentralkomitee hielt die Lage für bedrohlich und beschloß, neue militärische Kräfte an die Südfront zu bringen und den Genossen Trotzky abzuberufen. Die neuen Kräfte verlangen die ‚Nichteinmischung‘ des Genossen Trotzky in die Angelegenheiten der Südfront. Der Genosse Trotzky ist nicht mehr direkt an den Angelegenheiten der Südfront beteiligt. Die Operationen an dieser Front werden fortgesetzt, bis zur Einnahme von Rostow am Don und von Odessa, die ohne den Genossen Trotzky stattfindet.
> 247 Man versuche doch, diese Tatsachen zu leugnen!

Es ist richtig, daß ich die Südfront am 10. Oktober verlassen hatte, um nach Petrograd zu gehen. Unser Gegenangriff an der Südfront sollte mit diesem Datum beginnen. Alles war vorbereitet; die Zusammenfassung unserer Einheiten für den Angriff war fast vollständig durchgeführt, und meine Gegenwart war weit mehr nötig in Petrograd, das in diesem Augenblick in der großen Gefahr stand, von Judenitsch eingenommen zu werden. Wenn ich auf die drei Jahre Bürgerkrieg zurückschaue und mir meine Aufzeichnungen und meine Korrespondenz über meine Reisen an die verschiedenen Fronten ansehe, muß ich feststellen, daß ich fast nie Gelegenheit hatte, eine siegreiche Armee zu begleiten, an einem Angriff teilzunehmen, die Siege einer Armee mit ihr zu teilen. Meine Reisen waren sicherlich alles andere als Spazierfahrten. Ich ging nur in die bedrohten Abschnitte, in denen der Feind unsere Front eingedrückt hatte. Meine Aufgabe war, die Regimenter aufzuhalten, die flohen, und sie an die Front zum Angriff zurückzuführen. Ich zog mich mit unseren Truppen zurück, ging aber niemals mit ihnen vor. Sobald die zurückflutenden Divisionen wieder Vertrauen gewonnen und der Kommandeur das Signal zum Vormarsch gegeben hatte, sagte ich der Armee Lebewohl und ging an einen anderen in Schwierigkeiten geratenen Abschnitt oder kehrte für einige Tage nach Moskau zurück, um die Probleme zu behandeln, die sich inzwischen angehäuft hatten. So hatte ich während der drei Jahre nicht ein einziges Mal Gelegenheit, nach dem Siege die glückstrahlenden Gesichter der Soldaten zu sehen oder mit ihnen in eroberte Städte einzumarschieren. Während der ganzen Periode unserer siegreichen Offensive besuchte ich die Südfront nicht ein einziges Mal. Stalins Fälschung besteht darin, daß er einer unleugbaren Tatsache eine völlig falsche Bedeutung unterlegt.

(Hier wird aber noch nicht suggeriert, daß Trotzky der Urheber des Plans ist, dem das Mißlingen der Juli-September-Offensive gegen Denikin geschuldet ist.) Noch läuft alles nur auf eine nicht näher spezifizierte Anspielung auf neue militärische Ratgeber hinaus, die (von wem?) die „Nichteinmischung" Trotzkys gefordert hätten. In Wirklichkeit waren die 13 Dekrete, die das Zentralkomitee am 15. Oktober erließ, von mir schriftlich vorgeschlagen und von allen Mitgliedern einstimmig angenommen worden, das heißt, auch von Stalin, Lenin, Kamenew und Krestinsky; diese Dekrete betrafen die Kommission, die, in Übereinstimmung mit meinen Vorschlägen, beauftragt war, neue Parteiarbeiter an die Südfront zu beordern, um die alten abzulösen, die durch die ständigen Niederlagen ermüdet und entmutigt waren. Stalin gehörte nicht zu denen, die an die Front gesandt wurden. Wer von ihnen meine „Nichteinmischung" verlangt hätte und von wem, das sagt Stalin nicht. (Woroschilow erklärte 1929:)

> Stalin formulierte vor dem Zentralkomitee drei Hauptbedingungen: 1. Trotzky darf sich in die Angelegenheiten der Südfront nicht einmischen und darf die Demarkationslinie nicht überschreiten; 2. eine ganze Reihe von Parteiarbeitern, die Stalin für unfähig hält, die Kampfkraft der Truppen wiederherzustellen, müssen sofort von der Südfront abberufen werden; und 3. an diese Front werden sofort neue, von Stalin ausgesuchte Parteiarbeiter geschickt, die imstande sind, diese Aufgabe zu erfüllen. Diese Bedingungen wurden vollständig angenommen. 248

Wo? Wie? Wann? Von wem? Weder Stalin noch sein Satellit antworten auf diese Fragen. Indem er jedoch die Revision des falschen Plans auf Stalins Habenseite buchte, wagte Woroschilow 1929 noch nicht zu behaupten, daß der falsche Plan mein Plan gewesen wäre. Indem er über diesen Punkt nichts sagte, gab er stillschweigend zu, daß ich ein Gegner dieses Plans gewesen war. In der neuesten Geschichtsschreibung aber wird diese Lücke ausgefüllt. (Jetzt wird kraft der Autorität Sinaida Ordschonikidses verkündet:)

> Stalin... wies kategorisch den alten Plan zur Vernichtung Denikins zurück, den das von Trotzky geleitete Hauptquartier aufgestellt hatte... „Dieses unsinnige Projekt eines Marsches durch eine feindliche Gegend ohne Straßen, droht uns den vollständigen Untergang zu bringen“, schrieb er in einer Note an Lenin... Das Leben selbst hatte diesen Plan verworfen, und darum stellte Stalin einen Plan für den Vormarsch der Roten durch das proletarische Charkow und das Donezbecken nach Rostow auf... Die Strategie des
> 249 großen Stalin sicherte der Revolution den Sieg.

Stalin wiederholte (in seiner „Note“) nur Wort für Wort die Argumente gegen den Juli-September-Plan, die ich seinerzeit sowohl schriftlich wie mündlich auseinandergelegt hatte und die von der Mehrheit des Politbüros zurückgewiesen worden waren. Da alle Mitglieder des Politbüros über diese Dinge auf dem laufenden waren, konnte es Stalin damals nicht in den Sinn kommen, mir die Verantwortung für den alten Plan zuzuschieben. Im Gegenteil, er tadelte den Oberkommandierenden und den diesem attachierten „jungen Kampfstrategen“ Gussew, auf den er im Juli beim Kommandowechsel gesetzt hatte.

(Am 4. Dezember 1919 berichtete Iwan Smirnow von der Ostfront, daß) „Koltschak seine Armee verloren hat... Es wird keine Kämpfe mehr geben... Das Tempo der Verfolgung ist dermaßen schnell, daß Barnaul und Nowonikolajewsk am 20. De-
250 zember in unseren Händen sein werden“. (Judenitsch war im Nordosten vollständig geschlagen worden. Denikin floh nach Süden. Seine Versuche, die Bauernschaft durch zweifelhafte „Agrarreformen“ zu gewinnen, waren fehlgeschlagen, die Großgrundbesitzer konnten ihn infolge der Niederlage, die ihm die Rote Armee beigebracht hatte, nicht mehr unterstützen - Denikin verlor das Vertrauen der Weißen. Am 26. März 1920 gab er seinen Oberkommandierendenposten zugunsten Wrangels auf, dem es gelungen war, die zersprengten weißgardistischen Gruppen in der Krim wieder zusammenzufassen.)

(Die Weißen gingen immer wieder gegen die roten Kavallerie- und Infanterie-Einheiten an der Kaukasusfront vor, wo unsere Reihen nicht nur durch die Kampfverluste, sondern auch durch eine Typhusepidemie dezimiert worden waren. Erhoffte Verstärkungen und Verpflegung trafen wegen des jämmerlichen Zustands der Eisenbahnen nicht ein. Energische Maßnahmen waren notwendig. Lenin und Trotzky sandten Stalin, der damals im Kriegskomitee der Südwestfront war, folgendes Telegramm:)

Das Zentralkomitee hält es für notwendig, daß Sie sich sofort an den westlichen Flügel der Kaukasusfront begeben. Treffen Sie alle notwendigen Maßnahmen für die Überführung von beträchtlichen Verstärkungen und von Arbeitern von der Südwestfront.

3. Februar 1920. Lenin, Trotzky. 251

(Wir haben den Text der Antwort Stalins nicht zur Hand. Offensichtlich machte er Einwendungen, die ihm folgende Erwiderung eintrug:)

Das Zentralkomitee besteht nicht auf Ihrer Reise, unter der Bedingung, daß Sie in den kommenden Wochen Ihre ganze Aufmerksamkeit und Ihre ganze Energie auf die den Bedürfnissen der Südwestfront vorangehende Hilfe richten, die der Kaukasusfront zukommen muß.

4. Februar 1920. Lenin, Trotzky. 252

(Ein weiteres Telegramm Lenins vom 20. Februar:)

Die Situation im Kaukasus wird ständig ernster. Nach den Nachrichten von gestern zu urteilen, ist die Möglichkeit eines Verlustes von Rostow und Nowotscherkassk nicht ausgeschlossen, ebenfalls nicht ein Versuch des Feindes, seinen Erfolg nach Norden hin auszuwerten und das Dongebiet zu bedrohen. Ergreifen Sie die notwendigen Maßnahmen für die Überführung der 42. Division und der lettischen Division und für die Verstärkung ihrer Kampfkraft. Im Hinblick auf die allgemeine Lage rechne ich darauf, daß Sie Ihre ganze Energie aufwenden und eindrucksvolle Resultate erzielen. Lenin. 253

Stalins Antwort:

Lenin, Kreml, Moskau.

Abschrift für das Zentralkomitee der Partei.

Es ist mir nicht klar, warum gerade mir die Dinge übertragen werden, die die Kaukasusfront betreffen. Normalerweise liegt die Verantwortung für die Verstärkung der Kaukasusfront gänzlich beim Revolutionären Kriegskomitee, dessen Mitglieder sich meinen Informationen nach bei ausgezeichneter Gesundheit befinden, und nicht bei Stalin, der übrigens mit Arbeit überlastet ist.

20. Februar 1920. Stalin. 254

(Lenins Antwort:)

Die Aufgabe, Verstärkungen von der Südwestfront nach der Kaukasusfront zu expedieren, ist Ihnen übertragen worden. Im allgemeinen sollte man versuchen, in jeder möglichen Art zu helfen, und nicht über Zuständigkeitsfragen Haarspalterei treiben.

20. Februar 1920. Lenin. 255

(Die polnische Republik war der Sowjetregierung von Anfang an feindlich gesinnt. Nachdem sie sich 1919 - trotz Völkerbund - Wilnas bemächtigt hatten, fielen die Polen im Herbst in Weißrußland ein, besetzten Minsk und große Teile Wolhyniens und Podoliens. Angesichts der Erfolge Denikins blieben sie untätig, da sie von den Siegen der weißen Armeen unange-

nehme Folgen für ihre territorialen Absichten befürchteten. So-
bald aber die Rote Armee ihre entscheidenden Schläge gegen
Denikin zu führen begann, nahm die polnische Armee ihren
Vormarsch wieder auf. Auf die Truppen der lettischen Republik
gestützt, besetzte die polnische Armee im Januar 1920 Dwinsk,
zwang die Rote Armee zur Aufgabe von Lettgallen, nahm im
März Motzir ein und begann im April unter dem persönlichen
Kommando Pilsudskis gemeinsam mit den Streitkräften der vor-
maligen Petljura-Regierung, eine starke Offensive gegen die
Ukraine. Der Krieg war der Roten Armee aufgezwungen worden;
die Sowjetregierung wollte nun nicht nur den Angriff zurück-
schlagen, sondern die Revolution nach Polen vorantragen.)

Am 30. April schrieb ich wegen dieser polnischen Offensive
an das Zentralkomitee der Partei: „Gerade weil es sich um einen
entscheidenden Kampf handelt, wird er äußerst erbittert sein."
Daher die Notwendigkeit, „den Krieg mit Polen nicht nur als
eine Aufgabe der Westfront zu betrachten, sondern als die Haupt-
256 aufgabe für das ganze Arbeiter- und Bauernrußland". Am 2. Mai
erließ ich durch die Zeitungen eine allgemeine Warnung vor
übertrieben optimistischen Hoffnungen auf eine Revolution in
Polen: „Daß der Krieg mit einer Arbeiterrevolution in Polen
enden wird, daran ist nicht zu zweifeln, andererseits aber ist
kein Grund zu der Annahme vorhanden, daß der Krieg mit einer
solchen Revolution *beginnen* wird ... Es wäre äußerst leicht-
sinnig, zu glauben ... daß uns der Sieg einfach in den Schoß
257 fallen wird." Am 5. Mai sagte ich in meinem Bericht auf einer
gemeinsamen Sitzung aller Sowjetinstitutionen: „Es wäre ein
schwerer Irrtum zu glauben, daß die Geschichte, um uns unsere
Aufgabe zu erleichtern, mit der polnischen Arbeiterrevolution
beginnen und uns von der Notwendigkeit befreien wird, einen
bewaffneten Kampf zu führen." Und ich schloß: „Genossen,
ich möchte vor allem, daß Ihr aus dieser Versammlung mit der
Überzeugung heimgeht, daß der Kampf, der vor uns steht, hart
258 und heftig sein wird." Alle meine öffentlichen Erklärungen und
militärischen Instruktionen in dieser Zeit waren von dieser Idee
durchdrungen. „Heute ist die Westfront die wichtigste Front
der Republik", heißt es in einer von mir in Smolensk am 9. Mai
gezeichneten Proklamation. „Die Nachschuborganisation muß
nicht für einen leichten und kurzen Feldzug, sondern für einen
259 langen und erbitterten Kampf aufgebaut werden." Ich war gegen
den Marsch auf Warschau, weil er infolge der Schwäche unserer

Streitkräfte und unserer Nachschubmöglichkeiten nur unter der Bedingung mit Erfolg durchgeführt werden konnte, daß in Polen selbst unmittelbar eine Erhebung ausbrach, und dessen waren wir absolut nicht sicher. Ich habe das Wesen dieses Konflikts in meiner Selbstbiographie in allgemeinsten Wendungen dargestellt.

Der eigentliche Urheber des Feldzuges war Lenin. Er wurde gegen mich von Sinowjew, Stalin und sogar dem vorsichtigen Kamenew unterstützt. Rykow war eins der Mitglieder des Zentralkomitees, die meinen Standpunkt teilten, aber er war noch nicht im Politbüro. Radek war ebenfalls gegen das polnische Abenteuer. Alle Geheimdokumente aus dieser Zeit stehen den gegenwärtigen Beherrschern des Kreml zur Verfügung, und wenn es in diesen Dokumenten eine Zeile gäbe, die die Versionen, die heute fabriziert werden, bestätigen würde, dann wären sie seit langer Zeit veröffentlicht worden. Eben daß diese Versionen auf keinen Dokumenten fußen und daß sie sich untereinander radikal widersprechen, zeigt, daß es sich auch hier wieder nur um thermidorianische Mythologie handelt.

Einer der Gründe, weswegen die Katastrophe bei Warschau so unerhörte Ausmaße annahm, war das Verhalten des Kommandostabes der Westgruppe der Südarmeen, die gegen Lemberg vorging. Die politische Hauptfigur dieser Gruppe war Stalin. Er wollte um jeden Preis in Lemberg zur selben Zeit einmarschieren, wie Smilga und Tuchatschewsky in Warschau. Der schnelle Vormarsch unserer Armeen an die Weichsel hatte die polnische Regierung gezwungen, alle ihre Kräfte zusammenzureißen und mit Hilfe der französischen Militärmission bedeutende Reserven aus den Gebieten Warschau und Lublin heranzuführen. In diesem entscheidenden Augenblick wich die Kampflinie an der Südwestfront im rechten Winkel von der Kampflinie an der Hauptfront, der Westfront nämlich, ab: Stalin führte seinen eigenen Krieg. Als die Gefahr, die Tuchatschewskys Armee bedrohte, offenbar wurde und der Oberkommandierende der Südwestgruppe den Befehl erteilte, sich ohne Zögern auf Samostije-Tomaschew hin zu bewegen, um die polnischen Truppen bei Warschau von der Seite her anzugreifen, ging der Südwestkommandeur - von Stalin ermutigt - weiter gen Westen vor: war es nicht wichtiger, sich selbst der Stadt Lemberg zu bemächtigen, als „anderen" zu helfen, Warschau einzunehmen? Drei oder vier Tage hindurch konnte unser Generalstab nicht erreichen, daß sein Befehl ausgeführt wurde. Erst nach von Drohungen begleiteten wiederholten Aufforderungen änderte der Südwestkommandeur die Marschrichtung seiner Truppen - da hatte aber die Verzögerung von mehreren Tagen schon ihre fatale Wirkung ausgelöst. Am 16. August unternahmen die Polen eine Gegenoffensive und zwangen unsere Truppen zum Rückzug.

Auf einer - der geheimen Debatte über den polnischen Krieg gewidmeten - Sitzung des Zehnten Parteitages versuchte Stalin, seinen Kopf mit der verblüffenden, verlogenen und perfiden Erklärung aus der Schlinge zu ziehen, daß Smilga, der ein führendes Mitglied des Kriegskomitees der Westfront war, „das Zentralkomitee getäuscht" habe, indem er „versprach", an einem bestimmten Datum Warschau einzunehmen und daß er sein „Versprechen" nicht gehalten habe. Die Operationen an der Südwestfront - das heißt, Stalins eigene Maßnahmen - wären von Smilgas „Versprechen" diktiert gewesen, auf den infolgedessen die Verantwortung für die Katastrophe zurückfalle. Der Parteitag hörte den finsteren Redner mit dem gelblich schimmernden Blick in feindseligem Schweigen an. Mit dieser Rede schadete Stalin niemand denn sich selbst. Nicht eine Stimme wurde für ihn abgegeben. Ich erhob sofort Protest gegen diese boshafte Unterstellung: Smilgas „Versprechen" hatte nie etwas anderes bedeutet als die Hoffnung, Warschau einzunehmen, aber diese Hoffnung konnte nicht das Element des Unvorhergesehenen eliminieren, das allen Kriegen innewohnt und konnte in keinem Falle irgendjemand das Recht verleihen, auf Grund aprioristischer Spekulationen vorzugehen, anstatt der wirklichen Entwicklung der Kampfhandlungen Rechnung zu tragen. Lenin, von diesem Meinungsstreit sehr unangenehm berührt, griff in
260 die Diskussion ein: „Wir sollten niemand persönlich tadeln", sagte er. Warum veröffentlicht Stalin nicht das stenographische Protokoll der Diskussion?

Im Jahre 1929 unternahm A. Jegorow, (Kommandeur der Südwestfront während des polnischen Feldzuges, in einer „Lwow [Lemberg]-Warschau" betitelten speziellen Abhandlung den ersten öffentlichen Versuch, sein Verhalten zu rechtfertigen; er sieht sich darin gezwungen, zuzugeben:)

... Gerade in dieser Hinsicht haben alle unsere Historiker die Kampagne an der Südwestfront kritisiert. Niemand, der diese Kampagne auf der Grundlage der vorhandenen Schriften untersucht hat, hat es für ein Geheimnis gehalten, daß die Erklärung für das Mißlingen der Operationen im Westen direkt mit den an der Südwestfront unternommenen Operationen verbunden ist. Die Anschuldigungen, die in diesem Sinne gegen den Frontkommandeur erhoben worden sind, laufen im wesentlichen hierauf hinaus: daß die Südwestfront völlig selbständig vorging, ohne die allgemeine Lage an der polnischen Gesamtfront oder die Unternehmungen der benachbarten Westfront in Betracht zu ziehen und daß sie mit der letzteren im entscheidenden Augenblick nicht in der Weise kooperierte, wie es notwendig gewesen wäre ... Das ist in großen Zügen die Version, die man in allen Werken, mit Einschluß der erst kürzlich erschienenen, findet, die mehr oder weniger der Frage der gemeinsamen Aktion an der Front von 1920 gewidmet sind ... Zum Beispiel befindet sich in der interessanten und gewissenhaften Arbeit von M. Mowschin ein direkter Hinweis auf die ‚Nichtbeachtung der kategorischen Instruktionen des Oberkommandierenden, den Vormarsch der ersten berittenen Armee gegen Samostije-Tomaschew betreffend, durch die Südwestfront.' Auf der Basis dieser und ähnlicher Texte haben die Gradierten unserer Kriegsschule den polnischen Feldzug studiert und verbreiten solche Auffassungen in unserer Armee weiter. Kurzum, die Legende von der Versagerrolle der Südwestfront im Jahre 1920 erweckt anscheinend heute überhaupt keinen Zweifel und wird als eine Sache betrachtet, die die künftigen Generationen von Taktikern und Strategen studieren müssen. 261

Es ist keineswegs überraschend, daß Jegorow, der als Oberkommandierender der Südwestfront für Stalins willkürliche Strategie stark mitverantwortlich ist, versucht, das Gewicht seines Fehlers zu mindern, indem er eine für ihn weniger ungünstige Interpretation der Kriegsereignisse des Jahres 1920 liefert. Jedoch entsteht unwillkürlich ein Verdacht, weil Jegorow den Versuch der Selbstverteidigung erst neun Jahre nach den Ereignissen unternimmt, als es der „Legende von der Versagerrolle der Südwestfront" seinen eigenen Worten nach schon gelungen ist, ihre definitive Bestätigung zu finden und sogar in die Kriegsgeschichte einzugehen. Diese Verspätung erklärt sich aus der Tatsache, daß die Armee und das Land, die unter den Folgen des Fehlschlags im Polenkrieg sehr zu leiden hatten, über jede Verfälschung, besonders wenn sie von den für die Niederlage Verantwortlichen ausging, entrüstet gewesen wären. Er mußte sich still verhalten und abwarten.

Was mich selbst betrifft, so war ich von der Sorge um das Prestige der Regierung und von dem Wunsch geleitet, keinen Streit in die ohnehin schon reichlich demoralisierte Armee hineinzutragen und erinnerte mit keinem Wort an den heftigen Konflikt, der der Kampagne vorausgegangen war. Jegorow mußte für seinen Vorstoß die Errichtung des totalitären Regimes abwarten. Der vorsichtige Jegorow, von dem bekannt ist, daß es ihm an Selbständigkeit mangelt, hat zweifellos auf direkten Befehl Stalins hin geschrieben, obwohl Stalins Name in seinem

Buche, so unglaublich das scheinen mag, nicht ein einziges Mal erwähnt wird. Es sei daran erinnert, daß das Jahr 1929 die erste Periode der systematischen Revision der Vergangenheit eröffnet.

Wenn aber Jegorow auch indirekt versucht, Stalins und seine eigene Schuld zu verkleinern, so versucht er doch nicht, andere zu tadeln. Woroschilow tat es in dem von ihm gezeichneten und „Stalin und die Rote Armee" überschriebenen apologetischen Artikel, der auch 1929 veröffentlicht wurde, ebenfalls nicht. Er drückt sich unbestimmt aus: „Nur die Niederlage unserer Truppen bei Warschau unterbrach den Vormarsch der Reiterarmee, die sich anschickte, Lemberg anzugreifen und nur noch
262 zehn Kilometer von der Stadt entfernt war." Doch konnte es bei dieser einfachen Selbstrechtfertigung nicht bleiben. In solchen Dingen bleibt Stalin nicht auf halbem Wege stehen. Schließlich kam die Zeit, in der die Verantwortung für die Niederlage denen aufgebürdet werden konnte, die wegen des Marsches auf Lemberg eingegriffen hatten. (1935 schrieb der rote Professor S. Rabinowitsch in seiner „Geschichte des Bürgerkriegs":)

> Die Erste Armee, die in den Kampf um Lemberg eingriff, konnte der
> 263 Westfront nicht direkt helfen, ohne Lemberg einzunehmen. Trotzdem verlangte Trotzky kategorisch, daß sich die Erste Reiterarmee von Lemberg zurückziehen und bei Lublin Aufstellung nehmen sollte, um die polnischen Armeen, die gegen die Flanke unserer Truppen an der Westfront vorgingen, vom Rücken her anzugreifen. ... Die Folge dieser völlig verkehrten Direktive Trotzkys war, daß die Erste Reiterarmee darauf verzichten mußte, Lemberg einzunehmen, ohne andererseits imstande zu sein, den Armeen an der Westfront zu Hilfe zu kommen.

Es ist völlig unverständlich, wieso die Einnahme von Lemberg, das 300 Kilometer vom Hauptkampfschauplatz entfernt lag, ermöglichen konnte, „vom Rücken her" die polnischen Stoßtruppen anzugreifen, die in der Zwischenzeit der Roten Armee schon bis hundert Kilometer östlich von Warschau gefolgt waren. Um zu versuchen, den Polen „im Rücken" einen Schlag zu versetzen, wäre vor allem nötig gewesen, sie zu verfolgen, und dazu mußte an erster Stelle Lemberg aufgegeben werden. Wozu mußte Lemberg besetzt werden? Die Einnahme dieser Stadt, obwohl sie nicht ohne militärische Bedeutung war, hätte eine revolutionäre Bedeutung nur durch die Auslösung eines Aufstandes der Galizier gegen die polnische Regierung gewinnen können. Aber das erforderte Zeit. Der Rhythmus der militärischen stimmte mit dem der revolutionären Aufgaben nicht überein. Von dem Augenblick an, wo die Gefahr eines entscheidenden Gegenangriffs bei Warschau auftauchte, wurde es offenbar, daß die Weiterführung des Vormarsches auf Lemberg nicht nur gegenstandslos, sondern geradezu verbrecherisch war. Aber da brach die Rivalität zwischen den beiden Fronten aus. Wie bekannt, hat Stalin, nach Woroschilows eigenen Erklärungen, niemals gezögert, dem Reglement und den Befehlen zuwider zu handeln.

„Unsere Lage schien völlig hoffnungslos", schrieb Pilsudski. „Den einzigen hellen Streifen auf dem dunklen Horizont sah ich in dem Fehlschlag, den Budjenny beim Angriff auf meine rückwärtige Flanke erlitten hatte ... in der Schwäche, die die Zwölfte Armee zeigte", das heißt die Armee, die sich - unter 264
dem Befehl des Kommissars Stalin - geweigert hatte, der Armee Tuchatschewsky zu Hilfe zu kommen und sich von ihr entfernt hatte. (Jahre später rief der „Rote Stern" - in der Absicht, Stalins Führung zu rechtfertigen - empört aus:) „Der Verräter Trotzky deckte seine widerlichen defaitistischen Manöver auf, indem er absichtlich und bewußt die Reiterarmee nach Norden führte, angeblich, um der Westfront zu helfen." Unglücklicher- 265
weise, könnte ich hinzufügen, setzte er diese Umstellung erst durch, als es zu spät war. Wenn Stalin und Woroschilow und der Analphabet Budjenny nicht in Galizien „ihren eigenen Krieg" geführt hätten und wenn die Rote Kavallerie rechtzeitig in Lublin gewesen wäre, hätte die Rote Armee nicht die Niederlage erlitten, die uns zwang, den Frieden von Riga zu unterzeichnen, der, indem er uns von Deutschland abschnitt, auf die Entwicklung in beiden Ländern einen entscheidenden Einfluß ausübte. Nach den Hoffnungen, die der schnelle Vormarsch auf Warschau geweckt hatte, bewirkte die Niederlage in der Partei eine erdbebenartige Erschütterung und warf ihr Gleichgewicht über den Haufen.

(Der Parteihistoriker N. Popow schrieb am 23. Februar 1930 in der „Prawda", nachdem er zugegeben hatte, daß der Vormarsch auf Warschau ein Fehler des Politbüros gewesen war:) „Trotzky ... war gegen diesen Vormarsch, in der Art eines kleinbürgerlichen Revolutionärs, der es als unzulässig betrachtet, die Revolution von außen her nach Polen hineinzutragen. Aus denselben Gründen war Trotzky im Februar 1921 dagegen, daß die Rote Armee den Aufständischen in Georgien half. Die kautskystischen, antibolschewistischen Ausführungen Trotzkys wurden im Juli 1920 im Falle Polen und im Februar 1921 im Falle der menschewistischen Regierung von Georgien vom Zentralkomitee mit Entrüstung zurückgewiesen." Fünf Jahre später

schrieb Rabinowitsch in seiner „Geschichte des Bürgerkriegs“ die Fehler Trotzkys im Polenkrieg der grundlegenden Tatsache zu, daß „unsererseits der Krieg die Revolution in Polen beschleunigen und stimulieren sollte, daß die Revolution auf der Spitze der Bajonette der Roten Armee nach Europa hineingetragen werden sollte... weil sonst der Sieg des Sozialismus in Rußland unmöglich sei. Deshalb erklärte Trotzky, im Gegensatz zu den Argumenten Lenins und Stalins, daß die polnische Front die
266 Front des Lebens oder des Todes für die Sowjetrepublik sei“. So wurde die Anklage nun also umgekehrt: noch 1930 war anerkannt worden, daß ich gegen den Marsch auf Warschau war, und das Verbrechen, mit dem ich belastet wurde, bestand darin, daß ich nicht geneigt war, den Sozialismus auf der Spitze der Bajonette einzuführen. 1935 aber wurde proklamiert, daß ich für den Marsch auf Warschau gewesen war, von meiner Absicht geleitet, Polen den Sozialismus auf den Bajonetten zu bringen.

So löste Stalin Stufe um Stufe das Problem auf seine eigene Weise. Er unterschob mir die Verantwortung für die Warschauer Kampagne. Dabei war es eine Tatsache, daß ich gegen diese Kampagne opponiert hatte. Die Verantwortung für die Niederlage der Roten Armee, die vom Nichtvorhandensein einer Erhebung im Lande herrührte und durch seine eigene selbständige Strategie vertieft wurde, schob er mir ebenfalls zu. Die Schuld Stück um Stück auf den Widersacher zu schieben, ist die grundlegende Methode Stalins im politischen Kampf; sie sollte ihre höchste Vollendung in den „Moskauer Prozessen“ erlangen. Nebenbei sei gesagt, daß Stalin zum Polenkrieg einen konstruktiven Beitrag, der der Erwähnung wert wäre, nicht leistete. Die Briefe und Telegramme aus der entsprechenden Zeit beweisen, mit wem ich Gelegenheit hatte, wegen der Festlegung der Tagespolitik im Zusammenhang mit dem polnischen Krieg zu korrespondieren: mit Lenin, Tschitscherin, Karachan, Krestinsky, Kamenew, Radek. Von diesen sechs Leuten ist es nur Lenin gelungen, rechtzeitig zu sterben. Tschitscherin starb, in Ungnade gefallen und vollständig isoliert; Radek sitzt im Gefängnis; Karachan, Krestinsky und Kamenew sind hingerichtet worden.

Das Ende des Polenfeldzuges erlaubte uns, unsere Kräfte gegen Wrangel zu konzentrieren, der im Frühjahr auf der Halbinsel Krim auftauchte, das Donbecken bedrohte und so die Kohlenversorgung der Republik gefährdete. In mehreren entscheidenden Kämpfen bei Nikopol und Stachowka wurden Wrangels Truppen aus ihren Stellungen geworfen; die Rote Armee marschierte weiter vor und zerschlug auf dem Höhepunkt der Kampagne die Befestigungswerke von Perekop. Die Krim wurde wieder sowjetisch. (Jegorow schrieb am 14. November 1935 anläßlich des fünfzehnten Jahrestags der Niederlage Wrangels in der „Prawda") - wie nicht anders zu erwarten:

> Trotzky blieb bei seiner gefährlichen Auffassung, daß die Wrangelfront nichts weiter als ein isolierter Sektor von geringer Bedeutung sei. Der Genosse Stalin war gezwungen, sich aufs entschiedenste gegen diese äußerst gefährliche Ansicht zu wenden. Das Zentralkomitee, mit Lenin an der Spitze, unterstützte Stalin. 267

Der Hinweis möge genügen, daß S. Gussew, damals einer der Agenten Stalins in der Roten Armee, es in einem 1925 veröffentlichten, „Wrangels Untergang" betitelten Artikel nicht für notwendig hielt, Stalins Namen auch nur ein einziges Mal zu erwähnen. 268

Während der ganzen Dauer des Bürgerkriegs blieb Stalin eine Figur dritter Ordnung, nicht nur in der Armee, sondern auch auf politischem Gebiet. Er war Präsident auf den Kongressen des Kollegiums des Nationalitäten-Kommissariats und der Kongresse einiger Völkerschaften. Er führte die Verhandlungen mit Finnland, mit der Ukraine, mit den Baschkiren, das heißt, er führte wesentliche, aber doch nur zweitrangige Missionen aus. Die grundlegenden politischen Probleme, die auf den Kongressen der Partei, der Sowjets, der Dritten Internationale diskutiert wurden, blieben ihm fremd. Auf der im Dezember 1921 abgehaltenen Elften Konferenz der Russischen Kommunistischen Partei schlug Jaroslawsky im Namen des Organisationsbüros folgende Namen für das Büro vor: Lenin, Sinowjew, Trotzky, Kamenew, Petrowsky, Ordschonikidse, Woroschilow, Jaroslawsky, Sulimow, Komarow, Rudsutak, I. N. Smirnow und Ruchimowitsch. Die Liste ist aufschlußreich ihrer Zusammenstellung und der Reihenfolge der Namen wegen. Außer den vier ersten waren alle - lauter alte Bolschewiki - leitende Parteiarbeiter aus den verschiedenen Regionen des Landes. Kein Platz für Stalin in dieser Liste, obwohl der Kalender schon das Ende des Jahres 1921 anzeigt! Der Bürgerkrieg gehörte schon der Vergangenheit an. Er hatte Stalin nicht zum Führer gemacht.

Elftes Kapitel

AUS DER OBSKURITÄT INS TRIUMVIRAT

(Als der Bürgerkrieg zu Ende ging, stand Stalin politisch noch im Schatten. Die „Deichselpferde“ der Partei kannten ihn natürlich, aber sie zählten ihn nicht zu den ersten Führern. Für den einfachen Parteiarbeiter war er eins der weniger bekannten Mitglieder des Zentralkomitees, obschon er Mitglied des Politischen Büros war. Im Lande hatte man kaum von ihm sprechen hören. Die nichtsowjetische Welt hatte überhaupt keine Ahnung von seiner Existenz. Aber in weniger als zwei Jahren war seine Gewalt über den Parteiapparat derart stark geworden, daß Lenin - für derart gefährlich hielt er Stalins Einfluß - die „kameradschaftlichen Beziehungen“ zu ihm abbrach. Zwei weitere Jahre vergingen, und Trotzky, der Ranghöhe nach in der Führung der Oktoberrevolution und der Sowjetregierung gleich der Zweite nach Lenin, war von Stalins Apparat in eine prekäre politische Stellung gedrängt worden. Stalin wurde nicht nur Mitglied des Triumvirats, das an Stelle des kranken Lenin die Partei leitete, sondern auch der mächtigste der Triumvirn. Darüber hinaus erwarb er im Laufe der Jahre eine Macht, sehr viel größer, als Lenin sie jemals besessen hatte - eine weitaus absolutere Macht in der Tat, als die, über die je ein Zar in der langen Geschichte des russischen Absolutismus verfügt hat.

Wie war das möglich? Welches waren die Ursachen für Stalins Aufstieg aus politischer Obskurität zu politischer Bedeutung, und über welche Etappen führte sein Weg?)

Jedes Entwicklungsstadium, selbst eine Katastrophenphase wie Revolution und Konterrevolution, ist ein Produkt des voraufgegangenen Stadiums, wurzelt in ihm und ähnelt ihm. Nach dem Oktobersieg gab es Autoren, die vorbrachten, daß die proletarische Diktatur nur eine neue Lesart des Zarismus sei, Vogel-Strauß-Politiker, die die Abschaffung des Adels und der Monarchie so wenig sehen wollten, wie die Vernichtung des Kapitalismus und die Aufrichtung einer Planwirtschaft, die Abschaffung der Staatskirche und die Erziehung der Massen nach den Grundsätzen des Atheismus, die Aufhebung des Großgrundbesitzes und die Verteilung des Bodens unter diejenigen, die den Boden wirklich bearbeiten. Genau so schlossen nach Stalins Triumph über den Bolschewismus die meisten Schriftsteller - wie die beiden Webbs, die Wells und die Laskis, die erst dem Bolschewismus kritisch gegenüberstanden und nachher Weggenossen des Stalinismus wurden - ihre Augen vor der kardinalen und nicht zu übersehenden Tatsache, daß die Oktoberrevolution - ungeachtet der Repressionsmaßnahmen, die unter dem Zwange außergewöhnlicher Umstände ergriffen werden mußten - einen Umsturz der gesellschaftlichen Beziehungen im Interesse der arbeitenden Massen mit sich gebracht hat, während die stalinistische Konterrevolution soziale Umbrüche einleitet, die zur Änderung der sowjetischen Gesellschaftsordnung im Interesse einer privilegierten Minderheit thermidorianischer Bürokraten führen. Gleichermaßen unfähig, die elementarsten Tatsachen zu verstehen, sind gewisse Renegaten des Kommunismus, von denen viele eine Zeitlang Stalins Lakeien waren und die nun, den Kopf im Sande bitterster Enttäuschung, nicht sehen wollen, daß sich die von Stalin geführte Konterrevolution trotz Gleichartigkeit an der Oberfläche in manchem wesentlichen Punkte von den Konterrevolutionen der Faschistenführer unterscheidet; die nicht sehen wollen, daß dieser Unterschied seine Wurzeln in der Verschiedenheit der sozialen Basis der Konterrevolution Stalins und der sozialen Basis der von Hitler und Mussolini geführten reaktionären Bewegungen hat, daß diese Verschiedenheit parallel verläuft mit dem Unterschied zwischen der Diktatur des Proletariats - so sehr sie auch durch den thermidorianischen Bürokratismus entstellt sein mag - und der Diktatur der Bourgeoisie, mit dem Unterschied zwischen einem Arbeiterstaat und einem kapitalistischen Staat.

Ferner wird dieser grundlegende Unterschied illustriert - und in gewissem Sinne resümiert - durch die Einzigartigkeit der Karriere Stalins, verglichen mit derjenigen der beiden anderen Diktatoren, Hitler und Mussolini, die beide Begründer einer Bewegung, hervorragende Agitatoren und Volkstribunen waren. Ihr politischer Aufstieg, so phantastisch er scheinen möge, entsprang eigener Kraft und verlief unter aller Augen und in engster Verbindung mit dem Wachstum der Bewegungen, die sie von Anfang an geführt hatten. Völlig verschieden davon ist die Art des Aufstiegs Stalins. In der Vergangenheit hat er nicht seinesgleichen. Eine Vorgeschichte scheint er nicht zu haben. Hier vollzog sich der Aufstiegsprozeß irgendwo hinter einem undurchdringlichen politischen Vorhang. In einem bestimmten

Augenblick überstieg Stalins Erscheinung plötzlich, sogleich mit der Rüstung der Macht angetan, die Kremlmauern, und die Welt erschaute Stalin zum erstenmal als fertigen Diktatoren. Um so lebhafter ist das Interesse, mit dem die denkende Menschheit Stalins Natur untersucht, seine persönliche sowohl wie seine politische. In den Besonderheiten seiner Persönlichkeit sucht sie den Schlüssel zu seinem politischen Geschick.

Es ist unmöglich, Stalin und seine jüngsten Erfolge zu verstehen, wenn man nicht die Haupttriebfeder seiner Persönlichkeit erkannt hat: Herrschsucht, Ehrgeiz, Neid - rastlos emsiger Neid, gegen alle Begabteren gerichtet, alle Mächtigeren, alle über ihm Stehenden. Mussolini sagte eines Tages mit der für ihn charakteristischen Großmäuligkeit zu einem seiner Freunde: „Ich bin nie meinesgleichen begegnet !" Diesen Satz hätte Stalin selbst vor seinen intimsten Freunden nie aussprechen können, weil er allzu absurd und lächerlich geklungen hätte. Allein in der bolschewistischen Führung gab es eine ganze Anzahl von Männern, die Stalin in jeder Hinsicht überragten, außer in einer - dem konzentrierten Ehrgeiz. Lenin schätzte die Macht als Aktionsinstrument äußerst hoch, aber das Streben nach Macht um der Macht willen war ihm völlig fremd. Nicht so Stalin. Psychologisch war für ihn die Macht immer etwas von dem Ziel, dem sie angeblich diente, Unterschiedenes. Der Wunsch, seinen Willen zu gebrauchen, wie der Athlet seine Muskeln gebraucht, um sich anderen überlegen zu zeigen - das ist die Grundtriebkraft seiner Persönlichkeit. So erwarb sein Wille eine sich ständig steigernde zusammengeballte Kraft, schwoll an Angriffslust, Tatendrang, Zielsetzung und machte vor nichts mehr Halt. Je öfter sich Stalin selbst davon überzeugen mußte, daß ihm die meisten Voraussetzungen für die Eroberung der Macht fehlten, um so heftiger bemühte er sich, jeden dieser Mängel zu kompensieren, um so geschickter gab er allen diesen Mängeln eine Form, die sie unter bestimmten Umständen zu Vorzügen machen mußten.

Der übliche offizielle Vergleich Stalins mit Lenin ist einfach ungehörig. Wenn Individualität die Vergleichsgrundlage ist, ist es überhaupt nicht einmal möglich, Stalin neben Hitler und Mussolini zu stellen. So mager die „Ideen" des Faschismus sind - die beiden siegreichen Führer der Reaktion, der Italiener wie der Deutsche, entfalteten von Anbeginn ihrer Bewegungen an eigene Initiative, führten Massen zur Tat und fanden im politischen Dschungel neue Wege. Nichts dergleichen kann von Stalin gesagt werden. Die bolschewistische Partei ist von Lenin geschaffen worden. Stalin ist aus dem Apparat dieser Partei hervorgegangen und von ihm untrennbar geblieben. Zwischen ihm und den Massen, den historischen Ereignissen, stand immer der Apparat. In der ersten Periode seines Aufstiegs zur Macht war er von seinem Erfolg selbst überrascht. Sein Schritt war unsicher, er blickte nach links und nach rechts und über seine Schultern, stets bereit, zurück und in Deckung zu gehen. Als Gegengewicht gegen mich wurde er von Sinowjew und Kamenew gehalten und ermutigt, auch, in geringerem Maße, von Rykow, Bucharin und Tomsky. Keiner von ihnen glaubte damals, daß Stalin eines Tages über ihre Häupter hinwegschreiten würde. Im ersten Triumvirat behandelte ihn Sinowjew mit behutsamer Bevormundung, Kamenew mit einem Schuß von Ironie.

Die Beziehungen zwischen Lenin und Stalin werden offiziell als eine enge Freundschaft dargestellt. In Wirklichkeit trennte die beiden Männer ein weiter Abstand, der nicht nur von dem Altersunterschied von zehn Jahren herrührte, sondern von dem ganzen Format ihrer Persönlichkeit. Ein Gefühl von der Art der Freundschaft konnte es zwischen ihnen nicht geben. Zweifellos hatte Lenin an Stalin die Fähigkeiten geschätzt, die dieser als praktischer Organisator in der schwierigen Periode der Reaktion von 1907 bis 1913 bewiesen hatte. In der Zeit des Sowjetregimes jedoch erschien ihm Stalins Grobheit mehr und mehr als unerträglich, und sie verhinderte eine vertrauensvolle Zusammenarbeit zwischen ihnen. Hauptsächlich deswegen betrieb Stalin seine heimliche Opposition gegen Lenin weiter. Neidisch und widerspenstig, konnte Stalin nur um so störrischer werden, je mehr er in jedem Augenblick Lenins erdrückende intellektuelle und moralische Überlegenheit zu fühlen bekam. Solcherart waren die Beziehungen zueinander, und so blieben sie bis zu dem Zeitpunkt, an dem Lenin ernsthaft erkrankte und wo sie in offenen Kampf umschlugen, dessen Höhepunkt der schließliche Bruch wurde.

Schon anläßlich des fünfzigsten Geburtstages von Lenin im Frühling 1920 getraute sich Stalin eine Rede über Lenins „Irrtümer“ zu halten. Was ihn dazu trieb, ist schwer zu sagen. Jedenfalls schien diese Rede allen so deplaciert, daß „Prawda“

und „Iswestija“ am nächsten Tage, dem 24. April, in ihrem Bericht über die Feier lediglich anführten, „der Genosse Stalin“ habe „verschiedene Episoden ihrer gemeinsamen Arbeit vor der Revolution in Erinnerung gerufen“, ohne Kommentar. Zur selben Zeit und aus dem gleichen Anlaß wollte Stalin in einem Artikel „Lenin als Organisator und Führer der russischen Kommunistischen Partei“ zeigen, „was er von Lenin gelernt hatte und von ihm lernen wolle“. Es lohnt nicht, dieses Stück auf sein theoretisches oder literarisches Interesse hin zu untersuchen. Es genügt, den Anfang des Artikels wiederzugeben, der folgendermaßen lautet:

„Während im Westen - in Frankreich und Deutschland - die Arbeiterpartei aus den Gewerkschaften hervorging, unter Bedingungen, die die Existenz von Gewerkschaften und Parteien ermöglichten ... fand im Gegensatz dazu in Rußland die Bildung der proletarischen Partei unter dem grausamsten Absolutis-
269 mus statt ...“

Diese Behauptung trifft zweifelsohne auf England zu, das er nicht als Beispiel bringt, während sie für Frankreich nicht stimmt und gänzlich falsch ist, wenn sie auf Deutschland angewendet wird, wo es die Partei war, die die Gewerkschaften praktisch aus dem Nichts heraus schuf. Heutigentags wie 1920 ist die Geschichte der europäischen Arbeiterbewegung für Stalin ein Buch mit sieben Siegeln, weshalb es ganz umsonst ist, von ihm auf diesem Gebiete einen theoretischen Lichtblick zu erwarten.

Der Artikel gewinnt aber dadurch ein gewisses Interesse, daß Stalin hier nicht nur in der Überschrift, sondern auch im Inhalt Lenin einmal als Organisator und dann auch als politischen Führer feiert. „Das wichtigste, was dem Genossen Lenin zugeschrieben werden muß“, war „sein stürmischer Angriff auf die organisatorische Formlosigkeit bei den Menschewiki.“ Lenin wird sein Organisationsplan deshalb gutgeschrieben, weil er „die Erfahrung der Organisationsarbeit der besten praktischen Parteiarbeiter meisterhaft verallgemeinerte“. Und weiter: „Nur in der Konsequenz einer solchen Organisationspolitik konnte die Partei diese innere Einheit herstellen, diese überwältigende Solidarität, die es ihr ermöglichte, sich mühelos aus der Kerensky- und der Julikrise herauszuarbeiten, die Oktoberrevolution auf ihren Schultern zu tragen, die Periode der Brest-Litowsker Krise zu überwinden, ohne auseinanderzufallen, und den Sieg über die Entente zu organisieren.“

Erst nach diesem Absatz sagt Stalin: „Aber der organisatorische Wert der russischen Kommunistischen Partei stellt nur eine Seite der Frage dar“ und geht dann über zum politischen Inhalt der Parteiarbeit, zum Programm und zur Taktik der Partei. Es ist sicherlich nicht übertrieben, zu sagen, daß kein anderer Marxist, auf alle Fälle kein *russischer* Marxist, eine Würdigung Lenins auf diese Weise konstruiert hätte. Organisatorische Fragen sind ganz gewiß nicht die Grundlage der Politik, sondern folgen vielmehr der Kristallisierung der Theorie, des Programms und der Praxis nach. Es ist aber kein Zufall, daß Stalin den organisatorischen Hebel für grundlegend hält; alles, was mit dem Programm und der Politik zusammenhängt, war für ihn immer nur ein Ornament für die organisatorische Grundlage.

Im gleichen Artikel formulierte Stalin zum letzten Mal und ziemlich korrekt die seinerzeit recht neue bolschewistische Konzeption von der Rolle der proletarischen Partei unter den Bedingungen der bürgerlich-demokratischen Revolutionen unserer Zeit. Stalin machte sich über die Menschewiki lustig und schrieb, es schiene all denjenigen, die sich die Geschichte der voraufgegangenen Revolutionen nicht genügend zu eigen gemacht hätten,

> daß das Proletariat nicht auf die Hegemonie in der russischen Revolution Anspruch machen kann; die Führung muß der russischen Bourgeoisie angeboten werden, derselben Bourgeoisie, die sich der Revolution entgegengestellt hat. Ebenso muß die Bauernschaft unter die Vormundschaft der Bourgeoisie gestellt werden, während sich das Proletariat auf die Rolle einer Opposition auf der äußersten Linken beschränken müsse. Dieses ekelhafte Echo des widerlichen Liberalismus wurde von den Menschewiki als das letzte Wort des echten Marxismus hingestellt. 270

Bemerkenswert ist, daß Stalin drei Jahre später eben diese Konzeption der Menschewiki Wort für Wort und Buchstaben für Buchstaben auf die chinesische bürgerlich-demokratische Revolution anwandte und später mit noch weitaus stärkerem Zynismus auf die spanische Revolution von 1936-1939. Eine so monströse Wendung wäre gänzlich ausgeschlossen gewesen, hätte sich Stalin wirklich die leninistische Konzeption von der Revolution angeeignet. Aber was sich Stalin angeeignet hat, das ist lediglich die leninistische Konzeption vom Apparat einer zentralisierten Partei. Sobald er diese verwirklicht sah, vergaß er, daß sie theoretischen Erwägungen entsprang; ihre programmatische Grundlage verlor für ihn jede Bedeutung, und er ging ganz natürlicherweise, im Einklang mit seiner eigenen Vergangenheit, seiner sozialen Herkunft, seiner Erziehung, zu einer kleinbürgerlichen Konzeption über, zum Opportunismus, zum Kompromiß. 1917 war es ihm nur deshalb nicht gelungen, die Vereinigung mit den Menschewiki zu verwirklichen, weil Lenin es ihm nicht gestattet hatte. In der chinesischen Revolution praktizierte er die menschewistische Konzeption unter dem Banner des Bolschewismus; er wandte strikt das menschewistische Programm an, aber mit bolschewistischen Methoden, das heißt mittels eines zentralisierten politischen Apparats, der für ihn die Quintessenz des Bolschewismus ist. Mit sehr viel mehr Folgerichtigkeit und in tödlich wirkender Vollendung machte er dieselbe Politik in der spanischen Revolution.

Wenn also der Artikel Stalins über Lenin, der oft und in allen Sprachen nachgedruckt worden ist, nur eine banale Auseinanderlegung seines Objekts war, so liefert er uns doch den Schlüssel zum Verständnis der politischen Natur unseres Verfassers. Er enthält sogar Stellen, die in gewisser Hinsicht autobiographisch sind: „Öfter als einmal kam es vor, daß unsere eigenen Genossen (nicht nur die Menschewiki), den Genossen Lenin beschuldigten, in seinem unversöhnlichen Kampf gegen die Versöhnler übertrieben stark zu Polemiken und zu Spaltungen zu neigen...
271 Kein Zweifel, daß zuzeiten das eine wie das andere vorkam...“ 1920 hielt Stalin Lenin für übertrieben stark zu Polemiken und zu Spaltungen geneigt, wie er das auch 1913 geglaubt hatte. Und er rechtfertigte diese Tendenz Lenins, ohne die Unrichtigkeit der gegen Lenin seines „Extremismus“ wegen vorgebrachten Beschuldigungen nachzuweisen.

(Als Lenin seinen ersten Anfall erlitt, glaubte das Publikum in der Welt mit Einschluß von Sowjetrußland, daß seine Krankheit nicht ernst wäre und er seine Arbeit bald wieder aufnehmen könne: er war zähe wie eine Bulldogge und hatte gerade erst die Fünfzig überschritten. Anfangs teilten die Mitglieder des Politischen Büros aufrichtig diese Überzeugung. Sie taten nichts, um die Öffentlichkeit, wenigstens die sowjetischen Arbeiter und Bauern oder die Mitglieder der Partei, zu informieren, als nachher klar wurde, daß diese Überzeugung unberechtigt und die Krankheit ernsthaft war. Es wurde für selbstverständlich gehalten, daß das Politbüro während der Krankheit Lenins seine Aufgabe weiter verfolgte. Obwohl für die Öffentlichkeit im allgemeinen Trotzky der gegebene Nachfolger Lenins zu sein schien und obwohl die jüngeren Mitglieder der Partei diese Auffassung teilten, sahen die „Deichselpferde“ des Apparats den Nachfolger weder in Trotzky noch in irgendeinem anderen Mitglied des Politischen Büros. Die einzig mögliche Lösung schien ihnen die Bildung eines Direktoriums aus den Führern der Partei und den Voll- und Ersatzmitgliedern des Politischen Büros.)

(Dieser Plan wurde jedoch geändert. Die Nachfolge ging an ein Triumvirat über. Dessen Leiter wurde Sinowjew, Kamenew wurde der zweite Mann, Stalin kam erst an dritter Stelle. Sinowjew wurde so der tatsächliche Nachfolger Lenins. Er verfügte über die aktive Hilfe Kamenews und Bucharins, die widerwillige Stalins und die passive Unterstützung durch Tomski.)

(Wen hat Lenin als seinen Nachfolger bevorzugt? Bis zum
zweiten Anfall am 16. Dezember 1922 hoffte er durchaus noch,
wiederhergestellt zu werden und die Leitung wieder übernehmen
zu können. Bis dahin faßt er die Frage der Nachfolge nicht ernst-
haft ins Auge. Sein einige Tage später verfaßtes Testament 272
drückte offensichtlich den Wunsch aus, das Zentralkomitee vor
den Gefahren eines Bruchs zu warnen; eine solche Stellung einzu-
nehmen, lag ihm näher, als selbst durch ein Diktat zu entscheiden.
Eben weil ihm sein außergewöhnliches Prestige die Macht dazu
verschaffte, widerstrebte es ihm, seinen Willen gewaltsam durch-
zusetzen. Deshalb beschränkte er sich darauf, seine Meinung
über die führenden Persönlichkeiten zu präzisieren und Empfeh-
lungen zu geben, unter denen die dringendste die Entfernung
Stalins - wegen „Grobheit“ und „Unredlichkeit“ - vom Posten
des Generalsekretärs war. Zwei Monate danach hielt er es aber
für unerläßlich, eine nicht wieder rückgängig zu machende Ent-
scheidung zu treffen: den endgültigen Abbruch der kamerad-
schaftlichen Beziehungen mit dem einen seiner Stellvertreter,
mit Stalin. Dieser Bruch fand während der Vorbereitungen zum
Zwölften Parteitag statt, an dem Lenin, durch einen dritten An-
fall gelähmt, nicht teilnehmen konnte. Es war dies der erste
Parteitag ohne Lenin, und auch der erste, der mit vom General-
sekretär ausgesuchten Delegierten angefüllt war. Er bezeichnete
den Anfang vom Ende des Leninschen Regimes und das Herauf-
dämmern des Stalinismus als neuer politischer Orientierung.)

(Der Bruch zwischen Lenin und Stalin wurde erst vollzogen, nachdem Lenin vergebliche Anstrengungen gemacht hatte, ihn zu vermeiden.) Als Sinowjew und seine Verbündeten auf dem Elften Parteitag Ende März 1922 Stalins Kandidatur für den Posten des Generalsekretärs in der Hoffnung unterstützten, des letzteren Feindschaft gegen mich für ihre eigenen Zwecke ausnützen zu können, blieb Lenin reserviert und zögernd. „Dieser Koch wird uns nur scharfe Suppen kochen“, sagte er in einem privaten Gespräch. Lenin fürchtete, wieder krank zu werden und war bemüht, die Zwischenzeit bis zu einem nächsten Anfall, der fatal werden konnte, zur Herstellung einer harmonischen gemeinsamen Leitung durch gegenseitiges Einverständnis auszunutzen.

Der einzige ernsthafte Beitrag an marxistischer Literatur, den Stalin jemals für das Arsenal der bolschewistischen Theorie geliefert hat, war der über die nationale Frage. Das lag so weit zurück wie das Jahr 1913. Diese Schrift war zweifellos die „Summe“ seiner eigenen Beobachtungen im Kaukasus, das Resultat praktischer revolutionärer Arbeit und gewisser historischer Verallgemeinerungen, die er, wie wir schon ausgeführt haben, Lenin entnommen hatte. Stalin hatte sie übernommen, indem er sie seinen eigenen Schlußfolgerungen angepaßt hatte, ohne sie aber vollständig zu verdauen und ganz gewiß ohne sie wirklich zu assimilieren.

Das wurde vollauf klar, als in der Zeit des Sowjetregimes die auf dem Papier gelösten Probleme in der Form von höchst wichtigen Verwaltungsaufgaben wieder auftauchten. Gerade dabei stellte sich heraus, daß das viel gerühmte völlige Einverständnis zwischen Lenin und Stalin in allen Dingen, besonders in der nationalen Frage - wofür die Broschüre aus dem Jahre 1913 garantierte - in hohem Maße auf Einbildung beruhte.

Auf dem Zehnten Parteitag im März 1921 hatte Stalin wieder einmal seinen unvermeidlichen Bericht über die nationale Frage
273 erstattet. Wie das bei ihm infolge seines Empirismus immer der Fall war, zog er seine Verallgemeinerungen nicht aus der lebendigen Materie, aus den Erfahrungen des Sowjetsystems, sondern aus untereinander nicht zusammenhängenden und miteinander nicht in Zusammenhang gebrachten Abstraktionen. 1921 wiederholte er wie 1917 das allgemeine Argument, daß die bürgerlichen Nationen ihre nationale Frage nicht lösen könnten, während das Sowjetland über alle Mittel dazu verfügte. Der Bericht rief Unzufriedenheit und Überraschung hervor. Im Verlauf der auf ihn folgenden Debatten formulierten die an ihm am meisten interessierten Delegierten, vor allem die Vertreter der Parteien der nationalen Minderheiten, ihre Kritiken. Selbst Mikojan, schon damals einer der nächsten politischen Verbündeten Stalins und später einer seiner ergebensten Lakaien, stellte fest, daß die

Partei Instruktionen brauche über „die Änderungen, die am Regime vorzunehmen sind und über den Typus des Sowjetregimes, der in den Grenzländern errichtet werden muß ... was uns der Genosse Stalin nicht gesagt hat“.

Prinzipien haben für Stalin niemals gezählt - und in der 274
nationalen vielleicht noch weniger als in irgendeiner anderen Frage. Die unmittelbaren Verwaltungsaufgaben erschienen ihm immer wichtiger als alle Gesetze der Geschichte. 1905 hatte er die ansteigende Massenbewegung nur mit Erlaubnis seines Parteikomitees zur Kenntnis genommen. In der Reaktionszeit hatte er die Untergrundbewegung verteidigt, weil sie ihrer Natur nach einen zentralisierten politischen Apparat erforderte. Nach der Februarrevolution, als dieser Apparat ebenso zerschlagen war wie die Untergrundbewegung, verlor er den Unterschied zwischen Bolschewismus und Menschewismus aus dem Gesicht und war bereit, sich mit der Partei Tseretellis zu vereinigen. 1917 schließlich, nach der Machteroberung, wurden alle Aufgaben, alle Probleme, alle Perspektiven den Bedürfnissen dieses Apparates der Apparate untergeordnet: dem Staat. Als Nationalitäten-Kommissar ging Stalin an die nationale Frage nicht mehr vom Gesichtspunkt der Gesetze der Geschichte aus heran - einem Gesichtspunkt, dem er 1913 seinen Tribut gezahlt hatte -, sondern vom Gesichtspunkt der Bequemlichkeit der Büros. So mußte er notwendigerweise mit den Forderungen der zurückgebliebenen und unterdrückten Völkerschaften in scharfen Konflikt geraten, während er dem bürokratischen großrussischen Imperialismus übertriebene Vorrechte zuerkannte.

Das georgische Volk, das fast völlig aus Bauern und Kleinbürgern bestand, widersetzte sich der Sowjetisierung seines Landes aufs energischste. Doch wurden die daraus resultierenden großen Schwierigkeiten beträchtlich durch die militaristische Willkür mit ihren Prozeduren und Methoden erhöht, der Georgien unterworfen wurde. Unter diesen Umständen mußte die führende Partei den georgischen Massen gegenüber doppelt behutsam vorgehen. Eben hier liegt die Ursache für die tiefgehende Uneinigkeit, die sich zwischen Lenin und Stalin entwickelte. Lenin bestand auf einer äußerst schmiegsamen, vorsichtigen und geduldigen Politik gegenüber Georgien und besonders Transkaukasien. Stalin ging davon aus, daß unsere Position gesichert sei, da sich der Staatsapparat in seinen Händen befinde. Stalins Agent im Kaukasus war Ordschonikidse, der unduldsame Eroberer Georgiens, der jede Regung von Widerstand für eine persönliche Beleidigung hielt. (Stalin schien vergessen zu haben, daß es nicht sehr lange her war), daß wir Georgiens Unabhängigkeit anerkannt und einen Vertrag mit ihm unterzeichnet hatten. (Das war am 7. Mai 1920 gewesen. Am 11. Februar 1921 aber) waren Abteilungen der Roten Armee auf Befehl Stalins in Georgien eingedrungen und hatten uns vor vollendete Tatsachen gestellt. Stalins Jugendfreund Iremaschwili schreibt darüber:

> Stalin war gegen den Vertrag. Er wollte nicht, daß sein Geburtsland außerhalb des russischen Staates bleibe und unter der freien Regierung der Menschewiki lebe, die er haßte. Sein Ehrgeiz drängte ihn zur Herrschaft über Georgien, dessen friedfertige und denkfähige Bevölkerung seiner destruktiven Propaganda mit kaltem Gleichmut widerstand... Der Drang, seinen Rachedurst an den menschewistischen Führern zu stillen, die sich stets geweigert hatten, seinen utopischen Plänen zuzustimmen und die ihn aus ihren Reihen ausgeschlossen hatten, ließ ihm keine Ruhe. Gegen den Willen Lenins, auf seine eigene eitle Initiative hin, vollführte Stalin die Bolschewisierung oder Stalinisierung seines Geburtslandes . . . Stalin organisierte in Moskau den Einfall nach Georgien und leitete ihn von dort aus.
> 275 Mitte Juni 1921 zog er als Sieger in Tiflis ein.

Stalin besuchte Georgien im Jahre 1921, und zwar in einer recht anderen Eigenschaft als der, in der man ihn in seinem Lande zu sehen gewohnt gewesen, als er noch Sosso und später Koba war. Jetzt kam er als Vertreter der Regierung, des allmächtigen Politbüros, des Zentralkomitees. Jedoch sah niemand in Georgien in ihm einen Führer, vor allem niemand in den oberen Schichten der Partei, wo man ihn nicht als Stalin, sondern als Angehörigen der höchsten Parteiinstanz empfing, das heißt, nicht kraft seiner Persönlichkeit, sondern seiner Funktion nach. Seine ehemaligen Kameraden in der illegalen Arbeit hielten sich für mindestens ebenso kompetent in den georgischen Angelegenheiten wie ihn; sie gaben den Meinungsverschiedenheiten, die sie mit ihm hatten, unumwunden Ausdruck und unterwarfen sich nur wider Willen, wenn sie gezwungen waren, sich zu unterwerfen, ohne mit schärfster Kritik zu sparen und nicht ohne damit zu drohen, daß sie vom Politbüro verlangen würden, das ganze Problem neu aufzurollen. Stalin war noch kein Führer, selbst nicht in seinem Geburtsland. Das bekümmerte ihn tief. Er hielt sich über die Georgien betreffenden Fragen für besser informiert als alle übrigen Mitglieder des Zentralkomitees. Bezog er in Moskau seine Autorität aus der Tatsache, daß er ein mit den lokalen Bedingungen vertrauter Georgier war, so versucht er in Georgien, wo er als der von nationalen Vorurteilen und lokalen Sympathien freie Vertreter Moskaus auftrat, sich so zu benehmen, als ob er nicht Georgier sei, sondern eben ein von Moskau delegierter Bolschewik, der Nationalitäten-Kommissar, und als ob die Georgier für ihn gerade eine der vielen nationalen Minderheiten wären. Im Hinblick auf die nationalen Besonderheiten Georgiens spielte er den Unwissenden - eine Art von Kompensation für die stark nationalistischen Gefühle seiner eigenen Jugendzeit. (Er betrug sich wie ein Großrusse und trat die nationalen Rechte seines eigenen Volkes mit Füßen.) Das war es, was Lenin unter „ausländischen Russifizierern" verstand - und was sowohl auf Stalin wie auch auf Dzerschinsky, diesen zum „Russifizierer" gewordenen Polen, zutraf. (Iremaschwili nach, der offensichtlich übertreibt), „betrachteten die georgischen Bolschewiki, die anfänglich in die russische stalinistische Invasion verwickelt waren, als ihr Ziel eine unabhängige Sowjetrepublik von Georgien, die nichts mit Rußland gemein haben würde als die bolschewistischen Auffassungen und die politische Freundschaft. Es gab noch Georgier, denen die Unabhängigkeit ihres Landes wichtiger war als alles andere... Dann aber kam Stalins Kriegserklärung, die eine loyale Unterstützung bei den russischen Rotgardisten und der Tscheka fand, die er nach Georgien geschickt hatte". 276

Weiter sagt uns Iremaschwili, daß Stalin in Tiflis auf allgemeine Feindschaft stieß. Während einer von den Tifliser Sozialisten einberufenen, im Theater stattfindenden Versammlung fanden Kundgebungen gegen Stalin statt. Es ist wahrscheinlich, daß der alte Menschewik Iremaschwili die Versammlung beherrschte und Stalin offen anschuldigte; auch wird gesagt, daß andere Redner Stalin gleichfalls angriffen. Ein stenographischer Bericht ist leider nicht aufbewahrt worden - und folgenden Abschnitt aus Iremaschwilis Memoiren ganz wörtlich zu nehmen, sind wir wohl nicht verpflichtet: „Stalin war gezwungen, seinen Gegnern stundenlang schweigend zuzuhören und ihre Anklagen einzustecken. Nie zuvor, noch jemals späterhin, hat Stalin eine solche mutig geäußerte, offene Entrüstung über sich ergehen lassen müssen." 277

(Die spätere Entwicklung braucht nur kurz gestreift zu werden.) Stalin beging Lenin gegenüber abermals einen Vertrauensbruch. Um sich für seine eigenen Zwecke in Georgien einen soliden politischen Stützpunkt zu verschaffen, stiftete er dort hinter dem Rücken Lenins und des Zentralkomitees, mit Hilfe Ordschonikidses und nicht ohne Dzerschinskys Unterstützung, eine regelrechte „Revolution" gegen die besten Parteimitglieder an, wobei er sich unberechtigterweise hinter der Autorität des Zentralkomitees versteckte. Er schlug einen Vorteil daraus, daß Lenin an den Zusammenkünften mit den georgischen Genossen nicht teilnehmen konnte und ließ Lenin falsche Informationen zukommen. Lenin ahnte nichts Gutes und beauftragte seine Privatsekretärin, eine umfassende Dokumentation über die georgische Frage anzulegen. Nachdem Lenin die Dokumente durchgearbeitet hatte, entschloß er sich zum offenen Kampf. Es ist schwer zu sagen, was ihn am meisten empörte - Stalins persönliche Unredlichkeit oder seine chronische Unfähigkeit, das Wesen der bolschewistischen Nationalitätenpolitik zu erfassen; wahrscheinlich beides.

(Tastend fand der bettlägerige Lenin die Wahrheit. Er diktierte ein Programm in Form eines Briefes, das die Grundposition in der nationalen Frage festlegen sollte, um keine Mißverständnisse über seine eigene Stellungnahme in den zur Diskussion stehenden Fragen unter den Genossen aufkommen zu lassen. Am 30. Dezember diktierte er folgende Mitteilung:)

„Ich glaube, daß die Übereile und die aufgeregten Verwaltungsmaßnahmen Stalins eine schädliche Rolle gespielt haben, ebenso wie seine Mißachtung des ‚sozialen Nationalismus'. Mißachtung spielt im allgemeinen die schlimmste Rolle in der Politik."

(Am nächsten Tage machte er zu dem Programmbrief folgenden Zusatz:) „Natürlich ist es notwendig, Stalin und Dzerschinsky für diese ganze großrussisch-nationalistische Kampagne zur Ver-
278 antwortung zu ziehen."

(Lenin war auf dem richtigen Wege. Sah er den ganzen Ernst der Situation, so war die abschwächende Charakterisierung, deren er sich befleißigte, um so erstaunlicher. Denn was hinter seinem Rücken vorging, war, wie Trotzky acht Jahre später darlegte, daß) die Stalinfraktion die Fraktion Lenins im Kaukasus verjagte. Das war der erste Sieg der Reaktionäre in der Partei. Er eröffnete das zweite Kapitel der Revolution: das der stalinistischen Konterrevolution.

(Lenin sah sich schließlich gezwungen, am 6. März 1923 an die georgischen Oppositionellen zu schreiben:)

An die Genossen Mdiwani, Macharadse und andere (Abschrift für die Genossen Trotzky und Kamenew).

Werte Genossen, ich stehe in dieser Angelegenheit mit ganzem Herzen bei Euch. Ich bin empört über die Arroganz Ordschonikidses und Stalins sträfliches Einverständnis. Ich bereite Schriftstücke und eine Rede zu Eurer Verteidigung vor. Mit Hochschätzung, Lenin. 279

Am vorhergehenden Tage hatte er folgende an mich gerichtete Mitteilung diktiert:

Werter Genosse Trotzky, ich bitte Sie dringend, die Verteidigung der georgischen Angelegenheit im Zentralkomitee der Partei zu übernehmen. Sie wird jetzt von Stalin und Dzerschinsky ‚verfolgt', so daß ich nicht auf Unparteilichkeit rechnen kann. Wahrhaftig, ganz im Gegenteil! Wenn Sie bereit sind, die Verteidigung zu übernehmen, würde ich zufrieden sein. Wenn Sie aus irgendeinem Grunde nicht bereit sind, wollen Sie mir bitte die Dokumente wieder zukommen lassen. Ich würde das als ein Zeichen dafür ansehen, daß Sie nicht einverstanden sind. Mit besten kameradschaftlichen Grüßen, Lenin. 280

(Lenin sandte ferner zwei seiner Privatsekretärinnen, Glasser und Fotjewa, mit einem Schriftstück zu Trotzky, in welchem er Trotzky unter anderem bat, die georgische Frage auf dem bevorstehenden Zwölften Parteitag im Auge zu behalten.) Die Glasser bemerkte dabei: „Als Wladimir Iljitsch Ihre Briefe gelesen hat, hat sich sein Gesicht aufgehellt. Jetzt wird die Sache besser gehen! Und er hat mich beauftragt, Ihnen alle Manuskripte zu übergeben, die er zur Herstellung seiner ‚Bombe' für den Zwölften Parteitag brauchte." Ich war durch Kamenew 281
davon unterrichtet worden, daß Lenin soeben einen Brief geschrieben hatte, in dem er alle kameradschaftlichen Beziehungen zu Stalin abbrach, so daß ich äußerte - Kamenew sollte am gleichen Tage nach Georgien abreisen, um dort an einer Parteikonferenz teilzunehmen -, es würde angebracht sein, Kamenew den in Rede stehenden Programmbrief über die nationale Frage zu unterbreiten, damit er in der Lage sei, alles Nötige zu veranlassen. Die Fotjewa antwortete mir: „Ich weiß nicht. Wladimir Iljitsch hat mich nicht beauftragt, den Genossen Kamenew von dem Brief in Kenntnis zu setzen, ich kann ihn aber danach fragen." Einige Minuten später kam sie zurück und sagte zu mir: „Auf keinen Fall. Lenin sagt, daß Kamenew den Brief Stalin zeigen würde, der dann ein faules Kompromiß macht, um uns später reinzulegen." „Die Dinge sind also soweit gediehen, daß Lenin es nicht mehr für möglich hält, mit Stalin selbst auf einer richtigen Linie ein Kompromiß zu schließen?" „Das stimmt. Iljitsch traut Stalin nicht. Er will sich vor der ganzen Partei offen gegen ihn aussprechen Er bereitet eine Bombe vor." 282

Lenins Absichten waren durchaus klar. Indem er die Politik Stalins zum Beispiel nahm, wollte er vor der Partei (und ohne irgendwelche Rücksichten) die Gefahren der bürokratischen Umwandlung der Diktatur aufzeigen. Die Fotjewa kam kurze Zeit später mit einer anderen Botschaft Wladimir Iljitschs zurück, der - wie sie sagte - entschlossen war, sofort zu handeln und die - oben zitierte - Mitteilung an Mdiwani und Macharadse selbst geschrieben habe.

„Wie erklären Sie sich diese Veränderung?" fragte ich die Fotjewa.

„Sein Zustand wird von Stunde zu Stunde schlimmer", antwortete sie, „und er will sich beeilen, noch zu tun, was er tun kann."

(Zwei Tage später hatte Lenin seinen dritten Anfall.)

Auf dem Parteitag erklärte Stalin am 23. April am Schluß seiner Ausführungen über die nationale Frage: „Hier ist viel von Mitteilungen und Artikeln Wladimir Iljitschs gesprochen worden. Ich will meinen Lehrmeister, den Genossen Lenin, nicht zitieren, denn er ist nicht anwesend und ich müßte befürchten, daß ich mich nicht in korrekter und exakter Weise auf
283 ihn beziehe . . ."

Das ist zweifellos ein Schulbeispiel unerhörtester Jesuiterei. Stalin wußte sehr wohl, daß Lenin über seine Nationalitätenpolitik empört war und nur schwere Krankheit den „Lehrmeister" hinderte, den „Schüler" gerade wegen dieser nationalen Frage an die Luft zu setzen.

Zwölftes Kapitel

DER WEG ZUR MACHT

In der Zeit zwischen dem ersten und dem zweiten Krankheitsanfall konnte Lenin nur die Hälfte seiner früheren Energie für die Arbeit aufwenden. Sein Arteriensystem war ständigen Erschütterungen ausgesetzt, die geringfügig zu sein schienen, in Wirklichkeit aber bedrohlich waren. Als er sich einmal auf einer Sitzung des Politischen Büros erhob, um jemand einen Zettel zu überreichen, taumelte er leicht. Ich bemerkte es nur, weil gleich darauf sein Gesicht förmlich einfiel - abermals eine der zahlreichen Warnungen, die ihm seine Lebenszentren schickten.

Lenin machte sich keine Illusionen. Seine Hauptsorge war damals die Zukunft der Partei: wie würde die Arbeit ohne ihn und nach ihm weitergehen? Zu jener Zeit schon formte er im Geiste das Dokument, das später als sein Testament bekannt geworden ist.

Zur selben Zeit, einige Wochen vor dem zweiten Anfall, hatte ich mit ihm eine bedeutsame Unterredung. Wegen der politischen Wichtigkeit der Unterredung berichtete ich mehreren meiner Freunde von ihr; das ist einer der Gründe dafür, daß mir das, was Lenin sagte, sehr genau in Erinnerung geblieben ist.

Lenin hatte mich gebeten, ihn in seinem Zimmer im Kreml zu besuchen. Er hatte, als er seine Tätigkeit wieder aufnahm, festgestellt, daß der Bürokratismus in unserem Sowjet-„Apparat" in erschreckendem Maße gewachsen war; dem mußte dringend Einhalt geboten werden. Er schlug die Bildung einer besonderen Kommission des Zentralkomitees vor und bat mich, an ihr aktiv teilzunehmen. Ich antwortete:

„Wladimir Iljitsch, ich bin überzeugt davon, daß wir bei dem Kampf gegen den Sowjetbürokratismus nicht eine Erscheinung übersehen dürfen, die die allgemeine Lage kennzeichnet: in der Hauptstadt und in den Provinzen, auch in den örtlichen Parteistellen, wird eine ganz besondere Auslese von Funktionären und Spezialisten, von Parteimitgliedern und Parteilosen vorgenommen, die auf der Ergebenheit gegenüber gewissen Persönlichkeiten, die in der Partei eine beherrschende Stellung einnehmen, und gegenüber gewissen Gruppen innerhalb des Zentralkomitees selbst, basiert. Jedesmal, wenn man einen kleinen Sekretär angreift, stößt man auf einen hohen Parteiführer... Ich kann also unter den gegebenen Umständen nicht an der Kommission, von der Sie sprechen, mitarbeiten."

Lenin blieb einen Augenblick lang nachdenklich und sagte dann - ich zitiere ihn wörtlich -: „Mit anderen Worten, ich schlage einen Feldzug gegen den Bürokratismus im Sowjetapparat vor und Sie schlagen mir vor, ihn zu verbreitern und ihn auch gegen den Bürokratismus im Organisationsbüro der Partei zu führen?"

Das kam mir so unerwartet, daß ich lachen mußte: „Nehmen wir an, es sei so!"

„Also gut", antwortete Lenin, „ich schlage Ihnen einen ‚Block' vor!"

„Es ist ein Vergnügen, mit einem braven Mann einen ‚Block' zu bilden", sagte ich.

Wir kamen überein, daß Lenin die Anregung zur Schaffung
einer Kommission des Zentralkomitees vorbringen sollte, einer
Kommission für den Kampf gegen den Bürokratismus „im all-
gemeinen“ und den des Orgbüros im besonderen. Daraufhin
284 trennten wir uns. Zwei Wochen vergingen. Lenins Gesundheits-
zustand verschlechterte sich. Daraufhin brachten mir seine
Sekretärinnen die Entwürfe und den Brief über die nationale
Frage. Dann lähmte ihn die Arterienverkalkung monatelang,
und für unsern „Block“ gegen die Parteibürokratie konnte nichts
getan werden. Es ist klar, daß Lenins Plan vor allem gegen
Stalin gerichtet war, obwohl dessen Name nicht erwähnt wurde;
das lag in der Linie der Gedanken und Besorgnisse, die Lenin
in seinem Testament ausdrücklich formulierte.

(Während Stalin zu jener Zeit die Zentrale Kontrollkommission, das Organisationsbüro und das Parteisekretariat in seinen Händen hielt, verfügte Sinowjew über die Mehrheit im Politischen Büro und im Zentralkomitee, was ihm den ersten Platz im Triumvirat sicherte. Der Kampf zwischen ihm und Stalin, der sich im Verborgenen abspielte, aber nichtsdestoweniger sehr heftig war, hatte die Eroberung der Mehrheit auf dem Parteitag zum Gegenstand. Sinowjew kontrollierte die Petrograder Organisation völlig, sein Partner Kamenew die von Moskau. Die zwei stärksten Parteizentren brauchten also nur die Unterstützung von einigen wenigen andern, um die Mehrheit auf dem Parteitag zu erhalten. Diese Mehrheit war notwendig für die Wahl des Zentralkomitees und die Annahme der für Sinowjew günstigen Resolutionen. Sinowjew brachte jedoch diese Mehrheit nicht auf; die meisten Parteiorganisationen, außer Moskau und Petrograd, standen unter der straffen Kontrolle des Generalsekretärs.

Sinowjew erhob nichtsdestoweniger auf dem Zwölften Partei-
tag den Anspruch, Lenins Platz einzunehmen und offen die Rolle
von Lenins Nachfolger zu spielen, indem er gleich auf der Er-
öffnungssitzung das politische Referat hielt. Während der Vor-
bereitungen zum Parteitag war die umstrittenste Frage die, wer
dies Hauptreferat halten würde; seit der Gründung der Partei
war das immer das Vorrecht Lenins gewesen. Als sie vor dem
Politbüro gestellt wurde, sagte Stalin als erster: „Das politische
285 Referat muß natürlich vom Genossen Trotzky gehalten werden.“

Das konnte ich nicht annehmen, denn es hätte meiner Auffassung nach bedeutet, daß ich mich anschickte, Lenins Nachfolge in dem Augenblick anzutreten, wo Lenin schwer krank daniederlag. Ich antwortete ungefähr folgendermaßen: „Es handelt sich um ein Interim; wir hoffen, daß Lenin bald wieder hergestellt sein wird. In der Zwischenzeit muß das Hauptreferat vom Generalsekretär gehalten werden. Das entspricht seiner Funktion und das wird allen leeren Spekulationen den Boden entziehen. Übrigens gibt es zwischen Ihnen und mir ernsthafte Meinungsverschiedenheiten, besonders in den ökonomischen Fragen, und ich bin in der Minderheit." „Und wenn wir annehmen würden", fragte Stalin, „es gäbe keine Meinungsverschiedenheiten?", um zu verstehen zu geben, daß er bereit wäre, Konzessionen zu machen, das heißt, ein faules Kompromiß zu schließen. Kalinin griff in das Zwiegespräch ein. „Was für Meinungsverschiedenheiten?", fragte er mich; „Ihre Vorschläge werden vom Politbüro immer angenommen." Ich bestand weiter darauf, daß Stalin den politischen Bericht gäbe. „Auf keinen Fall", entgegnete er mit demonstrativer Bescheidenheit, „das würde die Partei nicht verstehen. Das Hauptreferat muß vom populärsten Mitglied des Zentralkomitees gehalten werden."

(Die Frage wurde schließlich vom Zentralkomitee entschieden, in dem Sinowjew die Mehrheit hatte. Damit sah jedes Parteimitglied klar, daß Sinowjew nunmehr Lenins Platz an der Spitze der Partei einnahm. Der Generalsekretär hatte nun alle Eile, seinem Mit-Triumvirn einen Knüppel zwischen die Beine zu werfen, und Sinowjew wurde nicht mit dem üblichen Beifall empfangen - drückendes Schweigen lastete während seiner ganzen Rede auf der Versammlung. Das Verdikt der Delegierten war klar: Sinowjew wurde in seiner neuen Rolle als ein Usurpator betrachtet.

(Der Zwölfte Parteitag - der eine Woche dauerte, vom 17. bis zum 23. April 1923 - hob Stalin vom Stande der Unterordnung auf den ersten Platz im Triumvirat. Sinowjews Mehrheit im Zentralkomitee und im Politbüro wurde umgestoßen, Stalin gewann die Kontrolle des einen wie des anderen. Seine Hauptleistung betraf jedoch die Zentrale Kontrollkommission und das Netz der Kontrollkommissionen in den Provinzen. Auf dem Elften Parteitag war Stalin der geheime Herr und Meister der Zentralen Kontrollkommission geworden, deren Mitglieder in der Mehrzahl seine Leute waren, doch entgingen ihm die örtlichen und Provinzkommissionen, von denen viele erst gewählt wurden, nachdem er Generalsekretär geworden war. Stalin ging in der für ihn bezeichnenden Weise an das Problem heran. Unter irgendeinem Vorwand wurden solche Angelegenheiten, die der Regelung durch ihm feindliche Kontrollkommissionen unterstanden, einfach, sobald sie an die Interessen des Sekretariats rührten, der Zentralkommission übertragen; außerdem wurden - überall, wo das möglich war, ohne viel Aufsehen zu erregen - diese Kommissionen kurzerhand durch Beschluß der Zentralkommission abgeschafft.

Der auf dem Zwölften Parteitag geschlagene Sinowjew wollte seine politische Stellung mit einem Kuhhandel wieder aufrichten. Er schwankte zwischen zwei Plänen: erstens dem, das Sekretariat der Partei wieder auf das alte Statut zurückzubringen, das es vom Politbüro abhängig machte und es all der Vorrechte beraubte, die er, Sinowjew, sich zugebilligt hatte; zweitens demjenigen, innerhalb des Sekretariats ein drei Mitglieder starkes Sonderkollegium zu bilden, das die höchste Autorität besitzen sollte, wobei die drei Mitglieder Stalin und Trotzky sein sollten und entweder Kamenew, Bucharin oder Sinowjew. Eine solche Kombination sei nötig, glaubte er, um den übermäßigen Einfluß Stalins zu mindern.

Er begann mit seinen Machenschaften in Kislowodsk im September 1923. Woroschilow, der damals in Rostow war, erhielt eine telegrafische Einladung. Ebenso Stalins Freund Ordschonikidse. Die anderen anwesenden führenden Persönlichkeiten waren Sinowjew, Bucharin, Laschewitsch und Jewdokimow. Sinowjew, der ein Résumé der auf der Konferenz geäußerten Ansichten verfaßte, schrieb, daß „der Genosse Stalin mit einem Telegramm in grobem, aber freundschaftlichem Ton antwortete... Er traf etwas später ein, und wir hatten mehrere Unterhaltungen. Schließlich wurde beschlossen, daß an das Sekretariat nicht gerührt werden sollte, daß wir aber, um die Organisationsarbeit und die politische Arbeit zu koordinieren, drei Mitglieder des Politbüros ins Orgbüro entsenden würden. Dieser nicht sehr praktische Vorschlag wurde vom Genossen Stalin gemacht, und wir nahmen ihn an ... Die drei Mitglieder des Politbüros waren Trotzky, Bucharin und ich. Ich nahm an den Sitzungen des Orgbüros, glaube ich, ein- oder zweimal teil; Bucharin und Trotzky erschienen kein einziges Mal. Bei der
286 ganzen Sache kam nichts heraus...“

(In dieser Zeit spitzte sich die revolutionäre Lage in Deutschland zu. Die Triumvirn waren aber viel zu sehr mit dem Kampf gegen Trotzky und mit den Rivalitäten unter sich selbst beschäftigt, als daß sie dieser lebenswichtigen Frage - die damals allen anderen voranstand - genügend Aufmerksamkeit hätten schenken können. Im erweiterten Exekutivkomitee der Kommunistischen Internationale, das Sinowjew vom 12. bis zum 24. Juni in Moskau versammelte, um in der großen Linie die künftige Tätigkeit und die Rolle festzulegen, die jeder Sektion der Kommunistischen Internationale darin zukam, waren die Diskussionen und Konklusionen so wirr, daß die Teilnehmer selbst nicht imstande waren anzugeben, was für Beschlüsse gefaßt worden waren, und daß alle Beschlüsse verschieden ausgelegt wurden. Daß die Verwirrung unter den Teilnehmern nur die widerspiegelte, die unter den Triumvirn herrschte, wurde klar, als folgender, am 7. August 1923 geschriebener Brief Stalins veröffentlicht wurde:)

> Sollen wir Kommunisten (in der gegenwärtigen Phase) versuchen, ohne die Sozialdemokraten die Macht zu ergreifen? Sind wir reif genug dafür? Das ist nach meiner Ansicht die ganze Frage. Als wir die Macht übernahmen, hatten wir in Rußland als Reserven: a) das Brot, b) konnten wir den Bauern das ganze Land geben, c) unterstützte uns die überwiegende Mehrheit der Arbeiterklasse, d) sympathisierten die Bauern mit uns. Die deutschen Kommunisten haben im gegenwärtigen Augenblick nichts dergleichen. Gewiß, sie haben in ihrer Nachbarschaft die Sowjetnation, was wir nicht hatten, aber was können wir ihnen im gegenwärtigen Augenblick bieten? Wenn die Macht heute in Deutschland sozusagen fallen würde und die deutschen Kommunisten sie aufnähmen, würden sie mit Krach durchfallen. Das im ‚günstigsten' Falle. Im schlimmsten Fall werden sie in Stücke gehauen und zurückgeworfen werden. Die Sache ist nicht, daß Brandler ‚die Massen erziehen' will, die Sache ist, daß die Bourgeoisie, und mit ihr die rechten Sozialdemokraten, bestimmt den Unterricht - die Demonstration - in eine allgemeine Schlacht umwandeln (im gegenwärtigen Augenblick sind alle Chancen auf ihrer Seite) und sie vernichten werden. Gewiß, die Faschisten schlafen nicht, aber wir haben ein Interesse daran, daß sie als erste angreifen: das wird die ganze Arbeiterklasse um die Kommunisten scharen (Deutschland ist nicht Bulgarien). Übrigens sind unseren Informationen nach die Faschisten in Deutschland schwach. Meiner Ansicht nach müssen wir die Deutschen zurückhalten und sie nicht anspornen. 287

(Dieses jämmerliche Dokument, in dem jede Zeile von krasser Ignoranz zeugt, stellt den Beginn von Stalins Teilnahme an den Arbeiten der Kommunistischen Internationale dar; er hatte an keinem der Kongresse der Internationale teilgenommen, und es ist leicht zu verstehen, warum die Leitung der russischen Kommunistischen Partei ihn davon ferngehalten hatte.

Daß eine unter solchen Bedingungen unternommene revolutionäre Aktion mit einer Niederlage endete, ist nicht erstaunlich. Die Triumvirn, die die volle Verantwortung dafür trugen, hatten jedoch keine größere Sorge als die, einen Sündenbock zu finden und alle Kritik von sich abzulenken. Sie brandmarkten den Mann, der damals an der Spitze der deutschen kommunistischen Partei stand, Brandler, als „Rechten“ und ließen ihn von allen Sektionen der Kommunistischen Internationale, in der sich der „Monolithismus“ breitzumachen begann, verurteilen.

Der deutsche Fehlschlag hatte seine unmittelbaren Nachwirkungen innerhalb der kommunistischen Partei der Sowjetunion. Die aufrichtigen Bolschewiki waren beunruhigt, viele von ihnen verlangten mehr als nur einen rein formalen Bericht über die Haltung, die die Parteiführer bei dieser Gelegenheit eingenommen hatten; sie wollten die öffentliche Diskussion dieser Probleme. Ihre erste Forderung war deshalb die Wiederherstellung des Rechts zur Fraktionsbildung innerhalb der Partei, das 1921 vom Zehnten Parteitag abgeschafft worden war. Die im Innern der Partei zutage tretende Unzufriedenheit mit dem Triumvirat hatte seit dem Zwölften Parteitag aufzuflackern begonnen; sie beschränkte sich nicht auf das Triumvirat, sie war gegen das Zentralkomitee in seiner Gesamtheit gerichtet. Sechsundvierzig hervorragende Bolschewiki, darunter Pjatakow, Sapronow, Serebrjakow, Preobraschensky, Ossinsky, Drobnis, Alsky, W. M. Smirnow, veröffentlichten eine Erklärung, in der es unter anderem hieß:)

> Das Regime, das in der Partei errichtet worden ist, ist absolut unerträglich. Es erdrückt jede Initiative im Innern der Partei. Es ersetzt die Partei durch den Apparat... der einigermaßen gut funktioniert, solange alles gut geht, der aber unvermeidlicherweise in Krisenperioden ins Schaukeln kommt und der droht, vollständigen Bankrott zu machen, wenn er sich den schwerwiegenden Ereignissen gegenüber sehen wird, die vor uns stehen. Die gegenwärtige Situation ergibt sich aus der Tatsache, daß das Regime der Fraktionsdiktatur, das sich nach dem Zehnten Parteitag entwickelte, die Periode
> 288 seiner Nützlichkeit überdauert hat.

(Die Sechsundvierzig gaben sich nicht zufrieden mit den leeren Gesten der September-Vollsitzung, die in der Partei „die Demokratie erweitern“ sollte. Es wurden Protestversammlungen organisiert, und gegen das bürokratische Regime wurde nicht nur innerhalb der Sowjetinstitutionen offen bemerkbar agitiert, sondern sogar in den Parteiorganisationen. Bemüht, die wachsende Protestbewegung, die sich zu einer vereinten Linksopposition zu entwickeln drohte, zum Scheitern zu bringen, veröffentlichte Sinowjew im Namen des Triumvirats in der „Prawda“ vom 7. November zum Sechsten Jahrestag der bolschewistischen Revolution einen Artikel, der die Diskussion freigab und in dem auch behauptet wurde, in der Partei existiere eine „Arbeiterdemokratie“. Gleichzeitig mündeten die Debatten unter den Führern schließlich in eine Resolution, die sich das Zentralkomitee am 5. Dezember 1923 zu eigen machte, in der die Bürokratie, besondere Vorrechte usw., verurteilt und in der die Wiederherstellung des Rechts auf Kritik sowie einwandfreie Wahlen auf allen Gebieten feierlich versprochen wurden. Trotzky, seit Anfang November krank und infolgedessen nicht imstande, an der allgemeinen Diskussion teilzunehmen, fügte seine Unterschrift zu denen der übrigen Mitglieder des Zentralkomitees.

Der interne Kampf spielte sich so vollständig im geheimen ab, daß die Partei in ihrer Gesamtheit nicht das geringste von ihm wußte; außer einer Handvoll Eingeweihter hielten alle Mitglieder der Partei Trotzky für einen Verteidiger des herrschenden Systems. Deshalb entschloß sich Trotzky, nachdem er die Resolution vom 5. Dezember unterzeichnet hatte, eine Erklärung zu veröffentlichen, worin er seine eigene Stellungnahme präzisierte, offen seine Befürchtungen im Hinblick auf die bürokratische Gefahr wie die Möglichkeit einer Entartung der bolschewistischen Bewegung darstellte und die Jugend aufrief, passiven Gehorsam, Strebertum und Servilität mit Verachtung zu strafen. 289

Dieser Brief rief bei den Spitzenfunktionären einen Entrüstungssturm hervor. Am wütendsten war Sinowjew, der, wie Bucharin vier Jahre später enthüllte, darauf bestand, daß Trotzky verhaftet und des Hochverrats angeklagt würde. Darüber hinaus arbeitete die Zentrale Kontrollkommission ohne Unterbrechung weiter, obwohl die Diskussion gestattet worden war. Die Dreizehnte Parteikonferenz, die vom 16. bis 19. Januar tagte, um den Dreizehnten Parteitag vorzubereiten, der im Mai stattfinden sollte, nahm, gestützt auf einen Bericht Stalins, eine Resolution an, die die Diskussion um die Demokratie im Innern der Partei und das Auftreten Trotzkys verurteilte, und zwar mit folgenden Worten:)

„Die von Trotzky geleitete Opposition stellt das Losungswort auf: ‚Der Parteiapparat muß zerschlagen werden!‘, und sie versucht, das Schwergewicht des Kampfes gegen die Bürokratie im Staatsapparat auf den Kampf gegen die ‚Bürokratie‘ im Apparat der Partei zu übertragen. Solche jeder Grundlage entbehrende Kritik und der direkte Versuch, den Parteiapparat zu diskreditieren, können objektiv nur dazu führen, daß der Staatsapparat dem Einfluß der Partei entzogen wird.“ 290

(Schließlich wurde dem immer noch kranken Trotzky vom Politbüro befohlen, sich zu einer Kur in den Kaukasus zu begeben. Auf der Reise dorthin erhielt er ein Telegramm von Stalin mit der Mitteilung, daß Lenin, dessen Gesundheitszustand sich erst kürzlich noch gebessert hatte, plötzlich gestorben war.)

Politisch hatten Stalin und ich lange Zeit in einander unversöhnlich gegenüberstehenden Lagern gestanden. In gewissen Kreisen ist es nun aber zur Regel geworden, von meinem „Haß" gegen Stalin zu sprechen und a priori geltend zu machen, daß alles, was ich nicht nur über den Diktator von Moskau, sondern auch über die Sowjetunion schreibe, von diesem Gefühl inspiriert sei. Während der zehn Jahre meines jetzigen Exils haben sich die schreibenden Agenten des Kreml mit der allzubequemen Anspielung auf meinen „Haß" gegen Stalin systematisch der Notwendigkeit entzogen, sachlich auf das zu antworten, was ich über die UdSSR sage. Freud hat diese billige Sorte von Psychoanalyse entschieden zurückgewiesen. Haß ist schließlich und endlich eine Spielart von persönlicher Bindung. Stalin und ich aber sind durch Ereignisse voneinander getrennt worden, die alles, was es an Persönlichem zwischen uns gegeben haben könnte, vernichtet und zu Asche zerrieben und keinen wie immer gearteten Rest hinterlassen haben. Im Haß steckt ein Stück Neid. Für mich bedeutet, geistig und gefühlsmäßig, Stalins beispielloser Aufstieg den allertiefsten Sturz. Stalin ist mein Feind. Aber Hitler ist auch mein Feind und ebenso Mussolini und ebenso viele andere. Heute hasse ich Stalin so wenig, wie ich Hitler, Franco oder den Mikado hasse. Ich bemühe mich vor allem darum, sie zu verstehen - um für den Kampf gegen sie besser gerüstet zu sein. Allgemein gesprochen ist in historisch bedeutenden Fragen der persönliche Haß ein minderwertiges und verächtliches Gefühl. Es degradiert nicht nur, es macht blind. Im Lichte der Ereignisse, die sich neuerdings in der Welt und auch in der Sowjetunion abgespielt haben, haben sich selbst viele meiner Gegner davon überzeugen müssen, daß ich so blind nicht war: diejenigen meiner Voraussagen, die am wenigsten plausibel schienen, haben sich als richtig herausgestellt.

Diese einführenden Zeilen pro domo sua sind um so notwendiger, als ich nunmehr zu einem besonders heiklen Thema komme. Ich bin bemüht gewesen, die für Stalin allgemein charakteristischen Züge auf der Grundlage aufmerksamer Beobachtung und peinlich genauen Studiums seiner Biographie aufzuzeigen. Ich leugne nicht, daß das Porträt, das dabei zustande kam, düster und sogar furchtbar ist. Ich fordere jedoch jedermann auf, ein anderes an die Stelle dieses Porträts zu setzen, ein menschlicheres Antlitz hinter den Dingen zu finden, die das Vorstellungsvermögen der Menschheit in den eben vergangenen Jahren verletzt haben, hinter den Massen-„Säuberungen", den beispiellosen Anklagen, den phantastischen Prozessen, der Ausrottung einer ganzen Generation von Revolutionären und schließlich den kürzlichen Machenschaften in der Weltpolitik.

Ich werde jetzt recht außergewöhnliche Tatsachen beibringen sowie Gedanken und Vermutungen, die zu ihnen gehören - zum Thema: Wie ein Provinzrevolutionär Diktator eines großen Landes wurde. Die Gedanken und Vermutungen sind mir nicht mit einem Schlage gekommen. Sie sind langsam gereift, und jedesmal wenn sie mir in vergangenen Zeiten in den Sinn kamen, habe ich sie als das Produkt übertriebenen Mißtrauens zurückgewiesen. Aber die „Moskauer Prozesse" - die ein diabolisches Knäuel freilegten von Intrigen, Erdichtungen, Fälschungen, Vergiftungen und Morden, ausgegangen vom Kreml-Diktator - haben auf die früheren Jahre einen düsteren Schein geworfen. Ich begann mich mit wachsendem Nachdruck zu fragen: Was war Stalins wirkliche Rolle zur Zeit von Lenins Krankheit? Hat der „Schüler" nichts getan, um des „Lehrers" Tod zu beschleunigen?

Von der Ungeheuerlichkeit eines solchen Verdachts lege ich mir besser als irgendjemand sonst Rechenschaft ab. Was aber tun, wenn er aus den Umständen, aus Tatsachen, aus Stalins eigenem Charakter aufsteigt? Lenin hatte, seinen Befürchtungen Ausdruck gebend, 1922 gewarnt: „Dieser Koch wird nur scharfe Suppen kochen!" Die Suppen sollten aber nicht nur scharf gewürzt sein, sondern vergiftet, und das nicht nur im übertragenen, sondern im wörtlichen Sinn. 1937 schrieb ich zum erstenmal Tatsachen nieder, die zu ihrer Zeit (1923 - 1924) nur sieben oder acht Personen, und auch nur teilweise, bekannt waren. Von diesen Leuten befinden sich außer mir selbst nur noch Stalin und Molotow unter den Lebenden. Die beiden letzteren aber - vorausgesetzt, daß Molotow unter den Eingeweihten war, wessen ich nicht sicher bin - haben keinen Grund, sich zu dem zu bekennen, was ich jetzt berichten will. Ich muß noch hinzufügen, daß jede von mir erwähnte Tatsache, jeder Hinweis, jedes Zitat, entweder durch offizielle sowjetische Veröffentlichungen bestätigt werden kann oder durch Dokumente, die in meinen

Archiven aufbewahrt werden. Ich habe Gelegenheit gehabt, mündliche und schriftliche Erklärungen vor der von John Dewey präsidierten Untersuchungskommission über die Moskauer Prozesse abzugeben, und nicht eins von den Hunderten von Dokumenten und Zitaten, die ich vorgelegt habe, ist jemals angefochten worden.

Die in den letzten Jahren angefertigte Ikonographie, reich an Quantität (über die Qualität wollen wir schweigen), zeigt beständig Lenin in Gesellschaft Stalins. Sie sitzen, einer des anderen Rat hörend, Seite an Seite, und sehen einander freundschaftlich an. Dies aufdringliche Motiv, in der Malerei, in der Bildhauerei, auf der Kinoleinwand immer wieder dargeboten, entspringt dem Wunsch, die Tatsache vergessen zu machen, daß die letzte Lebensperiode Lenins unter dem Zeichen eines heftigen Konfliktes zwischen ihm und Stalin stand, eines Konfliktes, der mit dem vollständigen Bruch endete. Wie immer war auch hier absolut nichts Persönliches in der Feindschaft Lenins gegen Stalin. Lenin schätzte gewisse Züge Stalins sicher hoch ein, so seine Entschlossenheit, seine Hartnäckigkeit und selbst Rücksichtslosigkeit und Verschlagenheit - in Kämpfen unentbehrliche und deshalb dem Hauptquartier der Partei nutzbringende Eigenschaften. Mit der Zeit aber zog Stalin wachsenden Vorteil aus den günstigen Gelegenheiten, die sein Posten für die Rekrutierung ihm persönlich ergebener Männer bot, um sich an seinen Gegnern zu rächen. 1919 war ihm die Leitung des Kommissariats der Arbeiter- und Bauerninspektion übertragen worden - Stalin wandelte sie nach und nach in ein Instrument der Günstlingswirtschaft und der Intrigen um. Aus dem Generalsekretariat der Partei machte er eine unerschöpfliche Quelle für Begünstigungen und Pfründen. In gleicher Weise mißbrauchte er seine Stellung als Mitglied des Organisationsbüros und des Politischen Büros für persönliche Zwecke. In allen seinen Handlungen war ein persönliches Motiv zu erkennen. Nach und nach überzeugte sich Lenin davon, daß gewisse Züge Stalins, durch den Parteiapparat multipliziert, direkt schädlich waren. So reifte sein Entschluß, Stalin aus dem Apparat zu entfernen und ihn wieder zu einem einfachen Mitglied des Zentralkomitees zu machen. Nichts ist heute in der Sowjetunion in höherem Maße tabu, als die Briefe Lenins aus jener Zeit. Glücklicherweise habe ich von einer gewissen Anzahl davon Durchschläge und Fotokopien in meinen Archiven; einige habe ich schon veröffentlicht.

Lenins Gesundheitszustand verschlimmerte sich plötzlich gegen Ende 1921. Den ersten Anfall erlitt er im Mai des folgenden Jahres. Zwei Monate lang war er nicht imstande, sich zu bewegen, zu sprechen oder zu schreiben. Anfang Juli begann langsam die Genesung. Als er im Oktober in den Kreml zurückkehren und seine Arbeit wieder aufnehmen konnte, war er förmlich erschüttert über das Ausmaß, das Bürokratie, Willkür und Intrigantentum in den Partei- und Regierungskörperschaften angenommen hatten. Im Dezember eröffnete er das Feuer gegen Stalin wegen der Verfolgungen, denen die nationalen Minderheiten ausgesetzt waren und besonders wegen der Politik, die Stalin Georgien gegenüber durchsetzen wollte, wo der Autorität des Generalsekretärs öffentlich die Stirn geboten wurde. Er griff Stalin in der Frage des Außenhandelsmonopols an und bereitete für den nächsten Parteitag eine Rede vor, die seine Sekretärinnen, seinen eigenen Worten zufolge, als „eine Bombe gegen Stalin" bezeichneten. Am 23. Januar legte er zum großen Schrecken des Generalsekretärs ein Projekt zur Schaffung einer Arbeiter-Kontrollkommission vor, die der Allmacht der Bürokratie ein Ende bereiten sollte. „Sprechen wir frei und offen", schrieb Lenin am 2. März, „das Kommissariat der Arbeiter- und Bauerninspektion genießt heute nicht die geringste Autorität... Es gibt bei uns keine schlimmere Institution als die Arbeiter- und Bauerninspektion." An der Spitze dieser Inspektion aber stand Stalin. Er wußte, was solche Sprache zu bedeuten hatte. 291

Mitte Dezember 1922 verschlechterte sich Lenins Gesundheitszustand von neuem. Er konnte an den Konferenzen nicht teilnehmen, blieb aber mit dem Zentralkomitee durch schriftliche Mitteilungen und Telefongespräche in Verbindung. Stalin nützte die Situation sogleich aus, indem er einen großen Teil der im Parteisekretariat zusammenlaufenden Informationen Lenin vorenthielt. Er unternahm alles, um Lenin zu isolieren und die ihm Nahestehenden nicht zu ihm gelangen zu lassen. Die Krupskaja tat, was sie konnte, um den Kranken vor diesen feindseligen Machenschaften zu schützen. Lenin war jedoch imstande, sich einen Gesamtüberblick über die Lage mit Hilfe bloß zufälliger und kaum wahrnehmbarer Anzeichen zu verschaffen. „Bewahren Sie ihn vor allen Sorgen!", betonten die Ärzte. Das war leichter gesagt als getan. Ans Bett gefesselt und von der Außenwelt abgeschnitten, wurde Lenin ein Opfer der Besorgnis und des Unwillens, deren Hauptursache Stalin war, der sich um so schamloser aufführte, je beunruhigender die ärztlichen Bulletins wurden. In diesen Tagen war Stalin mürrisch, die Tabakpfeife fest zwischen die Zähne geklemmt, einen düsteren Schimmer in den gelblichen Augen, brummend statt antwortend. Sein Schicksal stand auf dem Spiel. Er war entschlossen, alle Hindernisse zu überwinden. Damals fand der endgültige Bruch zwischen Lenin und ihm statt.

Der Stalin sehr freundlich gesonnene ehemalige Diplomat Dmitrijewsky berichtet, was man in der Umgebung des Generalsekretärs über diese dramatische Episode sagte: „Als ihm die Krupskaja, deren ständige Beschwerden ihn ärgerten, wieder einmal telefonierte, um eine Information zu erhalten ... antwortete Stalin mit beleidigenden Ausdrücken. Die Krupskaja lief, mit Tränen in den Augen, sofort zu Lenin, um sich zu beschweren. Lenin, dessen Nerven durch die Intrigen schon aufs höchste gespannt waren, konnte nicht mehr an sich halten. Krupskaja schickte den Brief, der den Bruch vollzog, gleich an Stalin. ... ‚Sie kennen doch aber Wladimir Iljitsch', sagte die Krupskaja triumphierend zu Kamenew, ‚er wäre nie bis zum Abbruch aller persönlichen Beziehungen gegangen, hätte er nicht geglaubt, daß es notwendig
292 sei, Stalin politisch zu vernichten.'"

Was hier wiedergegeben ist, hat die Krupskaja tatsächlich gesagt, aber keineswegs in triumphierendem Ton; im Gegenteil, diese stets aufrichtige und fein empfindende Frau war voller Kummer und Befürchtungen. Auch ist nicht richtig, daß sie sich über Stalin „beschwerte", sie war im Gegenteil stets nach Kräften bemüht, als „Puffer" zu dienen. Sie konnte jedoch Lenin auf seine dringlichen Fragen nicht mehr antworten, als ihr der Generalsekretär hatte mitteilen wollen, und der hielt die wichtigsten Informationen zurück. Der den Bruch vollziehende Brief oder vielmehr die wenige Zeilen lange Mitteilung vom 6. März, die einer vertrauenswürdigen Sekretärin diktiert worden war, kündigte in dürren Worten den Abbruch „jeder persönlichen
293 und kameradschaftlichen Beziehung mit Stalin" an. Dieser kurze Brief ist Lenins letzter Text und auch die Endsumme seiner Beziehungen zu Stalin. Dann kam der schlimmste Anfall und der Verlust des Sprachvermögens.

Ein Jahr später, als Lenin schon einbalsamiert in seinem Mausoleum lag, wurde die Verantwortung für den Bruch, wie aus Dmitrijewskys Bericht klar hervorgeht, offen der Krupskaja zugeschoben. Stalin beschuldigte sie, gegen ihn „intrigiert" zu

haben. Jaroslawsky, der für gewöhnlich die zweifelhaften Aufträge Stalins übernahm, sagte im Juli 1926 auf einer Sitzung des Zentralkomitees: „So tief sind sie gesunken, daß sie nicht davor zurückschreckten, den kranken Lenin aufzuregen mit ihren Jeremiaden, daß sie von Stalin beleidigt worden wären. Welche Schande, persönliche Dinge mit politischen Angelegenheiten
von entscheidendster Bedeutung zu vermengen!" „Sie", das 294
war die Krupskaja. So rächte man sich an ihr für Lenins Affront gegenüber Stalin. Sie sprach mir zu verschiedenen Malen von dem tiefen Mißtrauen, das Lenin in den letzten Monaten seines Lebens Stalin gegenüber hatte: „Wolodja sagte zu mir, ‚er' (seinen Namen sprach sie nicht aus, sondern deutete mit dem Kopf in die Richtung der Wohnung Stalins) sei bar der elementarsten Ehrlichkeit, der einfachsten menschlichen Ehrlichkeit..."

Lenins „Testament" - das heißt, seine letzten Ratschläge für die Zusammenstellung der Parteiführung - wurde an zwei verschiedenen Tagen während der zweiten Krankheitsperiode niedergeschrieben, am 25. Dezember 1922 und am 4. Januar 1923. „Dadurch, daß Stalin Generalsekretär geworden ist", heißt es im Testament, „hat er in seinen Händen eine gewaltige Macht konzentriert, und ich bin nicht davon überzeugt, daß er von ihr immer mit genügender Vorsicht Gebrauch machen wird." Zehn Tage später erschien Lenin diese reservierte Formulierung als nicht ausreichend, und er fügte ein Postskriptum hinzu: „Ich schlage den Genossen vor, einen Weg zu finden, um Stalin von diesem Posten zu entfernen und statt seiner einen Mann zu ernennen, der dem Genossen Stalin in jeder Beziehung überlegen ist, das heißt, der geduldiger ist, loyaler, höflicher und aufmerk-
samer den Genossen gegenüber, weniger launisch usw." Lenin 295
war bemüht, seine Einschätzung Stalins in möglichst inoffensiven Worten auszudrücken, aber er unterstrich die Notwendigkeit, ihn von dem einzigen Posten zu entfernen, der ihm außergewöhnliche Machtbefugnisse verlieh.

Nach allem, was in den voraufgegangenen Monaten geschehen war, konnte das „Testament" für Stalin keine Überraschung bedeuten. Nichtsdestoweniger traf es ihn wie ein furchtbarer Schlag. Als er diesen Text - den ihm die Krupskaja für den bevorstehenden Parteitag übermittelt hatte - zum erstenmal las, und zwar in Gegenwart seines Sekretärs Mechlis, des späteren politischen Leiters der Roten Armee, und eines anderen führenden Parteimitglieds, Syrtsow, der inzwischen von der Bildfläche ver-

schwunden ist, brach er in unflätige Verwünschungen aus, die seine wahren Gefühle für den „Lehrer“ aufdeckten. Bajanow, ein anderer ehemaliger Sekretär Stalins, hat die Sitzung des Zentralkomitees beschrieben, auf der Kamenew das Testament verlas: „Eine schreckliche Verlegenheit lähmte alle Anwesenden. Stalin, der auf den Stufen der Rednertribüne saß, fühlte sich klein und elend. Ich beobachtete ihn aufmerksam. Trotz seiner Kaltblütigkeit und äußerlichen Ruhe sah man ihm an, daß er wußte,
296 daß es jetzt um sein Schicksal ging ...“ Radek, der auf dieser denkwürdigen Sitzung neben mir saß, neigte sich zu mir und sagte: „Jetzt wird man nichts mehr gegen Sie zu unternehmen wagen!“ Er dachte an zwei Stellen im Testament, eine, in der ich als der „fähigste Mann im gegenwärtigen Zentralkomitee“ bezeichnet wurde und die, die Stalins Entfernung vom Posten des Generalsekretärs verlangte, wegen seiner Grobheit, seiner Unaufrichtigkeit und seiner Neigung, die Macht zu mißbrauchen. Ich antwortete Radek: „Im Gegenteil, jetzt werden sie aufs Ganze gehen wollen und sogar so schnell wie möglich.“ In der Tat setzte das Testament dem internen Kampf kein Ende - wie Lenin das gewollt hatte -, sondern steigerte ihn bis zum höchsten Grade. Stalin konnte nicht mehr daran zweifeln, daß es den politischen Tod des Generalsekretärs bedeutete, wenn Lenin je seine Tätigkeit wieder aufnehmen würde. Umgekehrt, nur Lenins Tod konnte den Weg für Stalin freilegen.

Auf einer Sitzung des Politischen Büros, gegen Ende Februar 1923 - als Lenin das zweite Mal krank war - und an der Sinowjew, Kamenew und der Verfasser dieser Zeilen teilnahmen, sagte uns Stalin, nach Weggang des Sekretärs, Lenin habe ihn plötzlich rufen lassen und Gift von ihm verlangt. Lenin hatte abermals das Sprachvermögen verloren, er hielt seinen Zustand für hoffnungslos, sah einen neuen Anfall kommen und traute seinen Ärzten nicht, die er des öfteren bei Widersprüchen ertappt hatte. Bei völliger geistiger Klarheit litt er unerträgliche Schmerzen. Mir war es möglich, die Entwicklung von Lenins Krankheit von Tag zu Tag zu verfolgen, da wir denselben Arzt hatten, den mit unserer Familie befreundeten Dr. Guétier.

„Ist es möglich, Fedor Alexandrowitsch, daß es zu Ende geht?“ Beklommen stellten meine Frau und ich wieder und wieder diese Frage.

„Das ist unmöglich zu sagen. Wladimir Iljitsch kann wieder auf die Beine kommen. Er hat eine glänzende Konstitution.“

„Und seine geistigen Fähigkeiten?“

„Im wesentlichen werden sie intakt bleiben. Nicht jeder seiner Sätze wird die frühere Reinheit haben, aber der Virtuose bleibt ein Virtuose."

Wir hofften weiter. Mit einem Mal stand ich nun ganz unerwarteterweise der Eröffnung gegenüber, daß Lenin, die Inkarnation des Willens zum Leben, Gift für sich verlangte. Was für innere Kämpfe hatte er durchstehen müssen!

Ich entsinne mich, wie sehr mir Stalins Gesichtsausdruck ungewöhnlich, rätselhaft und durchaus nicht den Umständen entsprechend vorkam. Das Verlangen, das er uns übermittelte, war tragisch; dennoch klebte ein unreines Lächeln an seinem maskenhaften Gesicht. Solch Mißverhältnis zwischen seinen Worten und dem, was seine Züge ausdrückten, war uns an ihm nicht neu; diesmal aber war es einfach unerträglich. Das Widerwärtige an dieser Diskrepanz wurde noch dadurch gesteigert, daß sich Stalin jeder Meinungsäußerung über Lenins Verlangen enthielt, als wolle er abwarten, was die anderen sagen würden: wollte er erst sehen, wie unsere Reaktion sein würde, ohne selbst Stellung zu nehmen, oder hatte er seine Hintergedanken?... Ich sehe noch Kamenew vor mir, bleich und schweigend - er schätzte Lenin aufrichtig - und Sinowjew, bestürzt, wie immer in schwierigen Augenblicken. Hatten sie schon vor der Sitzung etwas gewußt? Oder präsentierte Stalin seine trübe Nachricht den Verbündeten vom Triumvirat ebenso überraschend wie mir?

„Schon der bloße Gedanke daran, dies Verlangen zu erfüllen, ist unzulässig!", rief ich aus. „Guétier hat nicht alle Hoffnung aufgegeben. Lenin kann wiederhergestellt werden."

„Das alles habe ich ihm gesagt", antwortete Stalin mit einem gewissen Widerwillen, „aber er wollte nichts davon hören. Der Alte leidet. Er muß das Gift in Reichweite haben... nehmen wird er es nur, wenn er überzeugt davon ist, daß sein Zustand hoffnungslos ist."

„Das kommt auf keinen Fall in Frage", betonte ich, und wurde diesmal, glaube ich, von Sinowjew unterstützt; „er könnte einer vorübergehenden Krise nachgeben und einen nicht wieder gutzumachenden Schritt tun."

„Der Alte leidet", wiederholte Stalin; er starrte blicklos über unsere Köpfe hinweg und sprach sich wie zuvor weder in dem einen noch in dem anderen Sinne aus. Sein Gedankengang folgte offenbar einer Linie, die mit der unserer Unterhaltung parallel lief, ohne aber mit ihr übereinzustimmen.

Es ist zweifellos möglich, daß die späteren Ereignisse gewisse Details meiner Erinnerungen beeinflußt haben, obschon ich mich im allgemeinen auf mein Gedächtnis verlassen kann. Dieser Auftritt jedoch hat in mir einen unauslöschlichen Eindruck hinterlassen. In meiner Wohnung angekommen, beschrieb ich ihn in allen Einzelheiten meiner Frau. Und so oft ich ihn mir seither wieder vor Augen geführt habe, konnte ich nicht umhin, mir zu sagen: Stalins Verhalten, seine ganze Art, war beunruhigend und unheilkündend. Was wollte dieser Mensch? Warum dieses hinterlistige Lächeln auf seinem Gesicht? Ein Beschluß wurde, da es sich nicht um eine regelrechte Sitzung, sondern um eine Privatbesprechung handelte, nicht gefaßt, doch gingen wir in schweigendem Einverständnis darüber auseinander, daß selbst der Gedanke, Lenin Gift zu übergeben, aus unserem Gedächtnis zu löschen sei.

Hier stellte sich natürlich eine Frage: wieso und warum wandte sich Lenin, der Stalin zu der Zeit aufs äußerste mißtraute, an ihn mit einem Verlangen, das schon als solches größtes persönliches Vertrauen voraussetzte? Einen Monat vorher hatte Lenin das unerbittliche Postskriptum unter sein Testament gesetzt. Und einige Tage nach Stalins Besuch bei ihm brach er alle Beziehungen zu ihm ab. Stalin wird nicht umhin gekonnt haben, sich selbst zu fragen: warum wendet sich Lenin gerade an mich? Die Antwort ist einfach: Lenin sah in Stalin den einzigen, der ihm diese tragische Bitte erfüllen würde, weil er ein direktes Interesse daran hatte, es zu tun. Mit seinem untrüglichen Instinkt erriet der Kranke, was innerhalb und außerhalb der Kremlmauern vorging und was Stalins wirkliche Gefühle ihm gegenüber waren. Lenin brauchte nicht erst die Reihe seiner nächsten Kampfgenossen durchzugehen, um davon überzeugt zu sein, daß auch nicht einer, Stalin ausgenommen, ihm diese „Gunst“ erweisen würde. Gleichzeitig ist möglich, daß er Stalin auf die Probe stellen wollte, daß er wissen wollte, inwieweit der Koch der scharfen Suppen von der Gelegenheit Gebrauch machen würde. Lenin dachte in diesen Tagen nicht nur an den Tod, sondern auch an das Schicksal der Partei. Seine revolutionäre Ader hörte unzweifelhaft als letzte zu pulsen auf.

Als noch sehr junger Mensch hatte Koba im Gefängnis in hinterhältiger Weise hitzköpfige Kaukasier gegen seine Widersacher aufgehetzt: gewöhnlich endete so etwas mit einer Schlägerei, einmal sogar mit einem Mord. Mit der Zeit hatte er seine Technik vervollkommnet. Der allmächtige Parteiapparat, kombiniert mit der totalitären Staatsmaschine, eröffnete ihm Möglichkeiten, die sich selbst sein Vorläufer Cäsar Borgia nicht hätte träumen lassen. Das Büro, in dem die Untersuchungsrichter der GPU ihre inquisitorischen Verhöre vornehmen, ist durch ein Mikrophon mit Stalins Büro verbunden. Der unsichtbare Josef Dschugaschwili, die Pfeife zwischen den Zähnen, folgt eifrig dem von ihm selbst vorbereiteten Dialog, reibt sich die Hände und lächelt schweigend. Mehr als zehn Jahre vor den berüchtigten Moskauer Prozessen hatte er Kamenew und Dzerschinsky an einem Sommerabend in den Ferien, bei einer Flasche Wein, anvertraut, daß es seine höchste Freude im Leben wäre, einen Feind auszuwählen, alles sorgfältig vorzubereiten, um unbarmherzige Rache zu üben und dann schlafen zu gehen. So sollte er sich später an einer ganzen Generation von Bolschewiki rächen! Es erübrigt sich, hier auf die Gerichts- und Polizeikomplotte von Moskau zurückzukommen - das Urteil, das seinerzeit über sie gefällt worden ist, war sowohl maßgeblich wie erschöpfend.*) Für das Verständnis des wirklichen Stalin und seines Verhaltens in den Tagen von Lenins Krankheit und Tod ist es aber erforderlich, hier einige Episoden des letzten der großen Prozesse, der im März 1938 begann, zu beleuchten.

Einen besonderen Platz auf der Anklagebank nahm Heinrich Jagoda ein, der sechzehn Jahre lang in der Tscheka und der GPU gearbeitet hatte, zuerst als Chef-Stellvertreter, später als Oberster Leiter - stets in engstem Kontakt mit dem Generalsekretär, der in ihm seinen zuverlässigsten Gehilfen im Kampf gegen die Opposition fand. Das System der Geständnisse von Verbrechen, die nie begangen worden sind, ist von Jagoda ausgearbeitet, wenn auch nicht von ihm ausgedacht worden. 1933 belohnte Stalin ihn, indem er ihn mit dem Lenin-Orden dekorierte, 1935 verlieh er ihm den Rang eines Generalkommissars für Staatssicherheit, das heißt, den eines Marschalls der Politischen Polizei, zwei Tage nur nachdem der brillante Tuchatschewsky zum Marschall der Roten Armee aufgestiegen war. In der Person Jagodas war eine Null befördert worden, jedem als solche be-

*) Siehe: „The Case of Leon Trotsky", Report of Hearings on the Charges Made Against Him in the Moscow Trials, by the Preliminary Commission of Inquiry, John Dewey, Chairman, and others. Harper and Brothers, New York and London, 1937, Seite 617 ff.

„Not Guilty", Report of the Commission of Inquiry Into the Charges made against Leon Trotsky in the Moscow Trials, by John Dewey, Chairman and others. Harper and Brothers, New York and London, 1938, Seite 422 ff.

kannt und von allen verachtet; die alten Revolutionäre werden empörte Blicke gewechselt haben. Selbst innerhalb des diensteifrigen Politbüros wurde der Versuch gemacht, dagegen zu opponieren. Doch Stalin war an Jagoda durch einige Geheimnisse gebunden, und zwar, so schien es, für immer. Das mysteriöse Band riß jedoch auf mysteriöse Weise. Bei der großen „Säuberung" entschloß sich Stalin, zugleich den Komplicen zu liquidieren, der zuviel wußte. Im April 1937 wurde Jagoda verhaftet. Wie immer war Stalin darauf bedacht, sich mehrere zusätzliche Vorteile zu sichern: gegen das Versprechen einer Begnadigung willigte Jagoda ein, auf dem Prozeß die Verantwortung für die Verbrechen zu übernehmen, die das Gerücht Stalin zugeschrieben hatte. Natürlich wurde das Versprechen nicht gehalten: Jagoda wurde hingerichtet, damit auch der rechte Beweis dafür geliefert würde, daß Stalin und Moral miteinander unvereinbar sind. Doch gelangten auf dem Prozeß höchst aufschlußreiche Umstände an die Öffentlichkeit. Der Zeugenaussage seines Sekretärs und Vertrauten Bulanow nach, besaß Jagoda einen besonderen Giftschrank, welchem er gegebenenfalls die kostbaren Phiolen entnahm, um sie mit den entsprechenden Instruktionen seinen Agenten anzuvertrauen. Als früherer Apotheker interessierte sich das Oberhaupt der GPU für Gifte ganz besonders; er hatte mehrere Toxikologen in seinen Diensten, für die er ein besonderes Laboratorium eingerichtet hatte und die unkontrolliert über unbegrenzte Mittel verfügten. Es ist natürlich ausgeschlossen, daß Jagoda ein solches Unternehmen nur für seine persönlichen Zwecke gründen konnte. Im Gegenteil! Hier wie in anderen Fällen übte er lediglich seine offiziellen Funktionen aus. Als Giftmischer war er bloß instrumentum regni, so wie es die alte Lokusta an Neros Hof gewesen war - mit dem Unterschied, daß er seine Vorgängerin im Technischen weit hinter sich ließ.

An der Seite Jogadas saßen die vier Kremlärzte auf der Anklagebank, die des Mordes an Maxim Gorki und an zwei Regierungsmitgliedern beschuldigt wurden. „Ich gestehe, daß ... ich Arzneien verschrieben habe, die bei dieser Krankheit unangebracht
297 sind ..." Also: „Ich bin verantwortlich für den vorzeitigen Tod von Maxim Gorki und Kuibyschew." In den Tagen, als sich dieser Prozeß abspielte, dessen Untergrund aus Fälschungen bestand, erschien mir alles, die Anklage wie das Geständnis, den alten und kranken Schriftsteller vergiftet zu haben, als phantastisch. Spätere Informationen und eine aufmerksamere Analyse der

Umstände bewogen mich, mein Urteil zu ändern. Alles an diesem Prozeß war nicht Lüge. Es gab Vergiftete und Giftmischer, und alle Giftmischer saßen nicht auf der Anklagebank. Der Hauptgiftmischer leitete telefonisch den Prozeß.

Gorki war weder ein Konspirator noch ein Politiker. Er war ein weichherziger alter Mann, ein Verteidiger der Erniedrigten, ein sentimentaler Protestler. Das war seine Rolle in den ersten Tagen der Oktoberrevolution gewesen. In der Zeit der Hungersnot während des ersten und des zweiten Fünfjahrplans war die Unzufriedenheit außerordentlich, und die Unterdrückung kannte keine Grenzen. Die Höflinge protestierten. Selbst Stalins Frau, die Allilujewa, protestierte. In solcher Atmosphäre war Gorki eine ernstliche Gefahr. Er korrespondierte mit europäischen Schriftstellern, Ausländer kamen zu ihm zu Besuch, die Opfer wandten sich an ihn, er formte die öffentliche Meinung. Noch weit unmöglicher wäre es Gorki aber gewesen, der Ausrottung der alten Bolschewiki zuzustimmen, die Stalin vorbereitete; Gorki hatte zu den alten Bolschewiki jahrelang in nahen Beziehungen gestanden. Ein öffentlicher Protest Gorkis gegen die Polizeikomplotte hätte in den Augen der ganzen Welt sofort den hypnotischen Zauber der Stalinschen Justiz gebrochen.

Ihn zum Schweigen zu veranlassen, daran war nicht zu denken. Ihn zu verhaften, auszuweisen, gar ihn hinzurichten, war noch weniger vorstellbar. Die Idee, sein Ende mit Hilfe Jagodas und „ohne Blutvergießen" zu beschleunigen, mußte dem Diktator vom Kreml als der unter den gegebenen Umständen einzig mögliche Ausweg erscheinen. Stalins Gemüt ist so beschaffen, daß sich ihm solche Entschlüsse mit der Durchschlagskraft von Reflexen aufdrängen. Nachdem er den Auftrag übernommen hatte, wandte sich Jagoda an seine „eigenen" Mediziner. Er riskierte nichts. Eine Weigerung hätte, Dr. Lewins Worten nach, „den Ruin für mich und meine Familie bedeutet". Außerdem „ist es vollständig ausgeschlossen, Jagoda zu entkommen. Er ist ein Mensch, der vor nichts zurückschreckt. Der kriegt einen, und wenn man sich unter der Erde versteckt". 298

Warum aber beschwerten sich die autorisierten und respektierten Kremlärzte nicht bei den Mitgliedern der Regierung, die sie alle gut kannten, waren es doch ihre Patienten? Allein auf der Liste Dr. Lewins stehen vierundzwanzig Funktionäre von höchstem Rang, darunter Mitglieder des Politischen Büros und des Rates der Volkskommissare. Die Antwort lautet, daß Dr.

Lewin genau so gut wußte, wie jeder andere innerhalb und außerhalb des Kremls, wessen Agent Jagoda war. Dr. Lewin unterwarf sich Jagoda, weil er gegen Stalin machtlos war.

Was Gorkis Unzufriedenheit betrifft, seine Bemühungen um eine Reise ins Ausland, Stalins Weigerung, ihm einen Paß ausstellen zu lassen - so war das bekannt und wurde im Flüsterton diskutiert. Gleich nach dem Tode des großen Schriftstellers tauchte der Verdacht auf, daß Stalin den zerstörerischen Kräften der Natur Vorschub geleistet habe. Einer der Gründe für den Prozeß war, Stalin von diesem Verdacht reinzuwaschen. Daher die wiederholten Bekundungen Jagodas, der Ärzte und der anderen Angeklagten, daß Gorki „ein intimer Freund Stalins" gewesen sei, „ein zuverlässiger Freund", „ein Stalinist", daß er die Politik des „Führers" vollkommen gebilligt und „mit unge-
299 wöhnlichem Enthusiasmus" von Stalins Rolle gesprochen habe. Wenn nur die Hälfte davon wahr wäre, hätte Jagoda es nie auf sich genommen, Gorki umzubringen und noch viel weniger hätte er gewagt, einen Kremlarzt mit einem solchen Werk zu beauftragen, der sich seiner hätte mit einem einfachen Anruf bei Stalin entledigen können.

Das ist nur ein „Detail" aus einem einzigen Prozeß. Und es gab viele Prozesse und zahlreiche „Details". Alle tragen sie den unverwischbaren Stempel Stalins. Im Grunde ist alles sein Werk. In seinem Büro auf und ab wandernd, studiert er aufs genaueste die verschiedensten Pläne, mit denen er irgendeinen, der ihm mißfällt, auf die unterste Stufe der Demütigung hinunterbringen kann, zur verlogenen Denunziation seiner besten Freunde, zum schrecklichsten, zum Selbstverrat. Für den, der trotz alledem widersteht, ist immer eine kleine Phiole bereit. Nur Jagoda ist verschwunden, sein Giftschrank ist geblieben.

In dem Prozeß von 1938 klagte Stalin ganz nebenbei Bucharin an, im Jahre 1918 ein Attentat auf Lenin geplant zu haben. Der naive und feurige Bucharin verehrte Lenin, liebte ihn, wie ein Kind seine Mutter liebt, und bewahrte, wenn er mit ihm polemisierte, stets die kniefällige Haltung des Schülers. Bucharin, „weich wie Wachs", um Lenins Ausdruck zu gebrauchen, hatte und konnte keine persönlichen Ambitionen haben. Wenn jemand vor der Stalinschen Ära vorausgesagt hätte, daß ein Tag kommen würde, wo Bucharin des Mordversuchs an Lenin angeklagt werde, dann hätten wir alle gelacht und Lenin mehr als jeder andere — er hätte vorgeschlagen, einen solchen Propheten ins Irrenhaus zu stecken. Warum also greift Stalin zu einer so ganz offensichtlich absurden Anschuldigung? Die Vermutung, die die höchste Wahrscheinlichkeit für sich hat, ist, daß eben das Stalins Antwort auf Bucharins unvorsichtigerweise geäußerten Verdacht gegen Stalin selbst war. Ganz allgemein sind die Anklagen nach diesem Modell zugeschnitten. Die wesentlichen Elemente der Stalinschen Polizeikomplotte sind keine reinen Phantasieprodukte; sie sind der Wirklichkeit entnommen - meist Handlungen oder Plänen des „Kochs" selbst. Derselbe defensiv-offensive „Stalin-Reflex", der sich im Falle von Gorkis Tod so klar gezeigt hat, zeigt sich ebenfalls mit all seiner Gewalt im Falle von Lenins Tod. Im ersten Falle hat Jagoda mit seinem Leben gebüßt, im zweiten - Bucharin.

Ich stelle mir vor, daß die Dinge etwa folgendermaßen verliefen. Lenin bat Ende Februar 1923 um Gift. Anfang März war er noch gelähmt. Die ärztliche Prognose war zu diesem Zeitpunkt mit Vorbehalt ungünstig. Stalin fühlte sich selbstsicherer und begann so zu handeln, als sei Lenin schon tot. Der Kranke spielte ihm aber einen Streich. Sein kräftiger Organismus, von einem unbeugsamen Willen gehalten, behauptete sich. Gegen den Winter zu begann sich Lenins Zustand langsam zu bessern und erlaubte ihm, sich freier zu bewegen, sich vorlesen zu lassen und selbst zu lesen; das Sprachvermögen kehrte zurück. Der ärztliche Befund gab mehr und mehr Hoffnung. Lenins Wiederherstellung hätte natürlich nicht verhindern können, daß die Revolution der bürokratischen Reaktion Platz machte; die Krupskaja hatte ihre guten Gründe, als sie 1926 sagte: „Wenn Wolodja lebte, würde er jetzt im Gefängnis sitzen!"

Für Stalin ging es nicht um den allgemeinen Kurs der Revolution, sondern vielmehr um sein eigenes Geschick: entweder konnte er sofort, an diesem Tage noch, so manöverieren, daß er Herr des politischen Apparats und damit der Partei und des Landes wurde, oder aber er wurde für den Rest seines Lebens auf einen drittrangigen Platz verwiesen. Stalin wollte die Macht, alle Macht, was da auch kommen mochte: schon hielt er sie fest in der Hand, das Ziel war nahe, aber die von Lenin drohende Gefahr war noch näher. In diesen Tagen muß Stalin klar geworden sein, daß unverzügliches Handeln geboten war. Er hatte überall Komplizen, die auf Gedeih und Verderb mit ihm verbunden waren. Der Apotheker Jagoda stand bereit. Ob Stalin Lenin das Gift zukommen ließ, indem er darauf anspielte, daß die Ärzte alle Hoffnung aufgegeben hätten, oder ob er mehr direkte Mittel anwandte, das weiß ich nicht. Aber ich bin fest davon überzeugt, daß Stalin da nicht untätiger Zuschauer bleiben konnte, wo sein Lebensschicksal auf dem Spiel stand und die Entscheidung abhing von einer kleinen, sehr kleinen Bewegung seiner Hand.

Kurz nach Mitte Januar 1924 reiste ich nach Suchum im Kaukasus ab, um zu versuchen, dort von einer hartnäckigen, mysteriösen Infektion geheilt zu werden, deren Natur meinen Ärzten bis heute ein Rätsel geblieben ist. Die Nachricht von Lenins Tod erreichte mich auf der Fahrt. Einer weitverbreiteten Auffassung nach habe ich die Macht verloren, weil ich bei den Trauerfeierlichkeiten nicht zugegen war. Das erklärt wohl kaum ernstlich etwas. Doch hat die Tatsache meiner Abwesenheit bei der Trauerkundgebung für Lenin bei vielen meiner Freunde schwere Besorgnis hervorgerufen. In dem Schreiben meines damals knapp achtzehn Jahre zählenden ältesten Sohnes lag ein Gran jugendlicher Verzweiflungsstimmung: Ich hätte um jeden Preis kommen sollen! Das war gewiß auch meine Absicht. Das Chiffretelegramm mit der Nachricht vom Tode Lenins erreichte meine Frau und mich auf dem Bahnhof von Tiflis. Ich sandte sofort eine chiffrierte Note an den Kreml: „Ich halte es für notwendig, nach Moskau zurückzukommen. Wann findet die Trauerfeier statt?" Eine Stunde später traf die Antwort aus Moskau ein: „Die Trauerfeier findet am Sonnabend statt. Sie werden nicht rechtzeitig zurück sein können. Das Politbüro meint, daß Sie wegen Ihres Gesundheitszustands Ihre Reise nach Suchum
300 fortsetzen müssen - Stalin."

Ich glaubte nicht, nur meinetwegen einen Aufschub der Feierlichkeiten verlangen zu können. Erst in Suchum, als ich in Decken gehüllt auf der Veranda eines Sanatoriums lag, erfuhr ich, daß sie auf Sonntag verlegt worden waren. Die ganzen Umstände der Festsetzung des Datums der Trauerfeier und deren späterer Verschiebung sind so verwickelt, daß sie nicht in wenigen Zeilen klargelegt werden können. Stalin manöverierte und täuschte nicht nur mich, sondern anscheinend auch seine Verbündeten vom Triumvirat. Zum Unterschiede von Sinowjew, der jede Frage vom Standpunkt der unmittelbaren Agitationswirkung aus sah, ließ sich Stalin bei seinen gewagten Manövern von viel handgreiflicheren Erwägungen leiten. Er mag gefürchtet haben, daß ich einen Zusammenhang zwischen Lenins Tod und dem Gespräch über das Gift im vergangenen Jahr herstellte, daß ich die Ärzte darüber befragte, ob eine Vergiftung vorliegen könne, daß ich eine spezielle Autopsie verlangte. Es war also in jeder Beziehung sicherer, mich fernzuhalten, bis der Körper einbalsamiert, die inneren Organe dem Feuer überantwortet und eine Untersuchung post mortem nicht mehr möglich war.

Als ich später in Moskau die Ärzte nach der unmittelbaren Ursache von Lenins Tod fragte, der für sie überraschend gekommen war, wußten sie darauf nichts Rechtes zu antworten. Die Krupskaja, die mir in wärmsten Worten nach Suchum geschrieben hatte, wollte ich mit Fragen über diese Dinge nicht peinigen. Mit Sinowjew und Kamenew knüpfte ich persönliche Beziehungen erst wieder zwei Jahre später an, nachdem sie mit Stalin gebrochen hatten. Sie vermieden augenscheinlich jede Diskussion über die Umstände von Lenins Tod, antworteten einsilbig und wichen meinen Blicken aus. Wußten sie etwas oder hatten sie nur einen Verdacht? Auf jeden Fall waren sie in den vergangenen drei Jahren mit Stalin zu eng verbunden gewesen, um nicht befürchten zu müssen, daß auch auf sie ein Schatten von Verdacht fallen würde.

Über Lenins Sarg verlas Stalin den auf ein Stück Papier geschriebenen Schwur, das Vermächtnis des Lehrers treu zu hüten, in jenem Predigtstil verfaßt, den er im Tifliser Theologenseminar erlernt hatte. Seinerzeit wurde dieser Schwur kaum beachtet. Heute steht er in allen Schulbüchern und nimmt den Platz der Zehn Gebote ein.

Die Namen Neros und Cäsar Borgias sind anläßlich der Moskauer Prozesse und der letzten internationalen Ereignisse öfter als einmal genannt worden. Wenn schon die Gespenster der Vergangenheit wieder heraufbeschworen werden, dann scheint es mir angemessen, nunmehr von einem Über-Nero und Über-Borgia zu sprechen, so bescheiden und so fast naiv erscheinen uns heute die Verbrechen jener Epochen, verglichen mit den Großtaten unserer Zeit. Immerhin ist es möglich, in solchen bloßen Personalanalogien eine tiefere geschichtliche Bedeutung zu entdecken. Die das zerfallende römische Imperium kennzeichnenden Gebräuche bildeten sich während des Übergangs von der Sklaverei zum Feudalismus heraus, des Übergangs vom Heidentum zum Christentum. Die Epoche der Renaissance bezeichnet den Übergang von der feudalen zur bürgerlichen Gesellschaft, vom Katholizismus zum Protestantismus und Liberalismus. In beiden

Fällen war die alte Moral ausgehöhlt, bevor sich die neue gebildet hatte.

Wir leben abermals im Übergang von einem System zu einem andern, in einer Epoche der tiefsten gesellschaftlichen Krise, die wie immer von einer Krise der Moral begleitet ist. Die alte Moral ist in ihren Grundfesten erschüttert. Die neue hat kaum begonnen zu erscheinen. Wenn das Dach eingestürzt ist und Türen und Fenster aus den Angeln sind, dann ist das Haus traurig und das Leben in ihm hart. Heute fegt ein scharfer Wind über den ganzen Planeten. Alle traditionellen Grundsätze der Moralität werden mehr und mehr entwertet, nicht nur die, die Stalins Praxis herabgewürdigt hat.

Aber eine historische Erklärung ist keine Rechtfertigung. Auch Nero war ein Produkt seiner Epoche. Nichtsdestoweniger wurden, als er verschwunden war, seine Statuen zerbrochen und sein Name überall ausgelöscht. Die Rache der Geschichte ist schrecklicher als die des mächtigsten Generalsekretärs. Ich wage zu glauben, daß das tröstlich ist.

Nachtrag

I. DIE THERMIDORIANISCHE REAKTION

Der gewaltigen Anstrengung der Revolution und des Bürgerkrieges folgte eine politische Gegenwirkung. (Sie unterschied sich grundsätzlich von gleichlaufenden sozialen Phänomenen in nichtsowjetischen Ländern.) Sie reagierte gegen den imperialistischen Krieg und gegen die, die ihn geführt hatten. In England war sie gegen Lloyd George gerichtet, den sie bis an sein Lebensende politisch isolierte. In Frankreich erlitt Clemenceau ein ähnliches Schicksal.

Die mächtige Wandlung in den Gefühlen der Massen nach einem Krieg und einem Bürgerkrieg war nur natürlich. In Rußland waren die Arbeiter und Bauern tief davon überzeugt, daß ihre eigenen Interessen auf dem Spiele standen und daß der ihnen aufgezwungene Krieg wirklich der ihre war. Nach dem Sieg über die Weißen und über die Entente war die Zufriedenheit groß, und ebenso groß war die Popularität derjenigen, die geholfen hatten, ihn zu erringen.

Aber die drei Bürgerkriegsjahre hatten der Sowjetregierung selbst durch die Tatsache ihren unverwischbaren Stempel aufgedrückt, daß sich eine sehr große Zahl der neuen Administratoren daran gewöhnt hatte, zu befehlen und absolute Unterwerfung unter ihre Befehle zu verlangen. Die Theoretiker, die zu beweisen versuchen, daß das gegenwärtige totalitäre Regime in der UdSSR nicht gegebenen historischen Bedingungen geschuldet ist, sondern der Eigenart des Bolschewismus, vergessen, daß der Bürgerkrieg nicht aus der Eigenart des Bolschewismus hervorging, sondern aus den Bemühungen der russischen und der internationalen Bourgeoisie, das Sowjetregime zu stürzen.

Daß Stalin und viele andere vom Milieu und den Umständen des Bürgerkriegs geformt worden sind, ebenso wie die ganze Gruppe, die ihm später helfen sollte, seine persönliche Diktatur aufzurichten - Ordschonikidse, Woroschilow, Kaganowitsch - und eine ganze Schicht von Arbeitern und Bauern, die sich zu Verwaltungs- und Kommandeurposten aufgeschwungen hatten, daran ist nicht zu zweifeln.

(Ferner bestanden in den fünf auf die Revolution folgenden Jahren über 97% der Parteimitgliedschaft aus Leuten, die nach dem Siege in die Partei eingetreten waren. Weitere fünf Jahre später) hatte die überwältigende Mehrheit der eine Million zählenden Parteimitglieder nur noch eine nebelhafte Vorstellung von dem, was die Partei in der ersten Periode der Revolution gewesen war, von der vorrevolutionären Illegalität gar nicht zu reden.

Kurzum, mindestens drei Viertel der Parteiangehörigen setzten sich damals aus Mitgliedern zusammen, die erst nach 1923 zur Partei gekommen waren. Die Zahl der Mitglieder, die der Partei vor der Revolution angehört hatten - das heißt also, Revolutionäre aus der illegalen Zeit -, lag unter einem Prozent. 1923 war die Partei von jungen und unerfahrenen (rapide ausgebildeten und zurechtgeformten) Massen überschwemmt worden, die, unter der Peitsche der Berufs-Apparatschiks, die Rolle von Jasagern zu spielen hatten. Dies äußerste Zusammenschrumpfen des revolutionären Kerns der Partei war die notwendige Vorbedingung für die Siege des Apparats über den „Trotzkismus“.

1923 begann sich die Lage zu stabilisieren. Der Bürgerkrieg, ebenso der Krieg mit Polen, waren endgültig abgeschlossen. Die schrecklichsten Folgen der Hungersnot waren überwunden, die „Nep“ hatte dem Wiedererwachen der Volkswirtschaft einen mächtigen Elan verliehen. Daß die Kommunisten ständig von einem Posten auf den andern und von einem Betätigungsfeld in ein anderes hinüberwechselten, wurde bald eine Ausnahme; die Kommunisten begannen, sich in Dauerstellungen einzurichten und die Regionen und Distrikte des wirtschaftlichen und politischen Lebens, die ihrer administrativen Gewalt anvertraut waren, methodisch zu leiten. Die Ernennung auf diese Posten verband sich mehr und mehr mit den Problemen des persönlichen Lebens, des Familienlebens des Beamten, seiner Karriere.

Damals trat Stalin mit wachsender Bedeutung als Organisator, Aufgabenverteiler, Postenverteiler, Bildner und Meister der Bürokratie auf. Er wählte seine Leute nach ihrer Feindschaft oder ihrer Indifferenz gegenüber seinen persönlichen Gegnern aus, und zwar besonders gegenüber demjenigen, den er als seinen Hauptgegner betrachtete, als das größte Hindernis auf dem Wege des Aufstiegs zur absoluten Macht. Stalin verallgemeinerte und klassifizierte seine eigene Verwaltungserfahrung für den Gebrauch seiner engsten Verbündeten, vor allem die Erfahrung in jenen Manövern, die er mit Ausdauer hinter den Kulissen geführt hatte. Er lehrte sie, ihren lokalen politischen Apparat nach dem Modell seines eigenen Apparates zu organisieren: wie Mitarbeiter zu rekrutieren, wie ihre Schwächen auszunützen seien, wie der eine Genosse gegen den anderen auszuspielen, wie der Apparat in Gang zu halten sei.

In dem Maße, wie das Leben der Bürokratie an Stabilität gewann, erzeugte es das Bedürfnis nach gesteigertem Komfort. Stalin stellte sich an die Spitze dieser spontanen Bewegung, lenkte sie und stattete sie seinen eigenen Zielen entsprechend aus. Er belohnte diejenigen, derer er sicher war, indem er ihnen angenehme und vorteilhafte Posten verschaffte. Er suchte die Mitglieder der Kontrollkommission aus und entfachte in ihnen das Bedürfnis, alle die unerbittlich zu verfolgen, die von der offiziellen politischen Linie abwichen. Gleichzeitig wußte er sie dazu anzuregen, nach der ungewöhnlichen und extravaganten Lebensweise der Funktionäre, die ihm treu ergeben waren, zu schielen. Denn Stalin bemaß jede Situation, jeden politischen Umstand und jeden Lebensumstand der einzelnen Personen nach sich selbst, nach seinem Kampf um die Herrschaft, nach seinem rücksichtslosen Verlangen, andere zu beherrschen. Jede andere Betrachtungsweise war ihm völlig fremd. Er hetzte seine gefährlichsten Konkurrenten gegeneinander auf; sein Talent, persönliche und Gruppengegensätze auszunützen, entwickelte er zur Kunst - zu einer unnachahmlichen Kunst, denn er brauchte nur seinen fast unfehlbaren Instinkt für Operationen dieser Art zu entwickeln. Jede neue Situation sah er zuerst und vor allem daraufhin an, wie er aus ihr einen persönlichen Vorteil ziehen konnte. Nie zögerte er, das Interesse des Sowjetlandes zu opfern, wenn es mit seinem persönlichen Interesse in Konflikt geriet. Bei jeder Gelegenheit und ohne der Folgen zu achten, tat er alles, was er konnte, um denen Schwierigkeiten zu bereiten, von denen er glaubte, daß sie seine Allmacht bedrohten. Mit derselben Ausdauer war er bemüht, jeden Akt persönlicher Ergebenheit zu belohnen. Heimlich erst, dann offener, trat er als Schützer der Ungleichheit auf, als Schützer der besonderen Vorrechte der Spitzen der Bürokratie.

Bei diesem vorsätzlichen Demoralisierungswerk kümmerte sich Stalin nie um die weitere Perspektive. Noch dachte er über die soziale Bedeutung dieses Prozesses nach, in dem er die Hauptrolle spielte. Er ging damals wie heute als der Empiriker vor, der er immer war. Er wählte die ihm Ergebenen aus und belohnte sie; er half ihnen, sich privilegierter Stellungen zu bemächtigen; er verlangte von ihnen den Verzicht auf persönliche politische Ziele. Er lehrte sie, für ihren eigenen Gebrauch den Apparat zu schaffen, der notwendig ist, um die Massen zu beeinflussen und zu unterwerfen. Er dachte nicht einen Augenblick daran, daß diese Politik dem Kampfe direkt entgegengesetzt war, dem Lenin in seinem letzten Lebensjahr die meiste Bedeutung beimaß, dem Kampf gegen die Bürokratie. Gelegentlich sprach er selbst von der Bürokratie, aber immer in den abstraktesten und wirklichkeitsfernsten Ausdrücken. Er denkt dabei nur an die kleinen Dinge: mangelnde Aufmerksamkeit, Papierkrieg, unordentliche Büros usw., ist aber blind und taub gegenüber der Herausbildung einer ganzen Kaste von Bevorrechteten, die wie Diebe untereinander verschworen sind durch ihre gemeinsamen Interessen, durch den ständigen zunehmenden Abstand zwischen ihnen und dem werktätigen Volk. Ohne es zu ahnen, organisiert Stalin nicht nur einen neuen politischen Apparat, sondern eine neue Kaste.

Er geht an die Fragen nur vom Gesichtspunkt der Kaderauswahl heran, des Ausbaus des Apparates, der Sicherung seiner persönlichen Kontrolle über ihn, seiner eigenen Herrschaft. Für ihn gibt es keinen Zweifel - in dem Umfang, wie er sich überhaupt um allgemeine Fragen kümmert -, daß sein Apparat der Regierung mehr Stärke und Festigkeit verleiht und so die neue Entwicklung zum Sozialismus in einem Lande garantiert. Weiter wagt er sich auf dem Gebiete der Verallgemeinerungen nicht. Daß die Kristallisation einer neuen herrschenden Schicht von Funktionären, die in privilegierten Stellungen sitzen - den Massen gegenüber durch die Idee des Sozialismus getarnt -, daß die Bildung einer neuen führenden, mit allen Vorrechten und allen Vollmachten versehenen Schicht die soziale Struktur des Staates verändert und in ständig steigendem Maße die soziale Zusammensetzung der neuen Gesellschaft - das ist ein Gedanke, den zu fassen er sich weigert und den er, allemal wenn er ihm nahegelegt wird, zurückweist - mit der Faust oder mit dem Revolver.

So wird der Empiriker Stalin, ohne förmlich mit der revolutionären Tradition zu brechen und ohne den Bolschewismus zu verwerfen, der wirksamste Zerstörer der einen wie des andern, indem er sie alle beide verrät.

Zur Zeit der Parteidiskussion im Herbst 1923 war die Moskauer Organisation ungefähr zur Hälfte gespalten, mit einem anfänglichen gewissen Übergewicht der Opposition. Die beiden Hälften waren indes ihrem sozialen Wirkungsvermögen nach nicht von gleicher Kraft. Die Jugend und ein beträchtlicher Teil einfacher Parteimitglieder gingen mit der Opposition, aber auf Seiten Stalins und des Zentralkomitees standen all die besonders erzogenen und disziplinierten Politiker, die mit dem Apparat des Generalsekretärs eng verbunden waren. Meine Krankheit und als Folge davon mein Fernbleiben vom Kampf war, das muß ich sagen, ein Faktor von einiger Bedeutung, doch darf diese Bedeutung nicht überschätzt werden; mehr als ein episodischer Charakter kommt ihr nicht zu. (Sehr viel wichtiger war die Tatsache, daß) die Arbeiter müde waren. Die die Opposition unterstützten, waren nicht von der Hoffnung auf große und tiefgehende Veränderungen angetrieben, während die Bürokratie mit außergewöhnlicher Brutalität vorging. Es stimmt, daß es mindestens eine Periode großer Verwirrung gab, aber wir wußten damals nichts davon; wir wurden erst später durch

Sinowjew darüber unterrichtet. Als er eines Tages nach Moskau kam, fand er die Moskauer Führer von einer Panik aufgescheucht vor. Es war ruchbar geworden, daß Stalin ein Manöver vorbereitete, dessen Ziel es war, auf Kosten seiner Verbündeten Sinowjew und Kamenew seinen Frieden mit der Opposition zu machen; das lag durchaus in seiner Art.

Zu dieser Zeit fanden die Sitzungen des Politischen Büros meiner Krankheit wegen bei mir zu Hause statt. Stalin machte mir offensichtlich Avancen und bekundete für meine Gesundheit ein völlig unerwartetes Interesse. Sinowjew machte, seinem Bericht nach, dieser zweideutigen und sichtlich sonderbaren Situation in Moskau ein Ende, indem er sich nach Petrograd wandte, um dort seinen Einfluß zu verstärken. Er bildete eine illegale Gruppe von Agitatoren und Stoßtrupps, die im Automobil von einer Fabrik zur anderen fuhren, um Lügen und Verleumdungen auszustreuen. Ohne natürlich mit seinen Verbündeten zu brechen, suchte Stalin sich den Rückzug zur Opposition offenzuhalten für den Fall, daß diese siegte. Sinowjew war kühner, weil er abenteuerlicher und unverantwortlicher war. Stalin war vorsichtig. Er übersah noch nicht ganz den Umfang der Veränderungen, die in den Spitzen der Partei und besonders im Sowjetapparat vor sich gegangen waren. Er ruhte sich nicht auf seiner persönlichen Stärke aus, er ging tastend vor, prüfte jeden Widerstand, würdigte jeden Stützpunkt. Er ließ Sinowjew und Kamenew sich kompromittieren und bewahrte sich selbst volle Manövrierfreiheit.

Während derselben Diskussion wurde die Technik des Apparats in dessen Kampf gegen die Opposition endgültig festgelegt und in der Aktion ausprobiert. Es konnte unmöglich zugelassen werden, daß in irgendeinem Falle der Apparat durch einen Druck von unten her hätte gebrochen werden können. Der Apparat mußte auf alle Fälle bleiben. Die Partei konnte verändert, umgruppiert, umgeschmolzen werden. Mitglieder konnten ausgeschlossen oder kompromittiert werden, andere konnten Furcht haben. Schließlich war es möglich, mit den Dingen und den Ziffern zu jonglieren. Die Apparatschiki gingen von Fabrik zu Fabrik. Die Kontrollkommissionen, die zu dem Zwecke geschaffen worden waren, zu verhindern, daß der Apparat die Macht usurpierte, wurden zu bloßen Rädern des Apparats. Auf den Parteiversammlungen notierten Vertrauensmänner dieser Kommissionen den Namen jedes Redners, der der Sympathie für die Opposition verdächtig war und untersuchten dann genauestens seine Vergangenheit. Immer oder fast immer war es ohne allzugroße Schwierigkeiten möglich, irgendeinen Fehler oder einfach eine ungünstige soziale Herkunft zu finden, um eine Anklage wegen Durchbrechung der Parteidisziplin zu rechtfertigen oder eine solche Anklage zu provozieren. Es war dann möglich, den mit der Opposition Sympathisierenden auszuschließen, zu versetzen, ihn zum Schweigen zu bringen oder sogar einen Kuhhandel mit ihm einzugehen.

Diesen Teil der Arbeit leitete Stalin persönlich. In der Zentralen Kontrollkommission hatte er mit Soltz, Jaroslawsky und Schkirjatow seine eigene Clique an der Spitze. Ihre Hauptaufgabe war, von den Nonkonformisten schwarze Listen anzulegen und über ihre Abstammung in den Archiven der zaristischen Polizei nachzuforschen. Stalin besitzt ein besonderes Archiv voll von Dokumenten aller Art, Anschuldigungen, verleumderischen Gerüchten über alle sowjetischen Führer ohne Ausnahme. Als er 1929 mit den Rechtsfraktionellen des Politbüros - Bucharin, Rykow und Tomski - öffentlich brach, konnte Stalin Kalinin und Woroschilow nur bei der Stange halten, indem er mit gewissen Enthüllungen drohte.

Im Jahre 1925 veröffentlichte eine humoristische Zeitschrift eine Karikatur, die den Regierungschef (Kalinin) in einer sehr kompromittierenden Situation darstellte. Die Ähnlichkeit war frappierend. Der Text war sehr anzüglich, außerdem war ein Hinweis auf Kalinin durch dessen Initialen, M. K., vorhanden. Ich traute meinen Augen nicht. „Was hat das zu bedeuten?“, fragte ich mehrere meiner Freunde, darunter Serebrjakow, der Stalin im Gefängnis und in der Verbannung nahe gekannt hatte.

„Das ist Stalins letzte Warnung an die Adresse Kalinins“, antwortete er mir.

„Und warum das?“

„Bestimmt nicht, weil ihm dessen Lebensweise Kummer macht“, sagte Serebrjakow lachend, „Kalinin versteift sich wahrscheinlich auf irgend etwas ...“

Kalinin, der die jüngste Vergangenheit nur zu gut kannte, hatte sich zuerst geweigert, Stalin als Führer anzusehen; er schreckte lange davor zurück, sein Schicksal mit dem Stalins zu verbinden. „Dies Pferd“, pflegte er in intimen Kreisen zu sagen, „wird unseren Wagen eines Tages in den Graben werfen.“ Schritt für Schritt jedoch, brummig und widerspenstig, wandte er sich zuerst gegen mich, dann gegen Sinowjew, und schließlich, nun aber ganz wider seinen Willen, gegen Rykow, Bucharin und Tomski, mit denen er durch gemeinsame politische Konzeptionen eng verbunden war. Jenukidse machte dieselbe Entwicklung durch, er marschierte in den Fußstapfen Kalinins, wenn auch mit mehr Zurückhaltung und sicher empfindlicher darunter leidend. Seiner ganzen Natur nach, deren hervorstechendster Zug die Anpassungsfähigkeit war, konnte sich Jenukidse gar nicht woanders, als im Lager des Thermidor befinden. Aber ein Streber war er nicht und ganz bestimmt keine Kanaille; es fiel ihm schwer, mit den alten Traditionen zu brechen und noch schwerer, sich gegen die Männer zu wenden, die er zu respektieren gewohnt war. In den kritischen Augenblicken zeigte er nicht nur keine aggressive Begeisterung, sondern beschwerte sich im Gegenteil, schalt, versuchte Widerstand zu leisten. Stalin entging das nicht, und er warnte ihn mehr als einmal. Ich erfuhr das aus bester Quelle. Obwohl in jenen Tagen die Denunziationspraxis nicht nur das politische Leben, sondern auch schon die persönlichen Beziehungen vergiftet hatte, blieben noch hier und da Oasen gegenseitigen Vertrauens. Jenukidse hielt sehr freundschaftliche Beziehungen zu Serebrjakow aufrecht, obwohl der letztere als einer der Führer der Linksopposition bekannt war. Oft schüttete Jenukidse ihm sein Herz aus: „Was will er mehr?“ fragte er. „Ich tue alles, was er von mir verlangt, aber das ist ihm nicht genug. Er will, daß ich zugebe, daß er genial ist.“

Stalin nahm Sinowjew und Kamenew unter seine Hut, als ich ihnen ihr Verhalten im Jahre 1917 in Erinnerung rief. „Es ist ganz gut möglich“, schrieb er, „daß einige Bolschewiki in den Julitagen gezittert haben. Ich weiß zum Beispiel, daß mehrere Bolschewiki, die damals verhaftet waren, bereit waren, aus unseren Reihen zu desertieren. Aber daraus eine Verurteilung gewisser... Mitglieder des Zentralkomitees herleiten, heißt, die Geschichte entstellen.“ 301

Was an diesem Zitat interessant ist, ist nicht so sehr die rückhaltlose Verteidigung Sinowjews und Kamenews, sondern der willkürliche Hinweis auf „mehrere Bolschewiki, die damals verhaftet waren“; damit war Lunatscharsky gemeint, von dem überhaupt nicht die Rede war. Unter den nach der Revolution aufgefundenen Dokumenten befindet sich das Verhör Lunatscharskys während der polizeilichen Untersuchung. Es macht seinem politischen Mut gewiß keine Ehre. Das war an sich für Stalin

nicht von großer Wichtigkeit; in seiner unmittelbaren Umgebung befanden sich noch weniger mutige Bolschewiki. Was ihn wütend machte, war, daß Lunatscharsky 1923 seine „Silhouetten der
302 Revolutionsführer" veröffentlicht hatte, in denen es keine Silhouette Stalins gab. Diese Auslassung war nicht absichtlich geschehen. Lunatscharsky hatte nichts gegen Stalin, nur war es ihm einfach nicht in den Sinn gekommen, ebensowenig wie sonst irgendjemand in damaliger Zeit, Stalin zu den Revolutionsführern zu zählen. 1925 hatte sich die Situation verändert, und jener Hinweis war für Stalin die Art und Weise, in der Lunatscharsky zu verstehen gegeben wurde, daß er seine Politik ändern oder darauf gefaßt sein müsse, an den Pranger gestellt zu werden. Ihm wurde eine Frist gewährt. Er verstand sehr gut, auf wen die Anspielung gemünzt war, und wechselte radikal seine politische Position; seine Sünden aus dem Juli 1917 wurden sofort vergessen.

Die jungen Revolutionäre der zaristischen Aera waren nicht alle Geschichtsbuch-Helden; einige waren unter ihnen, die während der polizeilichen Untersuchungen nicht genügend Mut zeigten. Wenn ihr späteres Verhalten erlaubte, diese Schwäche zu vergessen, schloß sie die Partei nicht endgültig aus und erlaubte ihnen, später wieder in ihre Reihen einzutreten. 1923 begann Stalin als Generalsekretär alle Fälle dieser Art persönlich zu sammeln und sich ihrer bei passender Gelegenheit als Druckmittel gegen alte Revolutionäre zu bedienen, die mehr als einen Jugendfehler wieder gutgemacht hatten. Er drohte ihnen an, vergangene Dinge an die Öffentlichkeit zu bringen, erzwang ihren servilen Gehorsam und stieß sie Schritt für Schritt in einen Zustand vollständiger Demoralisierung. (Und er band sie endgültig an sich, indem er sie bei seinen Machinationen gegen die Opposition zu den erniedrigendsten Hilfsdiensten preßte. Die sich weigerten, sich erpressen zu lassen, wurden vom Apparat politisch zerbrochen oder zum Selbstmord getrieben.) So kam einer meiner nächsten Mitarbeiter um, mein persönlicher Sekretär Glasmann, ein Mensch von außergewöhnlicher Bescheidenheit und exemplarischer Hingabe an die Partei. Er nahm sich schon 1924 das Leben. Sein Verzweiflungsakt machte solchen Eindruck, daß die Zentrale Kontrollkommission gezwungen war, ihn zu rehabilitieren und ihrem eigenen ausführenden Organ einen (sehr vorsichtigen und sehr gemäßigten) Verweis zu erteilen.

Der Druck, der auf die Linksoppositionellen und die mit ihnen Symphatisierenden ausgeübt wurde, steigerte sich ständig. Die

Art und Weise, in der die Hunderte von Kommunisten behandelt wurden, die ihre Unterschrift der „Erklärung der 83“ vom 26. Mai 1927 hinzufügten, wurde an Brutalität und Zynismus nur von der übertroffen, der die Tausende von Parteimitgliedern ausgesetzt waren, die sie mündlich unterstützten. Sie wurden einfach nur deshalb vor die Parteigerichte geschleppt, weil sie in Parteiversammlungen Ansichten vertreten hatten, die mit denen des Zentralkomitees nicht übereinstimmten; man entzog ihnen auf diese Weise das elementarste Recht eines Parteimitgliedes. Die Masse der Parteimitglieder wurde so auf den brutalen Ausschluß der Opposition vorbereitet. Auch wurde auf die Mitglieder und Sympathisierenden der Opposition noch durch besondere Maßnahmen ein Druck ausgeübt. „Wir werden euch von euren Arbeitsplätzen verjagen!“, schrie eines Tages der Sekretär des Moskauer Komitees, und als sich diese Drohung als ungenügend erwies, um die Opposition zum Schweigen zu bringen, rief das Zentralkomitee die GPU. Man mußte blind sein, um nicht zu sehen, daß der Kampf gegen die Opposition mit solchen Methoden ein Kampf gegen die Partei war.

Menschinsky, der Nachfolger Dzerschinskys als Chef der GPU, hatte zu Lenins Zeiten der Oppositionsbewegung angehört. Er war Boykottist gewesen, hatte dann mit dem Anarchosyndikalismus sympathisiert und hatte noch andere Abweichungen zu verzeichnen. Das war in seiner Jugend gewesen. Doch gegen Ende seiner Karriere faszinierte ihn der Unterdrückungsapparat. Nichts anderes interessierte ihn, als nur die GPU. Er wandte alle seine intellektuellen Fähigkeiten an das, was seine einzige Aufgabe war: dafür zu sorgen, daß sein Apparat ständig gut funktionierte. Dieserhalb mußte er vor allem die Regierung entschieden unterstützen. Eines Tages, es war während des Bürgerkriegs, hatte mich Menschinsky zu meinem Erstaunen über die Intrigen Stalins gegen mich unterrichtet; ich habe das in meiner Selbstbiographie erwähnt. Als sich das Triumvirat der Herrschaft bemächtigte, blieb er dem Triumvirat treu. Er übertrug seine Treue auf Stalin, als das Dreimännerkollegium zusammenbrach. Als im Herbst 1927 die GPU begann, sich in die inneren Auseinandersetzungen der Partei einzumischen, gingen wir zu mehreren - Sinowjew, Kamenew, Smilga, ich selbst und, wenn ich nicht irre, noch jemand - zu Menschinsky. Wir verlangten von ihm, uns die Zeugenaussagen zu zeigen, von denen er auf der letzten Sitzung des Zentralkomitees mit großem Erfolg gegen uns gesprochen hatte. Er leugnete nicht, daß diese Dokumente in der Hauptsache falsch seien, weigerte sich aber entschieden, sie uns zu zeigen.

„Erinnern Sie sich, Menschinsky", fragte ich ihn, „daß Sie mir einmal in meinem Zuge, als wir an der Südfront waren, von einer Intrige Stalins gegen mich gesprochen haben?" Er wurde verlegen. Jagoda, der damals Stalins Agent beim GPU-Chef war, mischte sich ein. „Aber der Genosse Menschinsky", sagte er, indem er seinen Fuchskopf vorbeugte, „ist doch nie an der Südfront gewesen."

(Jagoda war in seiner Jugend Apotheker; in einer friedlichen Epoche wäre er als obskurer Besitzer einer Kleinstadtapotheke entschlummert.)

Ich unterbrach ihn; ich sagte ihm, daß nicht er es sei, an den ich mich wendete, sondern Menschinsky, und ich wiederholte meine Frage. Darauf antwortete Menschinsky:

„Gewiß, ich war in ihrem Zuge an der Südfront und ich habe Sie von dieser oder jener Machenschaft in Kenntnis gesetzt, aber ich glaube nicht, irgendjemand genannt zu haben." Bei dieser Antwort glitt das eigenartige Lächeln eines Somnambulen über sein Gesicht.

Wir konnten nichts aus ihm herausbekommen. Stalin kam zu ihm, nachdem wir ihn mit leeren Händen verlassen hatten. Kamenew ging allein zu ihm zurück; schließlich und endlich war es so lange nicht her, daß Menschinsky dem ganzen Triumvirat gegen die Opposition gedient hatte. „Glauben Sie wirklich", fragte Kamenew ihn zum Schlusse, „daß Stalin allein den Aufgaben der Oktoberrevolution gewachsen ist?" Menschinsky wich einer Antwort aus. „Warum haben Sie ihm erlaubt, sich eine so gewaltige Macht zu verschaffen?", antwortete er auf alle Fragen; „jetzt ist es zu spät."

Im Frühjahr 1924, nach einer der Vollsitzungen des Zentralkomitees, an der teilzunehmen mich meine Krankheit verhindert hatte, sagte ich zu I. N. Smirnow: „Stalin wird der Diktator der UdSSR werden!" Smirnow kannte Stalin gut. Sie hatten gemeinsam für die Revolution gearbeitet und waren jahrelang zusammen in der Verbannung gewesen; unter solchen Umständen lernen die Menschen einander gut kennen.

„Stalin?", fragte er verwundert. „So ein mediokrer Mensch, eine farblose Null?"

„Medioker, ja. Null, nein", antwortete ich. „Die Dialektik der Geschichte hat sich seiner schon bemächtigt und wird ihn noch höher tragen. Alle brauchen ihn: die müde gewordenen Revolutionäre, die Bürokraten, die Nepleute, die Kulaken, die Emporkömmlinge, die Bedientenseelen, alle diese Würmer, die über den von der Revolution umgepflügten Boden kriechen. Er versteht es, ihnen auf ihrem Terrain entgegenzukommen, er spricht ihre Sprache und weiß sie zu führen, er hat den verdienten Ruf eines alten Revolutionärs, was ihn für den Zweck, das Land zu verblenden, unschätzbar macht; er hat Willenskraft und Kühnheit, er wird niemals zögern, sie gegen die Partei zu richten, sich ihrer gegen sie zu bedienen; er hat schon begonnen, es zu tun. Eben in diesem Augenblick sammelt er die Aaskäfer der Partei, die gewitzten Intriganten, um sich und organisiert sie. Sicherlich können große Ereignisse in Europa, in Asien und in unserem Lande dazwischenkommen und alle Spekulationen über den Haufen werfen. Aber wenn sich alles weiterhin so automatisch entwickelt wie bis jetzt, dann wird auch Stalin automatisch der Diktator werden."

Bei einer Diskussion, die ich 1926 mit Kamenew hatte, bestand dieser darauf, daß Stalin „nur eben ein Provinzpolitiker" wäre. In dieser sarkastischen Einschätzung lag ein Teil, aber eben nur ein Teil Wahrheit. Eigenschaften wie List, Unaufrichtigkeit, die Fähigkeit, die niedrigsten Instinkte der menschlichen Natur auszunützen, diese Eigenschaften sind bei Stalin in außerordentlich hohem Grade entwickelt und bilden, entschlossen gehandhabt, mächtige Waffen im Kampf, natürlich nicht in jeder Art Kampf. Der Kampf, der geführt wird, um die Massen zu befreien, verlangt andere Eigenschaften. Dafür aber, Männer für privilegierte Posten auszusuchen, sie im Kastengeist aneinander zu schweißen, die Massen zu schwächen und zu unterjochen, dafür waren Stalins Eigenschaften unschätzbar, und sie machten ihn zum Führer der bürokratischen Reaktion. (Nichtsdestoweniger) bleibt Stalin ein mediokrer Mensch, sein Denken ist nicht nur beschränkt, es ist auch unfähig, logische Schlüsse zu ziehen. Jeder Satz seiner Rede hat ein unmittelbar praktisches Ziel. Seine Rede als Ganzes genommen aber kommt nie zu einer logischen Struktur.

Hätte Stalin anfänglich voraussehen können, wohin ihn sein Kampf gegen den Trotzkismus führte, er hätte zweifellos gezögert, trotz der Aussicht auf den Sieg über alle seine Gegner. Er ist aber nicht imstande, irgend etwas vorauszusehen. Die Prophezeiungen seiner Gegner, daß er der Führer der thermidorianischen Reaktion werden würde, der Totengräber der Partei und der Revolution, erschienen ihm als sinnlos. Er glaubte, daß der Parteiapparat sich selbst genüge und allen Aufgaben gewachsen sei. Er hatte nicht das geringste Verständnis für die historische Funktion, die er erfüllte. Das Fehlen schöpferischer Einbildungskraft, die Unfähigkeit zur Verallgemeinerung und zur Voraussicht, vernichteten den Revolutionär in ihm, als Stalin das Staatsruder ergriff. Daß sich aber diese Züge auf seine Autorität als alter Revolutionär stützten, erlaubte ihm, den Aufstieg der thermidorianischen Bürokratie zu tarnen.

Sein Ehrgeiz nahm primitive asiatische Züge an, die die europäische Technik verschlimmerte. Es ist ihm ein Bedürfnis, daß ihm die Presse jeden Tag mit Extravaganz huldigt, seine Bilder veröffentlicht, ihn unter dem lächerlichsten Vorwande zitiert, seinen Namen in Riesenlettern druckt. Heute wissen sogar die Postbeamten, daß sie kein an Stalin gerichtetes Telegramm annehmen dürfen, in dem er nicht „Vater der Völker“ oder „großer Lehrmeister“ oder „Genie“ genannt wird. Roman, Oper, Film, Malerei, Bildhauerei, ja sogar landwirtschaftliche Ausstellungen - alles muß sich um Stalin drehen als um seine eigene Achse. Literatur und Kunst der Stalinschen Epoche werden in die Geschichte als Exempel des absurdesten und abscheulichsten Byzantinismus eingehen. (1925 verzieh Stalin es Lunatscharsky nicht, daß dieser ihn in seine Lebensschilderungen von Revolutionären nicht aufgenommen hat, zwölf Jahre später aber) grüßte Alexis Tolstoi, der den Namen eines der mächtigsten und unabhängigsten Schriftstellers Rußlands trägt, Stalin folgendermaßen:

„Du, strahlende Sonne der Nationen,
Nie sinkende Sonne unserer Zeit,
Und mehr als Sonne, denn die Sonne kennt keine Weisheit ...“

Ein weniger bekannter Autor besingt ebenfalls Stalin und die Sonne:

„Wir haben unsere Sonne von Stalin,
Wir haben unser glückliches Leben von Stalin ...
O weiser Lehrer! Genie der Genies!
Sonne der Arbeiter, Sonne der Bauern, Sonne der Welt!“

Der Artikel über die „glückliche Regierung“ des Zaren Alexander III., von einem beflissenen Höfling für eine alte russische Enzyklopädie geschrieben, ist ein Muster an Wahrhaftigkeit, Bescheidenheit und gutem Geschmack, verglichen mit dem Artikel über Stalin in der letzten Sowjet-Enzyklopädie.

Der Block mit Sinowjew und Kamenew bremste Stalin. Sinowjew und Kamenew, die lange Jahre bei Lenin in die Schule gegangen waren, waren imstande, den Wert von Ideen und Programmen einzuschätzen. Obwohl sie manchmal in monströse Abweichungen von den Prinzipien des Bolschewismus verfielen, überschritten sie niemals gewisse Grenzen. Als sich das Triumvirat aber spaltete, war Stalin von jeder ideologischen Rücksicht befreit. Weder die Tatsache, daß sie keine revolutionäre Vergangenheit hatten, noch ihre grobe Unwissenheit konnte die Mitglieder des Politbüros fürderhin hemmen. Die minderwertigen und uninteressanten Diskussionen blieben ohne Tragweite, besonders was die Probleme der Kommunistischen Internationale betraf. Zu dieser Zeit hätte kein einziges Mitglied des Politbüros zugegeben, daß irgendeine ausländische Sektion der Kommunistischen Internationale eine Eigenpersönlichkeit besitze; alles lief auf die Frage hinaus, ob sie „für“ oder „gegen“ die Opposition seien.

In den voraufgegangenen Jahren war es eine meiner Aufgaben in der Komintern gewesen, die Entwicklung der Arbeiterbewegung in Frankreich zu verfolgen. Nach den Umwälzungen in der Komintern, die Ende 1923 begannen und das ganze Jahr 1924 hindurch fortdauerten, gaben sich die neuen Führer der verschiedenen Sektionen alle Mühe, sich mehr und mehr von den alten Doktrinen zu entfernen. Ich erinnere mich einer Sitzung, zu der ich die letzte Nummer des Zentralorgans der französischen kommunistischen Partei mitbrachte, aus dem ich mehrere Stellen eines wichtigen Artikels übersetzte, der vom politischen Programm handelte. Diese Auszüge zeugten von solcher Ignoranz und so offensichtlichem Opportunismus, daß für einen Augenblick Bestürzung im Politbüro herrschte. Die Stalinisten im Büro konnten jedoch diejenigen, die sie von außen her diensteifrig unterstützten, nicht fallen lassen. Das einzige Mitglied, das Französisch zu können glaubte, Rudsutak, bat mich um den Zeitungsausschnitt und wollte ihn neu übersetzen; er ließ alle Worte und Sätze fort, die er nicht verstand, entstellte den Sinn anderer und vervollständigte das Ganze durch eigene, frei erfundene Zusätze. Alsbald stimmte man ihm zu, und die Bestürzung war verflogen.

Es ist heute kaum der Mühe wert, die Produkte der antitrotzkistischen Literatur, die trotz des Papiermangels die Sowjetunion buchstäblich überschwemmte, einer theoretischen Analyse zu unterziehen. Stalin selbst könnte nicht wieder lesen, was er zwischen 1923 und 1929 schrieb, weil es in flagrantem Widerspruch zu allem steht, was er im nächsten Jahrzehnt sagte und schrieb. Es genügt für unsere Zwecke, die wenigen neuen Ideen aufzuzeigen, die sich im Laufe der Polemiken zwischen dem stalinistischen Apparat und der Opposition stufenweise herausbildeten und die in dem Maße entscheidende Bedeutung erlangten, als sie den Urhebern des Kampfes gegen den Trotzkismus die ideologische Bagage lieferten. Um diese Ideen herum gruppierten sich die politischen Kräfte. Es handelte sich in der Hauptsache um drei Ideen, die den jeweiligen Umständen nach einander ersetzten oder sich gegenseitig ergänzten.

Die erste betraf die Industrialisierung. Das Triumvirat begann, das Programm zu bekämpfen, das ich vorgeschlagen hatte, und bezeichnete es aus polemischen Gründen als das der „Überindustrialisierung". Diese Einstellung wurde sogar noch verstärkt, als das Triumvirat auseinanderbrach und Stalin seinen Block mit Bucharin und dem rechten Flügel bildete. Die allgemeine Tendenz der offiziellen Argumentation gegen die sogenannte Überindustrialisierung war, daß eine schnelle Industrialisierung nur auf Kosten der Bauernschaft möglich wäre. Infolgedessen müßte langsam vorgegangen werden, im Schneckentempo, die Frage des Tempos der Industrialisierung wäre gegenstandslos usw. In Wirklichkeit wollte die Bürokratie die Bevölkerungsschichten nicht beunruhigen, die begonnen hatten, sich zu bereichern, das heißt, die kleinbürgerlichen Nepleute. Das war der erste schwere Irrtum im Kampf gegen den Trotzkismus. Aber Stalin wollte niemals seine eigenen Irrtümer anerkennen; er nahm eine vollständige Wendung vor und beschloß frischfröhlich, alle früheren Überindustrialisierungsprojekte zu überholen - aber ach, hauptsächlich in Worten und auf dem Papier!

In der zweiten Etappe, im Laufe des Jahres 1924, ging der Angriff auf die Theorie der permanenten Revolution los. Der politische Inhalt dieses Kampfes reduzierte sich auf die Meinung, daß wir uns nicht für die internationale Revolution zu interessieren hätten, sondern für unsere eigene Sicherheit, um unsere Wirtschaft zu entwickeln. Die Bürokratie fürchtete mehr und mehr, durch das Risiko der in einer internationalen revolutionären Politik liegenden Konsequenzen ihre Stellung aufs Spiel zu setzen. Der jeden theoretischen Wertes bare Feldzug gegen die

Theorie der permanenten Revolution diente dazu, eine national-konservative Abweichung vom Bolschewismus zu decken. Aus diesem Kampfe ging die Theorie des „Sozialismus in einem Lande“ hervor. Sinowjew und Kamenew begannen erst damals, die Folgen des Kampfes zu sehen, den sie selbst vom Zaune gebrochen hatten.

Die dritte Idee der Bürokratie in ihrem Feldzug gegen den Trotzkismus war die Bekämpfung der „Gleichmacherei“, der Kampf gegen die Gleichheit. Die theoretische Seite dieses Kampfes ist kurios genug. Stalin fand in der Marxschen „Kritik des Gothaer Programms“ der deutschen Sozialdemokratie einen Satz, der besagte, daß die Ungleichheit in der ersten Periode des Sozialismus - oder, wie Marx sich ausdrückte, das bürgerliche Recht auf dem Gebiet der Verteilung - aufrechterhalten werden müsse. Marx wollte natürlich nicht die Schaffung 303
einer neuen Ungleichheit rechtfertigen, sondern dachte an eine progressive eher als an eine plötzliche Ausmerzung der alten Ungleichheit in den Löhnen. Das Zitat wurde ganz zu Unrecht als eine Erklärung der Rechte und Vorrechte der Bürokraten und ihrer Satelliten ausgelegt. Die Zukunft der Sowjetunion geriet damit in Widerspruch zur Zukunft des internationalen Proletariats, und die Bürokratie war versehen mit der theoretischen Rechtfertigung ihrer Privilegien und ihrer Macht über die werktätigen Massen innerhalb der Sowjetunion.

Es sah ganz so aus, als wäre die Revolution gemacht und gewonnen worden gerade für die Bürokratie, die einen wilden, rasenden Kampf gegen die ihre Vorrechte bedrohende „Gleichmacherei“ führte und gegen die permanente Revolution, die ihre Existenz selbst bedrohte. Es ist deshalb nicht erstaunlich, daß Stalin in diesem Kampf eine zahlreiche Bundesgenossenschaft fand. Zu seinen hitzigsten Parteigängern zählten ehemalige Liberale, Sozialrevolutionäre und Menschewiki. Sie drangen in den Staat und sogar in den Parteiapparat ein und priesen Stalins gesunden Menschenverstand.

Der Kampf gegen die Überindustrialisierung wurde 1922 sehr behutsam geführt, 1923 offen und gewaltsam. Der öffentliche Kampf gegen die permanente Revolution begann 1924 und setzte sich in den verschiedensten Formen und Interpretationen die ganzen folgenden Jahre fort. Der Kampf gegen die „Gleichmacherei“ begann Ende 1925 und wurde zur Hauptbasis des Sozialprogramms der Bürokratie. Der Kampf gegen die Überindustrialisierung wurde direkt und offen im Interesse der Kulaken geführt; der Aufbau der Industrie im „Schneckentempo“ war notwendig für die Kulaken, als schmerzloses Gegengift gegen den Sozialismus. Dies war sowohl die Philosophie der Rechten, wie die des stalinistischen Zentrums. Die Theorie des Sozialismus in einem Lande wurde damals von einem Block der Bürokratie und des Kleinbürgertums der Dörfer und Städte vertreten. Der Kampf gegen die Gleichheit schweißte die Bürokratie enger denn je nicht nur mit diesem Kleinbürgertum, sondern gleicherweise mit der Arbeiteraristokratie zusammen. Die Ungleichheit wurde die gemeinsame soziale Basis und die „raison d'être“ dieser Bundesgenossen. Ökonomische und politische Bande hielten die Bürokratie und das Kleinbürgertum in den Jahren von 1923 bis 1928 zusammen.

Damals zeigte der russische Thermidor am offensichtlichsten seine Ähnlichkeit mit dem französischen Prototyp. In jener Periode wurde dem Kulaken gestattet, sein Land an den armen Bauer zu verpachten und diesen bei sich als Landarbeiter einzustellen. Stalin war bereit, die Pachtzeit für das Land auf vierzig Jahre auszudehnen. Kurz nach dem Tode Lenins hatte er heimlich versucht, den Bauern seiner georgischen Heimat unter dem Deckmantel des „Besitzes“ von „Eigenparzellen“ für „viele Jahre“ den nationalisierten Boden als Privateigentum zu übertragen. Auch hier zeigte sich wieder, wie stark sein georgischer Nationalismus und seine alten agrarischen Wurzeln waren. Erst der Protest Sinowjews, der von dieser Verschwörung erfuhr, und die Beunruhigung, die über dies Projekt in Parteikreisen entstand, zwangen Stalin, auf die Maßnahme, die er plante, zu verzichten, da er sich noch nicht genügend sicher fühlte. Zum Sündenbock wurde natürlich der unglückliche georgische Volkskommissar.

Aber Stalin und sein Apparat wurden mit der Zeit dreister, besonders nachdem sie sich vom hemmenden Einfluß Sinowjews und Kamenews freigemacht hatten. Tatsächlich ging die Bürokratie, die die Interessen und Forderungen ihrer Verbündeten befriedigen wollte, so weit, daß es 1927 für jeden offenbar wurde, daß - wie leicht vorauszusehen gewesen war - die Forderungen der bürgerlichen Verbündeten ihrer eigenen Natur nach unbegrenzt waren. Der Kulak wollte den Boden, seinen schrankenlosen Besitz; der Kulak wollte das Recht, frei über seine gesamte Ernte verfügen zu können; der Kulak tat alles, um in den Städten sein Gegenstück in Form des freien Handels und der freien Industrie zu schaffen; der Kulak wollte, daß mit den Zwangsablieferungen zu vorgeschriebenen Preisen Schluß gemacht würde; der Kulak arbeitete Hand in Hand mit dem Kleinindustriellen an der vollständigen Wiedererrichtung des Kapitalismus. So begann der unversöhnliche Kampf um das Überprodukt der Volkswirtschaft. Wer sollte in nächster Zukunft darüber verfügen, die neue Bourgeoisie oder die Sowjetbürokratie? Das wurde die Hauptfrage, denn wer über das Überprodukt verfügt, verfügt über den Staat. Das erzeugte den Konflikt zwischen dem Kleinbürgertum, das der Bürokratie geholfen hatte, den Widerstand der werktätigen Massen und ihres Wortführers, der Linksopposition, zu brechen, und der thermidorianischen Bürokratie selbst, die dem Kleinbürgertum geholfen hatte, das Bauerntum zu beherrschen. Dieser Konflikt war ein direkter Kampf um die Macht und um das Einkommen. Natürlich hatte die Bürokratie nicht die proletarische Vorhut zerschmettert, hatte sie sich nicht den Anforderungen der internationalen Revolution entzogen, hatte sie nicht die Philosophie der Ungleichheit eingeführt, um vor der Bourgeoisie zu kapitulieren, ihr Diener zu werden und vielleicht von der Futterkrippe Staat weggestoßen zu werden. Sie erschrak tödlich, als sie die Konsequenzen ihrer Politik der letzten sechs Jahre sah. Brüsk wandte sie sich gegen den Kulaken und den Nepmann. Gleichlaufend damit eröffnete sie die Linie der sogenannten „Dritten Periode“ in der Kommunistischen Internationale und den Kampf gegen die Rechten. In den Augen der Naiven erschienen Theorie und Praxis dieser Dritten Periode als eine Rückkehr zu den Grundsätzen des Bolschewismus. Sie waren jedoch nichts dergleichen. Sie waren nur Mittel zum Zweck, und der Zweck war nur, die Rechtsopposition und ihre Satelliten zu liquidieren. Die dumme Komödie der berüchtigten „Dritten Periode“ in Rußland und im Auslande liegt zu kurz zurück, als daß es nötig wäre, sie hier zu beschreiben. Man könnte über sie lachen, wenn ihre Folgen für die Massen nicht so tragisch gewesen wären. Es ist für niemand ein Geheimnis, daß Stalin in seinem Kampf gegen die Rechten das Almosen der Linksopposition entgegennahm. Nicht eine einzige neue Idee steuerte er bei. Seine geistige Arbeit bestand in nichts anderem als in Drohungen und in der Wiederholung von Losungen und Argumenten der Linksopposition, natürlich in demagogischer Entstellung.

Im Gegensatz dazu zeichnen sich die Schriften der Linksopposition von 1926—1927 durch außergewöhnlichen Reichtum aus. Die Opposition reagierte auf jedes innere und äußere Ereignis, auf jede Handlung der Regierung, auf jeden Beschluß des Politbüros durch individuell oder kollektiv verfaßte Dokumente, die an die verschiedenen Parteiinstitutionen, zumeist an das Politische Büro, gerichtet wurden. Dies waren die Jahre der chinesischen Revolution, des anglo-russischen Komitees und der äußersten Konfusion in den innenpolitischen Problemen. Die Bürokratie suchte immer noch tastend ihren Weg, warf sich von rechts nach links und wieder von links nach rechts. Ein großer Teil von dem, was die Opposition schrieb, war nicht für die Zeitungen bestimmt, sondern nur für die leitenden Instanzen der Partei. Doch selbst das, was ausdrücklich für die „Prawda" oder für die theoretische Monatsschrift „Der Bolschewik" geschrieben war, erschien niemals in der Sowjetpresse.

Die Mehrheit des Politbüros war fest entschlossen, die Opposition zu erwürgen - mindestens sie zu ersticken, aus der Partei auszustoßen, sie außer Landes zu schaffen, sie gefangen zu setzen. Das war Stalins Weise, auf Argumente zu antworten, aber es war nicht die aller Mitglieder des Politbüros. Nach und nach zog aber Stalin die Zögernden mit sich, schmälerte ihre Reserven, ihre „Vorurteile", machte aus jeder neuen Maßnahme die unvermeidliche Konsequenz der vorangegangenen. Da war er in seinem Element, da ist seine Meisterschaft unleugbar. Die Zeit kam, wo die Dissidenten des Politbüros aufhörten, auch nur schwach gegen die Zumutungen von Stalins grobschlächtigen „Aktivisten" zu protestieren.

Der Teil der Schriften der Opposition, den es mir bei meiner Expulsion nach der Türkei mitzunehmen gelang, befindet sich jetzt in der Harvard-Bibliothek, wo er all denen zur Verfügung steht, die sich für das Studium dieser bemerkenswerten Schlacht interessieren und die aus der Quelle schöpfen wollen. Beim Wiederlesen dieser Dokumente in dem Augenblick, wo ich mit der Abfassung des vorliegenden Buches beschäftigt war, konnte ich feststellen, daß die Opposition in zwei Punkten recht gehabt hatte: sie hatte zugleich richtig gesehen und kühn gesprochen; sie hat Festigkeit und außergewöhnlichen Mut in der Behauptung ihrer politischen Linie an den Tag gelegt. Ihre Argumente sind niemals widerlegt worden. Man kann sich leicht die Wut vorstellen, die sie bei Stalin und seinen nächsten Mitarbeitern hervorriefen. Die politische und intellektuelle Überlegenheit der Vertreter der Opposition über die Mehrheit des Politbüros scheint klar aus jeder Zeile dieser Dokumente. Stalin wußte nichts zu antworten und versuchte nicht einmal, es zu tun. Er griff auf eben die Methode zurück, die seit seiner frühesten Jugend ein Teil seiner selbst war: nicht vor Kameraden mit dem Gegner diskutieren und ihm eigene Ansichten entgegenhalten, sondern ihn persönlich angreifen und ihn wenn möglich physisch vernichten. Seine geistige Ohnmacht vor Argumenten, vor Kritik, rief seinen Zorn hervor, und der Zorn trieb ihn zu überstürzten Maßnahmen zur Liquidierung der Opposition. So verging die Periode 1926—1927. Die Zukunft sollte zeigen, daß sie nur eine Generalprobe für das Schauspiel von Perfidie und Entartung war, das die Welt zwölf Jahre später erschauern machte.

Auf der einen Seite stand in dieser großen Polemik die Linksopposition, feurigen Geistes, unermüdlich in ihren Untersuchungen und Forschungen, leidenschaftlich bemüht, die richtige Lösung der Probleme zu finden, die die wechselnde Situation im Innern und in der Internationale stellte, sich strikt an die Traditionen der Partei haltend. Auf der anderen Seite: die bürokratische Clique, die kalt ihre Machenschaften durchführte, um sich ihrer Kritiker zu entledigen, aller ihrer Gegner, der Störenfriede, die ihr keine Ruhe gönnen wollten, die ihr nicht die Möglichkeit lassen wollten, den Sieg zu genießen, den sie davongetragen hatte. Während die Angehörigen der Opposition damit beschäftigt waren, die grundlegenden Fehler der offiziellen Politik in China zu analysieren oder den Block mit der britischen Gewerkschaftsführung ihrer Kritik unterwarfen, setzte Stalin das Gerücht in Umlauf, die Opposition arbeite für Austin Chamberlain gegen die Sowjetunion, sie wolle die Sowjetunion nicht verteidigen, dieser oder jener Oppositionelle benütze unberechtigterweise Staatsautomobile, Kamenew hätte früher ein Telegramm an Michael Romanow unterzeichnet, Trotzky hätte einen wütenden Brief an Lenin geschrieben. Immer blieben die Daten und alle die richtige Einschätzung solcher Dinge erst möglich machenden Umstände im Dunkeln.

Aber das waren nicht die einzigen Methoden der Widerlegung nach Stalinscher Art. Stalin und seine Diener erniedrigten sich noch tiefer und fischten im schmutzigen Wasser des Antisemitismus. Ich entsinne mich besonders einer in der „Rabotschaja Gaseta“ („Arbeiterzeitung“) erschienenen Zeichnung, die „Die

Genossen Trotzky und Sinowjew" darstellte. Es gab viele ähnliche Karikaturen und schlechte, komisch sein sollende Verse antisemitischen Charakters in der Presse der Partei; sie riefen hämisches Lächeln hervor. Stalins Haltung gegenüber dem wachsenden Antisemitismus war von freundlicher Neutralität. Die Dinge gingen aber so weit, daß er sich gezwungen sah, mit einer Erklärung zu intervenieren, in der es hieß: „Wir bekämpfen Trotzky, Sinowjew und Kamenew nicht, weil sie Juden sind, sondern weil sie Oppositionelle sind", usw. Es war allen politisch Denkenden klar, daß diese absichtlich zweideutig gehaltene Erklärung nur gegen die „Exzesse" des Antisemitismus gerichtet war, während die ganze Sowjetpresse deutlich zu verstehen gab: „Vergeßt nicht, daß die Führer der Opposition Juden sind!" Und so hatten die Antisemiten freie Hand.

Die meisten Parteimitglieder trugen zur Niederlage der Opposition gegen ihren Willen bei, gegen ihre Sympathien, gegen ihre eigenen Erinnerungen. Sie wurden Schritt für Schritt dazu gebracht, so abzustimmen, wie sie es unter dem Druck des Apparats taten, wie auch der Apparat selbst von der Spitze aus nach der Basis hin in den Kampf gegen die Opposition hineingezogen wurde. Stalin überließ die Rollen im Vordergrund Sinowjew, Kamenew, Bucharin und Rykow, weil sie unendlich besser als er für eine öffentliche Diskussion mit der Opposition gewappnet waren, aber auch, weil er nicht alle Brücken hinter sich abbrechen wollte. Die harten Schläge, die die Opposition trafen und die entscheidend zu sein schienen, riefen eine geheime, aber tiefe Sympathie für die Besiegten und ausgesprochene Feindschaft gegen die Sieger hervor, besonders gegen die beiden leitenden Persönlichkeiten, Sinowjew und Kamenew. Stalin zog daraus Vorteil. Er grenzte sich öffentlich von Kamenew und Sinowjew ab, die als die Hauptverantwortlichen für den unpopulären Feldzug gegen Trotzky galten. Er schrieb sich die Rolle des Versöhnlers zu, des Gemäßigten und des unparteiischen Schiedsrichters im fraktionellen Kampf.

1925 sprach Sinowjew von mir zu Rakowsky, den er mit den Siegen seiner Fraktion beeindrucken wollte, in folgenden Ausdrücken: „Armseliger Politiker! Er ist unfähig, die richtige Taktik zu finden. Deshalb ist er geschlagen worden!" Ein Jahr später trommelte der unglückselige Kritiker meiner Taktik an die Tür der Linksopposition. Selbst 1925 hatten er und Kamenew noch nicht verstanden, daß sie zum Werkzeug der bürokratischen

Reaktion geworden waren - so wie sie sich 1917 geirrt hatten. 1926 verstanden sie, daß für einen Revolutionär eine andere „Taktik" nicht möglich war, denn sie waren schließlich von der Alten Garde und konnten sich ehrlicherweise den Bolschewismus nicht ohne seine internationalistische Perspektive und seine revolutionäre Dynamik vorstellen. Es war dies die Tradition, die die alten Bolschewiki hochhielten. Deshalb hielt die ganze Partei zu Lenins Zeiten sie für ein unersetzliches Kapital. Das ausnehmende und ungewöhnliche Interesse, das Lenin der alten Generation von Revolutionären entgegenbrachte, war von dieser politischen Betrachtungsweise in ebenso hohem Maße diktiert wie von kameradschaftlicher Solidarität. Als sich Sinowjew vor Rakowsky seiner erfolgreichen „Taktik" gegen mich rühmte, brüstete er sich bloß damit, dies Kapital schlecht angewandt und vergeudet zu haben. Von 1923 bis 1926 wurde auf die Initiative Sinowjews hin und anfänglich unter seiner Leitung der Kampf gegen den Trotzkismus benannten internationalistischen Marxismus unter dem Losungswort der Verteidigung der Alten Garde geführt; die Opposition wurde beschuldigt, das Prestige der Alten Garde zu untergraben. Man schuf eine Sonderkommission mit dem Auftrage, über das Wohlergehen der Alten Bolschewiki zu wachen. Das Abrutschen zum Thermidor drückte sich nirgends so greifbar aus wie in den politischen Kompromissen eben dieser Alten Garde. Was folgte, war ihre physische Ausrottung. Die Kommission, die ihre Gesundheit hüten sollte, wurde schließlich durch eine kleine GPU-Abteilung berufsmäßiger Mörder ersetzt, die Stalin mit dem Orden der Roten Fahne belohnte.

Lefebvre weist in seinem Buche „Les Thermidoriens" nach, 304
daß die Aufgabe der Thermidorianer darin bestand, den 9. Thermidor als eine zweitrangige Episode darzustellen - zu dem Zwecke durchgeführt, die Kerngruppe der Jakobiner zu bewahren und ihre traditionelle Politik fortzusetzen. In der ersten Phase des Thermidor richtete sich der Angriff nicht gegen die Jakobiner als Ganzes, sondern nur gegen die Terroristen. (Der gleiche Prozeß wiederholte sich im sowjetischen Thermidor.) Die Kampagne gegen den Trotzkismus begann mit der Verteidigung der Alten Garde und der bolschewistischen politischen Linie, wurde fortgesetzt im Namen der Parteieinheit und erreichte seinen Kulminationspunkt in der physischen Ausrottung

aller Bolschewiki ohne Unterschied. In beiden Thermidors wurde die Vernichtung der Revolutionäre im Namen der Revolution und angeblich im Lebensinteresse der Revolution vorgenommen. Die Jakobiner wurden nicht als Jakobiner niedergeschlagen, sondern als Terroristen, als Robespierristen, genau so wurden die Bolschewiki als Trotzkisten vernichtet, als Sinowjewisten und Bucharinisten. Zwischen dem russischen Terminus „Trotzkistskoje ochwostije", der sich volles Bürgerrecht in den Sowjetpublikationen erwarb, und dem Titel eines Pamphlets, das Méhée de la Touche über den 9. Thermidor veröffentlichte: „La queue de Robespierre" herrscht eine bemerkenswerte Änlichkeit. Aber die Gleichartigkeit der grundlegenden thermidorianischen Methoden ist noch merkwürdiger. Lefebvre schreibt, daß Barrère, als er am Tage nach dem neunten Thermidor im Namen der Mitglieder des Wohlfahrtsausschusses sprach, vor der Convention behauptete, daß nichts Wichtiges passiert sei. (Und drei Wochen später), am 2. Fructidor (19. August), beschrieb Louchet - derselbe, der die Anklage gegen Robespierre vorgebracht hatte - den Fortschritt der Reaktion, verlangte die Verhaftung aller Verdächtigen und erklärte, es sei notwendig, „den Terror wieder
305 auf die Tagesordnung zu setzen".

Das Prestige der Führer, nicht nur das persönliche Prestige Lenins, sicherte dem Zentralkomitee seine Autorität. Das Prinzip einer individuellen Leitung war der Partei vollständig fremd. Die Partei bestimmte die populärsten Männer für die Leitung, schenkte ihnen ihr Vertrauen und ihre Bewunderung, blieb aber immer davon überzeugt, daß die eigentliche Leitung vom Zentralkomitee in seiner Gesamtheit ausging. Das Triumvirat zog aus diesen Umständen beträchtlichen Vorteil, indem es auf die Souveränität des Zentralkomitees gegenüber irgendeiner individuellen Autorität hindeutete. Stalin, Kulissenschieber, Zentrist und Eklektiker par excellence, Meister in der Kunst der etappenweisen Verabfolgung kleiner Dosen, mißbrauchte das Vertrauen der Partei zum Zentralkomitee zynisch für seine eigenen Zwecke.

Ende 1925 sprach Stalin noch von den Führern in der dritten Person und hetzte die Partei gegen sie auf. Er erhielt den Beifall der mittleren Bürokratenschicht, die sich weigerte, sich irgendeinem Führer zu beugen. In Wirklichkeit war Stalin selbst schon Diktator. Ein Diktator, der sich noch nicht als Führer fühlte und den niemand als solchen anerkannte. Diktator nicht kraft seiner

Persönlichkeit, sondern dank der Macht des politischen Apparats, der die alten Führer vernichtet hatte. Noch zu einem so späten Zeitpunkt wie auf dem Sechzehnten Parteitag im Jahre 1930 sagte Stalin: „Ihr fragt, warum wir Trotzky und Sinowjew ausgeschlossen haben? Weil wir keine Aristokraten in der Partei haben wollen, weil wir nur das eine Gesetz in der Partei anerkennen, daß alle Parteimitglieder gleichberechtigt sind.“ Dieselben Worte wiederholte er 1934 auf dem Siebzehnten Parteitag. 306

Er bediente sich der Rechten als Sturmbock gegen die Linksopposition, denn nur die Rechte hatte ein bestimmtes Programm, hatte Interessen und Grundsätze, die durch einen Triumph der Linksopposition gefährdet werden konnten. Als er aber sah, daß der Ausschluß der Linksopposition schwere Unruhe und Unzufriedenheit in der Partei und Ärger über die Rechtsopposition hervorrief, begriff Stalin, daß er diese Unzufriedenheit ausnützen und sich gegen die Rechten wenden konnte. Der Konflikt der Klassenkräfte in dieser Schlacht zwischen der Linken und der Rechten beschwerte ihn weniger als seine enttäuschende Rolle als Versöhnler oder Friedensstifter, der imstande ist, die unvermeidliche Zahl von Opfern auf ein Minimum zu reduzieren und die Partei vor einem Schisma zu bewahren. In seiner Rolle als oberster Schiedsrichter war es ihm möglich, die Verantwortung für die strengen Maßnahmen, die gegen gewisse volkstümliche Mitglieder der Partei getroffen worden waren, bald auf den einen, bald auf den anderen Flügel der Partei abzuwälzen. Aber Klassen können nicht irregeführt werden. Als bloßes Manöver war die Pro-Kulaken-Politik der Jahre 1924-1928 schlimmer als verbrecherisch, sie war absurd. Man kann den Kulaken nicht irreführen. Er urteilt nach den Steuern, den Preisen, dem Verdienst, nicht nach Phrasen und Deklamationen; er urteilt nach Tatsachen und nicht nach Worten. Ein Manöver kann niemals die Aktion und Reaktion der Klassenkräfte ersetzen; bestenfalls bleibt sein Nutzen beschränkt, und nichts kann die revolutionäre Moral einer Massenpartei sicherer zerstören als prinzipienlose heimliche Manöver. Nichts ist tödlicher für die Moral und den Charakter der einzelnen Revolutionäre. Nie kann die Kriegslist die große Strategie ersetzen.

In einem Gespräch zehn Jahre nach dem Oktoberaufstand wies mich Smilga darauf hin, daß in den ersten fünf Jahren des Sowjetregimes die Tendenz vorherrschte, die Differenzen abzuschwächen - Risse wurden gestopft, alte Wunden geheilt, Gegner versöhnten sich usw., während sich in den folgenden fünf Jahren, denen von 1923 ab, der Prozeß umkehrte: jeder Riß wurde erweitert, jeder Unterschied in den Auffassungen angeregt und vertieft, jede Wunde weiter aufgerissen. Die bolschewistische Partei in ihrer alten Form, in ihren alten Traditionen und mit ihren alten Beständen geriet mehr und mehr zu der neuen führenden Schicht in Gegensatz.

In diesem Widerspruch liegt das Wesen des Thermidor. Steril und absurd ist die Sisyphusarbeit derjenigen, die versuchen, alle spätere Entwicklung auf einige sogenannte Grundzüge der bolschewistischen Partei zurückzuführen, als ob eine politische Partei eine geschlossene Einheit und ein allmächtiger historischer Faktor wäre. Eine politische Partei ist nur ein zeitweiliges historisches Instrument, eins der zahlreichen Instrumente der Geschichte und auch eine ihrer Schulen. Die bolschewistische Partei stellte sich selbst das Ziel der Machteroberung durch die Arbeiterklasse. In dem Maße, wie diese Partei zum erstenmal in der Geschichte diese Aufgabe löste und die menschliche Erfahrung durch diese Eroberung bereicherte, hat sie eine gewaltige historische Funktion erfüllt. Nur die von ihrer Vorliebe für abstruse Diskussionen Verleiteten können von einer politischen Partei verlangen, sie solle sich die sehr viel kompakteren Faktoren Masse und Klasse, die ihr feindlich sind, unterwerfen und sie ausschalten. Daß die Partei darauf beschränkt ist, ein historisches Instrument zu sein, findet in der Tatsache ihren Ausdruck, daß sie an einem gegebenen Punkte, zu einer gewissen Zeit, zu zerfallen beginnt. Unter der Spannung äußeren und inneren Drucks bilden sich Sprünge, die Risse erweitern sich, die Organe beginnen zu verkümmern. Dieser Auflösungsprozeß zeigte sich zuerst langsam im Jahre 1923, dann beschleunigte er sich rasch. Die alte bolschewistische Partei und ihre heroischen alten Kader gingen den Weg allen Fleisches; vom Fieber und von Spasmen und von peinvoll schmerzenden Attacken geschüttelt, ging sie schließlich ein. Um das stalinistische Regime zu errichten, war nicht eine bolschewistische Partei vonnöten, sondern die Ausrottung der bolschewistischen Partei.

Zahlreiche Kritiker, Publizisten, Pressekorrespondenten, Historiker, Biographen und einige Amateursoziologen haben der Linksopposition manchmal Vorhaltungen wegen ihrer taktischen Irrtümer gemacht und behauptet, daß ihre Strategie nicht den Anforderungen des Kampfes um die Macht entsprochen habe.

In dieser Form aber ist die Frage falsch gestellt. Die Linksopposition konnte nicht die Macht ergreifen und hoffte nicht einmal darauf - jedenfalls nicht ihre denkfähigsten Führer. Ein von der Linksopposition, einer revolutionären marxistischen Organisation geführter Kampf um die Macht ist nur vorstellbar unter den Bedingungen einer revolutionären Erhebung. Unter solchen Bedingungen gründet sich die Strategie auf den Angriff, auf den direkten Appell an die Massen, auf einen Frontalangriff gegen die Regierung. Viele Mitglieder der Linksopposition hatten eine bedeutende Rolle in einer Schlacht solcher Art gespielt und wußten aus erster Hand, wie sie geführt werden mußte. Zu Beginn der zwanziger Jahre aber gab es keine revolutionäre Erhebung in Rußland, ganz im Gegenteil; unter solchen Bedingungen stand die Entfesselung eines Kampfes um die Macht ganz außer Frage.

Man erinnere sich daran, daß in den Jahren der Reaktion 1908 - 1911 und später die bolschewistische Partei sich weigerte, einen direkten Angriff auf die Monarchie zu unternehmen und sich auf die vorbereitende Arbeit für eine vielleicht mögliche Offensive beschränkte, indem sie für die Aufrechterhaltung der revolutionären Traditionen und für die Erhaltung gewisser Kader kämpfte, die Ereignisse einer unermüdlichen Analyse unterwarf und alle legalen und halblegalen Möglichkeiten ausnützte, um die am meisten klassenbewußten Arbeiter zu erziehen. In dieselben Bedingungen hineingestellt, konnte die Linksopposition nicht anders handeln. Tatsächlich waren die Bedingungen unter der Sowjetreaktion für die Opposition unvergleichlich schwieriger als sie unter dem Zarismus für die Bolschewiki gewesen waren. Im wesentlichen aber war die Aufgabe dieselbe: die revolutionären Traditionen hochhalten, den Kontakt mit den fortgeschrittenen Elementen in der Partei aufrechterhalten, die Entwicklung der thermidorianischen Periode analysieren, sich auf die kommende revolutionäre Erhebung in der Welt und in der UdSSR selbst vorbereiten. Eine der Gefahren, die der Opposition drohten, war, daß sie ihre Kräfte unterschätzte und ihre Rolle nach einigen vorzeitigen Versuchen aufgab, in denen die Vorhut notwendigerweise nicht nur an dem Widerstand der Bürokratie, sondern auch an der Indifferenz der Massen gescheitert wäre. Dann hätte die Opposition den Schluß gezogen, daß eine offene Verbindung mit den Massen und sogar mit ihren fortgeschrittensten Elementen unmöglich sei, sie hätte den Kampf aufgegeben und bessere Zeiten abgewartet.

Eine Revolution bricht und zerstört den alten Staatsapparat. Das ist ihre erste Aufgabe. Die Massen treten in die politische Arena. Sie entscheiden, sie handeln, sie bestimmen das Gesetz in noch nie dagewesener Weise; sie urteilen, sie befehlen. Das Wesen der Revolution ist, daß die Masse ihr eigenes Exekutivorgan wird. Tritt die Masse aber von der Bühne, wandert sie ab, zieht sie sich in ihre Wohnwinkel zurück, verstört, desillusioniert, müde, dann verfällt die Arena und wird um so trostloser, je weiter der bürokratische Apparat sie besetzt. Natürlich sind die neuen Herren ihrer selbst und der Massen nicht sicher und voller Besorgnis. Deshalb spielt in den Epochen der siegreichen Reaktion der militärisch-politische Apparat eine viel größere Rolle als unter dem alten Regime. In dem Pendelschwung von der Revolution zum Thermidor war die besondere Natur des russischen Thermidor durch die Rolle bedingt, die die Partei in ihm spielte. Der französischen Revolution stand nichts Derartiges zur Verfügung. Die Jakobinerdiktatur, insofern sie sich im Wohlfahrtsausschuß verkörperte, dauerte nur ein Jahr. Diese Diktatur fand eine reelle Unterstützung in der Convention, die sehr viel stärker war als die revolutionären Klubs und Sektionen. Hier liegt der klassische Widerspruch zwischen der Dynamik der Revolution und ihrer parlamentarischen Widerspiegelung. Am revolutionären Kampf, der die antagonistischen Kräfte einander offen entgegenstellte, nahmen die aktivsten Elemente der Klassen teil. Die andern - die Neutralen, die Passiven, die Unbewußten - schienen sich aus dem Spiel heraushalten zu wollen. Zu den Wahlzeiten war die Teilnahme größer und umfaßte eine beträchtliche Anzahl derjenigen, die nur halb-passiv und halb-indifferent sind. In Revolutionszeiten sind die parlamentarischen Vertreter unvergleichlich gemäßigter und abgewogener als die revolutionären Gruppen, die sie repräsentieren. Um die Convention zu beherrschen, überließ die Bergpartei lieber ihr die Herrschaft über die Nation als den revolutionären Elementen des Volkes.

Trotz des ungleich tiefer gehenden Charakters der Oktoberrevolution rekrutierte sich die Armee des sowjetischen Thermidors wesentlich aus den Resten der ehemals führenden Parteien und ihrer ideologischen Vertreter. Die ehemaligen Großgrundbesitzer, die Kapitalisten, die Rechtsanwälte, ihre Söhne - das heißt die von ihnen, die nicht ins Ausland geflüchtet waren - wurden in den Staatsapparat aufgenommen und sogar zu einem nicht unbeträchtlichen Teil in die Partei; die meisten derjenigen aber, die in den Staatsapparat oder die Partei übernommen wurden, waren ehemalige Mitglieder kleinbürgerlicher Gruppierungen - Menschewiki und Sozialrevolutionäre. Zu ihnen trat die enorme Zahl einfacher Spießbürger, die sich in den stürmischen Revolutions- und Bürgerkriegstagen abseits gehalten hatten und die sich, nunmehr von der Stabilität der Sowjetregierung überzeugt, mit ausnehmender Leidenschaft der noblen Aufgabe widmeten, sich angenehme Dauerstellungen, wenn nicht in der Hauptstadt, so mindestens in den Provinzen, zu sichern. Dieser enorme, buntschillernde Mob war die natürliche Stütze des Thermidor.

Seine Gefühlsskala reichte vom blassen Rosa bis zum Schneeweiß. Die Sozialrevolutionäre waren natürlich zu allen Zeiten und in jeder Fasson bereit, die Interessen der Bauern gegen die Bedrohungen durch die „industrialistischen" Banditen zu verteidigen, während die Menschewiki im allgemeinen glaubten, daß der ländlichen Bourgeoisie, deren politische Fürsprecher sie geworden waren, mehr Land und mehr Freiheit gegeben werden müsse. Die überlebenden Großbourgeois und Landeigentümer, die ihren Weg in die Regierungsposten gefunden hatten, sahen natürlich in den Bauern ihre letzte Hoffnung. Als Vorkämpfer für ihre eigenen Klasseninteressen konnten sie für den Augenblick keine wie immer gearteten Erfolge erwarten und verstanden vollkommen, daß sie durch eine Periode der Verteidigung der Bauernschaft hindurch mußten. Keine dieser Gruppen konnte offen ihr Haupt erheben. Sie alle waren auf die Schutzfarbe der führenden Partei und des traditionellen Bolschewismus angewiesen. Der Kampf gegen die permanente Revolution wurde für sie der Kampf gegen die Konsekration der Abschaffung ihrer vormaligen Privilegien. Es ist nur natürlich, daß sie mit Freuden die Bolschewiki als Führer akzeptierten, die sich gegen die permanente Revolution wandten.

Die Wirtschaft hatte einen neuen Aufschwung genommen; es wurde ein gewisser Überschuß erzielt. Natürlich war er auf die Städte konzentriert und ganz zur Verfügung der herrschenden Schicht. Er brachte die Theater, die Restaurants und die Kabaretts mit sich. Hunderttausende von Menschen der verschiedensten Berufe, die während der hitzigen Bürgerkriegsjahre in einer Art von Koma gelebt hatten, lebten nun wieder auf und beteiligten sich an der Wiederherstellung eines normalen Lebens. Sie alle standen auf seiten der Gegner der permanenten Revolution. Sie alle wollten den Frieden, das Wachstum und die Stärkung der Bauernschaft und wollten auch wachsende Prosperität der Vergnügungsetablissements in den Städten. Die Permanenz der neuen Zustände lag ihnen näher als die Permanenz der Revolution. Professor Ustrialow fragte sich, ob die Neue Ökonomische Politik („Nep") von 1921 eine „Taktik" sei oder eine „Evolution". Diese Frage beunruhigte Lenin sehr. Der spätere Verlauf der Ereignisse bewies, daß die „Taktik" infolge des besonderen Gesichts der historischen Umstände zur Quelle einer „Evolution" wurde. Der strategische Rückzug der revolutionären Partei wurde zum Ausgangspunkt ihrer Entartung.

Die Konterrevolution installiert sich, wenn sich das Knäuel der sozialen Eroberungen abzuwickeln beginnt. Es scheint dann, daß das Abwickeln kein Ende nehmen wird. Ein Teil der revolutionären Errungenschaften wird jedoch immer bewahrt. So bleibt trotz der monströsen bürokratischen Entstellungen die Klassenbasis der UdSSR proletarisch. Vergessen wir aber nicht, daß der Abwicklungsprozeß noch nicht zu Ende und daß die Zukunft Europas für die nächsten Jahrzehnte noch nicht entschieden ist. Der russische Thermidor hätte sicher eine neue Ära der Herrschaft der Bourgeoisie eröffnet, wenn die Herrschaft der Bourgeoisie nicht in der ganzen Welt hinfällig geworden wäre. Auf jeden Fall haben der Kampf gegen die Gleichheit und die Herstellung sehr tiefgehender sozialer Differenzierungen bis jetzt noch nicht das sozialistische Bewußtsein der Massen auslöschen, noch die Nationalisierung der Produktionsmittel und des Bodens beseitigen können, die die Haupterrungenschaften der Revolution sind. Trotz allen Entstellungen, die sie an diesen Eroberungen vornimmt, ist es der Bürokratie noch nicht möglich gewesen, das Privateigentum an den Produktionsmitteln wieder herzustellen. Am Ende des achtzehnten Jahrhunderts war das Privateigentum an den Produktionsmitteln ein fortschrittlicher Faktor von höchster Bedeutung: es hatte noch Europa und die Welt zu erobern. Heute aber ist das Privateigentum das größte Hindernis für die normale Entwicklung der Produktivkräfte. Obwohl die überwiegende Mehrheit der Bürokratie durch ihre Lebensweise, ihren Konservatismus, ihre politischen Sympathien zum Kleinbürgertum neigt, stecken ihre ökonomischen Wurzeln tief in den neuen Eigentumsbedingungen. Das Anwachsen der bürgerlichen Beziehungen bedrohte nicht nur die sozialistische Basis des Eigentums, sondern auch die soziale Grundlage der Bürokratie. Sie wiese wohl die sozialistische

Entwicklungsperspektive zugunsten der kleinbürgerlichen zurück, aber sie wäre in keinem Fall bereit, auf ihre eigenen Rechte und Privilegien zugunsten des Kleinbürgertums zu verzichten. Hier liegt der Widerspruch, der zu dem äußerst scharfen Konflikt führte, der zwischen der Bürokratie und den Kulaken ausbrach.

Hierin unterscheidet sich der Sowjetthermidor radikal von seinem französischen Prototyp. Die jakobinische Diktatur war notwendig gewesen, um die Feudalgesellschaft zu entwurzeln und die neue soziale Ordnung gegen die Angriffe des äußeren Feindes zu verteidigen. Als das geschehen war, bestand die Aufgabe des thermidorianischen Regimes darin, die notwendigen Bedingungen für die Entwicklung dieser neuen Gesellschaft zu schaffen, die eine bürgerliche war, das heißt, die auf dem Privateigentum beruhte und auf der Handelsfreiheit, deren frühere Beschränkungen zum größten Teil gefallen waren. Die Wiederherstellung einer beschränkten Handelsfreiheit durch die Nep im Jahre 1921 war ein Rückzug vor den bürgerlichen Forderungen. Tatsächlich aber war der freie Handel so eingeschränkt, daß er die Grundlagen des Regimes (die Nationalisierung der Produktionsmittel) nicht erschüttern konnte; die Zügel der Herrschaft blieben in den Händen der russischen Jakobiner, die die Oktoberrevolution geführt hatten. Selbst die spätere Ausdehnung der Handelsfreiheit im Jahre 1925 veränderte die Basis des Regimes nicht, obwohl die Bedrohung damals stärker wurde. Der Kampf gegen den Trotzkismus wurde im Namen des Bauern geführt, hinter dem sich der gefräßige Nepmann und der gierige Bürokrat versteckten. Sobald der Trotzkismus besiegt und die Bodenverpachtung legal geworden war, wurde das Abgleiten der Macht auf der ganzen Linie von der Linken zur Rechten offenbar - trotz der gelegentlichen Linksschwenkungen, denen stets weiter nach rechts führende Schritte folgten. In dem Maße, wie die Bürokratie ihre Linksschwenkungen dazu benützte, um jeden folgenden Pendelschwung nach rechts weiter auszudehnen, verlief die Zickzacklinie beständig zum Schaden der werktätigen Massen und im Interesse einer privilegierten Minderheit; ihr thermidorianischer Charakter ist unleugbar.

Jean-Jacques Rousseau lehrte, daß politische Demokratie mit zu großer Ungleichheit unvereinbar sei. Die Jakobiner, Vertreter der kleinbürgerlichen Masse, waren von dieser Lehre durchdrungen. Die Gesetzgebung der jakobinischen Diktatur, besonders das Maximalgesetz, beruhte auf dieser Grundlage. Gleicherweise die sowjetische Gesetzgebung, die die Ungleichheit sogar aus der Armee verbannte. Unter Stalin änderte sich das alles, und heute ist die Ungleichheit nicht nur sozial, sondern ökonomisch. Sie ist von der Bürokratie zynisch im Namen der revolutionären Doktrin des Bolschewismus gefördert worden. In ihrem Feldzug gegen die trotzkistische Kritik des Regimes der Ungleichheit, in ihrer Agitation zugunsten verschieden hoher Lohnsätze, beschwor die Bürokratie die Schatten Marxens und Lenins herauf und suchte Deckung für ihre Privilegien hinter dem schwer arbeitenden „mittleren" Bauern und dem qualifizierten Arbeiter. Sie klagte die Linksopposition an, zu versuchen, der qualifizierten Arbeit den höheren Lohn vorzuenthalten, auf den diese volles Anrecht hätte. Das war dieselbe demagogische Tarnung, die der Kapitalist und Grundbesitzer vornahm, wenn er Krokodilstränen vergoß im Namen des qualifizierten Mechanikers, des unternehmungslustigen Kleinkaufmanns und des Bodenpächters, dieses ewigen Märtyrers. Das war ein geschicktes Manöver Stalins, das natürlich sofort von den privilegierten Beamten unterstützt wurde, die in ihm zum erstenmal ihren auserwählten Führer sahen. Mit grenzenlosem Zynismus wurde die Gleichheit als ein kleinbürgerliches Vorurteil hingestellt; die Opposition wurde als Hauptfeindin des Marxismus und große Sünderin gegen das Evangelium Lenins gebrandmarkt. Bequem in Autos sitzend, die technisch Eigentum des Proletariats sind, und in ebenfalls dem Proletariat gehörende Badeorte fahrend, lachten sich die Bürokraten ins Fäustchen: „Wofür haben wir gekämpft?" Dieser ironische Satz war damals sehr populär. Die Bürokratie hatte Lenin respektiert, aber seine puritanische Hand hatte sie immer etwas verdrossen. Ein um 1926-1927 häufig erzählter Witz charakterisierte ihre Haltung gegenüber der vereinten Opposition: „Wir tolerieren Kamenew, aber wir respektieren ihn nicht. Wir respektieren Trotzky, aber wir tolerieren ihn nicht. Sinowjew tolerieren und respektieren wir nicht." Die Bürokratie suchte nach einem Führer, der der Erste unter Gleichen wäre. Stalins Hartnäckigkeit und Engstirnigkeit flößten ihr Vertrauen ein. „Wir fürchten Stalin nicht", sagte Jenukidse zu Serebrjakow. „Wenn er sich zu breit macht, werden wir ihn ausschalten!" Zum Schluß jedoch wurden sie von Stalin ausgeschaltet.

Der französische Thermidor, der von Linksjakobinern ausgegangen war, schlug schließlich in eine Reaktion gegen alle Jakobiner um. „Terrorist“, „Montagnard“, „Jakobiner“ wurden beleidigende Ausdrücke. In der Provinz wurden die Freiheitsbäume ausgerodet und die trikolore Kokarde zertrampelt. Solche Praktiken waren in der Sowjetrepublik undenkbar. In der totalitären Partei lagen alle für die Reaktion notwendigen Elemente eingeschlossen, die sie unter der offiziellen Fahne der Oktoberrevolution mobilisierte. Die Partei duldete keine Konkurrenz, selbst nicht im Kampf gegen ihre Feinde. Der Kampf gegen die Trotzkisten verwandelte sich nicht in einen Kampf gegen die Bolschewiki, weil die Partei diesen Kampf gänzlich absorbiert, ihm bestimmte Grenzen gesetzt hatte und ihn im Namen des Bolschewismus führte.

Für naive Augen schienen Theorie und Praxis der „Dritten Periode“ die Theorie der thermidorianischen Periode der russischen Revolution zu widerlegen. In Wirklichkeit bestätigten sie diese nur. Die Substanz des Thermidor war sozialen Charakters und konnte nur sozialen Charakters sein. Sie war die Kristallisierung einer neuen privilegierten Schicht, die Schöpfung eines neuen Unterbaus für die ökonomisch herrschende Klasse. Zwei Anwärter auf diese Rolle waren vorhanden: das Kleinbürgertum und die Bürokratie selbst. Sie kämpften Schulter an Schulter (in der Schlacht um die Brechung) des Widerstands der proletarischen Avantgarde. Als diese Aufgabe erfüllt war, brach ein wütender Kampf unter ihnen los. Die Bürokratie in ihrer Isolierung und Trennung vom Proletariat bekam Angst. Allein war sie nicht imstande, weder den Kulaken niederzuhalten, noch das Kleinbürgertum, das auf der Basis der Nep gewachsen war und weiter wuchs. Sie brauchte die Hilfe des Proletariats. Daher ihre planmäßigen Anstrengungen, den Kampf mit dem Kleinbürgertum um das Überprodukt und die Macht als Kampf des Proletariats gegen die kapitalistischen Restaurierungsversuche darzustellen.

Hier hört die Analogie mit dem französischen Thermidor auf. Die neue soziale Basis der Sowjetunion wurde vorherrschend. Die Nationalisierung der Produktionsmittel und des Bodens aufrechtzuerhalten, das ist für die Bürokratie eine Frage von Leben und Tod, denn sie ist die soziale Quelle ihrer Vormachtstellung. Das war der Grund für ihren Kampf gegen den Kulaken. Die Bürokratie konnte diesen Kampf nur führen und zu einem Ende bringen mit Unterstützung des Proletariats. Daß es ihr gelang, diese Unterstützung zu erhalten, wird durch nichts besser bewiesen, als durch die Lawine von Kapitulationen der Vertreter der neuen Opposition. Der Kampf gegen den Kulaken und der Kampf gegen die Rechtsfraktion - das waren die offiziellen Losungen jener Periode - erschienen den Arbeitern und vielen Linksoppositionellen als die Wiedergeburt der Diktatur des Proletariats und der sozialistischen Revolution. Wir warnten sie damals: es geht nicht nur darum, was getan wird, sondern auch darum, wer es tut. Unter den Bedingungen der Sowjetdemokratie, das heißt der Arbeiterregierung, hätte der Kampf gegen die Kulaken nicht die Form angenommen, die er damals annahm: konvulsivisch, panikartig und bestialisch; er hätte zu einer allgemeinen Hebung des ökonomischen und kulturellen Niveaus der Massen auf der Grundlage der Industrialisierung geführt. Aber der Kampf der Bürokratie gegen den Kulaken war nur ein Kampf auf dem Rücken der Arbeiter, und da die Kämpfenden kein Vertrauen in die Massen hatten, denn alle beide fürchteten sie, bekam er einen krampfartigen und mörderischen Charakter. Dank der Unterstützung durch das Proletariat endete er mit dem Sieg der Bürokratie, einem Sieg, der das spezifische Gewicht des Proletariats im politischen Leben des Landes nicht erhöhen konnte.

Um den russischen Thermidor zu verstehen, ist es nötig, sich eine richtige Vorstellung von der Rolle der Partei als politischen Faktors zu machen. In der französischen Revolution gab es nichts, was der bolschewistischen Partei auch nur von ferne ähnelte. In der Periode des Thermidors gab es in Frankreich verschiedene soziale Gruppen (unter den verschiedensten) politischen Benennungen, die sich untereinander im Namen bestimmter gesellschaftlicher Interessen bekämpften. Die Thermidorianer griffen die Jakobiner an und bezeichneten sie als Terroristen. Die Goldene Jugend unterstützte die thermidorianische Rechte und bedrohte sie gleichzeitig. In Rußland deckte alle die verschiedenen Prozesse, Konflikte und Bündnisse der Name der einzigen Partei.

Äußerlich war es ein und dieselbe Partei, die die Etappen ihrer Existenz am Anfang der Sowjetregierung und zwanzig Jahre später mit denselben Methoden und im Namen derselben Ziele feierte: im Namen der Erhaltung ihrer politischen Reinheit und ihrer Einheit. In der Tat aber waren die Rolle der Partei und die Rolle der „Säuberungen" radikal andere geworden. In den Anfangszeiten der Sowjetmacht schüttelte die alte revolutionäre Partei ihre Emporkömmlinge ab, und die Komitees setzten sich aus revolutionären Arbeitern zusammen. Die Abenteurer oder Emporkömmlinge oder einfachen Kanaillen, die versuchten, Regierungsposten zu erhalten, gingen über Bord. Die Säuberungen der letzten Jahre waren im Gegensatz dazu ausschließlich gegen die alten Revolutionäre gerichtet. Die Organisatoren dieser Säuberungen waren die schlimmsten Bürokraten und die minderwertigsten Parteifunktionäre. Die Opfer der Säuberungen waren die loyalsten Elemente, die den revolutionären Traditionen am meisten ergeben waren und vor allem die Generation der ältesten Revolutionäre, die echten proletarischen Elemente. Der soziale Inhalt der Säuberungen hat sich grundlegend geändert, aber diese Änderung ist durch die Tatsache verdeckt, daß die Säuberungen von derselben Partei vorgenommen werden. In Frankreich sehen wir unter ähnlichen Umständen die verspätete Bewegung der Kleinbürger- und Arbeiterbezirke gegen die Häupter der kleinen und mittleren Bourgeoisie, geführt von den Thermidorianern unter Mithilfe der Goldenen Jugend.

Diese Banden der Goldenen Jugend sind heute in der Partei und im Kommunistischen Jugendverband. Sie sind die Kampfabteilungen, die sich aus den Söhnen der Bourgeoisie rekrutieren, junge Privilegierte, die entschlossen sind, ihre Privilegien und die ihrer Familie zu verteidigen. Es genügt, auf die Tatsache hinzuweisen, daß sich an der Spitze des Kommunistischen Jugendverbands während langer Jahre Kossarew befand, allgemein als moralisch degeneriert bekannt, der seine hohe Stellung für seine persönlichen Zwecke ausnützte; sein ganzer Apparat setzte sich aus Männern gleichen Typus zusammen. Das war die Goldene Jugend des russischen Thermidors. Daß sie mit der Partei eins machte, maskierte ihre soziale Funktion als Sturmtrupp der Privilegierten gegen die Arbeiter und Unterdrückten. Die sowjetische Goldene Jugend rief: „Nieder mit dem Trotzkismus! Es lebe das leninistische Zentralkomitee!", genau so, wie die Goldene Jugend des französischen Thermidors gerufen hatte: „Nieder mit den Jakobinern! Es lebe die Convention!"

Die Jakobiner hielten sich vor allem infolge des Drucks der Straße auf den Konvent. Die Thermidorianer, das heißt die Deserteure des Jakobinertums, wandten dieselbe Methode, aber zu entgegengesetzten Zwecken an. Sie begannen, die gut angezogenen Söhne der Bourgeoisie, ehemaliger Sansculotten, zu organisieren. Diese Angehörigen der Goldenen Jugend, oder einfach die

„Jungen", wie sie die konservative Presse nachsichtig nannte, wurden ein so bedeutender Faktor der nationalen Politik, daß sie die Plätze der aus der Verwaltung ausgeschiedenen Jakobiner einnahmen. Der gleiche Prozeß geht noch jetzt in der Sowjetunion vor sich. Ja, er geht unter Stalin sogar noch bedeutend weiter.

Die thermidorianische Bourgeoisie war durch einen tiefen Haß gegen die Montagnards gekennzeichnet, denn ihre eigenen Führer stammten aus den Reihen der Männer, die an der Spitze der Sansculotten gestanden hatten. Die Bourgeoisie und mit ihr die Thermidorianer fürchteten nichts so sehr wie eine neue Volkserhebung. Eben deshalb bildete sich in jener Periode in der französischen Bourgeoisie das Klassenbewußtsein voll aus. Die Bourgeoisie haßte die Jakobiner und Halbjakobiner mit wildem Haß - als Verräter an ihren heiligsten Interessen, als zum Feinde übergelaufene Deserteure, als Renegaten. Der Ursprung des Hasses der Sowjetbürokratie gegen die Trotzkisten hat denselben sozialen Charakter. Wir sehen hier Angehörige derselben Schicht, derselben führenden Gruppe, derselben bevorrechteten Bürokratie, die auf ihre Posten verzichten, um ihr Schicksal mit dem der Sansculotten zu verbinden, der Enterbten, der Proletarier, der armen Bauern. Immerhin liegt ein Unterschied in der Tatsache, daß die französische Bourgeoisie schon vor der großen Revolution bestand. Sie zerbrach ihre politischen Eierschalen mittels der Nationalversammlung; sie mußte aber durch die Periode der Convention und der jakobinischen Diktatur hindurch, um mit ihren Feinden zusammensitzen zu können, als sie in der thermidorianischen Periode ihre historischen Traditionen erneuerte. Die leitende Sowjetkaste ihrerseits setzte sich gänzlich aus thermidorianischen Bürokraten zusammen, die sich nicht nur aus den bolschewistischen Reihen rekrutierten, sondern auch aus denen der kleinbürgerlichen und bürgerlichen Parteien - und diese letzteren hatten mit den „Fanatikern" des Bolschewismus eine Rechnung zu begleichen.

Der Thermidor ruhte auf einer sozialen Grundlage. Er war eine Frage des Brotes, des Fleisches, der Behausung und, wenn möglich, des Luxus. Die jakobinische bürgerliche Gleichheit in Form der Maximal-Regelung behinderte die Entwicklung der bürgerlichen Ökonomie und die Erhöhung des bürgerlichen Wohlstands. In diesem Punkte wußten die Thermidorianer ganz genau, was sie wollten. Aus der Erklärung der Menschenrechte strichen sie den Hauptparagraphen: „Alle Menschen sind von

Natur aus frei und gleich". Denen, die die Wiederaufrichtung dieses wichtigen jakobinischen Grundsatzes verlangten, antworteten die Thermidorianer, er sei zweideutig und deshalb gefährlich, natürlich seien die Menschen gleich, aber nicht in ihren Fähigkeiten und nicht nach ihrem Besitz. Der Thermidor war ein direkter Protest gegen den spartanischen Zug und das Streben nach Gleichheit.

Dieselbe soziale Begründung findet sich im Sowjetthermidor. Die Hauptaufgabe war, mit den spartanischen Einschränkungen der ersten Revolutionsperiode Schluß zu machen. Aber es handelte sich auch darum, die steigenden Privilegien der Bürokratie zu festigen. Es handelte sich keineswegs darum, ein liberales Wirtschaftssystem einzuführen; in dieser Richtung wurden nur zeitweise Konzessionen gemacht, die sehr viel weniger lange dauerten, als vorgesehen war. Ein liberales System auf der Grundlage des Privateigentums hätte die Konzentration des Reichtums in den Händen der Bourgeoisie, vor allem der Spitzen der Bourgeoisie, bedeutet. Die Privilegien der Bürokratie haben einen anderen Ursprung. Die Bürokratie schreibt sich den Teil des Nationaleinkommens zu, den sie sich durch ihre Kraft oder durch Ausübung ihrer Autorität verschaffen kann oder durch direkten Eingriff in die Wirtschaftsverhältnisse. Wegen des Überschusses der nationalen Produktion wurden die Bürokratie und das mit ihr verbündete Kleinbürgertum bald zu Feinden. Die Kontrolle des Überproduktes eröffnete für die Bürokratie den Weg zur Macht.

II. EIN KINTO AN DER MACHT

Bevor er in Israel König wurde, hütete David die Schafe und spielte die Flöte. Sein außergewöhnlicher Aufstieg wird verständlich, wenn man in Betracht zieht, daß alle Söhne der halbnomadischen Israeliter Schafe hüteten und daß in jenen Zeiten die Kunst, Menschen zu regieren, kaum komplizierter war als die Kunst, eine Herde zu betreuen. Inzwischen hat sich jedoch sowohl die Gesellschaft als die Kunst des Regierens gewaltig kompliziert. Wenn ein moderner Monarch seinen Thron verlassen muß, so ist es nicht mehr nötig, seinen Nachfolger unter den Schafhirten zu suchen. Solch heikle Frage wird auf der Grundlage der automatisch funktionierenden dynastischen Erbfolge gelöst.

Meteorenhaften Aufstieg hat es in der menschlichen Geschichte des öfteren gegeben. Julius Cäsar, durch Geburtsrecht Angehöriger einer wenig zahlreichen Oligarchie, erhob als natürlicher Kandidat Anspruch auf die Macht. Nicht so Napoleon I. Doch war auch er nicht im selben Grade ein Emporkömmling wie die vornehmlichsten Diktatoren unserer Zeit. Er war, was man auch sonst von ihm halten mag, ein glänzender Soldat und gehörte als solcher derselben alten Tradition an wie Julius Cäsar, das heißt, er hatte als Krieger auf dem Schlachtfelde seine Fähigkeit erwiesen, Männer zu befehligen, und war also um so eher imstande, eine waffen- und wehrlose Bevölkerung zu beherrschen. An diese uralte Tradition hielt man sich weniger strikt im Falle jener Napoleon-Imitation, allgemein unter dem Namen Napoleon der Kleine oder der Dritte bekannt, dem militärische Gaben völlig fehlten. Aber schließlich war auch er kein einfacher Parvenu. Er war der Neffe seines großen Onkels - überdies war er zu Großem bestimmt durch den gezähmten Adler, der über seinem Haupte schwebte.

Am Vorabend des ersten Weltkriegs erschien denn auch die Karriere Napoleons III. nur noch als ein phantastisches Echo aus vergangenen Zeiten. Die Demokratie hatte sich fest etabliert - zumindest in Europa, in Nordamerika und in Australien; in Lateinamerika machte sie eher lehrreiche als ernsthafte Fortschritte. Sie hatte Eroberungen in Asien gemacht, sie erweckte die Völker Afrikas. Der konstitutionelle Mechanismus schien die einzige für die zivilisierte Menschheit akzeptable Methode, das einzige Regierungssystem zu sein. Und da die Zivilisation weiterhin wuchs und sich ausdehnte, schien die Zukunft der Demokratie gesichert.

Die Ereignisse in Rußland am Ende des Krieges versetzten dieser historischen Konzeption den ersten Schlag. Nach acht Monaten der Stagnation und des demokratischen Chaos kam es zur Diktatur der Bolschewiki. Jedoch war das wohl im Grunde lediglich eine „Episode" der Revolution, die selbst bloß das Produkt des zurückgebliebenen Zustands zu sein schien, in dem sich Rußland befand, eine Wiederholung der Konvulsionen, denen England in der Mitte des siebzehnten und Frankreich am Ende des achtzehnten Jahrhunderts ausgesetzt gewesen waren. Lenin erschien als ein moskowitischer Cromwell oder Robespierre. Jedenfalls war es möglich, das neue Phänomen zu klassifizieren - und darin lag ein Trost.

Dann kam die „Neurose des gesunden Menschenverstandes", wie Schmalhausen den Faschismus definiert, diese Herausforderung für jeden Historiker. Es war nicht leicht, eine geschichtliche Analogie für Mussolini und elf Jahre später für Hitler zu finden. Man beschränkte sich auf vage Anspielungen auf Cäsar und Siegfried - und Al Capone. In zivilisierten, demokratischen Ländern, die durch eine lange Schule des Vertretungssystems gegangen waren, kamen plötzlich mysteriöse Fremde an die Macht, deren Beschäftigung in der Jugend fast ebenso bescheiden gewesen war wie die der David und Josua. Mit Kriegslorbeeren konnten sie nicht prunken, neue Wahrheiten hatten sie der Welt nicht zu verkünden, der Schatten eines großen Ahnen im Dreispitz stand nicht hinter ihnen; Roms Löwin war nicht Mussolinis Großmutter und das Hakenkreuz nicht Hitlers Wappenzeichen, sondern nur ein den Ägyptern und Indern gemaustes Symbol. Die liberale Demokratie glaubte, sich dem Faschismus gegenüber behaupten zu können; wie Genies sahen ja Mussolini und Hitler schließlich nicht aus. Wie aber erklärte sich dann ihr schwindelerregender Erfolg?

Die beiden Führer des Faschismus sind Vertreter des Kleinbürgertums, das in der gegenwärtigen Epoche unfähig ist, originale Ideen oder eine schöpferische Führung zu erzeugen. Hitler und Mussolini haben praktisch alles und jeden plagiiert und imitiert. Mussolini stahl bei den Bolschewiki und bei Gabriele d'Annunzio und holte sich seine Inspirationen im Lager des big business. Hitler ahmte die Bolschewiki und Mussolini nach. So sind die Führer der Kleinbourgeoisie, die von den Magnaten des Kapitals abhängt, typische Persönlichkeiten zweiten Ranges - wie denn das Kleinbürgertum selbst von oben bis unten zweitrangig ist und in den Klassenkämpfen ausnahmslos eine zweitrangige Rolle spielt.

Eine Diktatur des Kleinbürgertums war am Ende des achtzehnten Jahrhunderts noch möglich. Selbst da konnte sie sich nicht lange halten. Robespierre stürzte nach kurzer Zeit in den Abgrund.

Die pathetische Leere Kerenskys war nicht ganz persönlichem Unvermögen geschuldet, auch ein so habiler und unternehmungslustiger Mensch wie Paltschinsky stand hilflos da. Kerensky war nur der charakteristischste Vertreter dieser sozialen Ohnmacht.

Wenn sich die Bolschewiki nicht der Herrschaft bemächtigt hätten, hätte die Welt fünf Jahre vor dem Marsch auf Rom ein russisches Wort für Faschismus kennengelernt. Warum Rußland sich nicht von der Reaktion isolieren konnte, die während der zwanziger Jahre über das Nachkriegseuropa hinwegfegte, das ist ein Thema, das der Verfasser an anderer Stelle behandelt hat. Hier möge es genügen, darauf hinzuweisen, daß die Übereinstimmung der Daten zwischen der Bildung des ersten faschistischen Ministeriums durch Mussolini am 30. Oktober 1922 in Italien, dem Staatsstreich Primo de Riveras am 13. September 1923 in Spanien und der Verurteilung der „Erklärung" der 46 Bolschewiki durch die Vollsitzung des Zentralkomitees und der Zentralen Kontrollkommission am 15. Oktober 1923 keine zufällige ist. (Solche Zeichen der Zeit verdienen ernste Beachtung.)

Immerhin bewies Mussolini im Rahmen der historischen Möglichkeiten große Initiative, Geschicklichkeit im Bluff, Hartnäckigkeit und Einsicht. Er blieb innerhalb der Tradition der langen Reihe italienischer Improvisatoren. Improvisationsgabe gehört zum Charakter der italienischen Nation. Geschmeidig und außergewöhnlich ehrgeizig, brach er in seiner Erfolgssucht mit seiner sozialistischen Karriere. Seine Wut gegen die Partei wurde für ihn zur Haupttriebkraft. Er schuf und zerstörte theoretische Konstruktionen. Er ist die echte Personifizierung des zynischen Egoismus und der sich hinter Großmäuligkeit versteckenden Feigheit. Was einem bei Hitler zuerst auffällt, sind seine fixen Ideen und sein Messianismus. Verletzte Eitelkeit spielte eine bedeutende Rolle in seiner Entwicklung. Er war ein deklassierter Kleinbürger, der sich weigerte, Arbeiter zu sein. Der normale Arbeiter akzeptiert seine Stellung als normal. Hitler war ein prätentiöser Entgleister mit psychischen Störungen. Er erhob sich, indem er auf Juden und Sozialdemokraten verächtlich hinabsah. Sozialer Aufstieg um jeden Preis, das war sein verzweifelter Entschluß. Im Laufe seiner Karriere fabrizierte er für sich selbst eine „Theorie" voller Widersprüche und Vorbehalte - eine Mischung aus deutschen imperialen Wünschen und den gehässigen Tagträumen eines deklassierten Kleinbürgers. Versuchen wir, eine historische Parallele für Stalin zu finden, müssen wir nicht nur Cromwell, Robespierre, Napoleon und Lenin zurückweisen, sondern auch Mussolini und Hitler. Wir kommen dem Verständnis Stalins näher, wenn wir Mustafa Kemal Pascha oder vielleicht Porfirio Diaz zum Vergleich heranziehen.

Als ich mich auf einer der Sitzungen des Zentralkomitees erhob, um eine Erklärung der Linksopposition zu verlesen, wurde ich ständig durch Schreien, Pfeifen, Drohungen und Beleidigungen unterbrochen - genau so wie zehn Jahre früher, als ich die Tribüne bestieg, um auf der Eröffnungssitzung des Kerenskyschen Vorparlaments die Erklärung der Bolschewiki zu verlesen. Ich erinnere mich noch daran, daß Woroschilow rief: „Er führt sich auf wie im Vorparlament!“ Der Schreier selbst ahnte nicht, wie recht er hatte.

Im Jahre 1927 wurden die offiziellen Sitzungen des Zentralkomitees zu widerlichen Schaustellungen. Keine Frage wurde um ihrer selbst willen diskutiert. Alles war im vorhinein hinter den Kulissen auf Privatsitzungen mit Stalin geregelt, der damals seinen politischen Kuhhandel mit der Rechten abschloß, mit Rykow, Bucharin und Tomski. In Wirklichkeit fanden jedesmal mindestens zwei Sitzungen des Zentralkomitees statt. Die Angriffslinie gegen die Opposition wurde vorher festgelegt, die Reden wurden besprochen und die Rollen verteilt. War die Komödie im Gange, so ging sie immer mehr in die obszöne Posse über. Die unverschämtesten Mitglieder des Zentralkomitees, die erst kürzlich ausschließlich als Dank für die Schamlosigkeit, die sie der Opposition gegenüber bewiesen hatten, ins Zentralkomitee aufgenommen worden waren, unterbrachen andauernd die Reden von Veteranen der Revolution mit stupiden Wiederholungen sinnloser Anschuldigungen und mit Zwischenrufen von unerhörtester Rohheit und Vulgarität. Der Regisseur war Stalin. Er ging auf der Präsidententribüne auf und ab, fixierte von Zeit zu Zeit diejenigen, die eine Rede zu halten hatten, und machte aus seiner Zustimmung kein Hehl, wenn ein Oppositioneller in besonders schamloser Weise beleidigt worden war. Es war schwer, sich vorzustellen, daß man sich auf einer Sitzung des Zentralkomitees der bolschewistischen Partei befand, so gemein war der Ton, so vulgär die Teilnehmer und so widerwärtig der eigentliche Drahtzieher dieser entfesselten Bande. Auf diese Weise wurden im Zentralkomitee der Partei die Umgangsformen der Tifliser Rowdys eingeführt. Bei einer solchen Gelegenheit erinnerte sich jemand daran, wie Philipp Macharadse, einer der alten Mitarbeiter Stalins, diesen einmal charakterisiert hatte: „Er ist einfach ein ‚Kinto‘!“ *

* „Kintos“ heißen die Angehörigen der Tifliser Unterwelt; siehe das 1. Kap. (Anm. d. Übers.)

Ein anderer alter Kampfkamerad Stalins im Kaukasus, Budu Mdiwani, schilderte mir damals eine Unterredung, die er mit Stalin im Kreml gehabt hatte. Mdiwani hatte sich bemüht, Stalin davon zu überzeugen, daß es nötig sei, zu irgendeinem Übereinkommen mit der Opposition zu gelangen, da sonst die Partei von einer Krise in die andere taumeln würde. Stalin hörte schweigend, aber ungeduldig und mit sichtbarem Unbehagen zu, indem er im Zimmer auf und ab ging, wandte sich dann, nachdem er bis in die äußerste Ecke gegangen war, um, ging auf Mdiwani zu und machte brüsk vor ihm Halt, wobei er sich, alle Muskeln gespannt, auf die Fußspitzen stellte und einen Arm in die Luft reckte. „Sie müssen vernichtet werden!", schrie er mit schrecklicher Stimme. Er habe, sagte Mdiwani, wahrhaft zum Fürchten ausgesehen.

Persönliche physische Grausamkeit, das, was man Sadismus nennt, ist zweifellos für Stalin kennzeichnend. Während seines Aufenthaltes im Bakuer Gefängnis sprach einer seiner Zellennachbarn eines Tages von der Revolution. „Ist Blut deine Leidenschaft?", fragte Stalin ihn unerwarteterweise, zog ein Messer hervor, das er im Schaft seines Stiefels versteckt hatte, streifte ein Hosenbein hoch und ritzte sich tief ins Fleisch: „Da hast du Blut!" Als er sowjetischer Würdenträger geworden war, vergnügte er sich in seinem Landhaus damit, Schafe zu schlachten und Ameisenhügel mit Petroleum zu übergießen und in Brand zu stecken. Zahlreiche ähnliche Vorfälle werden von vertrauenswürdigen Leuten berichtet. Individuen mit solchen Anlagen sind ziemlich selten. Dafür, daß diese dumpfen Instinkte der menschlichen Natur sich so monströs entwickeln konnten, bedurfte es besonderer historischer Umstände.

All seine Ressentiments, all die Wunden, die seiner Eigenliebe geschlagen worden waren, seinen Neid und seine Verbitterung übertrug er vom provinzlerischen Kleinmaßstab auf den großen des ganzen Landes. Nichts vergißt er. Sein Gedächtnis besteht vor allem aus Verachtung. Er stellte sich seinen Fünfjahresplan der Rache auf, und sogar seinen Zehnjahresplan.

Die Chewsuren - die Sitte der Blutrache. Wenn sich der Chewsure rächen will, wirft er eine tote Katze auf das Grab seines Feindes.

„‚Auf das Grab des Toten', würde Stalin sagen, ‚werft eine tote Katze!'", meint Sinaida Ordschonikidse.

Sein Bündnis mit Hitler befriedigte seinen Rachedurst. Vor allem wollte er die Regierungen Englands und Frankreichs beleidigen, die Beleidigungen rächen, denen der Kreml ausgesetzt war, bevor Chamberlain darauf verzichtete, Hitler zufriedenzustellen. Es machte ihm ein persönliches Vergnügen, heimlich mit den Nazis zu verhandeln, während er öffentlich mit den befreundeten Botschaftern Englands und Frankreichs zu unterhandeln schien; es machte ihm Vergnügen, London und Paris zu täuschen und dann plötzlich mit der Überraschung eines Paktes mit Hitler aufzuwarten. Er ist tragisch kleinlich.

Wenn es möglich wäre, den allmächtigen und glaubenslosen Mystizismus zu verbannen, den schrillen Haß gegen Sozialismus und Revolution - wenn sozusagen das Gedicht säkularisiert werden könnte - das Gedicht vom „Großinquisitor" - das Gedicht von der Tragödie des Epigonen -. Die Idee der Degeneration - in anderem Maßstab; das XV. Jahrhundert -. Die letzten Verse des Dostojewskischen Gedichtes zeigen Christus, wie er den Inquisitor schweigend auf die Lippen küßt. Der Abschied eines der bürokratischen Epigonen der Christenheit. Bei all seiner Reserve, Lenin hätte ihm ins Gesicht gespuckt.

Der alte Soltz. Die Engstirnigkeit des Philisters.

Moros. Das Gewissen der Partei, aber ohne Gewissen.

Schkirjatow. Ein leicht betrunkener Arbeiter, ausgehöhlt, resigniert. Klein-Schkirjatow würde zu Lenin sagen: „Geh, langweile uns nicht, sonst verbrennen wir dich!"

Alexander und Wladimir. Die Blüte der russischen Intelligenz. In Alexander hat die Intelligenz mit ihrer tragischen Vergangenheit Schluß gemacht, in Wladimir hat sie eine Brücke zur Zukunft geschlagen.

Man kann sagen, daß alle Männer von Genie, deren Namen die Geschichte bewahrt, alle schöpferischen Menschen, alle Erneuerer, das Wesentliche dessen, was sie zu sagen hatten, in den ersten fünfundzwanzig oder dreißig Jahren ihres Lebens sagten. Später entwickelten sie, vertieften sie, wandten sie an. In der ersten Periode von Stalins Leben hören wir nur die vulgarisierte Wiederholung fertiger Formeln.

Stalin erklomm den Stand des Genies erst, nachdem die von ihrem Generalsekretär angeführte Bürokratie alle Gefährten Lenins umgebracht hatte.

Nach Nikolajewsky sagte Bucharin von Stalin, er sei „ein Verteiler von Genie“. Der Ausdruck ist gut, obwohl auch hier „Genie“ zu viel ist. Ich hörte das zum erstenmal von Kamenew. Er wollte damit Stalins besondere Fähigkeit bezeichnen, seine Pläne Schritt für Schritt zu realisieren, auf Raten. Diese Möglichkeit setzt ihrerseits das Vorhandensein eines hochzentralisierten politischen Apparats voraus. Die Aufgabe besteht darin, sich nach und nach in der Maschine einzunisten, dann in der öffentlichen Meinung des Landes. Den Prozeß beschleunigen und die durchzuführende Änderung mit einem Schlage vornehmen, hieße Unwillen und Widerstand erwecken.

Von den zwölf Aposteln Christi war nur Judas ein Verräter. Hätte dieser aber die Macht übernommen, so würde er die elf andern zu Verrätern erklärt haben und ebenso die übrigen Apostel, deren es nach Lukas siebzig gab.

Am 19. November 1924 erklärte Stalin in seiner Rede vor der bolschewistischen Gewerkschaftsfraktion: „Nachdem man den Genossen Trotzky gehört hat, könnte man glauben, daß die Partei der Bolschewiki während der ganzen Vorbereitungsperiode von März bis Oktober nichts anderes getan hätte, als auf der Stelle zu treten, daß sie von inneren Gegensätzen zerfressen war und daß sie Lenins Aktion in jeder Hinsicht hemmte. Und wenn da nicht ein Genosse Trotzky gewesen wäre, dann hätte die Oktoberrevolution einen ganz anderen Verlauf genommen. Es ist ziemlich amüsant, solche Sachen vom Genossen Trotzky zu hören, der in dem Vorwort des dritten Bandes seines Werkes sagt: ‚Das Hauptwerkzeug der proletarischen Revo-
307 lution ist die Partei.‘“

Natürlich hatte ich nichts von einer Unfähigkeit oder Unwürdigkeit der Partei und besonders nicht des Zentralkomitees gesagt. Ich hatte nur von den inneren Reibungen gesprochen. Was aber wirklich ein Geheimnis bleibt, ist, wie eine Partei, von deren Zentralkomiteemitgliedern zwei Drittel Volksfeinde und Agenten des Imperialismus waren, die Revolution zum Siege führen konnte. Über dies Mysterium hat man uns noch nicht aufgeklärt. Von 1918 ab hatten die „Verräter“ die überwiegende

Mehrheit im Politbüro und im Zentralkomitee. Mit anderen Worten, die Politik der bolschewistischen Partei wurde in den kritischen Revolutionsjahren ausschließlich von Verrätern bestimmt. Unnütz zu sagen, daß Stalin im Jahre 1924 nicht voraussehen konnte, daß ihn die innere Logik seiner Methode zu einer so ungeheuerlichen Absurdität führen würde. Typisch für Stalin ist seine Fähigkeit, jede Spur der Vergangenheit auszulöschen - alles, ausgenommen persönliche Verstimmungen und seinen unersättlichen Rachedurst.

Ist es möglich, Schlußfolgerungen zu ziehen aus dem Jahre 1924, auf der Basis der Jahre 1936-38, einer Zeit also, zu der es Stalin schon gelungen war, alle Eigenschaften eines Tyrannen zu entwickeln? 1924 tat er noch nichts als für die Macht kämpfen. War er damals schon eines solchen Komplotts fähig? Seine ganze Biographie zwingt uns, hierauf bejahend zu antworten. Schon in der Zeit des Tifliser Seminars ließ er einen Rattenschwanz schwerster Verdächtigungen und Beschuldigungen hinter sich. Tinte und Papier sind für ihn zu unbedeutende Mittel in der Politik. Nur die Toten wachen nicht wieder auf. Nachdem Sinowjew und Kamenew 1925 mit Stalin gebrochen hatten, hinterlegten sie an einem sicheren Ort Briefe, in denen sie schrieben: „Sollten wir plötzlich sterben, so wißt, daß das Stalins Werk ist."

Sie rieten mir, das gleiche zu tun. „Sie bilden sich ein", sagte Kamenew eines Tages zu mir, „daß Stalin sich damit beschäftigt, Antworten auf ihre Argumente zu suchen; dem ist nicht so; er denkt nur daran, ein Mittel zu finden, Sie straflos zu liquidieren." „Entsinnen Sie sich", fuhr Kamenew fort, „der Verhaftung Sultan-Galijews, des ehemaligen Vorsitzenden des tatarischen Rates der Volkskommissare? Das war die erste Verhaftung eines hervorragenden Parteimitglieds, die auf Stalins Veranlassung vorgenommen wurde. Unglücklicherweise gaben Sinowjew und ich unsere Zustimmung. Da schmeckte Stalin zum erstenmal Blut. Sobald wir mit ihm gebrochen hatten, machten wir so etwas wie ein Testament, worin wir darauf hinwiesen, daß im Falle unseres ‚zufälligen' Todes Stalin dafür verantwortlich gemacht werden müßte. Bei diesem Asiaten müssen Sie auf alles gefaßt sein!"

Sinowjew fügte hinzu: „Mit Ihnen hätte er schon 1924 Schluß gemacht, wenn er nicht Vergeltungsmaßnahmen gefürchtet hätte, terroristische Akte von seiten der Jugend. Deshalb beschloß er, damit zu beginnen, die Kader der Opposition zu dezimieren und mit Ihrer Ermordung bis zu dem Augenblick zu warten, wo er sicher wäre, sie straflos durchführen zu können. Der Haß, mit dem er uns verfolgt, besonders Kamenew, kommt vor allem daher, daß wir zu viel wissen. Er ist aber noch nicht so weit, uns verschwinden lassen zu können." Es handelt sich hier nicht um bloße Vermutungen. In den Honigmonden des Triumvirats drückten sich dessen Mitglieder untereinander sehr frei aus.

Die ununterbrochenen Erfolge Stalins begannen 1923, als er nach und nach zu der Überzeugung kam, daß man den historischen Prozeß nasführen könne. Die „Moskauer Prozesse" sind der Kulminationspunkt dieser Politik aus Lüge und Gewalt. Gleichzeitig begann er voller Beunruhigung zu fühlen, daß ihm der Boden unter den Füßen wegglitt. Jedes neue Täuschungsmanöver machte, um es zu untermauern, ein doppeltes Täuschungsmanöver nötig, jeder Gewaltakt erweiterte den Aktionsradius notwendiger Gewalt.

Stalins List ist im wesentlichen simpel und für primitive Geister bestimmt. Untersucht man beispielsweise die „Moskauer Prozesse" in ihrer Gesamtheit, so ist man frappiert von ihrer Grobschlächtigkeit in Konzeption und Ausführung.

Im April 1925 wurde ich meines Postens als Kriegskommissar enthoben. Mein Nachfolger, Frunse, war ein alter Revolutionär, der viele Jahre als Zwangsarbeiter in Sibirien zugebracht hatte. Es war ihm nicht bestimmt, den Posten lange Zeit inne zu haben - nur sieben Monate. Im November 1925 starb er unter dem Skalpell eines Chirurgen. In den voraufgegangenen Monaten hatte er allzuviel Unabhängigkeit in der Verteidigung der Armee gegen die Überwachung durch die GPU gezeigt, welches eben das Verbrechen war, wofür Tuchatschewsky zwölf Jahre später füsiliert wurde. Bajanow hat angegeben, Frunse hätte eine Militärverschwörung geleitet; das ist hanebüchener Unsinn. In dem Konflikt Sinowjews und Kamenews mit Stalin war Frunse gegen Stalin. Die Opposition des neuen Kriegskommissars war voller gewaltiger Risiken für den Diktator. Woroschilow, ein beschränkter Kopf und gefügig, schien ihm ein weitaus sichereres Werkzeug. Gerüchte kamen auf in der Partei, daß Stalin Frunses Verschwinden wünsche: daher der schnelle Tod.

Nach den verfügbaren Daten zu urteilen, stellen sich die Dinge folgendermaßen dar: Frunse litt an Magengeschwüren.

Da seine privaten Ärzte aber davon überzeugt waren, daß sein Herz die Wirkungen des Chloroforms nicht vertragen würde, war Frunse entschieden gegen eine Operation. Stalin beauftragte daraufhin einen Arzt des Zentralkomitees, das heißt einen seiner Leute, die Ärzte zu einer Konsultation zu versammeln; die Ärzte befürworteten natürlich einen chirurgischen Eingriff; das Politbüro bestätigte diesen Beschluß. Frunse mußte sich unterwerfen, das heißt, in der Narkose sterben.

Die Umstände seines Todes fanden ein Echo in der Literatur (in Boris Pilnjaks „Geschichte des nicht untergegangenen Monds“ *. Stalin befahl die sofortige Beschlagnahme der Dichtung, deren Verfasser damals in Ungnade fiel. Pilnjak mußte später öffentlich seinen „Irrtum“ bekennen. Außerdem hielt es Stalin für angebracht, Dokumente zu veröffentlichen, die indirekt seine Unschuld beweisen sollten. Es ist schwer zu sagen, was sich wirklich zutrug, aber die Tatsache des Verdachts ist bezeichnend. Sie zeigt, daß Stalins Macht Ende 1925 schon so groß war, daß er auf eine Gruppe gefügiger Mediziner zählen konnte, die über Chloroform und Skalpell verfügten. Und doch kannte damals kaum ein Russe von hundert seinen Namen.

Gelegentlich meiner Ausweisung in die Türkei im Februar 1929 schrieb Bajanow: „Das ist nur eine halbe Maßnahme. Ich kenne Stalin nicht wieder ... Wir haben einen gewissen Fortschritt gemacht seit den Tagen Cäsar Borgias. Damals schüttete man geschickt ein wirksames Pulver in einen Becher Falerner, oder der Feind starb, nachdem er in einen Apfel gebissen hatte. Die gegenwärtigen Methoden sind von ganz anderen wissenschaftlichen Errungenschaften eingegeben. Kochsche Bazillen, mit dem Essen vermischt und systematisch verabfolgt, rufen allmählich eine galoppierende Schwindsucht und den plötzlichen Tod hervor ... Ich sehe nicht klar ... warum Stalin diese Methode nicht befolgt hat, die so sehr seinen Gewohnheiten und seinem Charakter entspricht.“ 308

*) Souvarine faßt Pilnjaks Schilderung folgendermaßen zusammen: „In der Moskauer literarischen Zeitschrift ‚Krasnaja Nov.‘ hat der sowjetische Schriftsteller B. Pilnjak unter dem geheimnisvollen Titel ‚Geschichte des nicht untergegangenen Monds‘ und mit dem klareren Untertitel ‚Die Ermordung des Kommandeurs‘ einen vieldeutigen Bericht veröffentlicht, in dem die Anspielungen auf Stalin recht präzise sind. Er schildert dort zwei Hauptpersonen, einen hohen Militär, der an einem Geschwür leidet und der Heilung entgegengeht, und einen allmächtigen Politiker, Mitglied einer ‚Troika‘, die das Land regiert. Der letztere hat insgeheim die Operation befohlen, deren der erstere keineswegs bedarf und die keiner der herbeigerufenen großen Ärzte für nötig hält. Ein dunkles Vorgefühl warnte den Kommandeur, er wagt aber nicht, dem Befehl seines politischen Vorgesetzten entgegen zu handeln und stirbt unter der Cloroformmaske.“ („Staline“, Seite 371.)

Als Bajanows Buch 1930 erschien, hielt ich es für bloße Literatur. Nach den „Moskauer Prozessen“ nahm ich es ernster. Wer hat dem jungen Manne derartige Spekulationen eingeflößt? Wo ist die Quelle für das alles zu suchen? Bajanow ist im Vorzimmer Stalins herangebildet worden, wo die Fragen der Kochschen Bazillen und der Vergiftungsmethoden der Borgias natürlich schon vor 1926 diskutiert wurden, dem Jahr, in welchem Bajanow Stalins Sekretariat verließ. Zwei Jahre danach ging er ins Ausland und wurde später ein reaktionärer Emigrant.

Als Jeschow GPU-Chef wurde, änderte er die Giftmischermethoden, als deren Schöpfer gerechterweise Jagoda anerkannt werden muß. Aber er erzielte gleiche Resultate. In dem Prozeß vom Februar (2.—13. März) 1938, wurde Jagodas Sekretär Bulanow unter anderem beschuldigt, ein Giftmischer zu sein, und er wurde deswegen erschossen. Daß Bulanow das Vertrauen Stalins genoß, wird durch die Tatsache bewiesen, daß er mit der Mission betraut wurde, uns, meine Frau und mich, von unserem Exil in Mittelasien nach unserem Exil in der Türkei zu eskortieren. Ich versuchte, meine beiden ehemaligen Sekretäre Sermoux und Posnansky zu retten und verlangte, daß sie mit mir zusammen deportiert würden. Da er zweifellos einen unangenehmen Auftritt an der türkischen Grenze befürchtete und unsere Deportation ohne Skandal durchführen wollte, setzte sich Bulanow telegrafisch mit Moskau in Verbindung. Eine halbe Stunde später überbrachte er mir das Originaltelegramm, damit ich selbst lesen könne, daß der Kreml Sermoux und Posnansky zu erlauben versprach, mir zu folgen. Ich konnte das nicht glauben.

„Sie täuschen mich, dessen bin ich sicher“, sagte ich zu Bulanow.

„Dann können Sie mich einen Schurken nennen.“

„Ein magerer Trost!“ erwiderte ich.

Der Sekretär Maxim Gorkis, Krjutschkow, sagte aus, daß ihm Jagoda gesagt habe: „Es ist nötig, Gorkis Tätigkeit zu hemmen,
309 weil sie sich gegen die ‚großen Führer‘ wendet.“ Diese Anspielung auf die „großen Führer“ wurde mehrmals wiederholt. Vor dem Tribunal wurde sie so ausgelegt, als handle es sich um Rykow, Bucharin, Kamenew und Sinowjew. Doch ist das eine offensichtliche Ungereimtheit, denn diese Männer wurden zu jener Zeit selbst von der GPU verfolgt. „Große Führer“, das war das Pseudonym der Herren des Kreml und vor allem Stalins selbst.

Vergessen wir nicht, daß Gorki gerade am Vorabend des Prozesses gegen Sinowjew starb.

Stalin hatte die Konsequenzen des ersten Prozesses nicht vorausgesehen. Er hoffte, daß sich die Angelegenheit auf die Vertilgung einiger seiner verhaßtesten Feinde beschränken würde - vor allem Sinowjews und Kamenews, an deren Beseitigung er seit zehn Jahren arbeitete. Er hatte aber schlecht gerechnet: die Bürokratie war erschrocken und erschüttert. Zum erstenmal sah sie in Stalin nicht den Ersten unter Gleichen, sondern einen asiatischen Despoten, einen Tyrannen - Dschingis Khan, wie Bucharin eines Tages sagte. Stalin begann, für seine Sonderstellung als höchste Autorität bei den Alten der Sowjetbürokratie zu fürchten. Er konnte die Erinnerungen, die sie an ihn hatten, nicht auslöschen, konnte sie nicht der Hypnose von seiner Ober-Schiedsrichter-Rolle unterwerfen, die er sich selbst gegeben hatte. Furcht und Schrecken wuchsen parallel zur Anzahl der bedrohten Köpfe und der bedrohten Interessen. Niemand unter den Alten konnte der Anklage glauben. Die erzielte Wirkung war nicht die, die er erhofft hatte. Er war gezwungen, über seine ursprünglichen Absichten hinauszugehen.

Während der Vorbereitungen zu den Massensäuberungen von 1936 legte Stalin das Projekt einer neuen Verfassung vor, „der demokratischsten Verfassung der Welt". Die Duranty und Louis Fischer sangen laut das Lob der neuen demokratischen Ära. Der Zweck dieses schändlichen Reklamerummels für die Stalinsche Verfassung war, die Geneigtheit der demokratischen öffentlichen Meinung in der Welt zu gewinnen, um dann von dieser vorteilhaften Grundlage aus jeden Opponenten gegen Stalin als faschistischen Agenten niederknüppeln zu können. Charakteristisch ist, daß sich Stalin in seiner geistigen Kurzsichtigkeit mehr mit persönlicher Rache befaßte, als damit, die Drohung unwirksam zu machen, die der Faschismus für die Sowjetunion und die Weltarbeiterschaft darstellte. Während er die „demokratischste Verfassung der Welt" vorbereitete, beschäftigte sich die Bürokratie mit der Veranstaltung von Banketten, auf denen endlos über das „neue und glückliche Leben" gesprochen wurde. Auf diesen Banketten wurde Stalin inmitten von Arbeitern und Arbeiterinnen fotografiert, ein Kind auf den Knien. Sein krankes Ego bedurfte dieses Balsams. „Es ist klar", bemerkte ich damals, „daß etwas Fürchterliches in Vorbereitung ist.“ Andere, die den Mechanismus des Kreml gut kannten, waren ebenso beunruhigt wie ich über diese plötzliche Freundlichkeit und Gemütlichkeit bei Stalin.

Ein gewisser Typus Moskauer Korrespondenten schreibt immer wieder, daß die Sowjetunion nach den Säuberungen monolithischer sei denn je. Diese Herrschaften sangen das Lob des Stalinschen Monolithismus schon vor den Säuberungen. Nichtsdestoweniger ist es schwer verständlich, wieso jemand, der sich im Vollbesitz seiner geistigen Kräfte befindet, glauben kann, es hätte erwiesen werden können, daß die bedeutendsten Vertreter der Regierung und der Partei, des diplomatischen Korps und der Armee, Agenten des Auslands gewesen wären, ohne darin die Vorzeichen einer tiefgehenden Unzufriedenheit mit dem Regime zu erblicken. Die Säuberungen waren die Anzeichen schwerer Krankheit. Die Beseitigung der Symptome kann nicht als Krankheitsbehandlung angesehen werden. Ein Präzedenzfall unter dem autokratischen Regime der zaristischen Regierung ist die während des Krieges erfolgte Verhaftung des Kriegsministers Suchomlinow unter der Anklage des Hochverrats. Die alliierten Diplomaten bemerkten damals Sasonow gegenüber: „Ihre Regierung ist stark, wenn sie es wagt, ihren eigenen Kriegsminister in Kriegszeiten zu verhaften.“ In Wirklichkeit stand diese starke Regierung vor dem Zusammenbruch. Die Sowjetregierung hat nicht nur ihren Kriegsminister Tuchatschewsky verhaftet und hingerichtet, sondern noch viel mehr getan: sie hat den ganzen Generalstab der Armee, der Marine und der Luftwaffe ausgerottet. Von dienstfertigen ausländischen Korrespondenten unterstützt, hat die Stalinsche Propaganda die öffentliche Meinung der ganzen Welt systematisch über die wirkliche Situation in der Sowjetunion täuschen können.

Mit seinen Monsterprozessen hat Stalin mehr bewiesen als er wollte, oder, genauer gesagt, es ist ihm mißlungen zu beweisen, was er beweisen wollte. Es gelang ihm nur, sein Geheimlaboratorium bekannt zu machen; er zwang hundertfünfzig Menschen, Verbrechen zu bekennen, die sie nicht begangen hatten. Aber diese Geständnisse in ihrer Gesamtheit wurden zum eigenen Schuldgeständnis Stalins.

In einem Zeitraum von zwei Jahren hat Stalin alle Stellvertreter und Bundesgenossen Woroschilows hinrichten lassen, seine nächsten Mitarbeiter, seine Vertrauensleute. Wie ist das zu verstehen? Ist es möglich, daß Woroschilow angefangen hätte, in seiner Haltung Stalin gegenüber eine gewisse Unabhängigkeit zu zeigen? Wahrscheinlicher ist, daß Woroschilow von ihm nahestehenden Leuten vorgeschoben wurde. Der Militärapparat stellt große Anforderungen und ist gefräßig, er erträgt die Beschränkungen nicht leicht, die ihm die Politiker, Zivilisten, auferlegen wollen. Da er die Möglichkeit zukünftiger Konflikte mit diesem mächtigen Apparat voraussah, beschloß Stalin, Woroschilow zuvorzukommen, bevor dieser sich seiner Kontrolle entziehen könnte. Mit Hilfe der GPU, das heißt durch Jeschow, ließ Stalin die Beseitigung der nächsten Mitarbeiter Woroschilows hinter dessen Rücken vorbereiten, und zwar ohne daß dieser etwas ahnte. Als die Vorbereitungen abgeschlossen waren, stellte er ihn vor die Wahl. Durch Stalins Furcht und Stalins Hinterlist in die Falle gelockt, wirkte Woroschilow schweigend an der Vernichtung der Elite des Kommandostabs mit. Von da an war er ohnmächtig und unfähig, sich jemals gegen Stalin zu erheben.

Stalin versteht meisterhaft die Kunst, sich eines Mannes zu versichern, nicht, indem er seine Bewunderung erwirbt, sondern indem er ihn zwingt, sein Komplice in schändlichen und unverzeihlichen Verbrechen zu werden. Das sind die Steine der Pyramide, deren Spitze Stalin ist.

„Der Staat bin ich" ist fast eine liberale Formulierung im Vergleich mit der Wirklichkeit des totalitären Regimes Stalins. Ludwig der Vierzehnte identifizierte sich nur mit dem Staat. Die Päpste von Rom identifizierten sich sowohl mit dem Staat als auch mit der Kirche - aber nur in den Zeiten der weltlichen Macht. Der totalitäre Staat geht weit über den Cäsaro-Papismus hinaus, da er die ganze Wirtschaft des Landes umfaßt. Zum Unterschied vom Sonnenkönig könnte Stalin mit gutem Rechte sagen: „Die Gesellschaft bin ich!"

ANHANG

Drei Konzeptionen der russischen Revolution

Die Revolution von 1905 war nicht nur die „Generalprobe“ für 1917, sondern wurde auch zu dem Laboratorium, in dem alle Hauptströmungen des russischen politischen Denkens geschaffen und alle Tendenzen und Schattierungen innerhalb des russischen Marxismus vorgezeichnet und ausgebildet wurden. Im Mittelpunkt der Argumentation und der Meinungsverschiedenheiten stand selbstverständlich die Frage des geschichtlichen Charakters der russischen Revolution und deren zukünftiger Entwicklungsgang. Dieser Kampf der Konzeptionen und Voraussagen hat mit der Biographie Stalins unmittelbar nichts zu tun, da Stalin an ihm keinen selbständigen Anteil nahm. Die paar Propagandaartikel, die er zu diesem Thema schrieb, haben nicht das mindeste theoretische Interesse. Dutzende von Bolschewiki popularisierten, die Feder in der Hand, dieselben Ideen, und sie taten es bedeutend besser als er. Eine kritische Darstellung der Konzeption des Bolschewismus von der Entwicklung der Revolution gehört natürlich in die Biographie Lenins. Theorien haben jedoch ihre Schicksale. Nahm Stalin in der Periode der ersten Revolution und später bis 1923, als die revolutionären Doktrinen ausgearbeitet und angewandt wurden, keinerlei selbständige Stellung ein, so änderte sich das plötzlich im Jahre 1924. Eine Periode der bürokratischen Revolution und der radikalen Revision der Vergangenheit begann. Der Film der Revolution rollte nach rückwärts ab. Die alten Doktrinen wurden neuer Einschätzung und neuer Interpretation unterworfen. In einer Weise, die auf den ersten Blick gänzlich unerwartet erscheint, kam so die Konzeption der „Permanenten Revolution“, dieser Urquell aller „Abweichungen“ des Trotzkismus, in den Brennpunkt der Aufmerksamkeit. In den folgenden Jahren bildete die Kritik dieser Konzeption den Hauptinhalt der theoretischen - sit venia verbo - Arbeit Stalins und seiner Mitarbeiter. Man kann sagen, daß der ganze „Stalinismus“ in „theoretischer“ Hinsicht aus der Kritik der Theorie der permanenten Revolution, so wie sie im Jahre 1905 formuliert worden war, hervorgegangen ist. Eine Darstellung dieser Theorie und dessen, was sie von denen der Menschewiki und der Bolschewiki unterschied, darf deshalb in diesem Buche, sei es auch nur in Form eines Anhangs, nicht fehlen.

Rußlands Entwicklung ist vor allem durch seine Rückständigkeit gekennzeichnet. Eine historische Verspätung bedeutet indessen nicht einfach eine Wiederholung der Entwicklung fortgeschrittener Länder mit einem Unterschied von hundert oder zweihundert Jahren, sondern bewirkt eine gänzlich neue, „kombinierte" gesellschaftliche Formation, in der die letzten Errungenschaften der Technik und der kapitalistischen Struktur in feudale und vorfeudale Gesellschaftsbeziehungen eingebaut werden, sie verändern, sie sich unterwerfen und so ein originales gegenseitiges Verhältnis der Klassen zueinander schaffen. Genau so geht es auf dem Gebiete der Ideen. Eben wegen seiner historischen Verspätung war Rußland das einzige europäische Land, in dem der Marxismus als Doktrin und die Sozialdemokratie als Partei sich vor der bürgerlichen Revolution mächtig entwickelten. Auch ist es natürlich, daß in Rußland das Problem der Beziehungen zwischen dem Kampf für die Demokratie und dem Kampf für den Sozialismus seine tiefste theoretische Ausarbeitung erfahren hat.

Die idealistischen Demokraten, besonders die „Volkstümler", weigerten sich abergläubisch, die kommende Revolution als bürgerlich anzuerkennen. Sie nannten sie „demokratisch" und versuchten auf diese Weise mittels einer neutralen politischen Formel den sozialen Inhalt der Revolution nicht nur vor anderen, sondern auch vor sich selbst zu maskieren. Doch hatte der Begründer des russischen Marxismus, Plechanow, in seinem Kampf gegen die „Volkstümler" schon in den Jahren 1880-1890 nachgewiesen, daß Rußland keinen Grund hatte, auf einen bevorrechteten Entwicklungsverlauf zu hoffen, daß es, genau so wie die „profanen" Nationen, das Fegefeuer des Kapitalismus zu durchschreiten habe und daß es eben in diesem Entwicklungsgange die dem Proletariat bei seinem späteren Kampf für den Sozialismus notwendige politische Freiheit erringen werde. Plechanow trennte nicht nur die bürgerliche Revolution, als die erste Aufgabe, von der sozialistischen Revolution, die er in eine unbestimmte Zukunft verwies, sondern sah für jede von ihnen ein gänzlich verschiedenes Kräfteverhältnis voraus. Das Proletariat käme zur politischen Freiheit im Bunde mit der liberalen Bourgeoisie; viele Jahrzehnte später, auf einem höheren Niveau der kapitalistischen Entwicklung, würde das Proletariat die sozialistische Revolution durchführen, indem es direkt gegen die Bourgeoisie kämpfe.

„Dem russischen Intellektuellen ...“, schrieb Lenin Ende 1904, „scheint es immer, daß die Anerkennung unserer Revolution als einer bürgerlichen bedeutet, sie farblos zu machen, sie zu erniedrigen, ins Vulgäre hinabzuziehen ... Für das Proletariat ist der Kampf für die politische Freiheit und die demokratische Republik in der bürgerlichen Gesellschaft nur eine notwendige Etappe im Kampf für die soziale Revolution.“ „Die Marxisten“, schrieb er 1905, „sind durchaus vom bürgerlichen Charakter der russischen Revolution überzeugt. Was heißt das? Das heißt, daß die demokratischen Reformen ..., die für Rußland eine Notwendigkeit geworden sind, nicht nur als solche noch keinen Anschlag auf den Kapitalismus bedeuten, keinen Angriff auf die Vorherrschaft der Bourgeoisie, sondern daß sie im Gegenteil zum erstenmal das Terrain bereinigen für eine breite und schnelle europäische und nicht asiatische Entwicklung des Kapitalismus, daß sie zum erstenmal die Herrschaft der Bourgeoisie als Klasse möglich machen ...“ „Wir können nicht aus dem demokratisch-bürgerlichen Rahmen der russischen Revolution heraus“, unterstrich er, „aber wir können diesen Rahmen in bedeutendem
310 Maße erweitern“, das heißt, in der bürgerlichen Gesellschaft günstigere Bedingungen für den späteren Kampf des Proletariats schaffen. Innerhalb dieser Grenzen folgte Lenin den Gedankengängen Plechanows. Der bürgerliche Charakter der Revolution war der Ausgangspunkt beider Fraktionen der russischen Sozialdemokratie.

Unter solchen Bedingungen war es nur natürlich, daß Koba bei seiner Propaganda nicht weiter als bis zu jenen populären Formulierungen gegangen ist, die den gemeinsamen Fundus der Bolschewiki und der Menschewiki bildeten. „Die Konstituierende Versammlung, die auf der Grundlage der allgemeinen, gleichen, direkten und geheimen Wahl gewählt worden ist“, schrieb er im Januar 1905, „dafür müssen wir jetzt kämpfen! Nur eine solche Versammlung kann uns die demokratische Republik geben, die wir für unseren Kampf für den Sozialismus äußerst notwendig
311 brauchen.“ Die bürgerliche Republik, betrachtet als Arena eines langen Klassenkampfes mit dem Sozialismus als Ziel, das war die Perspektive. 1907, das heißt nach zahllosen Diskussionen, die in der im Ausland und in Petersburg erscheinenden Presse veröffentlicht worden waren, und nach der ernstlichen Über-

prüfung der theoretischen Voraussagen durch die Erfahrungen der ersten Revolution, hielt es Stalin für möglich, zu schreiben: „Daß unsere Revolution bürgerlich ist, daß sie enden muß mit der Zerstörung der Leibeigenschaft und nicht mit der Zerstörung der kapitalistischen Ordnung, daß nur die demokratische Republik ihre Krönung sein kann, darüber herrscht anscheinend völlige Übereinstimmung in unserer Partei.“ Stalin spricht nicht 312
von dem Punkte, von dem die Revolution auszugehen hat, sondern von dem, an dem sie enden soll, und er begrenzt sie in ganz kategorischer Weise „nur“ auf „die demokratische Republik“. Vergeblich sucht man in seinen damaligen Schriften auch nur eine Bemerkung über die Perspektive der sozialistischen im Zusammenhang mit der demokratischen Revolution. Dieselbe Position nahm er noch zu Beginn der Revolution im Februar 1917 ein, als Lenin in Petrograd ankam.

Für Plechanow, für Axelrod und für die menschewistischen Führer im allgemeinen hatte die Kennzeichnung der Revolution als bürgerlich vor allem die politische Bedeutung, zu verhindern, daß die Bourgeoisie vorzeitig mit dem roten Gespenst des Sozialismus geängstigt und ins Lager der Reaktion „zurückgeworfen“ würde. „Rußlands gesellschaftliche Verhältnisse sind nur für die bürgerliche Revolution reif“, sagte der erste Taktiker des Menschewismus, Axelrod, auf dem Vereinigungsparteitag. „Bei der allgemeinen politischen Willkür, die bei uns herrscht, kann von einem unmittelbaren Kampf des Proletariats für die Machteroberung und gegen die anderen Klassen keine Rede sein... Es kämpft, um die Bedingungen für eine bürgerliche Entwicklung herzustellen. Die objektiven historischen Bedingungen verweisen unser Proletariat auf eine unvermeidliche Zusammenarbeit mit der Bourgeoisie im Kampfe gegen den gemeinsamen Feind.“ 313
Der Inhalt der russischen Revolution wurde also von vornherein auf Reformen beschränkt, die mit den Interessen und Ansichten der liberalen Bourgeoisie vereinbar waren.

Eben an diesem Punkte begann die grundlegende Meinungsverschiedenheit zwischen den beiden Fraktionen. Der Bolschewismus weigerte sich entschieden, anzuerkennen, daß die russische Bourgeoisie imstande sei, ihre eigene Revolution zu Ende zu führen. Mit unvergleichlich größerer Kraft und Konsequenz als Plechanow stellte Lenin die Agrarfrage als das Zentralproblem der demokratischen Revolution in Rußland in den Vordergrund. „Der Kern der russischen Revolution“, wiederholte er stets,

„ist die agrarische (die Land-)Frage. Auf Sieg oder Niederlage der Revolution ... muß nach der Art und Weise geschlossen werden, in der die Situation der Massen in ihrem Kampf um den
314 Boden eingeschätzt wird.“ Mit Plechanow hielt Lenin die Bauernschaft für eine kleinbürgerliche Klasse und das bäuerliche Agrarprogramm für das Programm des bürgerlichen Fortschritts. „Die Nationalisierung, das ist eine Maßnahme der Bourgeoisie“, betonte er auf dem Vereinigungsparteitag. „Sie wird der Entwicklung des Kapitalismus einen Impuls verleihen, indem sie den Klassenkampf verschärft, eine vollständigere Ausnützung des Bodens ermöglicht, Kapital in die Landwirtschaft einströmen
315 macht und den Brotpreis senkt.“ Trotz des entschieden bürgerlichen Charakters der Agrarrevolution bliebe die russische Bourgeoisie indes der Enteignung des Großgrundbesitzes gegenüber feindlich gesinnt und bemühe sich aus eben diesem Grunde, mit der Monarchie auf der Basis einer Verfassung nach preußischem Muster zu einem Kompromiß zu gelangen. Plechanows Idee einer Allianz des Proletariats mit der liberalen Bourgeoisie stellte Lenin die Idee eines Bündnisses des Proletariats mit der Bauernschaft entgegen. Er proklamierte als Aufgabe der revolutionären Zusammenarbeit der beiden Klassen die Errichtung einer „demokratischen Diktatur“ als des einzigen Mittels, um mit dem feudalen Gerümpel in Rußland radikal aufzuräumen, eine neue Schicht freier Kleinlandwirte zu schaffen und den Weg zur Entwicklung des Kapitalismus nicht auf preußische, sondern auf amerikanische Weise zu eröffnen.

Der Sieg der Revolution, schrieb er, kann nur erreicht werden „durch die Diktatur, denn die Durchführung der Reformen, die für das Proletariat und die Bauernschaft unbedingt und unmittelbar notwendig sind, wird den verzweifelten Widerstand der Großgrundbesitzer, der Großbourgeois und des Zarismus hervorrufen. Ohne Diktatur ist es unmöglich, diesen Widerstand zu brechen und die konterrevolutionären Bestrebungen niederzuhalten. Wohlverstanden, es handelt sich nicht um eine sozialistische, sondern um eine demokratische Diktatur. Diese kann die Grundlagen des Kapitalismus nicht angreifen (ohne eine ganze Serie von Zwischenetappen der revolutionären Entwicklung). Sie kann bestenfalls eine radikale Neuverteilung des Grundeigentums zugunsten der Bauernschaft durchführen, eine bis zur Republik gehende konsequente und vollständige Demokratie errichten, alle asiatischen Züge ausrotten, alle Überbleibsel der

Leibeigenschaft nicht nur auf dem Lande, sondern auch in den Fabriken, die Grundlage schaffen für eine ernsthafte Besserung der Lage der Arbeiter und für eine Erhöhung ihrer Lebenshaltung und schließlich, last but not least, den revolutionären Brand nach Europa tragen." 316

Lenins Auffassung stellte insofern einen gewaltigen Schritt nach vorn dar, als sie nicht von konstitutionellen Reformen, sondern von der bäuerlichen Erhebung ausging, die sie für die Hauptaufgabe der Revolution hielt, und die einzige realistische Verbindung der sozialen Kräfte anzeigte, die diese Erhebung erfolgreich durchführen konnten. Der schwache Punkt der Leninschen Konzeption war jedoch der in sich widersprüchliche Begriff der „demokratischen Diktatur des Proletariats und der Bauernschaft". Lenin selbst betonte die fundamentale Einschränkung dieser Diktatur, wenn er sie offen „bürgerlich" nannte. Er wollte damit sagen, daß das Proletariat zur Erhaltung seines Bündnisses mit der Bauernschaft gezwungen sein würde, darauf zu verzichten, der unmittelbar bevorstehenden Revolution sogleich sozialistische Aufgaben zu stellen. Das aber bedeutete den Verzicht des Proletariats auf seine Diktatur. Es handelte sich infolgedessen im Grunde um eine Diktatur der Bauernschaft unter Beteiligung der Arbeiter. Eben dies sagte Lenin bei gewissen Gelegenheiten, so zum Beispiel auf dem Stockholmer Parteitag, wo er Plechanow, der sich gegen die „Utopie" der Machtübernahme gewandt hatte, antwortete: „Um welches Programm handelt es sich? Um das Agrarprogramm. Wer soll diesem Programm nach die Macht übernehmen? Die revolutionären Bauern. Verwechselt Lenin die Herrschaft des Proletariats mit der Bauernherrschaft?" Nein, sagte er, von sich selbst sprechend: Lenin unterscheidet klar die sozialistische Herrschaft des Proletariats von der bürgerlich-demokratischen Herrschaft der Bauern. „Und", rief er von neuem aus, „wie wäre eine siegreiche Bauernrevolution möglich, ohne daß die revolutionäre Bauernschaft die Macht übernähme?" 317
Diese polemische Formulierung zeigt in besonders klarer Weise die Verwundbarkeit seiner Position.

Die Bauernschaft war über die Weite eines riesigen Landes verstreut, in dem die Städte die Kontaktstellen bildeten. Auf sich allein gestellt, ist die Bauernschaft nicht imstande, ihre Interessen zu formulieren, da sich diese in jeder Region in anderer Weise darstellen. Das ökonomische Band zwischen den Provinzen wird vom Markte und von den Eisenbahnen geschaffen, aber

Markt und Eisenbahnen sind in den Händen der Stadt. Versucht sie, sich aus der Enge des Dorfes zu befreien und das Gemeinsame ihrer Ansprüche herauszustellen, so gerät die Bauernschaft unvermeidlicherweise in politische Abhängigkeit von der Stadt. Schließlich bildet die Bauernschaft ihren sozialen Verhältnissen nach keine homogene Klasse: die Schicht der „Kulaken" will sie natürlich in ein Bündnis mit der städtischen Bourgeoisie hineinziehen, die unteren Schichten des Dorfes tendieren im Gegensatz dazu nach den städtischen Arbeitern. Unter diesen Umständen ist die Bauernschaft als solche absolut unfähig, die Macht zu übernehmen.

Gewiß, im alten China brachten die Revolutionen die Bauernschaft an die Macht, genauer gesagt, die militärischen Führer der bäuerlichen Aufstände. Das führte jedesmal zu einer Neuverteilung des Bodens und zur Errichtung einer neuen „bäuerlichen" Dynastie, worauf die Geschichte von vorn begann: neue Konzentration des Bodens, neues Blühen des Wuchers, neuer Aufstand. Solange die Revolution ihren rein bäuerlichen Charakter bewahrt, kommt die Gesellschaft nicht aus diesen ausweglosen Selbstumdrehungen heraus. Solcherart ist die Grundlage der Geschichte des alten Asiens, mit Einschluß der Geschichte des alten Rußlands. In Europa brachte vom Ausgang des Mittelalters an jede siegreiche Bauernerhebung nicht eine Bauernregierung, sondern eine linksbürgerliche Partei an die Macht. Genauer gesagt: der Bauernaufstand siegte genau in dem Maße, in dem es ihm gelang, die Stellung des revolutionären Teils der städtischen Bevölkerung zu befestigen. Im bürgerlichen Rußland des zwanzigsten Jahrhunderts konnte von einer Machtübernahme durch die revolutionäre Bauernschaft keine Rede mehr sein.

Die Einstellung gegenüber der liberalen Bourgeoisie war, wie gesagt, der Prüfstein für die Abgrenzung der Revolutionäre von den Opportunisten unter den Sozialdemokraten. Wieweit konnte die russische Revolution gehen, welchen Charakter würde die zukünftige provisorische Revolutionsregierung haben, welche Aufgaben würden sich stellen und in welcher Reihenfolge? Diese Fragen konnten in ihrer ganzen Bedeutung nur korrekt gestellt werden, wenn sie auf die des Grundcharakters der Politik des Proletariats bezogen wurden, welchen vor allem die Haltung zur liberalen Bourgeoisie bestimmte. Plechanow schloß entschieden und hartnäckig die Augen vor der grundlegenden Schlußfolgerung aus der politischen Geschichte des neunzehnten Jahrhunderts:

dort, wo das Proletariat als selbständige Kraft auftritt, geht die Bourgeoisie ins Lager der Konterrevolution. Je kühner der Kampf der Massen, um so rapider geht die reaktionäre Entartung des Liberalismus vor sich. Niemand hat noch die Mittel erfunden, um die Wirkung des Gesetzes des Klassenkampfes aufzuheben.

„Wir müssen die Unterstützung der nichtproletarischen Parteien hervorheben", sagte Plechanow wiederholt in den Jahren der ersten Revolution, „und sie nicht durch taktlose Ausfälle vor den Kopf stoßen." Mit solch monotonen Moralpredigten zeigte der Philosoph des Marxismus, daß ihm die lebendige Dynamik der Gesellschaft verschlossen geblieben war. „Mangelnder Takt" kann einen einzelnen hypersensiblen Intellektuellen zurückstoßen. Klassen und Parteien werden von sozialen Interessen angezogen oder abgestoßen. „Man kann mit Sicherheit sagen", wurde Plechanow von Lenin erwidert, „daß die Grundeigentümer, die Liberale sind, Ihnen Millionen von Handlungen verzeihen werden, die des Taktes ermangeln, aber daß sie Ihnen den Aufruf zur Beschlagnahme des Bodens nicht
verzeihen werden." Und nicht nur die Großgrundbesitzer: die 318
Spitzen der Bourgeoisie, die mit den Grundbesitzern durch die Interessen verbunden sind, die alle Besitzenden vereinen, und besonders eng durch das Bankensystem; die Oberschichten des Kleinbürgertums und der Intelligenz, die materiell und moralisch von den großen und mittleren Besitzern abhängen - sie alle fürchten die selbständige Bewegung der Massen. Um aber den Zarismus zu schlagen, mußten Dutzende und aber Dutzende von Millionen von Unterdrückten zur heroischen revolutionären Offensive geführt werden, zur kühnen, vor nichts zurückschrekkenden Opferbereitschaft. Die Massen in den Aufstand zu führen, das war nur möglich unter der Fahne ihrer eigenen Interessen und demzufolge im Geiste unversöhnlicher Feindschaft gegenüber den ausbeutenden Klassen, vor allem gegenüber den Großgrundbesitzern. Die oppositionelle Bourgeoisie „vor den Kopf zu stoßen", sie von den revolutionären Arbeitern und Bauern wegzustoßen, das also war das immanente Gesetz der Revolution selbst, und das konnte nicht durch Diplomatie und „Takt" vermieden werden.

Jeder neue Monat bestätigte die leninistische Einschätzung des Liberalismus. Allen frommen Wünschen der Menschewiki zum Trotz machten die Kadetten nicht nur keine Anstalten, sich an die Spitze der „bürgerlichen" Revolution zu stellen, sondern

fanden ihre geschichtliche Mission mehr und mehr im Kampfe gegen sie. Nach der Niederschlagung des Dezemberaufstandes versuchten die Liberalen, die dank der kurzlebigen Duma den Vordergrund der politischen Bühne beherrschten, mit allen Kräften vor dem Zarismus ihr ungenügend konterrevolutionäres Auftreten im Herbst 1905 zu rechtfertigen, als die heiligsten Grundlagen der „Kultur“ in Gefahr gewesen waren. Der Führer der Liberalen, Miljukow, der hinter den Kulissen mit dem Winterpalais verhandelte, wies in der Presse ganz richtig darauf hin, daß sich die Kadetten Ende 1905 vor den Massen überhaupt nicht zeigen durften. „Diejenigen“, schrieb er, „die jetzt der (Kadetten-)Partei vorwerfen, daß sie damals nicht durch Abhaltung von öffentlichen Versammlungen gegen die revolutionären Illusionen des Trotzkismus protestiert habe... verstehen den Geisteszustand des demokratischen Publikums nicht, das zu solchen Versammlungen kam, oder erinnern sich einfach nicht
319 an ihn.“ Unter den „Illusionen des Trotzkismus“ verstand der liberale Führer die unabhängige Politik des Proletariats, die den Sowjets die Sympathie der unteren Klassen der Stadtbevölkerung einbrachte, der Soldaten, der Bauern, aller Unterdrückten, und die eben dadurch die „kultivierte“ Gesellschaft abstieß. Die Entwicklungslinie der Menschewiki verlief parallel dazu. Sie mußten sich immer öfter vor den Liberalen rechtfertigen, daß sie sich nach dem Oktober 1905 in einem Block mit Trotzky befunden hatten. Die Erklärungen Martows, dieses talentierten Publizisten der Menschewiki, liefen darauf hinaus, daß es nötig gewesen sei, den „revolutionären Illusionen“ der Massen Konzessionen zu machen.

In Tiflis hatten sich die politischen Gruppen nach denselben Prinzipien gebildet wie in Petersburg. „Die Reaktion vernichten“, schrieb der kaukasische Menschewikenführer Jordania, „eine Verfassung erhalten und sie praktisch wirksam machen, das hängt von der bewußten Vereinigung der Kräfte von Proletariat und Bourgeoisie ab und von ihrer Richtung auf ein einziges Ziel... Gewiß wird die Bauernschaft an dieser Bewegung teilnehmen und wird ihr den Charakter einer elementaren Naturkraft verleihen, aber es sind trotzdem diese beiden Klassen, die die entscheidende Rolle spielen werden, und die Bauernbewegung
320 wird Wasser auf ihre Mühlen sein.“ Lenin machte sich über Jordanias Befürchtungen lustig, für den eine intransigente Politik gegenüber der Bourgeoisie die Arbeiter zur Ohnmacht ver-

urteilen konnte. Jordania „untersucht die Frage einer möglichen Isolierung des Proletariats in der demokratischen Revolution und vergißt ... die Bauernschaft! Unter den möglichen Verbündeten des Proletariats sieht er nur die Grundeigentümer und findet nur sie nach seinem Geschmack, und die Bauern sieht er nicht. Und das im Kaukasus!" Der Begründung nach richtig, vereinfachte 321
Lenins Replik die Frage in einem Punkte. Jordania „vergaß" die Bauernschaft nicht und, wie es aus Lenins eigener Bemerkung hervorgeht, niemand im Kaukasus konnte sie vergessen, wo sie sich damals unter dem Banner des Menschewismus stürmisch emporreckte. Jordania jedoch sah in der Bauernschaft weniger einen politischen Verbündeten als einen politischen Sturmbock, den die mit dem Proletariat verbündete Bourgeoisie benützen könnte und müßte. Er glaubte nicht, daß die Bauernschaft imstande sei, eine führende oder gar selbständige Kraft in der Revolution zu werden, und darin täuschte er sich nicht, aber er glaubte ebensowenig, daß das Proletariat als führende Kraft imstande sei, dem Bauernaufstand den Sieg zu sichern, und das war sein folgenschwerer Irrtum. Die menschewistische Idee vom Bündnis des Proletariats mit der Bourgeoisie bedeutete in Wirklichkeit sowohl die Unterordnung der Arbeiter als auch der Bauern unter die Liberalen. Der utopische und reaktionäre Charakter dieses Programms rührte daher, daß die schon weit vorgeschrittene Differenzierung der Klassen die Bourgeoisie von vornherein als revolutionären Faktor lahmlegte. In dieser grundlegenden Frage war die Wahrheit ganz auf seiten des Bolschewismus: die Fortsetzung einer Allianz mit der liberalen Bourgeoisie mußte unvermeidlicherweise die Sozialdemokratie in Gegensatz zu der revolutionären Bewegung der Arbeiter und Bauern bringen. 1905 hatten die Menschewiki noch nicht den Mut, alle unausweichlich aus ihrer Theorie der „bürgerlichen" Revolution hervorgehenden Schlußfolgerungen zu ziehen; 1917 gingen sie bis ans Ende ihrer Auffassungen und brachen sich den Hals.

In der Frage der Haltung gegenüber den Liberalen befand sich Stalin in den Jahren der ersten Revolution auf Seiten Lenins. Freilich standen zu dieser Zeit sogar die meisten der führenden Menschewiki in der Frage der oppositionellen Bourgeoisie näher bei Lenin als bei Plechanow. Eine verächtliche Haltung gegenüber den Liberalen gehörte zur literarischen Tradition des intellektuellen Radikalismus. Es wäre allerdings verlorene Mühe, bei Koba einen selbständigen Beitrag zu dieser Frage zu suchen,

eine Analyse der gesellschaftlichen Verhältnisse im Kaukasus, neue Argumente oder auch nur neue Ausdrucksformen für die alten Argumente. Der Führer der Menschewiki des Kaukasus, Jordania, hatte eine unvergleichlich selbständigere Haltung gegenüber Plechanow als Stalin gegenüber Lenin. „Umsonst bemühen sich die Herren Liberalen", schrieb Koba nach dem 9. Januar, „den stürzenden Zarenthron zu retten. Umsonst strecken sie dem Zaren ihre hilfreiche Hand hin... Die Volksmassen sind in Bewegung und bereiten sich auf die Revolution vor und nicht auf ein Abkommen mit dem Zaren... Ja, meine Herren, Ihre Anstrengungen sind umsonst! Die russische Revolution ist unvermeidlich, ebenso unvermeidlich wie der Sonnenaufgang. Können Sie die Sonne verhindern aufzugehen? Das ist die
322 Frage!" Und so weiter in diesem Stil. Über so etwas kommt Koba
nicht hinaus. Zweieinhalb Jahre später schrieb er, Lenin fast Wort für Wort wiederholend: „Die liberale russische Bourgeoisie ist konterrevolutionär, sie kann nicht der Motor und noch weniger der Führer der Revolution sein; sie ist die geschworene Feindin
323 der Revolution und muß unerbittlich bekämpft werden." Aber
gerade in dieser grundlegenden Frage machte Stalin in den folgenden zehn Jahren eine vollständige Wandlung durch, so daß er die Februarrevolution von 1917 als Fürsprecher eines Blocks mit der liberalen Bourgeoisie und infolgedessen als Herold der Vereinigung mit den Menschewiki in einer und derselben Partei begrüßen konnte. Erst der aus dem Ausland zurückkommende Lenin war es, der Stalins selbständiger Politik ein brüskes Ende machte und sie als eine Karikatur auf den Marxismus bezeichnete.

Die „Volkstümler" sahen in den Arbeitern und Bauern nur gleichermaßen am Sozialismus interessierte „Werktätige" und „Ausgebeutete". Die Marxisten hielten den Bauern für einen Kleinbürger, der nur in dem Maße zum Sozialisten werden konnte, wie er geistig oder materiell aufhörte, Bauer zu sein. Mit der ihnen eigenen Sentimentalität faßten die „Volkstümler" diese soziologische Charakterisierung als eine Beleidigung auf. Auf dieser Linie spielte sich während zweier Generationen der Hauptkampf zwischen den revolutionären Tendenzen in Rußland ab. Für das Verständnis des späteren Konfliktes zwischen Stalinismus und Trotzkismus ist es notwendig, noch einmal hervorzuheben, daß Lenin, der ganzen marxistischen Tradition nach, die Bauernschaft nicht einen Augenblick lang für einen sozialistischen Verbündeten des Proletariats hielt; im Gegenteil, er schloß auf die

Unmöglichkeit der sozialistischen Revolution in Rußland gerade
wegen der gewaltigen Übermacht der Bauernschaft. Diese Auf-
fassung kehrt in allen seinen Artikeln wieder, die sich direkt
oder indirekt mit der Agrarfrage befassen.

„Wir unterstützen die Bauernbewegung“, schrieb Lenin im
September 1905, „soweit sie revolutionär-demokratisch ist.
Wir bereiten uns vor (selbst jetzt sofort bereiten wir uns vor),
gegen sie zu kämpfen, insofern sie sich als reaktionär und anti-
proletarisch herausstellt. Das ganze Wesen des Marxismus liegt
in dieser doppelten Aufgabe ...“ Einen sozialistischen Verbünde-
ten sah Lenin im westlichen Proletariat und zum Teil in den halb-
proletarischen Elementen des russischen Dorfes, aber keinesfalls
in der Bauernschaft als solcher. „Im Anfang“, wiederholte er
mit der ihn kennzeichnenden Hartnäckigkeit, „werden wir bis
zu Ende mit allen Mitteln, auch dem der Bodenübernahme, den
Bauer im allgemeinen gegen den Grundeigentümer unterstützen
und werden ferner (und keineswegs nur ferner, sondern zu
gleicher Zeit) das Proletariat gegen den Bauer im allgemeinen
unterstützen.“ 324

„Die Bauernschaft wird in der bürgerlich-demokratischen
Revolution siegen“, schrieb er im März 1906, „und damit end-
gültig ihre revolutionäre Kraft als Bauernschaft aufbrauchen.
Das Proletariat wird in der bürgerlich-demokratischen Revo-
lution siegen und damit nur beginnen, seine authentische, sozia-
listische revolutionäre Kraft wirklich zu entfalten.“ - „Die Bauern- 325
bewegung“, wiederholte er im Mai desselben Jahres, „ist die
Bewegung einer anderen Klasse. Ihr Kampf geht nicht darum,
die Grundlagen des Kapitalismus zu beseitigen, sondern darum,
aus ihnen alle Überbleibsel der Leibeigenschaft auszumerzen.“ 326
Diese Art, die Dinge zu sehen, läßt sich bei Lenin von Artikel
zu Artikel verfolgen, von Jahr zu Jahr, von Buch zu Buch. Die
Ausdrücke und die Beispiele wechseln, die Grundidee bleibt die-
selbe. Das konnte nicht anders sein. Hätte Lenin in der Bauern-
schaft einen *sozialistischen* Verbündeten gesehen, hätte er
nicht den mindesten Grund gehabt, auf dem *bürgerlichen*
Charakter der Revolution zu bestehen und die „Diktatur des
Proletariats und der Bauernschaft“ auf rein demokratische Auf-
gaben zu beschränken. Als Lenin mir vorwarf, ich „unterschätzte“ 327
die Bauernschaft, hatte er durchaus nicht meine Weigerung im
Auge, die sozialistischen Tendenzen der Bauernschaft anzuer-
kennen, sondern im Gegenteil die Tatsache, daß ich seiner

Meinung nach die bürgerlich-demokratische Selbständigkeit der Bauernschaft nicht genügend anerkannte, ihre Fähigkeit, *ihre* eigene Herrschaft zu errichten und so der Errichtung der sozialistischen Diktatur des Proletariats Widerstand zu leisten.

Die Revision in dieser Frage begann erst in den Jahren der thermidorianischen Reaktion, deren Beginn ungefähr mit der Krankheit und dem Tode Lenins zusammenfiel. Von da an wurde das Bündnis der russischen Arbeiter und Bauern an sich zur genügenden Garantie gegen die Gefahr einer Restauration erklärt und als sicheres Unterpfand der Verwirklichung des Sozialismus innerhalb der Grenzen der Sowjetunion. Nachdem er die Theorie von der internationalen Revolution durch die Theorie des Sozialismus in einem Lande ersetzt hatte, ging Stalin dazu über, die marxistische Einschätzung der Bauernschaft als „Trotzkismus" zu bezeichnen, und das nicht nur für die Gegenwart, sondern auch für die ganze Vergangenheit.

Natürlich kann man fragen, ob sich die klassische marxistische Auffassung von der Bauernschaft nicht als irrtümlich herausgestellt hat. Dieses Thema würde weit über die Grenzen der vorliegenden Studie hinausführen. Hierzu möchte ich nur sagen, daß der Marxismus seiner Einschätzung der Bauernschaft als einer nichtsozialistischen Klasse niemals einen absoluten und unabänderlichen Charakter beigelegt hat. Marx selbst sagt, daß der Bauer nicht nur Vorurteile, sondern auch Urteilsfähigkeit hat. Bei wechselnden Umständen verändert sich auch die Natur der Bauernschaft selbst. Das Regime der proletarischen Diktatur eröffnete weite Möglichkeiten, auf die Bauernschaft einzuwirken und sie umzuerziehen. Die Geschichte hat noch nicht alle Grenzen dieser Möglichkeiten vollständig durchmessen. Nichtsdestoweniger ist es jetzt schon klar, daß die steigende Bedeutung des staatlichen Zwangs in der UdSSR die Konzeption von der Bauernschaft, die die russischen Marxisten von den „Volkstümlern" unterschied, nicht nur nicht eingeschränkt, sondern im Grunde bestätigt hat. In welcher Weise immer sich heute, nach zwanzig Jahren des neuen Regimes, die Frage stellen möge, so bleibt es doch unbezweifelbar, daß bis zur Oktoberrevolution, genauer gesagt bis 1924, niemand im marxistischen Lager, und Lenin weniger als irgendwer sonst, in der Bauernschaft einen Faktor des sozialistischen Fortschritts sah. Ohne Unterstützung durch die proletarische Revolution im Westen, betonte Lenin, ist die Restauration in Rußland unvermeidlich. Er täuschte sich nicht:

die stalinistische Bürokratie stellt nichts anderes dar als die erste Etappe der bourgeoisen Restauration.

Der theoretische Ausgangspunkt der beiden Hauptfraktionen der russischen Sozialdemokratie ist oben dargestellt worden. Ihnen stellte sich ein dritter Standpunkt zur Seite, noch in der Morgendämmerung der ersten Revolution formuliert und in jenen Tagen kaum anerkannt, von dem wir aber hier ausführlicher sprechen müssen, nicht nur, weil er 1917 von den Ereignissen bestätigt worden ist, sondern hauptsächlich deshalb, weil er sieben Jahre nach der Revolution - und nachdem man sie auf den Kopf gestellt hat - eine ganz unvorhergesehene Rolle in der politischen Entwicklung Stalins und der gesamten Sowjetbürokratie spielen sollte.

Anfang 1905 veröffentlichte ich in Genf eine Broschüre, die die politische Situation analysierte, wie sie sich im Winter 1904 darstellte. Ich kam zu dem Schluß, daß die unabhängige Kampagne der liberalen Bittschriften und Bankette ihre Möglichkeiten erschöpft hatte; daß die fortschrittliche Intelligenz, die ihre Hoffnung auf die Liberalen gesetzt hatte, mit diesen zusammen in eine Sackgasse geraten war; daß die Bauernbewegung günstige Voraussetzungen für den Sieg schaffen, aber nicht imstande sein würde, ihn zu erringen; daß nur der bewaffnete Aufstand des Proletariats die Entscheidung herbeiführen könne; daß der nächste Schritt auf diesem Wege der Generalstreik sein
müsse. Diese Broschüre hieß „Vor dem Neunten Januar"; 328
sie war vor dem Blutigen Sonntag von Petersburg geschrieben worden. Die mächtige Streikwelle, die zu jener Zeit einsetzte, und die ersten bewaffneten Zusammenstöße, von denen sie begleitet war, lieferten eine unzweideutige Bestätigung der strategischen Voraussagen der Broschüre.

Das Vorwort zu meiner Schrift war von Parvus verfaßt worden, einem russischen Emigranten, der zu jener Zeit schon ein prominenter deutscher Schriftsteller geworden war. Parvus war eine schöpferische Persönlichkeit, gleicherweise imstande, die Ideen anderer aufzunehmen, wie andere durch eigene Ideen zu bereichern. Ihm fehlten aber das innere Gleichgewicht und der nötige Fleiß, um sein Talent als Denker und Schriftsteller für die Arbeiterbewegung fruchtbar zu machen. Er hat zweifellos einen bedeutenden Einfluß auf meine persönliche Entwicklung ausgeübt, besonders im Hinblick auf das sozialrevolutionäre Verständnis unserer Epoche. Einige Jahre vor unserer ersten Begegnung hatte Parvus leidenschaftlich die Idee eines Generalstreiks in Deutschland vertreten, aber Deutschland befand sich in einer längeren Periode industriellen Aufschwungs, die Sozialdemokratie paßte sich dem Hohenzollernregime an, und die revolutionäre Propaganda des Ausländers war nur ironischer Gleichgültigkeit begegnet. Als Parvus am Tage nach den blutigen Ereignissen von Petersburg das Manuskript meiner Broschüre las, war er begeistert von dem Gedanken, daß das Proletariat des rückständigen Rußland eine außergewöhnliche Rolle zu spielen bestimmt war. Die wenigen Tage, die wir in München zusammen verlebten, waren angefüllt mit Gesprächen, die viel zu unserer gegenseitigen Klärung beitrugen und uns persönlich einander näher brachten. Das Vorwort, das Parvus daraufhin zu meiner Broschüre schrieb, ist für immer in die Geschichte der russischen Revolution eingegangen. Einige Seiten genügten ihm, um die sozialen Eigentümlichkeiten des rückständigen Rußland, die gewiß schon vorher bekannt gewesen waren, aus denen aber vor ihm niemand alle notwendigen Schlußfolgerungen gezogen hatte, in neuem Lichte erscheinen zu lassen.

„Der politische Radikalismus in Westeuropa", schrieb Parvus, „stützte sich, wie jedermann weiß, hauptsächlich auf das Kleinbürgertum. Es waren die Handwerker und im allgemeinen alle diejenigen Teile der Bourgeoisie, die von der industriellen Entwicklung aufgesogen, aber gleichzeitig von der Kapitalistenklasse zurückgedrängt wurden... Im Rußland der vorkapitalistischen Periode entwickelten sich die Städte eher nach chinesischem als nach europäischem Muster. Sie waren Verwaltungszentren rein amtlich-bürokratischen Charakters, ohne die mindeste politische Bedeutung; wirtschaftlich spielten sie die Rolle von Basaren für die Gutsbesitzer und Bauern der Umgebung. Ihre Entwicklung war noch höchst bescheiden, als sie vom kapitalistischen Prozeß aufgehalten wurde, der die für ihn typischen Großstädte schuf, das heißt Fabrik- und Welthandelsstädte ... Eben das, was die Herausbildung der kleinbürgerlichen Demokratie verhindert hatte - die schwache Entwicklung der handwerklichen Produktionsform -, kam in Rußland dem Klassenbewußtsein des Proletariats zugute. Das Proletariat sammelte
329 sich unmittelbar in den Fabriken..."

„Immer größere Massen von Bauern werden in diese Bewegung hineingezogen. Alles, was sie tun können, ist jedoch nur, die im Lande überhandnehmende politische Anarchie noch zu verschlimmern und die Regierung zu schwächen; eine geschlossene revolutionäre Armee können sie nicht formieren. Aus diesem Grunde wird mit dem Fortschreiten der Revolution dem Proletariat ein immer größerer Anteil an der politischen Arbeit zufallen; im gleichen Maße wird sich der politische Horizont des Proletariats erweitern und seine politische Energie wird zusehends wachsen ..." 330

„Die Sozialdemokratie wird sich einem Dilemma gegenüber sehen: die Verantwortung für die provisorische Regierung zu übernehmen oder abseits der Arbeiterbewegung zu stehen. Welche Haltung die Sozialdemokratie auch immer einnehmen wird, die Arbeiter werden diese Regierung als die ihre betrachten ... In Rußland können nur die Arbeiter einen revolutionären Aufstand durchführen. In Rußland wird die revolutionäre provisorische Regierung eine Regierung der *Arbeiterdemokratie* sein. Diese Regierung wird sozialdemokratisch sein, wenn die Sozialdemokratie die Führung der revolutionären Bewegung des russischen Proletariats übernimmt ..." „Die sozialdemokratische provisorische Regierung kann in Rußland keine sozialistische Revolution durchführen, aber die Beseitigung der Autokratie und die Errichtung der demokratischen Republik werden ganz von selbst einen fruchtbaren Boden für ihre politische Aktivität abgeben." 331

Im Herbst 1905, in den Sturmtagen der revolutionären Ereignisse, begegnete ich Parvus von neuem, diesmal in Petersburg. Organisatorisch von beiden Fraktionen unabhängig, gaben wir gemeinsam eine Zeitung für die arbeitenden Massen heraus: „Russkoje Slowo" („Das Russische Wort"), und, zusammen mit den Menschewiki, die bedeutende politische Zeitung „Natschalo" („Der Beginn"). Die Theorie der permanenten Revolution wurde gewöhnlich mit den Namen „Parvus und Trotzky" verbunden. Das war nur zum Teil berechtigt. Parvus' revolutionäre Reifezeit lag zu Ende des vorigen Jahrhunderts, als er an der Spitze des Kampfes gegen den sogenannten „Revisionismus" gestanden hatte, der opportunistischen Entstellung der Marxschen Theorien. Doch die Erfolglosigkeit des Bemühens, die deutsche Sozialdemokratie in die Richtung einer kühneren Politik zu lenken, untergrub seinen Optimismus. Parvus machte mehr und mehr Reserven in bezug auf die Perspektive einer sozialistischen Revolution im Westen. Gleichzeitig glaubte er, daß „die sozialdemokratische provisorische Regierung in Rußland nicht die sozialistische Revolution durchführen" könne. Seine Prognose ging also nicht auf den Übergang der demokratischen in die sozialistische Revolution aus, sondern auf die Errichtung einer Arbeiterdemokratie in Rußland, ungefähr wie in Australien, wo sich die von den Kleinbauern gestützte erste Arbeiterregierung nicht über die Grenzen des bürgerlichen Regimes hinauswagte.

Ich teilte diese Auffassung nicht. Die australische Demokratie, die auf dem jungfräulichen Boden eines neuen Erdteils organisch heranreifte, erhielt unmittelbar konservativen Charakter und unterwarf sich ein junges, aber ziemlich privilegiertes Proletariat. Im Gegensatz dazu konnte die russische Demokratie nur im Anschluß an einen großangelegten revolutionären Aufstand entstehen, dessen Dynamik einer Arbeiterregierung niemals gestatten würde, im Rahmen der bürgerlichen Demokratie zu bleiben. Unsere Meinungsverschiedenheiten, die gleich nach der Revolution von 1905 begonnen hatten, führten bei Ausbruch des Krieges zum vollständigen Bruch, als sich Parvus, in dem der Skeptiker endgültig den Revolutionär niedergerungen hatte, an der Seite des deutschen Imperialismus wiederfand und später Ratgeber und Einflüsterer Eberts, des ersten Präsidenten der deutschen Republik, wurde.

Nachdem ich meine Broschüre „Vor dem Neunten Januar" geschrieben hatte, habe ich mich öfter als einmal darangemacht, die Theorie von der permanenten Revolution zu entwickeln und ihre Grundlagen zu festigen. Die Bedeutung, die sie später in der ideologischen Entwicklung des Helden dieser Biographie erlangen sollte, macht es notwendig, sie hier in Form von präzisen Zitaten aus meinen Schriften der Jahre 1905 und 1906 darzulegen.

„Der Kern der Bevölkerung einer Stadt der heutigen Zeit, zumindest einer Stadt von ökonomisch-politischer Bedeutung, ist eine sich von den übrigen klar unterscheidende Klasse, im Grunde noch unbekannt während der französischen Revolution, die in unserer Revolution eine entscheidende Rolle zu spielen bestimmt ist... In einem ökonomisch zurückgebliebenen Lande kann das Proletariat eher an die Macht kommen als in den kapitalistisch fortgeschritteneren Ländern. Die Vorstellung von irgendeiner automatischen Abhängigkeit der proletarischen Diktatur von den technischen Kräften und Mitteln des Landes bildet ein Vorurteil des bis zum äußersten versimpelten ‚ökonomischen'

Materialismus. Mit Marxismus hat diese Ansicht nichts gemein... Obwohl die Produktivkraft der Industrie in den Vereinigten Staaten zehnmal so groß ist wie bei uns, ist die politische Rolle des russischen Proletariats, seine Einwirkung auf die Politik des eigenen Landes und die Möglichkeit, daß es bald auch die Weltpolitik beeinflußt, unvergleichlich höher als die Rolle und die Bedeutung des amerikanischen Proletariats..." 332

„Die russische Revolution schafft unserer Ansicht nach solche Bedingungen, unter denen die Macht an das Proletariat übergehen kann (und bei einer siegreichen Revolution übergehen *muß*), *bevor* noch die Politik des bürgerlichen Liberalismus die Möglichkeit erhalten wird, dessen Staatsgenie zur vollen Entfaltung zu bringen... Die russische Bourgeoisie tritt dem Proletariat alle revolutionären Positionen ab. Sie wird ihm auch die revolutionäre Hegemonie über die Bauernschaft überlassen müssen. Das Proletariat an der Macht wird der Bauernschaft gegenüber als befreiende Klasse auftreten... Das Proletariat, auf die Bauernschaft gestützt, wird alle Kräfte in Bewegung setzen, um das kulturelle Niveau des Dorfes zu heben und das politische Bewußtsein der Bauernschaft zu entwickeln..." 333

„Vielleicht aber wird die Bauernschaft das Proletariat verdrängen und dessen Platz selbst einnehmen? Das ist unmöglich. Die gesamte historische Erfahrung protestiert gegen eine solche Annahme. Diese Erfahrung beweist, daß die Bauernschaft zu einer *selbständigen* politischen Rolle völlig unfähig ist..." 334

„Das Voraufgegangene zeigt klar, wie ich die Idee von der ‚Diktatur des Proletariats und der Bauernschaft' auffasse. Ausschlaggebend ist nicht, ob ich eine solche Form der politischen Zusammenarbeit für grundsätzlich zulässig halte, noch ob ich sie ‚will' oder ‚nicht will'. Sondern ich halte sie für undurchführbar, wenigstens nicht für im direkten und unmittelbaren Sinne durchführbar." 335

Obige Zitate zeigen, wie unrichtig es ist, von der hier dargelegten Konzeption zu behaupten, sie wolle „die bürgerliche Revolution überspringen", wie man später immer wiederholt hat. „Der Kampf für die demokratische Erneuerung Rußlands...", schrieb ich damals, „ist ganz und gar aus dem Kapitalismus hervorgegangen; er wird von Kräften geleitet, die sich auf der Basis des Kapitalismus gebildet haben und ist *unmittelbar*, *an erster Stelle* gegen die vom Feudalismus und der Leib-

eigenschaft überkommenen Hindernisse gerichtet, die sich auf
dem Wege zur Herausbildung der kapitalistischen Gesellschaft
336 vorfinden.“ Die Hauptfrage war aber, welche Kräfte und Me-
thoden diese Hindernisse beseitigen könnten. „Man kann den
Rahmen aller Probleme der Revolution mit der Behauptung ver-
engern, daß unsere Revolution ihren objektiven Zielen und in-
folgedessen ihren unvermeidlichen Resultaten nach *bürgerlich*
ist, und man kann dann auch vor der Tatsache die Augen ver-
schließen, daß die aktive Hauptkraft dieser Revolution das Prole-
tariat ist, das vom ganzen Verlauf der Revolution dazu gestoßen
werden wird, selbst die Macht zu übernehmen ... Man kann sich
bei der Idee beruhigen, daß die sozialen Bedingungen in Rußland
noch nicht für die sozialistische Wirtschaft reif sind und kann
dann auch ganz übersehen, daß das Proletariat, einmal an der
Macht, einfach durch die Logik der Situation unvermeidlich dazu
wird übergehen müssen, die Wirtschaft für Rechnung des Staates
zu betreiben ... In die Regierung nicht als ohnmächtige Geiseln
sondern als führende Kraft eingetreten, löschen die Vertreter
des Proletariats eben dadurch die Grenze aus zwischen Minimal-
und Maximalprogramm, das heißt, sie *setzen den Kollekti-
vismus auf die Tagesordnung*. An welchem Punkte wird
das Proletariat in dieser Richtung aufgehalten werden? Das
hängt vom Kräfteverhältnis ab, aber keineswegs von den ur-
337 sprünglichen Absichten der Partei des Proletariats ...“

„Man kann sich aber jetzt schon die Frage stellen: muß die
Diktatur des Proletariats unvermeidlicherweise am Rahmen der
bürgerlichen Revolution zerschellen, oder kann sie sich, nachdem
sie diesen Rahmen durchbrochen hat, auf der Basis der aktuellen
historischen *Welt*situation eine Perspektive des Sieges eröffnen?
... Eins kann man mit Sicherheit sagen: ohne die direkte staat-
liche Unterstützung des europäischen Proletariats kann sich die
russische Arbeiterklasse nicht an der Macht halten und nicht aus
ihrer zeitweisen Vorherrschaft eine dauerhafte sozialistische
338 Diktatur machen ...“ Das führte keineswegs zu einer pessi-
mistischen Voraussage: „Die von der Arbeiterklasse Rußlands
geführte politische Befreiung wird ihren Lenker auf eine Höhe
heben, die in der Geschichte nicht ihresgleichen hat; sie wird ihm
kolossale Mittel und Kräfte in die Hand geben und ihn zum
Initiator der Beseitigung des Kapitalismus auf der ganzen Welt
machen, für die die Geschichte alle objektiven Voraussetzungen
339 geschaffen hat ...“

Zu der Frage, in welchem Maße die internationale Sozialdemokratie imstande sein würde, ihre revolutionäre Aufgabe zu erfüllen, schrieb ich im Jahre 1906: „Die europäischen sozialistischen Parteien, und in erster Linie die mächtigste unter ihnen, die deutsche Partei, haben ihre konservative Seite entwickelt, die um so stärker ausgebildet ist, je größer die Massen sind, die der Sozialismus umfaßt und je stärker der Sinn dieser Massen für Organisation und Disziplin. Aus diesem Grunde kann die Sozialdemokratie, als diejenige Organisation, die die politischen Erfahrungen des Proletariats verkörpert, während eines offenen Konfliktes zwischen den Arbeitern und der bürgerlichen Reaktion an einem bestimmten Zeitpunkt zum unmittelbaren Hindernis werden..." Ich beschloß jedoch meine Analyse, indem ich die Überzeugung ausdrückte, daß „die Revolution im Osten auf das westliche Proletariat den revolutionären Idealismus übertragen und in ihm den Wunsch erwecken wird, mit dem Feinde ‚russisch' zu reden..." 340

Fassen wir zusammen. Die „Volkstümler" wie die Slawophilen gingen von ihren Illusionen über die völlig originalen Wege aus, die die Entwicklung in Rußland einschlagen würde, wo sie den Kapitalismus und die bürgerliche Republik vermeiden würde. Der Marxismus Plechanows richtete seine Bemühungen auf den Nachweis, daß die geschichtlichen Wege Rußlands und des Westens im Prinzip identisch seien. Das daraus entstandene Programm berücksichtigte nicht die tatsächlichen und keineswegs mystischen Besonderheiten der gesellschaftlichen Struktur und der revolutionären Entwicklung Rußlands. Die menschewistische Konzeption von der Revolution, wenn von gelegentlichen Hinzufügungen und individuellen Abweichungen gereinigt, reduzierte sich hierauf: der Sieg der bürgerlichen russischen Revolution ist nur vorstellbar unter der Führung der liberalen Bourgeoisie und muß dieser die Macht übermitteln. Das demokratische Regime wird dann dem russischen Proletariat ermöglichen, mit unvergleichlich größerem Erfolge als vorher seine älteren Brüder im Westen auf dem Wege des Kampfes für den Sozialismus einzuholen.

Lenins Perspektive kann kurz in folgenden Worten ausgedrückt werden: die rückständige russische Bourgeoisie ist unfähig, ihre eigene Revolution bis zu Ende durchzuführen! Der vollständige Sieg der Revolution mittels der „demokratischen

Diktatur des Proletariats und der Bauernschaft" wird alles Mittelalterliche hinwegfegen, der Entwicklung des russischen Kapitalismus einen amerikanischen Rhythmus verleihen, das Proletariat in der Stadt und auf dem Dorf festigen und dem Kampf für den Sozialismus weite Möglichkeiten eröffnen. Andererseits wird der Sieg der russischen Revolution der sozialistischen Revolution im Westen einen starken Impuls verleihen, und letztere wird Rußland nicht nur vor der Gefahr einer Restauration bewahren, sondern darüber hinaus dem russischen Proletariat erlauben, die Machteroberung in einer verhältnismäßig kurzen geschichtlichen Zeitspanne ins Auge zu fassen.

Die Perspektive der permanenten Revolution kann folgendermaßen wiedergegeben werden: der vollständige Sieg der demokratischen Revolution in Rußland ist vorstellbar nur unter der Form der Diktatur des Proletariats, das sich auf die Bauernschaft stützt. Die Diktatur des Proletariats, die unvermeidlich nicht nur demokratische, sondern auch sozialistische Aufgaben auf die Tagesordnung setzt, wird gleichzeitig der internationalen sozialistischen Revolution einen starken Impuls verleihen. Nur der Sieg des Proletariats im Westen wird Rußland vor der bürgerlichen Restauration schützen und ihm die Möglichkeit geben, den sozialistischen Aufbau bis zu Ende durchzuführen.

Diese konzentrierte Sprache läßt mit gleicher Genauigkeit die Ähnlichkeit der beiden letzten Konzeptionen in ihrer unversöhnlichen Opposition gegen die liberale und menschewistische Perspektive, wie ihren grundlegenden Unterschied in der Frage des sozialen Charakters und der Aufgaben der „Diktatur", die aus der Revolution hervorgehen sollte, hervortreten. Der Einwand, der in den Schriften der gegenwärtigen Theoretiker von Moskau nicht selten auftaucht, das Programm einer Diktatur des Proletariats wäre 1905 „verfrüht" gewesen, entbehrt jeder Grundlage. Das ungünstige Kräfteverhältnis zur Zeit der ersten Revolution machte nicht die Diktatur des Proletariats als solche unmöglich, sondern die Revolution im allgemeinen. Alle revolutionären Tendenzen jedoch gingen von der Hoffnung auf einen vollständigen Sieg aus: ohne eine solche Hoffnung war ein rückhaltloser revolutionärer Kampf unmöglich. Die Meinungsverschiedenheiten drehten sich um die allgemeine Perspektive der Revolution und die daraus sich ergebende Strategie. Die Perspektive des Menschewismus war entschieden falsch: sie zeigte dem Proletariat in keiner Weise den richtigen Weg. Die Perspektive des Bolschewismus war unvollständig: sie zeigte richtig den allgemeinen Gang des Kampfes an, aber sie kennzeichnete dessen Etappen in unrichtiger Weise. Wenn sich der Fehler der bolschewistischen Perspektive 1905 nicht zeigte, so nur, weil sich die Revolution selbst nicht weiterentwickelte. Im Gegensatz dazu mußte Lenin Anfang 1917 in direktem Konflikt mit den alten Kadern der Partei seine Perspektive ändern.

Eine politische Voraussage kann nicht auf astronomische Präzision Anspruch erheben. Es genügt, wenn sie in korrekter Weise die allgemeine Entwicklungslinie aufzeigt und erlaubt, sich im wirklichen Fortgang der Ereignisse zu orientieren, der unvermeidlich von der Grundlinie nach links und nach rechts abweicht. In diesem Sinne ist es unmöglich, nicht zu sehen, daß die Konzeption der permanenten Revolution die Prüfung durch die Geschichte mit vollständigem Erfolg bestanden hat. In den ersten Jahren des Sowjetregimes hat das niemand geleugnet; im Gegenteil, diese Tatsache wurde in einer gewissen Anzahl offizieller Veröffentlichungen festgestellt. Als aber auf den ruhiggewordenen und erkalteten Gipfeln der sowjetischen Gesellschaft die bürokratische Revolution gegen den Oktober begann, wendete sie sich von ihrem Anbeginn an gegen die Theorie, die am vollständigsten die erste proletarische Revolution widerspiegelte und zugleich offen deren unvollendeten, begrenzten, teilstückhaften Charakter bloßlegte. So entstand durch Rückstoß die Theorie vom Sozialismus in einem Lande, die das grundlegende Dogma des Stalinismus ist.

ANMERKUNGEN DES HERAUSGEBERS

VII. Das Jahr 1917

1 Vgl. A. G. Šljapnikov, Semnadcatyj god (Das Jahr 1917), Bd. I–IV, 2. Aufl. Moskau–Leningrad 1925–1931, Bd. II.
2 Dingelstedt.
3 Antonov.
4 A. G. Šljapnikov, op. cit. Bd. II, S. 179.
5 ‹Pravda›, 15./28. III. 1917.
6 Ebd.
7 Ebd.
8 A. G. Šljapnikov, op. cit. Bd. II, S. 185.
9 ‹Pravda›.
10 Siehe A. G. Šljapnikov, op. cit. Bd. II, S. 291, und W. H. Chamberlin, Die russische Revolution 1917–1921, Bd. I, Frankfurt/M. 1958, S. 401 f.
11 Das Organ Miljukovs war das Zentralorgan der Kadeten, ‹Reč› (Die Rede). Das Zitat war nicht zu ermitteln.
12 V. I. Lenin.
13 ‹Pravda›, 15./28. III. 1917.
14 ‹Pravda›, 25. III./7. IV. 1917.
15 Krestinskij.
16 Diese Protokolle wurden zuerst von Trockij publiziert in: The Stalin School of Falsification, N. Y. 1937, S. 231 ff.
17 P. N. Miljukov.
18 Trockij, The Stalin School . . ., op. cit.
19 Ebd.
20 Ebd.
21 Ebd.
22 Ebd.
23 Ebd.
24 Ebd.; L. B. Kamenev.
25 Trockij, The Stalin School . . ., op. cit.
26 Ebd.
27 N. N. Suchanov, The russian revolution, 2 Bde., N. Y. 1962, Bd. II, S. 230.
28 F. F. Raskol'nikov, Na boevych postach (Auf Kampfposten), Moskau 1964, S. 63.
29 N. N. Suchanov, Zapiski o revoljucii (Denkwürdigkeiten der Revolution), Bd. III, Berlin 1922, S. 26 f.
30 Ebd.
31 Ebd.
32 F. F. Raskol'nikov, op. cit. S. 67.
33 V. I. Lenin, Werke Bd. 24, Berlin 1959, S. 1–8.
34 V. I. Lenin, Werke Bd. 36, Berlin 1962, S. 427.
35 L. D. Trockij, The Stalin School . . ., op. cit.
36 ‹Pravda›.
37 Angarskij.
38 Lichon.
39 Lebedev.
40 F. F. Raskol'nikov, op. cit. S. 40.
41 Markov.
42 Bucharin.
43 Molotov.
44 Ludmilla Stal, siehe The Petrograd General City and All-Russian Social Democratic Labour Party (Bolsheviki).
45 Entfällt.
46 I. V. Stalin, Werke Bd. 6, Stuttgart 1952, S. 298
47 Geschichte der Kommunistischen Partei der Sowjetunion (Bolschewiki). Kurzer Lehrgang, Berlin 1946, S. 221.
48 L. D. Trockij, Naši raznoglasija (Unsere Meinungsverschiedenheiten), in: L. D. T. ‹1905›, Berlin 1923, S. 231; der Aufsatz stammt aus dem Jahr 1909.
49 Sed'maja (aprel'skaja) vserossijskaja konferencija RSDRP (b). Protokoly (VII. Allrussische Konferenz – Aprilkonferenz – der RSDRP (b). Protokolle), Moskau 1958, S. 78–86; Zitat S. 80.
50 Ebd. S. 106.
51 Ebd. S. 101; die Note Miljukovs stammte vom 18. IV./1. V. 1917

und wurde dem Exekutivkomitee des Petrograder Sowjets am 19. IV./2. V. bekannt.
52 Ebd. S. 208–212.
53 Ebd. S. 209 f.
54 Ebd. S. 219 ff.
55 Ebd. S. 227.
56 V. I. Lenin.
57 Entfällt.
58 Entfällt.
59 S. Vereščak, Stalin v tjur'me, in: ‹Dni› (Die Tage), Paris, 22. und 24. I. 1928.
60 Entfällt.
61 ‹Pravda›, 4./17. V. 1917; I. V. Stalin, Werke Bd. 3, op. cit. S. 57.
62 Sed'maja konferencija ..., op. cit.
63 Claude Anet.
64 Pestkovskij, Über die Oktobertage in Petrograd (russ.), ‹Proletarskaja Revoljucija› (Proletarische Revolution), Nr. 10, 1922.
65 I. V. Stalin.
66 Šestoj s"ezd RSDRP (b). Protokoly (VI. Parteikongreß der RSDRP (b). Protokolle), Moskau 1958, S. 110 ff.
67 Demjan Bednyj, Štrichy (Skizzen), in: Stalin. Sbornik statej k pjatidesjatiletiju so dnja roždenija (Artikelsammlung zum 50. Geburtstag), Moskau 1929, S. 208.
68 Entfällt.
69 I. V. Stalin.
70 Bonč-Bruevič.
71 N. K. Krupskaja, Erinnerungen an Lenin Bd. II, Wien 1932.
72 G. K. Ordžonikidze.
73 Polovcev.
74 War nicht aufzufinden.
75 L. D. Trockij, Sočinenija (Werke) Bd. III, Moskau/Leningrad 1926, S. 165.
76 V. I. Lenin, Werke, Ergänzungsbd. 1896–1917, Berlin 1969, S. 464.
77 S. Ja. Alliluev, Vospominanija (Erinnerungen) in: ‹Krasnaja Letopis'› (Rote Chronik), Nr. 4 ff, 1922.
78 Rachija.
79 Pestkovskij, op. cit.
80 A. V. Lunačarskij.
81 V. Volodarskij.
82 I. V. Stalin.
83 War nicht aufzufinden. Der Artikel ‹Drei Krisen› s. V. I. Lenin, Werke Bd. 25, op. cit. S. 166–171.
84 War nicht aufzufinden.
85 Entfällt.
86 V. I. Lenin, Zu den Losungen, Werke Bd. 25, op. cit. S. 181–189.
87 War nicht aufzufinden.
88 I. V. Stalin, Werke Bd. 3, Stuttgart 1951, S. 129.
89 Mežrajonca (eigentlich ‹meždurajonnaja organizacija›, Zwischenbezirks-oderInterdistrikts-Organisation) war eine außerhalb der Fraktionen stehende revolutionäre Organisation in Petrograd, der neben einigen tausend Arbeitern eine Reihe bekannter Intellektueller (Trockij, Lunarčarskij, Manuil'skij, Ioffe usw.) angehörten. Auf dem VI. Parteikongreß wurde die Mežrajonca in die bolschewistische Partei aufgenommen.
90 V. I. Lenin, Sočinenija (Werke).
91 Šestoj s"ezd RSDRP (b), op. cit.; die Grüße siehe S. 5, Sverdlovs Bericht S. 36 ff, Stalins Berichte S. 14 ff und S. 110 ff; Zitat: S. 14.
92 Ebd. S. 111 f.
93 Ebd. S. 143.
94 Ebd. S. 144.
95 Ebd.
96 War nicht aufzufinden.
97 Es handelt sich dabei um Lenins Artikel ‹Zum Auftreten Kamenevs im Zentralexekutivkomitee in der Frage der Stockholmer Konferenz›, V. I. Lenin, Werke Bd. 25, op. cit. S. 245 ff. Er wurde im täglich erscheinenden bolschewistischen ZO erst am 16./29. VIII. 1917 veröffent-

licht; er bezog sich auf das Auftreten Kamenevs am 6./19. VIII.

98 Vgl. Les bolchéviks et la révolution d'octobre, procès-verbaux du comité central du parti ouvrier socialdémocrate russe (bolchévique), août 1917 – février 1918, présentés par Giuseppe Boffa, Paris 1964, S. 75.

99 ‹Proletarij› (Der Proletarier – d. i. die ‹Pravda›), Nr. 1, 13./26. VIII. 1917.

100 ‹Pravda›, 30. VIII./12. IX. 1917.

101 V. I. Lenin, Werke Bd. 25, op. cit. S. 317.

102 War nicht zu ermitteln.

103 G. Boffa, op. cit. (s. Anm. 98).

104 Ebd. S. 93.

105 Ebd. S. 128.

106 Ebd. S. 96, 103, 112, 115, 116; diese Reihenfolge ist allerdings durchaus nicht immer die Regel: 24. IX.: Sverdlov, Stalin, Kamenev, Sokolnikov, Trockij u. a.; 7. X.: Sokolnikov, Stalin, Sverdlov, Bubnov, Trockij u. a., um nur einige Male zu nennen, in denen die Reihenfolge anders läuft. (Vgl. ebd. S. 120 und 132)

107 N. N. Suchanov.

108 Vgl. W. H. Chamberlin, op. cit. Bd. I, S, 255.

109 N. K. Krupskaja, Erinnerungen an Lenin, op. cit. Bd. II.

110 V. I. Lenin, Werke Bd. 26, Berlin 1961, S. 1–10.

111 G. Boffa, op. cit. S. 103. Der Kommentar, den Trockij zitiert, war nicht auffindbar.

112 Ebd.

113 In der deutschen Ausgabe der Werke Stalins nicht enthalten.

114 Geschichte der KPdSU (b). Kurzer Lehrgang, op. cit. S. 246.

115 V. I. Lenin, Werke Bd. 26, op. cit. S. 40.

116 G. Boffa, op. cit. S. 132.

117 Siehe die Memoiren der Teilnehmer, mitgeteilt am dritten Jahrestag der Erhebung in ‹Proletarskaja Revoljucija› (Proletarische Revolution) Nr. 10, 1922.

118 Entfällt.

119 G. Boffa, op. cit. S. 137 ff.

120 Ebd. S. 139.

121 Ebd. S. 155 f.

122 Ebd. S. 155.

123 Ebd. S. 156.

124 Ebd. S. 161.

125 ‹Novaja Žizn'›, Nr. 156, 18./31. X. 1917; G. Boffa, op. cit. S. 174 f.

126 V. I. Lenin, Werke Bd. 26, S. 211 ff.

127 ‹Pravda›; G. Boffa, op. cit. S. 164 f.

128 Ebd. S. 177.

129 Vgl. ebd. S. 163 ff.

130 Ebd. S. 177.

131 Ebd. S. 178.

132 Ebd. S. 180.

133 Vgl. ebd. S. 178; Stalin ist in der Anwesenheitsliste nicht aufgeführt.

134 V. I. Lenin, Werke Bd. 26, op. cit. S. 223.

135 In der deutschen Ausgabe der Werke Stalins nicht enthalten.

136 V. I. Lenin, Sočinenija (Werke).

137 ‹Pravda›.

138 Entfällt.

VIII. Der Volkskommissar

139 G. Boffa, op. cit. S. 184 ff.

140 A. S. Bubnov.

141 Pestkovskij, Über die Oktobertage in Petrograd (russ.), in: ‹Proletarskaja Revoljucija›, Nr. 10, 1922.

142 G. Boffa, op. cit. S. 220.

143 I. Iremašvili, Stalin und die Tragödie Georgiens, Berlin, Volksblatt-Druckerei 1932.

144 V. I. Lenin, Werke Bd. 26, op. cit. S. 421.

145 S. Dimitrievskij, Stalin, Izdatel'stvo ‹strela› (Ausgabe ‹Der

Pfeil›), Stockholm 1931.
146 V. I. Lenin, Werke Bd. 30, Berlin 1964, S. 435.
147 War nicht aufzufinden.
148 V. I. Lenin, Werke, Ergänzungsband 1896–1917, Berlin 1969, S. 464 f.
149 Vgl. I. Deutscher, Der bewaffnete Prophet, Stuttgart 1962, S. 264 f.
150 War nicht aufzufinden.
151 V. I. Lenin, Sočinenija (Werke).
152 Pestkovskij, Über die Oktobertage (russ.), in: ‹Proletarskaja Revoljucija›, Nr. 10, 1922, S. 101 f.
153 War nicht aufzufinden.
154 Pestkovskij.
155 Pestkovskij.
156 Sorin; vgl. Anm. 144.
157 Geschichte der KPdSU. Kurzer Lehrgang, op. cit. S. 261.
158 Ebd. S. 263.
159 G. Boffa, op. cit. S. 240.
160 Ebd. S. 238 und 239.
161 Ebd. S. 247.
162 V. I. Lenin.
163 G. Boffa, op. cit. S. 266 f.
164 Vgl. G. Boffa, op. cit. S. 278 f.
165 Entfällt.
166 G. Boffa, op. cit. S. 287.
167 Ebd. S. 287 f.
168 Ebd. S. 288.
169 V. I. Lenin, Werke Bd. 27, op. cit. S. 100.
170 Pestkovskij, Erinnerungen aus der Arbeit im Kommissariat für Nationalitätenwesen (russ.), in: ‹Proletarskaja Revoljucija›, Nr. 6, 1930, S. 128.
171 Ebd. S. 129.
172 Ebd.
173 ‹Pravda›.
174 ‹Žizn' nacional'nostej›.
175 Ebd.
176 I. V. Stalin, Werke Bd. 4, Stuttgart 1951, S. 310.
177 Ebd. S. 140 ff.
178 Antagulov; F. N. Samojlov.
179 V. I. Lenin.
180 L. D. Trockij.
181 Siehe V. I. Lenin, Werke Bd. 30, Berlin 1964, S. 148 f.
182 Diese Dokumente konnten nicht belegt werden. Sie sind höchstwahrscheinlich nur zugänglich im Trockij-Archiv der Harvard-Univ.

IX. Der Bürgerkrieg I

183 Geschichte der KPdSU (b). Kurzer Lehrgang, op. cit.
184 K. E. Vorošilov, Stalin i krasnaja armija (Stalin und die Rote Armee), in: Stalin. Sbornik statej k pjatidesjatiletiju so dnja rozdenija (Artikelsammlung zum 50. Geburtstag), op. cit. S. 56 ff.
185 War nicht aufzufinden.
186 War nicht aufzufinden.
187 War nicht aufzufinden.
188 War nicht aufzufinden.
189 Entfällt.
190 War nicht aufzufinden.
191 N. L. Meščerjakov.
192 ‹Pravda›; ‹Proletarskaja Revoljucija›.
193 ‹Pravda›.
194 War nicht aufzufinden.
195 War nicht aufzufinden.
196 War nicht aufzufinden; vermutlich im Trockij-Archiv, Harvard-Univ.
197 Vgl. dazu M. Gorkij, Lénine et le paysan russe, Paris 1924, S. 95 f.
198 War nicht zu ermitteln.
199 ‹Pravda›.
200 War nicht aufzufinden.
201 V. I. Lenin, Sočinenija (Werke).
202 V. I. Lenin, Werke Bd. 36, Berlin 1962, S. 498.
203 War nicht aufzufinden.
204 War nicht aufzufinden. In der deutschen Ausgabe von Stalins Werken nicht enthalten.
205 V. I. Lenin, Werke Bd. 27, op.

cit. S. 486.
206 Tarasov-Rodjonov.
207 I. V. Stalin, Werke Bd. 4, op. cit. S. 102.
208 War nicht aufzufinden. In Stalins Werken nicht enthalten.
209 I. V. Stalin, Werke Bd. 4, op. cit. S. 106.
210 Ebd. S. 107–109.
211 War nicht aufzufinden.
212 Siehe L. D. Trockij, Comment la révolution s'est armée, Paris 1967, S. 396. Zu Stalins Anmerkung «Nicht zu beachten» auf S. 145 siehe K. E. Vorošilov, Stalin i krasnaja armija (Stalin und die Rote Armee), Moskau 1936, S. 26 f.
213 Vgl. I. Deutscher, Stalin. Eine politische Biographie, Stuttgart 1962, S. 224 ff.
214 War nicht aufzufinden.
215 L. D. Trockij, Comment la révolution s'est armée, op. cit.
216 ‹Pravda›; in Stalins Werken nicht enthalten. Es stammt aus der amtlichen englischen Ausgabe von Stalin, The October Revolution, London 1936, S. 30.
217 War nicht zu ermitteln.
218 War nicht aufzufinden.
219 War nicht aufzufinden.
220 War nicht aufzufinden.
221 War nicht aufzufinden.
222 War nicht aufzufinden.
223 In Stalins Werken nicht enthalten. Siehe Markin, Stalin i krasnaja armija ..., Bjulleten' Oppozicii Nr. 12–13, Juni–Juli 1930, S. 40.
224 L. D. Trockij.
225 A. Kamenskij (Stabsmitglied Vorošilovs), Es ist höchste Zeit (russ.), in: ‹Pravda›, 25. XII. 1918.
226 Entfällt.
227 S. Vos'moj s''ezd RSDRP. Protokoly (VIII. Parteikongreß der RSDRP. Prot.), Moskau 1959, S. 143 ff.
228 Ebd. S. 153 f.
229 War nicht zu ermitteln.
230 Offiziere der Roten Armee unter Führung von Tuchačevskij versuchten im Sommer 1937 – mit einiger Wahrscheinlichkeit – einen Putsch gegen Stalin und sein Regime durchzuführen. Sie wurden im Juni 1937 liquidiert. Quellen, Prozeßberichte etc. sind niemals publiziert worden. Angeblich soll der deutsche SD der GPU zudem noch gefälschtes belastendes Material in die Hände gespielt haben.

X. Der Bürgerkrieg II

231 I. V. Stalin, Werke Bd. 4, op. cit. S. 231.
232 Siehe K. E. Vorošilov, op. cit.
233 War nicht aufzufinden.
234 L. D. Trockij, Comment la révolution s'est armée, op. cit. S. 903 f.
235 War nicht aufzufinden.
236 Entfällt.
237 War nicht zu ermitteln. Vgl. I. Deutscher, Der bewaffnete Prophet, op. cit. S. 409 f.
238 War nicht aufzufinden.
239 War nicht aufzufinden.
240 War nicht aufzufinden.
241 War nicht aufzufinden.
242 War nicht aufzufinden.
243 Entfällt.
244 L. D. Trockij.
245 War nicht aufzufinden.
246 I. V. Stalin, Werke Bd. 5, Stuttgart 1952, S. 144 f.
247 Nicht enthalten in der Ausgabe der Werke Stalins.
248 K. E. Vorošilov, op. cit., in: Stalin, Sbornik statej ..., op. cit. S. 75 f.
249 S. Ordžonikidze.
250 I. Smirnov.
251 War nicht aufzufinden.

252 War nicht aufzufinden.
253 War nicht aufzufinden.
254 War nicht aufzufinden.
255 War nicht aufzufinden.
256 L. D. Trockij.
257 L. D. Trockij.
258 L. D. Trockij.
259 L. D. Trockij.
260 Desjatyj s"ezd RKP (b). Protokoly (X. Parteikongreß der KPR (b). Protokolle), Moskau 1963.
261 A. Egorov.
262 K. E. Vorošilov, op. cit. S. 84.
263 S. Rabinovič.
264 J. Pilsudski.
265 ‹Krasnaja Zvezda› (Roter Stern).
266 S. Rabinovič.
267 ‹Pravda›, 14. XI. 1935.
268 Vgl. S. Gusev.

XI. Aus der Obskurität ins Triumvirat

269 I. V. Stalin, Werke Bd. 4, op. cit. S. 272; die weiter oben angeführte Rede siehe ebd. S. 280 ff.
270 Siehe ebd. S. 274, 275, 276, 277.
271 Ebd. S. 274.
272 Entfällt.
273 Vgl. I. V. Stalin, Werke Bd. 5, Stuttgart 1952, S. 29 ff.
274 X. s"ezd RKP (b), op. cit. S. 181 ff. und S. 206.
275 I. Iremašvili, op. cit.
276 Ebd.
277 Ebd.
278 V. I. Lenin, Werke Bd. 36, Berlin 1962, S. 591 und 595.
279 Dieser Brief wurde von Chruščev auf dem XX. Parteikongreß verlesen; er ist jedoch nicht in Bd. 36 der Werke Lenins enthalten.
280 Trockij-Archiv, Harvard-Univ.
281 Vgl. I. Deutscher, Der unbewaffnete Prophet, Stuttgart 1962, S. 96 ff.
282 Ebd.
283 I. V. Stalin, Werke Bd. 5, op. cit. S. 232.

XII. Der Weg zur Macht

284 Vgl. dazu I. Deutscher, Der unbewaffnete Prophet, op. cit. S. 176 ff.
285 Ebd. S. 99 f.
286 Entfällt.
287 Nicht in Stalins Werke aufgenommen; vgl. dazu I. Deutscher, Stalin, op. cit. S. 419 f.
288 Siehe I. Deutscher, Der unbewaffnete Prophet, op. cit. S. 117 ff.
289 L. D. Trockij, De la révolution, Paris o. J., S. 83; dieser Brief vom 8. XII. 1923 ist in jeder Ausgabe von Trockijs ‹Der Neue Kurs› enthalten.
290 XIII Konferencija RKP (b).
291 V. I. Lenin, Werke Bd. 33, Berlin 1963, S. 477.
292 S. Dimitrievskij, Stalin, op. cit.
293 L. D. Trockij, The Stalin School of Falsification, op. cit. S. 68 f. Dieser Brief wurde in der SU nie veröffentlicht.
294 War nicht aufzufinden.
295 V. I. Lenin, Werke Bd. 36, op. cit. S. 479 u. 480.
296 B. Bajanov, Avec Staline dans le Kremlin, Paris 1930.
297 Vgl. Strafsache des Antisowjetischen Blocks der Rechten und Trotzkisten, Moskau 1938.
298 Ebd.
299 Ebd.
300 Vgl. I. Deutscher, Der unbewaffnete Prophet, op. cit. S. 136 ff.

Nachtrag I: Die Thermidorianische Reaktion

301 I. V. Stalin.
302 A. V. Lunačarskij, Revoljucionnye siluety (Revolutionäre Silhouetten), Moskau 1923.
303 Marx/Engels, Werke Bd. 19, S. 20 f.
304 H. Lefèbvre, Les Thermidoriens.
305 Ebd.
306 Entfällt.

Nachtrag II: Ein Kinto an der Macht

307 I. V. Stalin, Werke Bd. 6, op. cit. S. 296 f.
308 B. Bajanov, op. cit.
309 Vgl. Prozeß gegen den Antisowjetischen Block der Rechten und Trotzkisten, op. cit.

Anhang: Drei Konzeptionen der russischen Revolution

310 V. I. Lenin, Werke Bd. 8, Berlin 1958, S. 8; Werke Bd. 9, Berlin 1960, S. 35 u. 39.
311 I. V. Stalin, Werke Bd. 1, Stuttgart 1950, S. 69.
312 I. V. Stalin, Werke Bd. 2, Stuttgart 1950, S. 54.
313 Četvertyj (ob"edinitel'nyj) s"ezd RSDRP. Protokoly (Vierter (Vereinigungs-)Kongreß der RSDRP. Protokolle), Moskau 1959, S. 248 ff.
314 V. I. Lenin.
315 Četvertyj s"ezd ..., op. cit.
316 V. I. Lenin.
317 V. I. Lenin.
318 V. I. Lenin.
319 P. N. Miljukov.
320 N. Jordanija.
321 V. I. Lenin.
322 I. V. Stalin, Werke Bd. 1, op. cit. S. 68 f.
323 I. V. Stalin, Werke Bd. 2, op. cit. S. 56.
324 V. I. Lenin, Werke Bd. 9, op. cit. S. 231.
325 V. I. Lenin.
326 V. I. Lenin.
327 Siehe V. I. Lenin, Werke Bd. 21, Berlin 1960, S. 426.
328 Do devjatogo janvarija (Vor dem 9./22. Januar), Mit einem Vorwort von Parvus, Genf 1905. Das Vorwort v. Parvus auf dt. in: W. Scharlau / Z. Zeman, Parvus-Helphand. Freibeuter der Revolution, Köln 1964, S. 350–360.
329 Ebd. S. 352.
330 Ebd. S. 357.
331 Ebd. S. 357 f.
332 L. D. Trockij, Ergebnisse und Perspektiven, Frankfurt/M. 1967, S. 49, 64 u. 67.
333 Ebd. S. 65, 75, 73, 76.
334 Ebd. S. 74.
335 Ebd. S. 76.
336 L. D. Trockij.
337 L. D. Trockij, Ergebnisse ..., op. cit. S. 69 und 82.
338 Ebd. S. 70 und 109.
339 Ebd. S. 112.
340 Ebd. S. 119.

ZUM VERSTÄNDNIS DES TEXTES

I

Die Neuherausgabe von Trockijs Stalin-Biographie warf eine Reihe von Fragen auf, die zu klären waren, bevor ich mit gutem Gewissen an die Arbeit gehen konnte. Primäres Problem war dabei weniger der theoretische als vielmehr der politische Stellenwert dieses Buches in der gegenwärtigen Phase der politischen Auseinandersetzungen innerhalb der BRD.

Trockijs Stalin-Biographie wurde – obgleich bereits 1940 abgeschlossen* – in der vorliegenden Fassung erst 1946 in den USA in englischer Sprache zum erstenmal publiziert, da während des zweiten imperialistischen Weltkriegs in den westlichen Demokratien angesichts ihres Bündnisses mit der Sowjetunion keine Möglichkeit für eine Veröffentlichung bestand. 1946 änderte sich dann die Situation: Eine so explizit Anti-Stalinsche Biographie gewann für die ‹herrschende Meinung› (d. h. Meinung der Herrschenden) in dem Augenblick an Interesse, als sie einen propagandistischen Stellenwert im Rahmen der Entwicklung von Politik und Ideologie des Kalten Krieges gewinnen konnte. Für die 1952 erschienene deutsche Übersetzung galt das um so mehr, als der deutschen Bourgeoisie eine militant antikommunistische Ideologie zur Sicherung ihrer Herrschaft wohl noch brennender notwendig erschien. Die wesentliche Unterscheidung zwischen Kommunismus bzw. Sozialismus als einzig möglichem Weg zur Befreiung des Menschen und seiner historischen Materialisierung in Form des sogenannten ‹Stalinismus› in der Sowjetunion, wie er dort in einer zwar aus den historischen Ausgangsbedingungen klar ableitbaren, von einem marxistischen Standpunkt aus jedoch nicht zu rechtfertigenden Form entstanden war, wurde dabei natürlich nicht gemacht. Die Neuveröffentlichung dieses Werkes in einem bürgerlichen Verlag stellt dieses Problem erneut, obgleich freilich die Ideologie des Kalten Krieges dem gegenwärtigen Stand der Klassenauseinandersetzungen nicht mehr entspricht, sondern durch die subtilere Ideologie der ‹Verständigung mit dem Osten› ersetzt wurde, die dem Bestreben der herrschenden Klassen entspricht, neue Klassenkämpfe des Proletariats in der BRD schon im Beginn durch eine Reihe innerkapitalistischer Reformen möglichst zu neutralisieren. Daß diese Verständigungsversuche von den Ostblockstaaten bereitwillig aufgenommen werden, wirft allerdings auch ein bezeichnendes Licht auf die ‹proletarische Diktatur› in diesen Ländern selbst.

Ein zweites grundsätzliches Problem ist die Tatsache, daß die bisherige Kritik an Stalin und dem Stalinschen Regime fast ausschließ-

* Das betrifft in erster Linie den ersten Teil; vom zweiten Teil sind Kap. VIII–XII und Nachtrag I und II fragmentarisch geblieben.

lich von einem bürgerlichen Standpunkt aus geübt wurde und daß sie sich bürgerlicher und zu einem großen Teil unpolitisch-moralischer oder psychologischer Beurteilungskriterien bediente; dies gilt bis zu einem gewissen Grad durchaus auch für Trockij selbst.

Dieser Form bürgerlicher Kritik* ist eine wesentliche Eigenschaft gemeinsam: Sie greift in idealistischer Manier eine Person heraus und macht sie für bestimmte gesellschaftliche Prozesse und Erscheinungen verantwortlich, ohne jedoch die grundlegenden sozioökonomischen Vorgänge, die die einzige Basis einer solchen Beurteilung und historischen Einschätzung bilden können, von Anfang an in die Analyse mit einzubeziehen oder vielmehr von dieser Analyse auszugehen.

Trockij versucht allerdings am Schluß dieses Werkes, wie auch in einer Reihe anderer Schriften**, die notwendige Einschätzung des Charakters der Herrschafts- und Wirtschaftsform und des Klassencharakters der Sowjetunion unter STALIN nachzuliefern. Genau hier müßte auch die Analyse einsetzen und vorangetrieben werden, um die eingangs dargestellten grundsätzlichen Probleme, die die Edition von Trockijs Stalin-Biographie aufwirft, zu überwinden. Dabei müßte der sogenannten Entartungstheorie, wie sie auch von Trockij selbst aufgestellt wurde (Entartung des Bolschewismus nach LENINS Tod, um es chronologisch zu bezeichnen), wohl ebenso widersprochen werden wie der nur scheinbar gegensätzlichen Theorie, die von Linkskommunisten und Anarchosyndikalisten immer wieder vertreten wird, daß nämlich der ‹Stalinismus› unter den historischen Bedingungen der Sowjetunion die einzig mögliche und folgerichtige Weiterentwicklung des Leninismus gewesen sei und daß die russische Revolution – zumindest seit Einführung der NEP – zu einer bürgerlich-kapitalistischen Revolution geworden sei – mit all den Folgerungen, die aus dieser Theorie für die organisatorischen, strategischen und taktischen Fragen der eigenen revolutionären Praxis gezogen wurden und werden. Diese beiden Theorien ergänzen sich höchstens, denn sie beziehen lediglich unterschiedliche historische Dimensionen des Bolschewismus als siegreicher revolutionärer Bewegung in Rußland in ihre Analyse mit ein. Die Kehrseite ist dann die historische ‹Rechtfertigung› des Stalinschen Regimes als einzig möglicher histo-

---

* Es ist dabei gleichgültig, ob diese Kritik nun von ehemaligen Sympathisanten oder Anhängern der Oktoberrevolution kommt wie etwa LOUIS FISCHER oder ARTHUR KOESTLER – für den die Moskauer Prozesse das traumatische Erlebnis waren, das ihn zum Antikommunisten machte (vgl. seinen programmatischen Roman ‹*Sonnenfinsternis*›) – oder von bürgerlichen Rußlandspezialisten wie HUTTON, SMITH, WOLFE usw., von denen vor allem die USA eine ganze Reihe hervorgebracht haben (vgl. Bibliographie).

** Siehe im vorl. Bd. Nachtrag I und Anhang; vgl. daneben vor allem Trockijs «Die verratene Revolution», Antwerpen 1937 (inzwischen einige Male als Raubdruck erschienen).

rischer Realisierung unter den Aufbauschwierigkeiten und gegenüber der drohenden faschistischen Aggression.

Daß eine solche Analyse in diesem – aus kalkulatorischen Gründen räumlich leider noch besonders beschränkten – Nachwort nicht möglich wird, ist klar; ich werde jedoch zumindest versuchen, die entscheidenden Fragestellungen aufzuzeigen, die hier untersucht werden müssen.

II

Die Theorien über den bürgerlichen Charakter der Oktoberrevolution waren in sich unterschiedlich eigentlich nur zu dem Zeitpunkt, von dem an sie die russische Revolution als bürgerlich bzw. wieder bürgerlich geworden begriffen. Sie existieren seit dem Jahr 1917 oder sogar seit Beginn der revolutionären Bewegung in Rußland selbst, betrachtet man die Diskussion vor 1917 um den gesellschaftlichen und politischen Charakter der künftigen russischen Revolution als ihren Ausgang. Wenn man die Diskussion vor 1917 einmal aus der Betrachtung ausklammert, dann reichen diese Theorien von Rosa Luxemburgs vorsichtiger Einschätzung * über die verschiedenen anarcho-syndikalistischen Interpretationen, die in der Einführung der NEP eine Zuwendung der russischen Revolution zu bürgerlich-‹kapitalistischen› Herrschafts- und Wirtschaftsformen sehen **, bis zu jenen Auffassungen, die in der These von der Bürokratie als neuer bürgerlicher oder herrschender Klasse ihren Ausdruck finden. Zum Kulminationspunkt dieser zuletzt angeführten Auffassungen wird dann die Gleichsetzung von Faschismus und ‹Stalinismus›, wie sie Rizzi in seinem bekannten Buch *** und – cum grano salis – auch Otto Rühle in seinem ‹Roter und brauner Faschismus› † vollziehen. Die neueren Varianten dieser Theorien bilden einmal Djilas' Buch über *‹Die neue Klasse›* (trotz seines feuilletonistischen Charakters), auf der anderen Seite die chinesische Revisionismuskritik, die die Herausbildung der neuen ‹bürgerlichen Klasse› in die Zeit nach Stalin verlegt.

Auch Trockij steuerte zu diesem Theorienkomplex einiges bei. Er beschreibt die Entwicklung des bürokratischen Apparats in der UdSSR als die «Herausbildung einer neuen Klasse von Bevorrechteten, die wie Diebe untereinander verschworen sind durch ihre gemeinsamen Interessen, durch den ständigen zunehmenden Abstand zwischen ih-

---

* Siehe R. Luxemburg, Die russische Revolution, in: RL, Schriften zur Theorie der Spontaneität, hg. v. S. Hillmann, Reinbek 1970, S. 163 ff.

** Vgl. – nur um ein Beispiel anzuführen – die Jahrgänge 1922/23 der ‹Kommunistischen Arbeiterzeitung› der KAPD.

*** Bruno Rizzi, La bureaucratisation du monde, Paris 1939.

† Otto Rühle, Schriften. Perspektiven einer Revolution in hochindustrialisierten Ländern, hg. v. G. Mergner, Reinbek 1970, S. 70.

nen und dem werktätigen Volk». Zwischen der «neuen Bourgeoisie», den Kulaken, den NEP-Leuten und Kleinindustriellen aus der Epoche der Neuen Ökonomischen Politik, die an der vollständigen Wiederherstellung des Kapitalismus gearbeitet hätten, und der Sowjetbürokratie sei ein unversöhnlicher Kampf um das gesellschaftliche Mehrprodukt ausgebrochen; «denn wer über das Überprodukt (Mehrprodukt) verfügt, verfügt über den Staat» *. Trockij beschreibt also die sowjetrussische Bürokratie nicht unmittelbar als neue Bourgeoisie, wohl aber als neue bevorrechtete, d. h. herrschende Kaste.**

All diese Theorien dringen jedoch nicht bis an den eigentlichen Kern des Problems vor, der in dem Verhältnis zwischen bürgerlichen und proletarischen Herrschafts- und Wirtschaftsverhältnissen und im Fortgang des Klassenkampfes in den Ländern liegt, die die politische Revolution durchgeführt haben und in der Phase des Aufbaus des Sozialismus stehen.***

Das proletarische Regime in der Sowjetunion besaß nach 1917 innerhalb des Proletariats keine Spezialisten – Wissenschaftler, Techniker etc. † –, wie sie für den Aufbau einer Industrie und den Prozeß der beschleunigten Industrialisierung notwendig sind. Die einzigen vorhandenen Kräfte dieser Art stammten aus den Reihen der Bourgeoisie bzw. der herrschenden Klassen, die aufgrund ihrer privilegierten Stellung vor der Revolution – vor allem wegen ihres Bildungsprivilegs – die Möglichkeit besessen hatten, sich zu solchen Spezialisten zu qualifizieren. Diese Spezialisten standen einmal dem neuen Regime im Prinzip feindlich gegenüber; als sie einsehen mußten, daß dieses Regime ein zunächst irreversibles Faktum darstellte, ließen sie sich zwar integrieren, aber nur unter der Bedingung der

---

* Vgl. im vorliegenden Band S. 225 f und S. 239.

** Hier wäre natürlich die alte Diskussion um die ‹asiatische Produktionsweise› als der am höchsten entwickelten primären Wirtschaftsform wieder aufzunehmen, die auf dem Gemeineigentum der Frühgesellschaften beruht, jedoch im Übergang zur sekundären, auf dem Privateigentum beruhenden Wirtschaftsform stagniert sei. Das Modell, das sich nach Niederwerfung der neuen ‹NEP-Bourgeoisie› unter diesen Prämissen ergäbe, entspräche dann genau dem der ‹asiatischen Produktionsweise›, innerhalb derer sich eine Bürokratenklasse das gesellschaftliche Mehrprodukt aneignet. Vgl. dazu Fritz Kramer, Über den Sozialismus in China und Rußland und die Marx'sche Theorie der Geschichte, in: ‹Rotes Forum›, Organ des SDS Heidelberg, Nr. 3/70, S. 5 ff.

*** Vgl. dazu vor allem: Sowjetunion und China – Zwei Wege des sozialistischen Aufbaus. Beiträge zur Revisionismuskritik, von E. S. Varga, Ch. Bettelheim und M. Maccio, Trikont-Verlag, München 1970.

† Dieses Problem stellte sich auch besonders für den Aufbau der Roten Armee, in der von Trockij in großer Zahl ehemalige zaristische Offiziere verwendet wurden. Die Rote Armee entwickelte sich infolgedessen sehr rasch zu einer Armee, die den alten Charakter bürgerlicher, von den arbeitenden Massen getrennt existierender Armeen besaß.

Zusicherung einer privilegierten Stellung durch das Regime, das notgedrungen auf sie zurückgreifen mußte, um den Prozeß des sozialistischen Aufbaus überhaupt einleiten zu können. Sie erhielten also höhere Löhne und Kommandogewalt innerhalb des Produktionsprozesses wie innerhalb der Armee. Zum anderen war für die gigantischen Anstrengungen, die Sowjetrußland auf wirtschaftlichem Gebiet – schon aufgrund der ständigen Bedrohung durch ein feindliches Ausland – unternehmen mußte, die Zahl dieser Spezialisten völlig unzureichend. Es mußten im Schnellverfahren neue ökonomisch und technisch qualifizierte Kräfte herangebildet werden, wobei die Ausbilder, die hierbei zur Verfügung standen, natürlich ebenfalls bürgerliche Spezialisten waren, so daß die neu herangebildeten Kräfte wiederum im Rahmen der Beibehaltung der bürgerlichen Arbeitsteilung und mit der Aussicht auf eine privilegierte Stellung im Produktionsprozeß oder in der staatlichen Verwaltung ausgebildet wurden. Somit wurden die bürgerlichen Verhältnisse nicht abgebaut, wie das 30 Jahre später im kulturrevolutionären China der Fall sein sollte*, sie wurden im Gegenteil sogar noch verstärkt.

Auch die Wandlungen in der Struktur der KPR (b) nach 1925 zeigen deutlich, daß diese Klassenelemente immer mehr dominierten.**

Diese Entwicklung setzte unmittelbar nach der Oktoberrevolution ein, und Trockij lieferte mit seinem Aufbau der Roten Armee einen nicht unwesentlichen Beitrag zur Verstärkung dieser Tendenz. Im Jahre 1923/24 war die Schwelle, an der diese Entwicklung noch einmal hätte korrigiert werden können: Lenin versuchte im Bündnis mit Trockij eine ‹Kulturrevolution› gegen die Bürokratisierung des Sowjetstaates einzuleiten, ein Projekt, das durchaus schon theoretisch an die Vorstellungen heranreichte, die in der chinesischen Kulturrevolution verwirklicht wurden. Lenin und Trockij konnten sich jedoch nicht mehr durchsetzen.***

Die Beibehaltung und Ausweitung der bürgerlichen Arbeitsteilung, verbunden mit den Maßnahmen bürokratischer Administration, der massenfeindlichen Zwangskollektivierung, der absoluten und einseitigen Priorität der Schwerindustrie gegenüber der Konsumgüterindu-

* Vgl. dazu vor allem: Sowjetunion und China ..., op. cit., die Beiträge von Bettelheim und Maccio.

** Vgl. dazu Isaac Deutscher, Der unbewaffnete Prophet, Stuttgart 1962, S. 138 f. Hierher gehört auch das Problem des Verhältnisses von proletarischer Revolution und bäuerlich-bürgerlicher Revolution und ihres Widerspruchs zueinander, den Stalin mittels physischer und administrativer Gewalt in Form der Zwangskollektivierung und mittels der Abpressung eines ‹Tributs› von der Bauernschaft für den Aufbau der Schwerindustrie zu lösen versuchte, nicht jedoch auf dem Weg der revolutionären Mobilisierung der Massen. Vgl. dazu: Sowjetunion und China ..., op. cit. S. 54 ff.

*** Vgl. dazu Isaac Deutscher, op. cit. S. 77 ff, sowie L. D. Trockij, Der Neue Kurs, Berlin 1923.

strie*, d. h. der Verzicht der Partei- und Staatsführung auf eine angemessene Befriedigung der Bedürfnisse der bäuerlichen und proletarischen Massen – all das führte auf der einen Seite zu einer Trennung der Partei von der Masse, auf der anderen Seite zur Übernahme der Macht in Partei und Staat durch eine neue privilegierte Schicht von bürgerlichen Technikern, Spezialisten, Partei- und Staatsadministratoren, die sehr bald begannen, Innen- und Außenpolitik der Sowjetunion ihren spezifischen Interessen anzupassen. Die Schaffung materieller Anreize als Motor des ‹sozialistischen› Aufbaus verdrängte sehr bald die Perspektive der Dialektik von Führung und Masse, wie sie beispielsweise in der chinesischen Kulturrevolution realisiert wurde (ihren – bisherigen – Kulminationspunkt fand diese Entwicklung vor einigen Jahren in den Theorien von LIBERMANN). Unter diesem Gesichtspunkt ist die antirevolutionäre Politik der Stalinschen Führung gegenüber China, im spanischen Bürgerkrieg, gegenüber Griechenland usw. usw. nicht mehr rein das Bestreben, um jeden Preis zur Sicherung der proletarischen Macht in der Welt das ‹Vaterland des Sozialismus› zu schützen, sondern die nationale Politik einer ‹bürgerlichen› Klasse spezifisch russischer Spielart, wobei STALIN lediglich ihren führenden Vertreter darstellt, der nach seinem Tod durch offen ‹bürgerliche› Machthaber ersetzt wurde.

So wäre dann auch die revisionistische Methode, rein ökonomische Erfolge ungeachtet der Entwicklung des Bewußtseins und der Organisation der Massen als Erfolge des sozialistischen Aufbaus auszugeben**, nur die ideologische Maske einer massenfeindlichen, nationalistischen, bürgerlichen Politik. Der Revisionismus ist nicht nur eine politische, sondern auch eine ökonomische Theorie. Die Theorie von der Möglichkeit des Aufbaus des Sozialismus in einem Land bezeichnete in diesem Zusammenhang dann nur die Wendung zu einer nationalen, das heißt antirevolutionären, ‹bürgerlichen› Politik der Sowjetunion.

III

Die vorangegangenen Überlegungen verstehen sich als Thesen, über die noch intensiver zu arbeiten wäre – was hier aufgrund von Raum- und Zeitmangel nicht mehr möglich war. Die Stalinfrage läßt sich meines Erachtens nur dann entscheiden, wenn weder in moralische Ablehnung noch in eine historisch-fatalistische Rechtfertigungsideologie verfallen wird: Die sogenannte Stalinfrage kann nur unter einem kulturrevolutionären Aspekt gelöst werden.

---

* Vgl. hierzu: Sowjetunion und China ..., S. 56 f.
** Vgl. ebd. S. 37.

Zur technischen Gestaltung der Bände noch einige Bemerkungen:

Der Text der deutschen Ausgabe von 1952 wurde fotomechanisch reproduziert; infolgedessen konnten keine Änderungen im Text selbst mehr vorgenommen werden. Die Anmerkungsziffern wurden neben der entsprechenden Zeile an den Rand gesetzt. Auf Übersetzungsfehler und -ungenauigkeiten (wie etwa das oben zitierte ‹Überprodukt›) sei hingewiesen.

Aus den eingangs angeführten politischen Gründen hielt ich es für notwendig, Trockijs Aussagen, Zitate usw. möglichst zu verifizieren und zu belegen. Da mir nur begrenztes Material zur Verfügung stand (beispielsweise konnte ich die offiziellen historischen Zeitschriften der Sowjetunion in den 20er Jahren, ‹Proletarskaja Revoljucija› und ‹Krasnaja Letopis'› nur in ganz wenigen Nummern einsehen), ließ sich eine Reihe von Belegen natürlich nicht finden; in solchen Fällen ist zu dem entsprechenden Zitat so viel vermerkt, wie mir bekannt war, beispielsweise nur der Autor oder Autor und Zeitschriftentitel usw. Sollten dem Leser bestimmte, von mir nicht präzise belegbare Zitate etc. bekannt sein, wäre ich um Mitteilung dankbar – bei einer Neuauflage könnte das dann berücksichtigt werden.

Die von Trockij gebrachten Zitate stimmen, soweit es sich um deutsche oder auf deutsch vorhandene Zitate handelt, mit dem Original nicht im genauen Wortlaut überein, da sie in der Erstausgabe der deutschen Übersetzung einfach aus dem Englischen übersetzt und nicht dem jeweiligen deutschen Original entnommen wurden; allerdings kann ich mich an keinen Fall entsinnen, wo daraus eine sinnentstellende Wiedergabe gefolgt wäre. Eine Reihe von Materialien, vor allem Depeschen aus der Zeit des Bürgerkriegs, waren mir nicht zugänglich; sie sind vermutlich im Trockij-Archiv der Harvard-Univ. zu finden.

Russische Namen wurden im Apparat in der heute üblichen wissenschaftlichen Umschrift angegeben; soweit gegenüber der im Text verwandten Schreibweise starke Differenzen entstanden (z. B. Sinowjew – Zinov'ev), wurden im Register beide Schreibweisen angegeben. Bei einigen Namen allerdings war die russische Schreibweise nicht genau zu ermitteln.

Aus Raumgründen mußte auf eine umfangreiche Bibliographie verzichtet werden. Ich verweise auf den Anmerkungsapparat. Um das Auffinden der Stellen, wo ein mehrmals vorkommendes Werk zum erstenmal vollständig zitiert wurde, zu erleichtern, wurde die entsprechende Seitenzahl im Register hinter dem Namen des Autors kursiv gesetzt.

Hartmut Mehringer

CHRONOLOGIE

1864–
1873 Erste Internationale.
1870 Lenin (Vladimir Ilič Ul'janov) in Simbarsk ((Ul'janovsk) geboren.
1872 ‹*Das Kapital*›, Bd. 1, erscheint in russischer Übersetzung in St. Petersburg.
1875 Erster südrussischer Arbeiterbund gegründet.
1876 Michail Bakunin gestorben.
1879 Trockij (Lev Davidovič Bronštejn) in Janovka (Ukraine), Stalin (Iosif Wissarionovič Džugašvili) in Gori (Kaukasus) geboren.
1881 Zar Alexander II. von Revolutionären hingerichtet.
1883 Begründung der Gruppe ‹Befreiung der Arbeit› in Genf durch Plechanov, Aksel'rod und Zasulič. Erstes Fabrikarbeitergesetz in Rußland. Geburt von Zinov'ev und Kamenev.
1884 Verbot von Studentenorganisationen.
1886 Trockij beginnt mit dem Besuch der Höheren Schule in Odessa.
1887 A. Ul'janov, Bruder Lenins, wegen Beteiligung an einem Attentatsversuch auf Zar Alexander III. verurteilt und exekutiert.
1888 Eintritt Stalins in die Pfarrschule von Gori.
1889 Begründung der II. Internationale in Paris.
1890 Lenin, nach der Verurteilung seines Bruders von der Universität relegiert, darf sein Studium beenden.
1891 Hungerkatastrophe in Rußland.
1892 Lenin als Rechtsanwalt in Samara zugelassen.
1894 Lenins ‹*Was sind die ‚Volksfreunde' und wie kämpfen sie gegen die Sozialdemokraten*› erscheint in SPb; ebenso P. B. Struves ‹*Kritičeskija zametki k voprosu ob ěkonomičeskom razvitii Rossii*› (Kritische Anmerkungen zur Frage der ökonomischen Entwicklung Rußlands): Formulierung des marxistischen Standpunkts von der Notwendigkeit des Kapitalismus in Rußland. Stalin kommt ins Theologische Seminar in Tiflis.
1895 Erste Auslandsreise Lenins, Kontakte mit Plechanovs Gruppe ‹Befreiung der Arbeit›; zurückgekehrt begründet Lenin in SPb (St. Petersburg) den Kampfbund zur Befreiung der Arbeiterklasse. Verhaftung Lenins.
1896 Trockij geht nach Nikolaev, um dort Abitur zu machen. Erste Kontakte mit revolutionären Zirkeln.
1897 Lenin wird nach Šušenskoe (Sibirien) verbannt, Arbeit an ‹*Die Entwicklung des Kapitalismus in Rußland*›; Trockij in Nikolaev Mitbegründer des ‹Südrussischen Arbeiterbundes›, Herausgabe einer eigenen handverfaßten Zeitung.
1898 Gründungsparteitag der RSDRP (Russische Sozialdemokratische Arbeiterpartei) in Minsk. Verhaftung Trockijs in Nikolaev.
1899 Trockij zu vier Jahren Verbannung nach Sibirien verurteilt. Stalin verläßt das Tifliser Seminar. Beginn der revolutionären Arbeit.
1900 Ende der Verbannungszeit Lenins. Lenin geht ins Ausland. Im Dezember erscheint die erste Nr. der ‹Iskra›.
1901 Trockij in der Verbannung in Ust'-Kut und Vercholensk, ausgedehnte literaturkritische Arbeit unter dem Pseudonym Antid Oto. Stalin begibt sich auf Druck der Tifliser Organisation nach Batum. Gründung der Partei der Sozialisten-Revolutionäre.

1902 Lenins ‹*Was tun?*› erscheint in Stuttgart. Trockij flieht aus Sibirien, begibt sich nach London zu Lenin. Aufbau der Organisation der ‹Iskra›. Stalin in Batum verhaftet.

1903 Zweiter Parteikongreß der RSDRP, Spaltung in Men'ševiki und Bol'ševiki. Trockij schließt sich zunächst den Men'ševiki an. Lenin tritt aus der Redaktion der ‹Iskra› aus. Stalin für drei Jahre nach Sibirien verbannt.

1904 Ausbruch des Russisch-Japanischen Krieges; Lenin veröffentlicht ‹*Ein Schritt vorwärts, zwei Schritte zurück*›. Trockij trennt sich von den Men'ševiki, tritt aus der Redaktion der ‹Iskra› aus und greift die Men'ševiki scharf an. Stalin flieht aus Novaja Uda, kommt zurück in den Kaukasus.

1905 ‹Blutiger Sonntag› in Petersburg, Beginn der ersten russischen Revolution. III. Parteikongreß der RSDRP (ohne die Men'ševiki). Lenin veröffentlicht ‹*Zwei Taktiken der Sozialdemokraten in der demokratischen Revolution*›. Trockij reist im Februar illegal nach Rußland, im Oktober einer der Vorsitzenden des Petersburger Arbeiterdeputiertenrats; wird im Dezember 1905 verhaftet. Stalin wird im Kaukasus verhaftet, flieht aus dem Gefängnis, nimmt an der bolschewistischen Konferenz im Tammerfors teil.

1906 IV. (Vereinigungs-) Kongreß der RSDRP. Trockij im Gefängnis in SPb, schreibt ‹*Ergebnisse und Perspektiven*›.

1907 Trockij nach Sibirien verschickt, flieht während des Transports. Im Mai V. Parteikongreß der RSDRP in London, an dem Trockij und Stalin teilnehmen. Lenin Vertreter der RSDRP im Büro der II. Internationale. Trockij läßt sich nach einem Aufenthalt in Berlin in Wien nieder. Im Juni die große Expropriation in Tiflis. Staatsstreich Stolypins.

1908 Lenin schreibt in Genf ‹*Materialismus und Empiriokritizismus*›. Trockij gibt in Wien die Wiener ‹Pravda› heraus, die, nach Rußland geschmuggelt, schnell populär wird. Heftiger Fraktionskampf innerhalb der RSDRP. Trockij fordert von seiner Position «außerhalb der Fraktionen» unaufhörlich die Einigung. Stalin wird in Baku verhaftet und nach Solvyčegodsk verbannt.

1909 Tagung des ZK der RSDRP in Paris; Lenin übersiedelt nach Paris. Trockij arbeitet rege an deutschen sozialdemokratischen Blättern mit. Periode der tiefsten Reaktion, Stillstand der revolutionären Bewegung. Stalin flieht aus der Verbannung.

1910 Internationaler Sozialistenkongreß in Kopenhagen; der Fraktionsstreit vertieft sich. Stalin wird erneut verhaftet.

1911 Lenin organisiert die Parteischule in Longjumeau bei Paris. Stalin beendet seine Verbannung in Solvyčegodsk, reist illegal nach Petersburg, fünfte Verhaftung. Verbannung nach Vologda.

1912 Prager Konferenz, auf der sich die Bol'ševiki als eigene Partei konstituieren. Lenin übersiedelt nach Krakau. Trockij unternimmt in Wien einen letzten Einigungsversuch der Fraktionen, gründet den sog. Augustblock, der jedoch sofort wieder zerfällt. Stalin in Abwesenheit ins bolschewistische ZK kooptiert. Gründung der ‹Pravda› in SPb. Trockij im Herbst 1912 als Korrespondent einer Kiever Zeitung Kriegsberichterstatter auf dem Balkan. Ende 1912 bolschewistische Konferenz in Krakau, an der Stalin teilnimmt.

1913 Trockij Kriegsberichterstatter auf dem Balkan. Stalin in Wien, schreibt ‹*Marxismus und nationale Frage*›. Mitte 1913 Stalin in SPb verhaftet und auf vier Jahre nach Sibirien verbannt.

1914 Kriegsausbruch. Lenin geht in die Schweiz, Trockij nach Paris; Trockij arbeitet mit an der Emigrantenzeitung ‹Golos› (Die Stimme), später ‹Naše Slovo› (Unser Wort), einer internationalistischen Zeitung, die nach Lenins Aussage (Ende 1914) «im Augenblick die beste sozialistische Zeitung in ganz Europa» ist.

1915 Zimmerwalder Konferenz, an der Lenin und Trockij teilnehmen. Trockij verfaßt das Zimmerwalder Manifest und nähert sich – wenn auch zunächst widerstrebend – den Bol'ševiki.

1916 Konferenz von Kienthal; Trockijs Teilnahme durch die französischen Behörden, die keine Ausreisegenehmigung erteilen, verhindert. Im Herbst Trockij auf Veranlassung des sozialistischen Ministers J. Guesde ausgewiesen, begibt sich über Spanien nach New York.

1917 (Daten im alten Stil):

23. 2.: Generalstreik in Petrograd.
26. 2.: Auflösung der Reichsduma durch den Zaren.
27. 2.: Provisorisches Komitee für die Regierungsgeschäfte.
2. 3.: Zar Nikolaus II. dankt ab.
12. 3.: Stalin, Kamenev etc. kommen in Petrograd an und setzen in der ‹Pravda› einen versöhnlerischen Standpunkt durch. Die Bol'ševiki unterstützen die Provisorische Regierung.
14. 3.: Bildung des Rats der Arbeiter- und Soldaten-Deputierten in Petrograd.
3. 4.: Lenins Ankunft in Petrograd.
4. 4.: Aprilthesen Lenins.
24. 4.: Eröffnung der Allrussischen Parteikonferenz der Bol'ševiki. Stalin zum erstenmal gewähltes Mitglied des ZK.
4. 5.: Trockij trifft in Petrograd ein.
4. 7.: Julidemonstrationen. Lenin erneut in der Illegalität.
8. 7.: Kerenskij wird Regierungschef.
24. 7.: Trockij, Kamenev u. a. verhaftet.
26. 7.: Beginn des VI. Parteikongresses. Trockij in Abwesenheit ins bolschewistische ZK gewählt.
24. 8.: Kornilov-Putsch.
4. 9.: Trockij wird aus dem Gefängnis entlassen.
23. 9.: Trockij zum Vorsitzenden des Petrograder Sowjets gewählt. Lenin, noch in der Illegalität, fordert unablässig den bewaffneten Aufstand.
7. 10.: Lenin trifft heimlich in Petrograd ein.
10. 10.: Unter Trockijs Führung wird das Revolutionäre Militärkomitee des Petrograder Sowjets gegründet.
21. 10.: Lenin verlangt den Ausschluß Kamenevs und Zinov'evs aus der Partei aufgrund ihres öffentlichen Protests gegen die Planung des bewaffneten Aufstands.
24. 10.: Das bolschewistische ZK tritt im Smolnyj zusammen; sieben Mitglieder sind anwesend; Stalin fehlt, außer ihm nur noch Lenin und Zinov'ev, die nicht in Petrograd anwesend waren. In der Nacht vom 24. auf den 25. Oktober besetzen Truppen unter dem Befehl des Revolutionären Militärkomitees die strategisch wichtigen Punkte der Stadt. Lenin taucht aus der Illegalität auf und erscheint im Smolnyj.

25\. 10.: Sturz und Flucht Kerenskijs.
26\. 10.: Einnahme des Winterpalais; die Provisorische Regierung durch das Revolutionäre Militärkomitee verhaftet. Bildung des Rats der Volkskommissare unter Führung Lenins.
27\. 10.: Trockij wird Volkskommissar des Äußeren, Stalin Volkskommissar für Nationalitätenwesen.

1918 (Daten neuen Stils)
6\. 1.: Auflösung der Konstitutionellen Versammlung.
3\. 3.: Unterzeichnung des Friedens von Brest-Litovsk.
8\. 3.: Die Bol'ševiki nennen sich Kommunistische Partei Rußlands (Bol'ševiki).

1918–1921 Russischer Bürgerkrieg.
Trockij wird im März 1918 Kriegskommissar und Oberbefehlshaber. Aufbau der Roten Armee unter Zuhilfenahme bürgerlicher Spezialisten.

1919 Kämpfe an der Ostfront (Kolčak), Südfront (Denikin) und im Westen (Judenič). Rettung Petrograds vor dem Angriff weißer Armeen. Gründungskongreß der III. Internationale (Komintern).

1920 Krieg gegen das bürgerliche Polen und gegen Vrangel. Die Rote Armee überall siegreich.

1921 Trockij schlägt den Aufstand in Kronstadt nieder. Einmarsch der Roten Armee in das menschewistische Georgien. X. Parteitag: Einführung der NEP, Verbot jeglicher Fraktionsbildung.

1922 Stalin wird Generalsekretär beim ZK der Partei. Auseinandersetzung zwischen Lenin und Stalin um die Rechte der Nationalitäten. Lenin versucht sich mit Trockij gegen Stalin zu verbünden. Die Troika beginnt sich zu bilden. Lenins zweiter Schlaganfall; Lenin beginnt, sein politisches Testament zu diktieren.

1923 Lenin tritt öffentlich für die georgischen Gegner Stalins ein und bricht die persönlichen Beziehungen zu Stalin ab. Trockij das ganze Jahr 1923 über erkrankt. Veröffentlicht den ‹Neuen Kurs›. Dritter Schlaganfall Lenins.

1924 Auf der 13. Parteikonferenz wird die trotzkistische Opposition verurteilt. Im März Lenins Tod. Stalin hält Vorlesungen *‹Über die Grundlagen des Leninismus›*. Verkündigung der Theorie vom ‹Sozialismus in einem Land›.

1925 Auf dem XIV. Parteikongreß wird die ‹Neue Opposition› (Kamenev, Zinov'ev) geschlagen. Trockij wird von seinem Posten als Kriegskommissar abberufen und zunehmend in der Partei isoliert. Die Hetzkampagne gegen den ‹Trotzkismus› läuft auf vollen Touren.

1926-1927 Zerschlagung der Vereinigten Opposition (Trockij-Zinov'ev). Trockij wird aus dem Politbüro ausgeschlossen, greift Stalins China-Politik scharf an. Im November Parteiausschluß Trockijs.

1928 Trockij wird nach Alma Ata in Sibirien verbannt. 1. 10. Beginn des ersten Fünfjahresplans.

1929 Trockij in die Türkei ausgewiesen. Beginn des öffentlichen Angriffs Stalins auf Bucharin und die Rechten. Stalin fordert Zwangskollektivierung und Liquidierung der Kulaken als Klasse.

1930 Zusammenbruch der trotzkistischen Opposition in Rußland. Trockij auf Prinkipo. Publizistischer Kampf gegen Stalin.

1931–1933 Hungerkrise in Rußland infolge der überstürzten und erzwungenen Kollektivierung. Errichtung von Arbeitslagern.

1934 Dekretierung der Familienhaftung für staatsgefährdende Handlungen. Stalin läßt Kirov, den Sekretär der Organisation von Leningrad, als Rivalen ermorden.

1936 Beginn des spanischen Bürgerkriegs. Die Komintern wird zum reinen Instrument der russischen Außenpolitik. Erster Schauprozeß in Moskau gegen Kamenev und Zinov'ev. Neue Sowjetverfassung tritt in Kraft.

1937 Zweiter Schauprozeß (gegen Radek, Pjatakov u. a.). Geheimprozeß gegen die Armeeführung (Tuchačevskij u. a.). Massenvernichtung von oppositionellen Kadern in Armee, Verwaltung und Partei (mehrere Millionen) durch Ežov, den Chef des NKVD. Trockij in Mexiko. Amerikanische, französische, deutsche, tschechoslowakische und britische Trotzkisten bilden die Dewey-Kommission für einen Gegenprozeß zu den Moskauer Schauprozessen, die Trockij freispricht.

1938 Dritter Schauprozeß (gegen Bucharin, Rykov und gegen Jagoda). Zwei Söhne Trockijs von NKVD-Agenten ermordet. Gründungskongreß der IV. Internationale, die als Internationale nie irgendeine Bedeutung gewinnt. Stalins Politik führt mit zur Liquidierung des republikanischen Spanien.

1939 Pakt mit Hitlerdeutschland. Einmarsch russischer Truppen in Polen und Finnland. Trockij in Mexiko vom NKVD mit ständigen Mordanschlägen verfolgt, arbeitet an seiner Stalin-Biographie und an einer Lenin-Biographie.

1940 Baltische Länder annektiert und Bessarabien besetzt. Trockij auf Weisung des NKVD ermordet.

1941 Hitlerdeutschland überfällt die Sowjetunion.

BIBLIOGRAPHIE

Für die benutzten Werke sei allgemein auf den Anmerkungsapparat verwiesen. Hier sollen nur die verschiedenen Stalin-Biographien, die dem Herausgeber zugänglich waren, mit einigen Worten charakterisiert werden. Der Herausgeber ist sich der Gefahren einer so verkürzten Einschätzung bewußt, hält sie aus politischen Gründen jedoch nichtsdestoweniger für notwendig.

D'ASTIER, EMMANUEL, Sur Staline, Paris 1963. D'Astier stützt sich vor allem auf die Biographien von Deutscher, Trockij, Victor Serge und Souvarine, sowie auf Krupskajas ‹Erinnerungen an Lenin›. Sehr reich illustriert. Insgesamt unpolitische und moralische Beurteilung Stalins. Die Zeit vor 1917 wird sehr knapp behandelt.

BARBUSSE, HENRI, Stalin. Eine neue Welt, Paris 1935, Barbusse bezog all sein Material von pro-Stalinschen Quellen und versucht aufgrund der politischen Lage zur Entstehungszeit des Buches – Kampf gegen den Faschismus – die Person und die Rolle Stalins in der Geschichte moralisch zu überhöhen. Wichtig als Dokument für die persönliche Entwicklung von Barbusse, nicht jedoch für eine Einschätzung Stalins.

DEUTSCHER, ISAAC, Stalin. Eine politische Biographie. Stuttgart 1962 (649 S., mit Stichwort- und Namenregister, Bibliographie und ausführlichem Apparat). Deutscher versucht, Stalin in einem nahezu bürgerlichen Sinn ‹gerecht› zu werden und seine Politik aus politischen und individual-psychologischen Motiven zu erklären. Für die Geschichte Stalins vor 1917 nicht immer zuverlässig.

ESSAD-BEY (Ps.), Stalin. Eine Biographie, Berlin 1931. Weder Apparat noch Register, keine Literaturangaben. Insgesamt reichlich phantastisch.

FISCHER, LOUIS, The life & death of Stalin, London (1953). Einigermaßen reichhaltig im aufgearbeiteten Material. Fischer, der nach der Oktoberrevolution lange in Rußland war und zum Anhänger der Bol'ševiki wurde, zieht sich auf einen resignierten psychologistischen Standpunkt zurück. Unpolitisch aus enttäuschter Sympathie, stellt Fischer – à la Reader's Digest – Stalin auf eine Ebene mit Peter dem Großen und Ivan Grosnyj.

HILGER, GUSTAV, Stalin. Aufstieg der UdSSR zur Weltmacht, Göttingen 1959. Ohne Apparat, sehr verkürzt, wenig materialreich. Hilger vermischt unkritisch historische Fakten und Legenden. Bürgerlich antikommunistisch.

HUTTON, J. B., Stalin. Der mirakulöse Georgier, Offenbach/M. 1962. Hutton war lange Jahre als Zeitungskorrespondent in der UdSSR und es waren ihm trotz der Purifizierung der Bibliotheken in der Stalinschen Ära zahlreiche Materialien zugänglich, die eine weitergehende historische Einschätzung erlaubt hätten. Von einem bürgerlich-antikommunistischen Standpunkt aus geschrieben, werden vornehmlich die Legenden wieder aufgewärmt, daß Stalin Lenin, seine eigene Frau usw. usw. durch Giftmord beseitigt hätte, wobei er sich – wie man zugeben muß, mit einigem Recht – auf die Giftmord-Praktiken der NKVD-Chefs Ežov und Jagoda beruft. Ohne Apparat oder Register, rein feuilletonistisch.

IREMAŠVILI, I., Stalin und die Tragödie Georgiens, Berlin 1932. Iremašvili beschreibt Stalin aus der Sicht des Jugend- und Schulfreundes und späteren politischen Gegners in Georgien. Wichtig aufgrund des reichhaltigen, sichtlich einigermaßen zuverlässigen Materials über die Rolle und Geschichte Stalins vor 1917.

JAROSLAVSKIJ, E. M., Aus dem Leben und Wirken des Genossen Stalin, Moskau 1940. Bestellte Lobhudelei, historisch völlig unzuverlässig. Wichtig höchstens zur Einschätzung des Zustands der sowjetischen Historiographie in der Ära der Herrschaft Stalins.

MARIE, J. J., Staline, Paris 1967. Marie stützt sich vor allem auf Trockij und Souvarine, bringt aber darüber hinaus sehr reichhaltiges historisches Material, vor allem aus Veröffentlichungen in russischen Zeitschriften. Im allgemeinen sehr zuverlässig. Marie bemüht sich um eine realistische *politische* Einschätzung Stalins.

PAYNE, R., Stalin, Stuttgart 1967. Konnte leider nicht eingesehen werden.

SMITH, E. E., Der junge Stalin, München/Zürich 1969. Wohl die materialreichste Arbeit über Geschichte und Rolle Stalins vor 1917. Smith wertet vor allem die umfangreichen Ochrana-Akten bei Hoover in Stanford aus und bemüht sich, den Nachweis zu führen, daß Stalin bis etwa 1912 Ochrana-Doppelagent war; die Schlüsse, zu denen er dabei kommt, sind zumindest nicht so ohne weiteres von der Hand zu weisen, wenn das Ganze auch zu einer politischen Beurteilung des Charakters des Stalinschen Regimes in Rußland wenig beitragen kann. Obgleich offen antikommunistisch, aufgrund der kritischen und umfangreichen Materialbearbeitung wichtig.

SERGE, VICTOR, Portrait de Staline, Paris 1940. Konnte nicht eingesehen werden.

SOUVARINE, B., Staline. Aperçu historique du bolchévisme, Paris 1935. Wohl nach wie vor die beste und zuverlässigste Arbeit, obgleich sie natürlich nur einen kleinen Teil der Zeit der politischen Herrschaft Stalins in der UdSSR umfaßt. Mit sehr reichhaltigem Literaturverzeichnis.

Stalin. Kurze Lebensbeschreibung. Berlin 1945. Offizielle Biographie Stalins. Einschätzung siehe Jaroslavskij.

WINDECKE, CHRISTIAN, Der Rote Zar. Genosse Stalins Weg zur Macht, Berlin 1932. Weder Apparat noch Literaturangaben, äußerst unzuverlässig. Nicht antikommunistisch.

WOLFE, B. D., Three who made a revolution, N. Y. 1948. Konnte nicht eingesehen werden.

Zur Frage der Moskauer Prozesse sei noch allgemein verwiesen auf: MERLEAU-PONTY, M., Humanismus und Terror, Frankfurt/M. 1966.

PERSONENVERZEICHNIS

Kursiv gesetzte Seitenzahlen verweisen auf Textstellen mit Anmerkungen, in denen mehrfach zitierte Werke bibliographisch vollständig nachgewiesen sind.

Alexander III. 234
Alksnis 123
Alliluev, S. Ja., 47, 49, 92, 295
Allilueva, N., 49, 109, 217
Alskij 204
Anet, C., 43, 295
Angarskij, N. S., 27, 32, 294
Anissimov 48, 62
Annunzio, Gabriele d', 259
Antagulov 117, 297
Antonov 11, 294
Antonov-Ovseenko, V. A., 83, 97, 127
Artem 61, 105, 114, 118, 152
Aksel'rod, P. B., 275

Babinskij, S., 96
Bajanov 212, 266 ff, 299 f
Barrère 244
Bednyj, D., 44, 46, 91
Bersin, E. A., 61, 152 f
Bettelheim, Ch., 304 f
Bljucher (Blücher), V. K., 123, 127, 138
Boffa, G., 296 f
Bogdanov (Men'ševik) 45, 62
Bonč-Bruevič 46, 131, 295
Borgia, C., 215, 221, 267 f
Brandler, H., 203 f
Bubnov, A. S., 30, 34, 61, 66, 68, 70, 74 f, 77, 83, 89, 92, 296
Bucharin, N. L., 28, 56 ff, 61, 65 f, 93, 100, 102 ff, 123, 130, 156, 158, 187, 191, 202, 205, 218 f, 228 f, 236, 242, 261, 264, 268, 294
Budennyj (Budjonny), S., 123, 127, 129, 136, 138, 169, 171, 181
Bulak-Balachovič 161
Bulanov, P. P., 216, 268

Capone, A., 259
Čaparidze, A., 61
Carnot 141
Čcheidze, N., 40
Ceretelli, I., 16, 18, 21, 27, 193
Chamberlain, A., 241
Chamberlain, N., 263
Chamberlin, W. H., 294, 296
Chruščev, N. S., 299
Čičerin, G., 182
Clémenceau, G., 104, 222
Cromwell, O., 259 f
Curjupa 139, 144
Cychon 27

Daleckij (Daletzky) 75
Dan, F., 20
Danilov, S., 121
Daniševskij 131, 147
Darwin, Ch., 37 f
Denikin 117, 175 ff, 180 ff

Deutscher, I., *297* ff, 305
Dewey, J., 208, 215
Diaz, P., 260
Dimitrievskij, S., 70, 210, *296*, 299
Dingelstedt, F., 10, 294
Djilas, M., 303
Dostoevskij, F., 263
Drobnis, I. N., 204
Dschingis Khan 269
Duchonin 95
Dudnik 118
Durantyj 269
Dutov, A. I., 117
Dybenko, P. E., 93, 123, 127, 138
Dzeržinskij, F. E., 32 f, 61, 73, 75, 79 f, 82, 104, 150, 195 ff, 215

Ebert, F., 288
Egorov, A., 123, 127, 141, 152, 167, 178 ff, 183, 299
Eidemann, R., 123
Eliava 16
Elstin, B. M., 118
Emel'janov 49
Engels, F., 300
Enukidze, A., 229, 252
Evdokimov 51, 202
Ežov 269, 272

Fed'ko 123
Fedorov, G. F., 34
Fel'dmann 123
Fischer, L., 269, 302
Foteva, L., 197 f
Franco 206
Freud, S., 207
Frunse, M. V., 127, 141, 266 f

Gamarnik, I. B., 123
Glasmann 230
Glasser 197
Glebov-Avilov, N. P., 34, 64
Gorkij, M., 76, 216 ff, 268 f, 297
Goc (Gotz) 62
Gučkov, A. I., 26
Guétier, F. A., 212 f
Gusev, S. I., 127, 131, 165 f, 174, 183, 299

Hillmann, S., 303
Hitler, A., 185 f, 206, 259 f, 263
Hutton, J. B., 302

Ioffe, A. A., 56, 61, 102 f
Iremašvili, I., *89* f, 194 f, 296, 299

Jaroslavskij, E. M., 30, 183, 211, 228
Jegorow s. Egorov
Jemeljanov s. Emel'janov
Jenukidse s. Enukidze
Jeschow s. Ežov
Jewdokimow s. Evdokimov
Jordanija, N., 18, 280 ff, 300
Judenič 161, 163 f, 172, 174
Julius, C., 258 f
Jurenev 56, 131

Kaganovič, L. M., 223
Kalinin, M. I., 167, 201, 228
Kamenev, L. B., 11 ff, 16 f, 19 f, 22 ff, 29 ff, 34, 38 ff, 47 ff, 55 f, 61 ff, 69 f, 73 f, 76 f, 79 f, 84 f, 87 f, 92 f, 96 ff, 130, 140, 167, 173, 177, 182 f, 187, 191, 196 f, 200, 202, 210, 212 f, 215, 221, 227, 229, 231 ff, 235, 237 f, 241 f, 252, 264 ff, 268 f, 294 ff
Kamenev, S. S., 121, 127, 131, 165 f, 168
Kamenskij, A., 115, 156 f, 298
Karachan, L. M., 56, 182
Karelin, V. A., 89
Kaspranskij 118
Kemal Pascha, Mustapha, 260
Kerenskij, A. F., 41, 44, 56, 67, 70, 87, 89, 529
Kisselev 61
Koch 267 f
Kočubinskij 119
Koestler, A., 302
Kollontaj, A., 56, 61, 65, 91, 93
Kolčak 117, 174
Komarov 183
Kork 123, 141
Kornilov 59, 67
Kosmin 45
Kramer, F., 304
Krasnov 165
Krasin, L. B., 148, 163
Krestinskij, N. N., 16, 61, 90, 98, 103, 122, 128, 167, 173, 182, 294
Krjučkov 268
Krupskaja, N. K., 22, 47, 49, 53, 68, 209 ff, 219, 221
Krylenko, N. V., 41, 95, 101

Kujbyšev, V. V., 216
Kviring, E. I., 114

Larin, U., 134
Laševič, M., 131, 134, 150, 165, 168 f, 202
Lasimir 146
Laski, H. J., 185
Lavergne 104
Lebedev, P., 27, 121, 294
Lefèbvre, H., 243 f, 300
Lenin, V. I., 11 ff, 21 ff, 34 ff, 43, 46 ff, 52 ff, 58 ff, 69 ff, 71 ff, 86 ff, 95, 97 ff, 103 ff, 110 ff, 119, 121, 123, 125, 128, 130, 133 ff, 139 ff, 145 f, 150 ff, 154 ff, 160 ff, 207 ff, 218 ff, 225, 238, 241, 243 f, 249, 251, 257, 259, 262 f, 273 ff, 278 ff, 290, 292, 294 ff, 299 f, 300, 305
Liber, M. I., 47
Libermann 306
Lichon 294
Liebknecht, K., 27, 48
Lloyd George 222
Lokusta 216
Lomov, G. I., 56, 61, 102 ff
Louchet 244
Ludwig XIV. 271
Lunačarskij, A. V., 48, 50, 56, 87, 92, 229 f, 234, 295, 300
Luxemburg, R., 48, 303
Lvov, Fürst, 16, 19, 26, 40

Maccio, M., 304 f
Mamontov 129, 169
Manuil'skij, D. Z., 56, 295
Markin 298
Markov 28
Martov, Ju. O., 18, 280, 294
Marx, K., 114, 237, 252, 284, 300, 304
Mdivani, B., 196, 200, 262
Mechlis 211
Mechonošonin 146
Mehée de la Touche 244
Men'šinskij 231
Mergner, G., 303
Meščerjakov, N. L., 127, 297
Mikado 206
Mikojan 192
Miljukov, P. N., 13 f, 16 f, 32 f, 40, 280, 294, 300
Miljutin, V. P., 34, 61, 64, 91
Minin 139, 146
Molotov, V. M., 10, 21, 28, 30 f, 34, 51 f, 207, 294
Moros 263
Muralov 131
Muranov 11, 29, 47, 61
Muravev (Murawjow) 97
Mussolini 185 f, 206 f, 258 f

Napoleon I. 170, 258, 260
Napoleon III. 258
Nero 216, 221 f
Newton, I., 37 f
Niessel 104
Nikolaevskij 264
Nikolaus II. 26
Nogin, V. P., 20, 30, 32, 34, 41, 47 f, 61, 66, 70, 91
Noulens 104

Oborin 158
Okulov 127, 149, 151 f
Ol'minskij, M. S., 56
Ordžonikidze, G. K., 47, 56, 98, 121 f, 139, 141, 183, 193, 195 f, 202, 223, 295, 298
Ordžonikidze, S., 174, 262
Ossinskij 204

Palčinskij 259
Panteleev (Pantelejew) 156
Parvus 285 ff, 300
Pavlunovskij 97
Perevercev 46
Pestkovskij 43, 49, 88, 94 f, 97, 107 ff, 295, 297 f
Petljura 176
Petrovskij 183
Pil'njak, B., 267
Pilsudski, J., 176, 181, 299
Pjatakov 33, 114, 204
Plechanov, G., 18, 273 ff, 281 f, 291
Podvojskij 83, 127, 131
Pokrovskij 56
Polovcev 48, 295
Popov, N., 181
Porsch 96 ff
Posnanskij 150, 268
Pravdin 34
Preobraženskij 61, 118, 204
Primakov 123

Profijan 89
Putna 123, 127

Rabinovič 180, 182, 299
Rachija 49, 295
Radek, K., 177, 182, 212
Rakamatuvin 118
Rakovskij 242 f
Raskol'nikov 23 f, 28, 127, 131, 142, *294*
Rasputin 18
Rivera, P. de, 260
Rizzi, B., 303
Rjazanov 56, 64
Robbins, R., 104
Robespierre 244, 259 f
Rodsjanko 16, 161
Romanov, Großfürst Michail, 241
Rosengol'c (Rosenholtz) 131
Rousseau, J.-J., 251
Ruchimovič 151, 159, 183
Rudsutak 183, 235
Rühle, O., 303
Rykov, A. I., 30, 32, 34, 61, 66, 70, 97, 99, 123, 131, 158, 163, 165, 177, 187, 228, 242, 261, 268

Sadoul, G., 104
Sak-Validov 117
Saluckij 10, 21, 38, 51
Samojlov, F. N., 117 f, 297
Sapronov, T. V., 119, 204
Šarangovič 127
Sasonov s. Zasonov
Satonskij 114
Šaumjan (Schaomyan), S. G., 61
Scharlau, W., 300
Schmalhausen 259
Serebrjakov, L. P., 82, 124 f, 127, 131, 167, 169, 204, 218 f, 252
Sermoux 268
Serpuchov 150
Škirjatov 218, 263
Skljanskij, E. M., 121 f, 131, 141, 165, 168
Skrypnik, N. A., 20, 61
Šljapnikov, A. G., 9, 11 ff, 38, 139, 142, 146, 149, *294*
Smil'ga, I. T., 34, 61, 64, 103, 121 f, 131, 150, 165 f, 177 f, 231, 245
Smirnov, I. N., 131, 174, 183, 232, 298
Smirnov, V. M., 157, 159 f, 204
Smith, E. E., 302
Sokol'nikov 61, 64 ff, 73, 76, 92, 103 f, 131, 157 ff, 168, 296
Solc (Soltz), A. A., 228
Sorin 263, 297
Šorin 169
Souvarine, B., 267
Spandarjan, S., 11, 16
Stal, L., 28
Stasova 47, 51, 103, 158, 165
Steklov 19
Suchanov, N., 22, 68, *294*, 296
Suchomlinov 270
Sulimov 183
Sultan-Galiev 112, 265
Sverdlov, Ja. M., 11, 34 f, 39, 41, 49 f, 52, 56, 59 ff, 64, 71, 75 ff, 88 f, 91, 97 f, 100, 103 f, 130, 146 ff, 151
Syrcov (Syrtsow) 213
Sytin 121, 146 f

Tanner, V., 97
Tarasov-Rodjonov 143, 298
Teodorovič 34
Tolstoj, A., 234
Tomskij, M. P., 31, 187, 191, 228 f, 261
Trifonov 121
Trockij (Sedova, Natal'ja), N., 212, 214
Trockij (Sedov, Leon), L., 220
Ts . . . s. C . . .
Tsch . . . s. Č . . .
Tuchačevskij, M. N., 123, 127, 141, 177, 181, 215, 266, 270
Tukvatulin 118

Uborevič 123, 127, 141
Ul'janov, A., 263
Ul'janova, M. I., 47
Urickij, M. S., 56, 61, 64, 66, 75, 80, 92 ff, 105

Vasil'ev (Wassiljew) 16
Vacetis (Watsetis) 131, 147, 165 f
Vereščak (Wereschtschak), S., 41, 295
Vojtinskij, V. S., 16
Volodarskij, V., 42, 51 f, 54 f
Voroncov 108

Vorošilov, K. E., 56, 114, 125, 127, 137, 145 f, 149 f, 151 f, 155, 159, 162, 168, 173, 180 f, 183, 202, 223, 228, 261, 266, 270 f
Vrangel 117, 122, 126, 174, 182 f
Vyšinskij, A., 63

W in russischen Namen s. unter V
Webb, S. u. B., 185
Wells, H. G., 185
Wilhelm II. 12, 102

Zasonov 270
Zeman, Z., 300
Zinov'ev, G., 11, 13, 22, 27, 31, 34, 39 ff, 46 ff, 52, 55 f, 61, 63 f, 66, 73 f, 76 f, 79, 84 f, 87 ff, 97 f, 103 f, 106, 112, 114 f, 123, 130, 140, 150, 164, 177, 183, 187, 191, 200 ff, 212 f, 220 f, 227, 229, 231, 235, 237 f, 242 f, 245, 252, 265 f, 268 f, 307

INHALT

7. DAS JAHR 1917 — 8
8. DER VOLKSKOMMISSAR — 87
9. DER BÜRGERKRIEG I — 123
10. DER BÜRGERKRIEG II — 161
11. AUS DER OBSKURITÄT INS TRIUMVIRAT — 184
12. DER WEG ZUR MACHT — 198
NACHTRAG: I. DIE THERMIDORIANISCHE REAKTION — 222
II. EIN KINTO AN DER MACHT — 257
ANHANG: DREI KONZEPTIONEN RUSSISCHEN REVOLUTION — 272

ANMERKUNGEN DES HERAUSGEBERS — 294
ZUM VERSTÄNDNIS DES TEXTES — 301
CHRONOLOGIE — 308
BIBLIOGRAPHIE — 312
PERSONENVERZEICHNIS — 314